만해 한용운 평전

만해 한용운 평전

ⓒ 시대의창, 2006

초판 1쇄 2006년 8월 15일 발행
초판 3쇄 2011년 7월 20일 발행
2판 1쇄 2019년 3월 1일 발행
3판 1쇄 2025년 11월 24일 발행

지은이 김삼웅
펴낸이 김성실
제작처 한영문화사

펴낸곳 시대의창   **등록** 제10-1756호(1999. 5. 11)
주소 03985 서울시 마포구 연희로 19-1
전화 02) 335-6121 **팩스** 02) 325-5607
전자우편 sidaebooks@hanmail.net
페이스북 www.facebook.com/sidaebooks
트위터 @sidaebooks

ISBN 978-89-5940-876-4 (03990)

잘못된 책은 구입하신 곳에서 바꾸어드립니다.

만해 한용운 평전

김삼웅 지음

시대의창

일러두기

1. 책표지, 본문에 배치한 사진은 저자와 만해기념관 그리고 이미 발표된 자료를 모은 것이다.
2. 책·잡지·관보·신문은 겹낫표『 』로, 작품·논문·성명서·선언문·통신문·포고문·강령 등은 낫표「 」로 표시했다.
3. 중국 인명이나 지명은 신해혁명을 기준으로 표기를 달리한다는 외래어표기법이 있지만, 이 책의 특성상 그에 따르지 않고 한자의 한국어 독음 그대로 표기한 부분도 있다. 반면 일본의 경우 되도록이면 외래어표기법에 따랐다.

만해萬海 한용운韓龍雲 [1879년 8월 29일 ~ 1944년 6월 29일]

책 머리에

시인이자 투사였던 천석들이 '종'

(1)

일제강점기에 국내에서 항일운동은 쉽지 않았다. 3·1운동 뒤 일제의 통치 체제가 더욱 강고해지면서 양성적인 독립운동은 사실상 불가능했다. 오직 비밀결사나 지하조직 활동만이 이루어지고, 그로 인해 많은 사람이 고초를 겪었다.

드문 예외가 있었다. 만해 한용운 선사다. 만해는 거의 유일하게 '드러내 놓고' 독립운동을 하고 일제와 맞섰다. 도로공사를 할 적에 큰 바위나 큰 나무가 있으면 돌아서 길을 닦은 이치처럼 잔학한 일제도 선사의 큰 인격에는 함부로 하지 못했던 경우가 적지 않았다.

머리를 깎아 민둥머리면 원효대사요
머리를 길러 관을 쓰면 소성거사로다
몸이 백천으로 나타나도 알아보기 쉬우니
이 두 모습을 한 것이야 한바탕 희롱인 것을.

고려 시대 문인 이규보가 원효대사를 두고 지은 글이다. 대사大師와 거사居士의 두 모습, 성聖과 속俗을 넘나들던 원융무애圓融無碍에 겹치는 또 한 사람의 얼굴을 찾는다. 바로 만해 선사다.

선학先學의 글 한 대목이 만해를 그리는 데 부족함이 없다. "혁명가와 선승과 시인의 일체화―이것이 한용운 선생의 진면목이요, 선생이 지닌 바 이 세 가지 성격은 마치 정삼각형 같아서 어느 것이나 다 다른 양자를 저변으로 한 정점을 이루었으니, 그것들은 각기 독립한 면에서도 후세의 전범이 되었던 것이다."(조지훈)

"천석千石들이 종鍾을 보라! 거대한 방망이가 아니고는 때려도 소리가 나지 않는다"는 남명 조식曺植의 글이 있다. 한 연구가는 이를 만해에 대입시킨다.

"투철한 독립투사이자 혁혁한 민족운동가로서, 높은 경지의 선승이자 실천적 종교가로서, 또한 문학사 불멸의 시집『님의 침묵』의 시인으로서 만해는 민족사 초유의 입체적 성격을 지닌 '천석종'으로 생각되기 때문이다. 따라서 만해는 작게 치면 작게 소리가 나지만 크게 치면 칠수록 큰 소리로 울리는 역사의 종, 민족의 종으로서의 상징적 존재가 아닐 수 없다."(김재홍)

만해는 큰 인물, 큰 사상가다. 위당 정인보는 "인도에는 간디가 있고 조선에는 만해가 있다" 하였고, 벽초 홍명희는 "7000 승려를 합해도 만해 한 사람을 당하지 못한다. 만해 한 사람을 아는 것이 다른 사람 만 명을 아는 것보다 낫다"고 평하였다.

이런 큰 인물, '천석들이 종'을 작은 손으로 크게 친다는 것은 쉬운 일이 아니다. "산이 거기 있으니까" 올랐다는 최초의 에베레스트 등정가의 심경으로, 만해의 거벽을 오르고자 하였다. '등반' 과정에서 선학들이 닦아 놓은 길에 크게 도움을 받았지만, 이번에도 호랑이 그리려다가 고양이 그린 우를 범하지 않았나 두려움이 앞선다.

(2)

지난 5월 동국대 개교 100주년 행사에서 만해의 미공개 한시 10수가 전시되었다. 만해의 생애는 지금도 가끔 작품이 발굴될 만큼 다양한 활동, 헌걸찬 삶이었다. 3·1운동 당시 33인 민족대표로 활동하고, 최남선의 「독립선언서」가 맘에 차지 않는다고 '공약삼장'을 추가하는 열정과 애국혼을 보였다. 일제 재판관은 「독립선언서」 내용보다 공약삼장의 '최후의 일인 최후의 일각까지'를 더 문제 삼았다.

서대문형무소에 갇혀서는 변호사를 대지 말 것, 사식을 차입하지 말 것, 보석을 신청하지 말 것의 '3불가론'을 제시하고 이를 실천하였다. 일본인 검사의 심문에 「조선독립이유서」를 써서 웅혼한 기상과 결연한 의지를 밝히고, 이 글은 상해 임시정부 기관지에 실려 독립운동가들의 가슴을 진동시켰다.

투사이면서도 시인이었던 그는 불멸의 절창 『님의 침묵』을 비롯 수백 편의 시와 소설과 산문, 논설, 시론을 써서 총독 정치에 취해가는 조선 민중을 일깨우는 '등에'의 역할을 하였다. 학승으로서도 불경을 편찬하고 많은 논설을 썼다.

민족주의 동지들이 하나둘씩 변절하고 일제의 기세가 욱일승천할 때에도 그는 꿈쩍하지 않았다. 최남선이 아는 체를 하자 "내가 아는 육당은 이미 죽어 장송했는데 당신 누구냐!"고 일갈하고, 최린이 심우장을 찾아오자 면대를 마다하고 일거에 내쳤다. 총독부 어용 단체인 31 본산 주지 회의에서 "송장보다 더 더러운 주지놈들"이라 호통치고, 단재 신채호의 유고집 발간 준비를 하던 중 제자가 감옥에 갇히자 꽃다발을 보내 '의기'를 북돋아 주었다.

"나는 조선 사람이라 왜놈이 통치하는 호적에 내 이름을 올릴 수 없다"며 끝까지 호적 등재를 거부하고, 「나는 민적

民籍이 없어요」라는 시구를 남겼다. 일송 김동삼 선생이 서대문형무소에서 옥사했다는 소식을 듣고는 유해를 인수하여 심우장 자기 방에 모셔 놓고 통곡으로 밤을 지새우며 5일장을 지낸 이가 만해 선생이다. 그는 지금 망우리 공동묘지에 누워 바벨탑처럼 올라간 사찰과 성당·교회, 화려한 부도 浮屠들을 지켜보면서 무슨 생각을 하고 있을까.

(3)

"다산학茶山學은 박이부정博而不精하다"는 일각의 주장이 있다. 아무리 박학다식한 정약용이라고 해도 그 많은 저술이 모두 완벽한 내용일 수는 없을 것이다. 만해의 작품에 대해서도 비슷한 견해가 제기된다. 특히 소설 부문에 이런 견해가 따른다. 그럴 수도 있을 것이다. 다산이나 만해에게 '완벽'을 기대하는 것은 무리다.

왜적의 총독 정치 시대에 많은 지사가 변절하고, 많은 문인이 타협하고, 많은 승려가 훼불을 일삼을 때 만해는 제자리를 지키면서 민족사적 역할을 충실하게 해냈다. "시대가 요구하면 붓을 버리고 창을 든다" 投筆從戎는 말처럼, 그는 버릴 것을 버리고 지킬 것을 지키면서 외로운 지사로, 소외된 승려로, 궁핍한 시인으로 종생하였다.

지금까지 나온 각종 전기류에는 만해의 아버지가 의병

활동을 한 것처럼 묘사되어 있다. 그러나 사실과는 거리가 멀다. 오히려 의병 활동을 탄압하는 위치에 있었고, 어려서 이를 지켜본 만해의 의식 속에는 항상 '부친 콤플렉스'가 잠재돼 있었다. 그런 관계로 만해는 오히려 더욱 민족적 대의를 추구하게 되고 정도正道를 당당하게 걷게 되었다. 부친의 행적이 만해의 생애에 흠결이 될 수는 없을 것이다.

만해도 사람이다. 하여, 그에게도 인간적 고뇌와 좌절, 실수가 있었다. 『님의 침묵』을 쓸 무렵 미녀 보살의 연모에 얽힌 비화나 쉰다섯에 젊은 처녀와 재혼하게 된 사연 등을 살펴보면, 그 역시 인간미 넘치는 평범한 사내였음을 알게 된다.

『백범 김구 평전』『단재 신채호 평전』『심산 김창숙 평전』에 이어 네 번째로 이 책을 펴낸다. 다음으로 『녹두 전봉준 평전』의 자료 수집과 집필에 심혈을 기울이고 있음도 보고드린다. 평전을 꾸준히 읽어주신 심월상조心月相照의 독자들과, 폭우와 폭염에 시달리면서 제작해주신 시대의창 김성실 사장님과 김이수 주간, 직원 여러분께 감사의 말씀을 드린다.

만해 가신 지 62주년 되는 여름날
김삼웅

| 차 례 |

책 머리에 / 6

제1장 만해의 그릇과 불교와 인연
천석들이 종 / 20
불도로서 불교사적 비중 / 26
홍성에서 태어나다 / 31
가출과 출가의 배경 / 38
불도에 정진, 각종 경전 독파 / 45
러시아와 일본 여행 / 49
국치 겪고 만주에서 총격 받다 / 57

제2장 불교혁신운동의 횃불을 높이 들고
호국 불교 사상의 법맥과 전통 / 64
일본 승려 사노의 도성 입성 해금 전말 / 69
왜색 불교 타파 선두에 서다 / 76
통감부에 「건백서」보내는 실책을 범하다 / 80

제3장 불후의 명논설 『조선불교유신론』
국치 통분 삭이며 『조선불교유신론』 집필 / 90
'망매지갈'의 의미 / 95

만해 한용운 평전

『조선불교유신론』의 요지 / 98
대처론에 대한 사회적 파문 / 114
일제강점기 불교계의 대처식육론 싸움 / 117
백용성의 대처식육 반대 「건백서」 / 121

제4장 경전 간행과 오도, 불교 대중화 운동

『불교대전』 편찬하여 대중화 기여 / 128
『채근담』 편찬하여 일반인 수양에 도움 / 132
오세암에서 깨달음을 얻다 / 134
불교 교양 잡지 『유심』 발행 / 140

제5장 불교계 민족대표로 3·1운동 주도

3·1운동 준비에 앞장서다 / 148
불교·유림 민족대표 교섭 책임을 맡다 / 154
서대문감옥에 수감되고 고문에 시달리다 / 159
3대 원칙 제시하고 실천 / 163
공약삼장을 만해가 작성했다는 주장의 근거 / 172
두 주장의 팽팽한 대립 / 177

제6장 서대문감옥의 태산 같은 지도자

감옥 안팎의 독립 의지 / 184
3·1운동 당시 서대문감옥의 실상 / 188

「조선독립이유서」, 상해 『독립신문』에 실리다 / 193
'철창 문학'의 진수, 시와 시조 / 198

제7장 「조선독립이유서」, 무엇을 담았나

자유와 평화에 대한 선언 / 208
총독 정책에 대하여 / 220
조선 독립의 자신감 밝혀 / 222
「조선독립이유서」의 한계 / 224
『십현담주해』에 열정을 쏟다 / 227
『유마힐소설경』을 강의하다 / 236

제8장 한국 시문학의 금자탑, 『님의 침묵』

시작의 과정 / 244
시작의 배경은 무엇인가 / 247
최남선 '극복'이라는 주장도 / 251
'님'은 누구(무엇)인가 / 255
시집에 대한 다양한 평가 / 260
만해 시의 가치 / 264
『님의 침묵』시 20선 / 268
순수 우리 언어로 선시 개척 / 288

만해 한용운 평전

제9장 신간회 참여와 여성·노동 문제 관심

1920년대 국내의 상황 / 304
개량주의자들의 득세와 의열 투쟁 / 307
신간회 발기인 참여와 경성지회장 선임 / 312
광주학생운동으로 요시찰인 지목받아 / 318
타고난 문인, 많은 글 쓰고 발표 / 322
여성해방운동에 각별한 관심 / 326
농민·노동자 문제에도 선각적 관심 / 331

제10장 다양한 장르의 글쓰기와 소설 집필

미발표 소설 「죽음」과 『흑풍』 / 340
『흑풍』의 스토리 / 345
장편소설 『박명』 / 349
만해 소설의 문학성 비판 견해 / 353

제11장 『불교』잡지 내며 언론 활동에 나서다

자신의 언론 갖고자 『불교』 잡지 인수 / 358
불교 개혁과 민중 계몽을 위해 잡지 선택 / 362
사회 명사들 필자로 참여 / 377
소크라테스처럼 '등에' 역할 / 382

제12장 재혼, 성북동에 심우장 짓고 거하다

신사참배를 거부하다 / 410
광기를 더해 가는 일제 통치 / 413
여성 취향의 분위기 잠재 / 417
아버지 콤플렉스에 시달려 / 420
서른여섯 살 간호원 유숙원과 재혼 / 425
북향으로 지은 심우장의 사연 / 430
김동삼 선생 5일장을 지내다 / 436

제13장 심우장에 촛불은 꺼지고

전시 동원 체제에서 어용 단체 속출 / 440
잔혹한 군홧발에 민족혼 짓밟히고 / 443
딸 영숙 태어나다 / 446
"최남선은 이미 죽어 장송했소" / 450
호적이 없는 일생 / 454
불교사회주의에 경도되기도 / 457
천추의 한 남긴 채 입적 / 460
「알 수 없어요」 / 465
만해, 누구이고 무엇을 남겼는가 / 468
만해가 남긴 일화 / 477
유작 시와 시조 / 530
유작 시조 15편 / 546

만해 한용운 평전

부록

「아버지 만해의 추억」/ 564
「죽다가 살아난 이야기」/ 569
「나는 왜 중이 되었나」/ 574
「국보적 한글 경판의 발견 경로」/ 580
「북대륙의 하룻밤」/ 587
최근 미공개 한시 10수 발견 / 605
처염상정의 연꽃처럼 / 611
「한용운 선사 묘소에서」/ 613

연보 / 617
화보 / 628

제 1 장

만해의 그릇과 불교와 인연

> 시대는 소란하지만 스스로 깨어날 것이다.
> 비가 온 다음에 아름다운 해가 나오듯,
> 싸움과 거대한 대립이 있은 다음에
> 평화가 오고 불행이 끝난다.
> 그러나 그러기까지 우리는 얼마나
> 고통을 겪을 것인가!
>
> — 마르그리트 도트리슈의 노래

천석千石들이 종鍾

조선 중기 '칼을 찬 선비'로 불리던 거유 남명南冥 조식曺植의 글에 "천석千石들이 종鍾을 보라! 거대한 방망이가 아니고는 때려도 소리가 나지 않는다"라는 구절이 있다. 만해라는 천석들이 종을 찾는, 그 종소리의 근원을 찾는 '구도'의 길에 나서면서, 한 선학先學의 글을 인용한다.

이 천석종의 비유는 필자가 만해 한용운(1879~1944)을 생각할 때면 항상 떠오르는 구절 중 하나다. 투철한 독립투사이자 혁혁한 민족운동가로서, 높은 경지의 선승禪僧이자 실천적 종교가로서, 또한 문학사 불멸의 시집 『님의 침묵沈默』의 시인으로서 만해는 민족사 초유의 입체적 성격을 지닌 '천석종'으로 생각되기 때문이다. 따라서 만해는 작게 치면 작게 소리가 나지만 크게 치면 칠수록 큰 소리로 울리는 역사의 종, 민족의 종으로서의 상징적 존재

가 아닐 수 없다.[1]

인도에는 "북소리만 듣고 춤을 추지 말고 북치는 사람을 찾으라"는 속담이 있다. 19세기 말 조선 시대 마지막과 20세기 전반 일제강점기 전체에 걸쳐 고난의 민족사와 함께 치열하게 고민하고 처절하게 부딪치면서 불도로서, 민족 불교 지도자로서, 불교 개혁과 종교사상가로서, 독립운동가로서, 시인으로서, 소설가로서 민중과 함께 살다간 만해의 크고 넓은 '천석종'의 모습을 찾는다.

열반涅槃 60여 년이 지난 지금까지도 만해의 정신과 사상은 불교계뿐 아니라 한국 사회 전체의 큰 울림으로 성속聖俗을 넘나든다. 종교학자 엘레아데가 "성과 속은 변증법적 합일의 법칙에 의하여 함께 있는 것"이라고 했듯이, 진짜 큰 선승은 성속을 초월하고 시공을 벗어나는 것일까.

고구려의 승랑대사僧朗大師, 신라의 원광법사圓光法師·원효대사元曉大師·의상대사義相大師, 신라 후기의 도선국사道詵國師, 고려의 대각국사大覺國師·보조국사普照國師·일연선사一然禪師, 여말선초의 무학대사無學大師, 조선 후기의 초의선사草衣禪師·경허선사鏡虛禪師·만공선사滿空禪師에 이르기까지 한국 불교사에 굵은 족적을 남긴 승려들은 하나같이 승속을 넘나들며 민중과 시대의 질곡을 함께한 이들이었다.

---

1 김재홍, 「만해스님의 독립사상」, 『불교사상』, 1985년 3월호, 81쪽.

그들이 추구하는 가치는 모두가 불법 속에 대승적 호국사상의 발로였다.

만해 선사도 물론 이 반열에서 크게 벗어나지 않는다.

> 머리를 깎아 민둥머리면 원효대사요
> 머리를 길러 관을 쓰면 소성거사로다
> 몸이 백천으로 나타나도 알아보기 쉬우니
> 이 두 모습을 한 것이야 한바탕 희롱인 것을.

고려 시대 문인 이규보가 원효대사를 두고 지은 글이다. 대사大師와 거사居士의 두 모습은 곧 성속을 넘나들던 원효의 걸림이 없는 몸짓과 행동을 보여 준다.

만해의 모습도 원효의 몸짓과 크게 다르지 않았다. 시대와 상황, 성과 속이 달랐을 뿐이었다.

> 길거리에서 자루 빠진 도끼를 빌리겠노라고 소리쳐 사랑을 구하고, 드디어 요석공주와 더불어 결혼, 설총을 낳아 길렀던 원효, 가사를 벗어 던지고 거사의 차림으로 변신했던 원효, 무애의 노래, 무애의 춤을 두둥실 추면서 천촌만락(수없이 많은 촌락)을 미친듯이 돌며 교화했던 원효, 그는 스스로 소성거사小性居士로 자처했건만, 뒷사람들은 그를 원효대사로 추앙했다.[2]

그렇다면 만해, 그는 무엇을 찾아 헤매고 누구를 향해 도끼를 휘둘렀을까. 그리고 어째서 뒷사람들은 그를 '만해 선사'라고 부를까.

사명대사가 호국의 보살도(불과를 구하는 보살이 닦는 길)로 나와서 활동할 때 대사는 자신의 심경을 다음과 같이 읊었다.

> 밤이 깊었는데 피리 소리가 멀리서 들린다
> 천이나 되는 집들이 있지만 인적이 없구나
> 이슬은 못가에 지은 객사의 풀잎에 맺히고
> 반딧불이 선정에 든 납승의 옷자락으로 스며드네
> 초조하게 앉은 채 말이 없이
> 유유하게 점차로 그릇된 기機를 멈추니
> 산등성이에 별이 들고 달이 떨어지는데
> 쉼터 나뭇가지에서 새벽 까치가 나는구나.[3]

전쟁의 참화로 사람들이 마을을 비우고 피난가고 없을 때, 홀로 객사에 남아 밤을 지새우며 옷깃으로 스며들어 온 반딧불이와 새벽 까치를 지켜보면서 사명대사가 읊은 심회의 일단이다. 그는 왜적의 침략으로 나라와 백성이 위기에 몰렸을 때에 진충보국의 석장錫杖(스님이 들고 다니는 지팡이)을

---

[2] 김상현, 「성과 속」, 『불교사상』, 1986년 9월호, 38쪽.

높이 들어 토적討賊하고(도둑 또는 역적을 토벌하고) 보민保民의 길에 나섰던 승려다.

만해가 살던 시대의 질곡도 이보다 더하면 더했지 덜하지 않았다.

조선 왕조 500년 동안 불교는 천대와 멸시를 받으며 산간 종교로 격리되었다. 승려들은 팔천八賤 계급의 하나로 천시되었으며, 도성 출입도 엄격히 배제되었다. 유교가 국교로 떠받들리면서 주자학 이외의 모든 종교·학문이 배척당하였다. 불법과 불도가 사문난적으로 몰리지 않는 것만도 천행으로 삼았다.

그나마, 긴 고난과 멸시 속에서 불교가 명맥을 이어온 것은 역설이다. 주자학 지배 계급에 편입되지 못한 다수의 상민과 천민 계층이 현실도피와 내세극락을 불법에서 찾고자 해서였다. 철저한 남존여비, 적자적통의 질서에서 소외된 여성들과 서자 계층이 산중불사를 찾았기에 불교가 살아남게 되었다. 숭유억불 정책으로 불교가 심하게 탄압받으면서도 국난기에 승려들이 호국의 칼을 들고 나선 일은 세계사적으로도 흔치 않는 일이었다.

만해는 이와 같은 질곡의 질서가 위기에 봉착하여 해체기에 이르렀을 때, 그리고 새벽 해뜰녘이 가장 어두운 것처럼 조선 말기 주자학 체제가 위기를 맞아 사방에서 달려온 승냥

---

3 목정배, 「시대를 앞서간 출가정신」, 『불교사상』, 1986년 4월호, 35쪽, 재인용.

이 무리들에게 국토가 짓밟히고 백성들의 살점이 뜯길 때에 태어나서 성장하고, 섬나라 왜적에게 국권을 송두리째 빼앗겨 저들의 종살이를 할 때에는 조국 해방 전선의 맨 앞줄에 서서 싸우다가 광복 직전에 눈을 감았다.

만해의 삶과 업적에 대해 평한 사람이 수없이 많지만 조지훈의 짧은 글 속에 담긴 평가는 단연 으뜸이다.

> 선생의 문학은 주로 비분강개와, 기다리고 하소연하는 것과, 자연관조의 세 가지로 나눌 수 있는데, 비분강개는 지조에서, 자연관조는 선禪에서 온 것이라 한다면, 그 두 면을 조화시켜 놓은 것이 사랑과 하소연의 정서라 할 수 있다. 선생의 문학은 이 사랑과 하소연의 정서에서 가장 높은 경지를 성취했던 것이다. 혁명가와 선승과 시인의 일체화―이것이 한용운 선생의 진면목이요, 선생이 지닌 바 이 세 가지 성격은 마치 정삼각형과 같아서 어느 것이나 다 다른 양자를 저변으로 한 정점을 이루었으니, 그것들은 각기 독립한 면에서도 후세의 전범이 되었던 것이다.[4]

---

[4] 조지훈, 「민족주의자 한용운」, 『사조思潮』, 1958년 10월호.

불도로서 불교사적 비중

　만해의 생애는 불도佛徒를 떠나서는 생각할 수 없다. 열아홉 살 때 홀연히 가출하여 백담사 등을 전전하다 독립군을 찾아 만주와 시베리아를 헤매고, 스물여섯 살 때 다시 백담사에 들어가 출가한 이래 1944년 입적할 때까지 그는 충실한 불도였다. 가사를 입고 염주를 든 불승이었다.

　그의 생애가 "독립투쟁과 민족운동에 있어서 지도적 인물이며, 불교 개혁과 종교 사상에 있어서 선구적 인물이고, 전통 문학의 정신과 방법을 현대적으로 계승한 문학사상 기념비적 인물이라는 점은 재삼 강조할 필요가 없을"[5]것이지만, 불교인으로 시종한 그의 생애를 불교를 떠나서는 평가하기 어려울 것이다.

　그래서 먼저 만해가 차지하는 '불교사적 비중'을 살펴보자.

---

5 김재홍, 앞의 글, 94쪽.

첫째, 만해는 우리 불교 사상에 두드러진 위치를 차지하는 불교 유신론자였다는 점이다. (…) 그는 조선 이래의 침체된 소승 불교와 일제하의 위축된 불교를 과감히 혁파, 다양한 개혁을 시도함으로써 파사현정, 획기적인 불교 중흥의 정도에 올려놓고자 노력한 인물이었다.

둘째, 만해는 대중 불교, 생활 불교의 실현으로 불교를 사찰이나 경전으로부터 개개중생의 머리와 마음속에 꽃피워 보살 사상에 입각한 평등주의와 구세주의를 실현하고자 일생을 보낸 인물이었다. 이는 원효 이래 드물게 보는 존재로 평가될 수 있다.

셋째, 만해는 주체 불교, 민족 불교, 호국 불교, 애국 불교의 실천자였다. 우리 불교가 국난과 함께 주체성을 잃고 일본 불교로 예속 불교화할 위기에 과감히 일어나 투쟁하여, 우리 불교를 민족 불교의 정통성을 회복, 그 정도에 올려놓는 데 혼신의 노력을 경주한 인물이었다.

넷째, 선禪 사상의 부활과 일반화를 시도, 선을 모든 인간에게 필요한 정신 수양의 방법으로 보고, 중생을 떠나 조사祖師의 뜻을 말할 수 없다는 활로의 선풍禪風을 진작하고자 이의 실현을 위해 이론·제도·교육 등 다방면으로 노력한 인물이었다.

다섯째, 심오한 불교 사상을 예술적으로 승화시켜 우리 문학사상 불멸의 주옥 같은 작품을 생산한 시인이라는 점이다. 또 그는 시 외에도 많은 소설 그리고 평론·수필

등의 문필을 통하여, 종교와 문학의 일치를 통하여 불교의 문학적 보급에도 크고 많은 업적을 남긴 인물이었다.[6]

만해가 태어나서 자랄 때에는 유학이 전통 사상으로 굳건히 뿌리내리고 있었다. 그러던 유학이 스스로의 모순에 따라 말기 증세를 드러내고 천주교 등 서학 사상의 침투로 큰 위협을 맞게 되었다. 이에 대항하여 동학을 비롯하여 민족 종교가 발생하고 불교도 오랜 침체에서 깨어나 꿈틀거리게 되었다.

만해는 유학이 한계에 부딪쳤을 때 불교에 귀의함으로써 유학 체제를 비판적으로 극복하고 계승하였다. 젊은 시절에 동학에 참여한 것으로 알려졌지만 관군과 일본군의 탄압으로 좌절을 맛보게 되었다. 당시 한창 왕성하게 활동하기 시작한 서학(천주교와 기독교)보다 불교에 귀의하게 되는 과정은 차차 밝히게 될 것이다.

근대 서구 사상을 주체적 입장에서 선택적으로 수용, 소화해서 반제·반봉건의 시대적 과제를 해결하려고 노력하였다. 그에게서 보내는 이러한 제사상의 수용과 공존은 한국 사상의 전통적인 포용력과 맥을 같이한다. 한국 불교의 전통적인 통불교通佛敎, 회통 불교 사상會通佛敎思想과

---

6 인권환, 「만해 선사」, 『한국불교인물사상사』, 460~461쪽, 민족사.

고려 시대까지의 유학의 원융회통圓融會通의 정신이, 그에게서 선교진흥론禪敎振興論 등의 불교 사상과 유학, 서구 사상의 독창적인 포용으로 나타나는 것을 발견할 수 있다.[7]

만해는 유교를 극복하고 서구 사상을 수용하면서 불교에 귀의한, 당시에 흔치 않는 인물이다. 불교에 귀의하고서도 은둔적인 산간 불교를 배척하고 시대정신에 부합되는 새로운 불교로 개조하고자 노력하였다. 한국 불교의 전통 사상을 되살리고 잇고자 한 것이었다.

한국 불교의 전통 사상은 원효대사가 개발한 통불교 사상이다. 그 후 대각국사의 선교 융화 사상이 보조국사에 이르러서 선교상자禪敎相資, 정定(선종) 혜慧(교학) 쌍수雙修의 회통 불교로 구현되고, 이는 서산대사를 통하여 맥을 계승하고 있다. 또 우리나라에 유학이 전래된 이래 삼국 시대의 유학자들은 비록 유학의 이념을 숭상하더라도, 배타가 아닌 원융회통의 정신으로 불교 사상·도가 사상 등을 수용하여 원만한 유교 문화를 창조하였으며, 이러한 전통은 고려 시대까지 계속되었다.[8]

만해는 이와 같은 불교 전통 사상을 잇고 실천하고자 일찍

---

7 이상철, 「한용운의 사회사상(下)」, 『한국학보』, 제31집, 204~205쪽, 일지사.
8 이종익, 「조선의 배불정책과 불교회통사상」, 『한국 사상의 탐구』, 142쪽.

이 불교에 귀의하여 불도로서 파란 많은 생애를 시작한다.

    만일 한국 근대사에서 만해 한용운을 빼버린다면 우리는 누구를 붙들고 응어리진 일제하의 민족한을 달래볼까. 그의 깊은 부처의 진리와 그 진리에 뿌리를 둔 불교적(호국적) 실천과 그것들을 하나의 불심(시심)으로 형상화시킨 목소리(시)를 누구에게서 듣게 될까. 이 깨달음에의 거울을 몸소 보여준 만해 선사, 이 선사가 있어 나는 한국인임을 자랑한다.[9]

---

[9] 장백일,「만해의 불교적 인간관」,『불교사상』, 1986년 4월호, 50쪽.

홍성에서 태어나다

만해는 1879년 8월 29일(양력) 충남 홍성군 결성면 성곡리 491번지에서 한응준韓應俊의 차남으로 태어났다. 본관은 청주요, 어머니는 온양 방씨方氏다. 홍성은 고려 말 최영 장군, 사육신 성삼문, 항일 투사 김좌진을 배출한 곳이다. 김좌진은 1889년 생으로 만해보다 10년 뒤에 출생하였다.

만해가 태어나기 3년 전인 1876년 조선은 일본의 강압으로 최초의 근대적 조약인 '강화도조약'을 체결하였다. 수호조약, 한일수호조약, 조일수호조규 또는 병자수호조약 등으로 불리는 강화도조약은 일본이 한국을 침략하는 첫 단계의 올가미였다. 일본은 스스로 도발한 '운요호 사건'을 트집 잡아 조선에 군함과 전권대사를 보내 협상을 강요하였다. 근대적인 조약을 체결해 본 경험이 없는 조선 정부는 불평등한 조약을 맺게 되었다. 이로써 조선은 세계를 향해 문호를 개방하여 서양의 신문명을 받아들이게 된 반면 열강, 특히 일본의 침략을 받게 되었다. 만해는 조선 500년 왕조가 위기에 휩싸이는 풍운의 시기에 태어났다.

만해의 할아버지 영우永祐는 훈율원訓律院 첨사, 증조 광후光厚는 지중추부사를 역임한 사족 계급 출신이었다. 아버지 응준은 충훈부 도사를 지냈으나 만해가 태어날 무렵에는 '가난한 집'이란 택호가 있을 만큼 가세가 곤궁하였다. 가세는 곤궁하였지만 아버지와 큰아버지 윤경允敬은 정의감이 강한 사람이었다.

가문에서는 대대로 이름 있는 무장이 나온 것으로 알려져 있다. "아버지와 형이 동학에 가담했다가 참살"[10]당할 만큼 의협심이 강한 집안이었다. 또한 "그가 중이 된 다음해(1906)에는 속가俗家의 부와 형이 의병대장 민종식과 함께 정산定山에서 기병했던 일이 있음"[11]이라는 기록도 전한다. 그러나 이 기록들은 착오가 아닌가 여겨진다. 이 부분은 뒤에서 자세히 살펴볼 것이다. "만해는 열여덟 살의 소년으로 동학운동에 가담하여 군자금을 마련코자 관고를 습격하여 1000냥을 탈취한 용감성을 보였다"[12]고도 전한다.

만해의 어렸을 때 이름은 유천裕天이고 자는 정옥貞玉이며 용운이란 이름은 건봉사 만화 선사萬化禪師의 제자가 되었을 때 얻은 법명이며, 만해는 법호다.

---

10 송건호, 「한용운」, 『한국현대인물사론』, 294쪽, 한길사.
11 정광호, 「한용운」, 『한국 근대 인물 백선』, 195쪽, 동아일보사.
12 송건호, 앞의 글, 294쪽.

만해의 가계와 신분에 관해 오랫동안 추적해 온 김광식 교수는 다음과 같이 정리한다.

> 만해의 가계는 몰락한 양반, 즉 잔반의 신분이었던 것으로 보인다. 이는 조선 전기에서는 양반이었지만 조선 후기로 접어들면서 나타난 정치·사회적인 큰 변동이 만해의 가계에까지 미쳤음을 말한다. 즉 정치·사회적인 변화로 인해 나타난 거대한 물결이 만해의 선대와 집안에 작용하여 몰락한 양반으로 규정지을 수밖에 없었으며, 경제적 형편은 거의 중인과 다름없었던 것이다. 이에 대한 근거는 집안에 전하는 교지와 전령에서 찾을 수 있다. 고종 22년인 1885년에 당시 조정에서 만해의 아버지인 한응준에게 내린 '판하사목'判下事目에는 한응준이 조선 태종 때의 공신인 한명회의 19세손이며 충훈부 도사로 나온다. 즉 공신의 후예인 것이다. 그런데 한명회는 세조 때 정난공신이었기에 위의 기록은 약간의 의아심을 갖게 한다. 그리고 만해의 증조부인 한광후는 철종 13년(1862)에 받은 교지에 숭정대부로 나온다. 이런 기록에서 만해의 증조부는 종2품, 조부는 종4품, 부친은 종5품으로 기재된 것으로 보아 일단 그의 집안은 양반의 범주에 든다고 하겠다. 비록 위의 품계가 실제의 직이 아니라 하여도, 양반의 위신과 품격을 갖추었던 집안임을 말해 준다. 만해의 유년 시절 동리 사람들이 그의 집을 '한초시댁'으로 부른 것도 유사한

이야기다. 그러나 만해가 태어난 시절의 집안은 양반으로 서의 생활에서 이탈되었을 때로 보인다.[13]

만해는 어린 시절 서당에서 한학 공부를 시작하여 아홉 살이 되던 해에 『서상기西廂記』와 『통감通鑑』을 독파하고 『서경西經』에도 능통할 정도의 실력을 쌓았다. 어렸을 적부터 재능이 좋아서 인근에 소문이 자자하고 마을 어른들의 칭찬을 한몸에 받았다. 한학에 정진한 뒤로는 서당의 숙사塾師가 되어 자기보다 나이가 많은 아이들을 가르치기도 하였다.

만해가 성장할 무렵 국내 정세는 더욱 소연해졌다. 1884년 갑신정변에 이어 한성조약이 체결되고, 1885년에는 영국 극동함대가 거문도를 점령한 뒤 영국기를 게양하고 포대와 병영을 쌓는 등 요새를 만들었다.

1889년에는 강원도 정선에서 민란이 일어난 데 이어 1890년에는 경상도 함창, 강원도 고성, 제주 등지에서 민란이 일어났다. 1892년에는 함경도 함흥의 민란에 이어 동학교도들이 교조 신원을 요구하여 삼례에서 대규모 집회를 가진 데 이어 서울 광화문에서 3일간 복합상소伏閤上疏를 올렸다. 1893년에는 동학교도의 보은집회, 황해도 재령 등 그해에 전국 각지에서 65건의 민란이 발생하였다. 그리고 1894년 1월 10일 마침내 동학농민혁명이 일어났다.

---

13 김광식, 『첫 키스로 만해를 만나다』, 14~15쪽, 장승.

아버지는 어린 만해를 불러 놓고 세상 형편과 나라 안팎의 정세를 설명해 주었다. 머리가 명석하였던 만해는 후일 아버지의 교훈을 다음과 같이 회고한다.

> 나는 선친에게서 조석으로 좋은 말씀을 들었다. 선친은 서책을 읽다가 가끔 어린 나를 불러 놓고 역사상 빛나는 의인·걸사의 언행을 가르쳐 주시며 세상 형편, 국내외 정세를 알아듣도록 타일러 주셨다. 이런 말씀을 한 번 두 번 듣는 사이에 내 가슴에는 뜨거운 불길이 타오르고, "나도 의인·걸사와 같은 훌륭한 사람이 되었으면…" 하는 생각이 떠오르곤 했다.[14]

만해가 어릴 적에 선친으로부터 받은 가정교육이 얼마나 큰 영향을 미쳤는가를 짐작할 수 있는 대목이다. 당시의 사회 환경과 가정 형편상 정상적인 교육을 받지는 못하였지만, 선친에게서 내외 정세와 의인·걸사들에 관한 훌륭한 정신교육을 받게 되었다.

열여덟 살이 되던 1896년 홍주에서 의병운동이 일어나고 만해는 여기에 참여하여 홍주 호방을 습격, 1000냥을 탈취하여 군자금으로 사용했다는 것이 정설처럼 되어 있다. 만해의

---

14 한용운, 「시베리아 거쳐 서울로」, 『삼천리』, 1933년 9월호, 『한용운 전집』(이하 『전집』), 1권, 254쪽.

고난에 찬 항일 투쟁의 생애는 여기에서 출발한다. 하지만 이에 대한 비판적인 주장도 있다.

> 1894년 2월 전봉준의 일천 농민군이 전라도 고부 만석보를 파괴하고 군아를 점령한 사건으로 동학군의 제1차 봉기를 일으켰을 때 호서의 북접 최시형 교도들은 무장봉기를 보류하고 있다가 제2차 봉기인 10월에는 원한을 넘어서 척왜양창의斥倭洋倡義의 항일정치운동이 되었다. 이 제2차 봉기도 1895년 1월을 전후해서 사실상 패산敗散된 것이다. 그러므로 그가 1896년 동학의 홍주 봉기에 가담했다는 통설은 맞지 않는다. 홍주 호방戶房을 습격하여 1000냥(또는 3000냥)의 군자금을 탈취했다는 사실 역시 그렇다. 더구나 아버지 응준이 일본군 지휘하에 새로 편제된 장어령 소속의 교도중대 밖에 없는 관군 규모에도 이르지 못하는 일개 홍주아문에 극소 규모의 중군中軍이었다는 사실로 미루어 그가 아버지를 거역하는 모험을 했으리라는 추측은 불가능하다.[15]

지금까지 만해 가계와 관련하여 아버지와 형이 의병운동에 참여했다가 사망한 것으로 여러 가지 전기물傳記物은 전한다. 그러나 이에 대해서도 의문을 제기하는 기록이 있다.

---

15 고은, 『한용운 평전』, 30쪽, 고려원.

그의 부친 응준과 형인 윤경이 창의대장 민종식과 함께 의병에 참가했다가 1896년에 전사하였다는 통설에도 의문이 제기된다. 사실 홍성에서 1896년 김복한, 이설, 안병찬 등이 주도한 전기 의병과, 1906년 민종식의 주도로 전개된 중기 의병은 우리 의병사에서 매우 중요한 의미를 가지고 있는 것이다. 그러나 한응준은 의병이 아니라 1894년 동학군 토벌과 관련하여 행목사行牧使에 차정差定되고 있어 이른바 갑오의려甲午義旅로 추측되며, 또한 한응준 사망 년, 월, 일은 1895년 3월로 확인한 바 의병 참여는 시기적으로 맞지 않아 사실과 다른 것으로 보인다. 또한 그의 형 윤경은 1929년 3월 6일에 사망한 것으로 확인한 바, 민종식 의병에 참가하여 전사하였다는 사실도 논리적으로 맞지 않는다.[16]

---

16 박걸순, 『한용운의 생애와 독립운동』, 22~23쪽, 독립기념관 한국독립운동사연구소.

가출과 출가의 배경

 만해가 출가하여 승려가 된 동기와 배경을 살펴보자. 그는 처음부터 승려가 되기 위하여 가출한 것은 아니었다. 가출하기 2년 전, 그러니까 열네 살 되던 해에 향리에서 전정숙과 혼인하였다. 당시의 풍습대로 부모가 결정한 혼인으로서, 이때까지는 세속의 평범한 소년이었다.

 시국은 동학혁명이 좌절되고 청군과 일본군이 동시에 출병하여 국토가 외군에게 짓밟히고 민중의 고통이 가중되었다. 의협심이 강한 만해는 격동하는 시국을 지켜보면서 삶에 대해 회의하고 나라의 운명을 걱정하기 시작하였다. 특히 1896년 홍성에서 김복한, 이설, 안병찬 등에 의해 주도된 을미의병에 큰 충격을 받게 되었다.

 1895년 8월에는 명성황후가 미우라 고로 일본공사가 주도한 일본 수비대·낭인들에 의해 무참하게 시해되는 을미사변이 일어나고 단발령이 내려져 민심이 더욱 흉흉해졌다. 명성황후 시해를 계기로 전국 각지에서 의병이 봉기하였다. 청일전쟁이 발발하고, 나라가 망한다는 소문이 나돌았다. 이런 상황에서 더 이상 산골에 묻혀 있을 때가 아니라고 여겼다. 여러 가지 회의가 들고 아버지에게서 배운 의인·걸사가 되라는 가르침도 만해의 심중을 움직였다.

만해의 가출 또는 출가와 관련하여 만해 생존 시에 쓴 한 기록에는 다음과 같은 내용이 있다. "스물일곱 살 되던 해에 홍주의 어떤 사찰에 가서 주역을 공부하는데, 우연히 그 절에 있는 불서 중 『선처禪妻』라는 책을 읽다가 그 서문 중에 '但看標月之指(단간표월지지) 未見當天之月(미견당천지월), 달을 가리키는데 달은 보지 않고 손가락만 쳐다본다'는 구절을 보고 크게 감오感悟한 중, 또 『화엄경』 「행고품行顧品」에 보현 보살의 행원 무궁한 것을 감탄하여 유서儒書를 불지르고 불법에 귀의하기로 결심하여 집안 사람들에게는 아무 말도 없이 그야말로 운심수성雲心水性으로 각지 명산을 찾아다니다가 강원도 인제군 설악산 운악사에 가서 머리를 깎고 중이 되었다고 한다.[17]

남달리 모험심과 개혁 의지가 강한 유천(만해)으로서는 가만히 앉아서 그것을 바라보고만 있을 수 없었다. 그래서 그

---

17 유동군, 「만해 한용운씨 면영面影」, 『혜성彗星』, 1931년 8월호.

는 결국 그런 소문이 흘러나오는 중심지 한양을 향해 집을 나서기로 하였다. 무작정 집을 나와 한양으로 가던 중 오랜 노독과 굶주림에 지쳐 수원쯤 어느 주막에 들어 하룻밤을 묵기로 했다. 여기서 그는 다시 회의에 빠져 곰곰이 생각해 보았다.

'빈손에 한학의 소양밖에 없는 내가 무슨 힘으로 나라 일을 도우며 큰일을 이룰 수 있단 말인가. 나는 지금 어디로 가고 있는가. 한양만 가면 모든 것이 해결된단 말인가?' 궁리 끝에 그는 발길을 돌려 인생의 궁극적인 문제를 해결하기 위해서 이름난 도사가 있다는 강원도 오대산 월정사로 향했다. 이리하여 월정사에 도착했지만 거기서 그가 만나고자 했던 도사는 만나지 못하고 허기와 실망을 안은 채 돌아서지 않을 수 없었다. 그는 다시 발길을 돌려 백담사로 갔다.

70리 대관령 굽이 길을 넘고 넘어 당도한 곳이 내설악 백담사였다. 백담사는 내설악의 절경을 편풍(병풍)처럼 두르고 나지막이 앉아 있는 고찰이다. 그때 백담사의 주지 연곡 스님은 유천을 따뜻이 맞이하여 불문에 귀의시켰다. 이때가 1904년, 유천의 나이 스물여섯 되던 해다. 여기서 만해는 본격적으로 승려의 길로 들어섰다.

1905년 1월 26일 백담사 연곡 스님을 은사로, 영제 스님에 의하여 수계를 하니, 득도 때의 계명은 봉완, 법명이 용운, 법호는 만해였다. 그는 이제 출가의 길을 걷는 승려가 된 것이다.[18]

승려가 되고자 가출할 무렵에 부인은 임신중이었다. 출가 뒤 1904년 12월 21일 출생한 것으로 기록된 보국保國이라는 아들이 유복자로 태어났다. 뒷날 만해가 기록한 자료에 따르면 3·1운동으로 이름이 알려지면서 아들이 서울로 찾아와서 만났지만 함께 살지는 못하고 다시 헤어진 것이라 하였다. 보국은 한국전쟁 와중에 행방불명되었다.

만해는 가정을 버리고 홀연히 속세를 떠났다. 시국에 대한 분노심과 생에 대한 허무감이 복합적으로 나타난 가출이고 출가였다.

만해는「나는 왜 중이 되었나」라는 기록을 남겼다. 자신이 쓴 글이기 때문에 만해의 가출과 출가의 심중을 헤아릴 수 있을 것이다.

「나는 왜 중이 되었나」
-가출의 동기

나는 왜 중이 되었나? 내가 태어난 이 나라와 사회가 나를 중이 되지 아니치 못하게 하였던가, 또는 인간 세계의 생사병고生死病苦 같은 모든 괴로움이 나를 시켜 승방僧房에 몰아넣고서 영생과 탐욕을 속삭이게 하였던가. 대

---

18 전보삼 편저, 『푸른 산빛을 깨치고』, 249~250쪽, 민족사.

체 나는 왜 중이 되었나? 중이 되어가지고 무엇을 하였나? 무엇을 얻었나? 그래서 인생과 사회와 시대에 대하여 어떠한 도움을 하여 왔나? 이제 위승爲僧된 지 20년에 출가의 동기와 그동안의 파란波瀾과 현재의 심경을 생각하여 볼 때에 스스로 일맥一脈의 감회가 가슴을 덮는 것을 깨닫게 한다.

나의 고향은 충남 홍주였다. 지금은 세대가 변하여 고을 이름조차 홍성洪城으로 변하였으나 그때 나는 어린 소년의 몸으로 선친先親에게서 나의 일생 운명을 결정할 만한 중요한 교훈을 받았으니, 그는 국가 사회를 위하여 일신一身을 바치는 옛날 의인義人들의 행적行蹟이었다. 그래서 마냥 선친은 스스로 그러한 종류의 서책書册을 보시다가 무슨 감회感懷가 계신지 조석으로 나를 불러다가 세우고 옛사람의 전기傳記를 가르쳐 주었다. 어린 마음에도 사상史上에 빛나는 그분들의 기개氣槪와 사상을 숭배하는 마음이 생겨 어떻게 하면 나도 그렇게 훌륭한 사람이 되어 보나 하는 것을 늘 생각하여 왔다. 그러자 그해가 갑진년 전해로 대세大勢의 초석礎石이 처음으로 기울기 시작하여서 서울서는 무슨 조약이 체결되어 뜻있는 사람들이 구름같이 경성京城을 향하여 모여든다는 말이 들리었다. 그때에 어찌 신문이나 우편이 있어서 알았으랴마는 너무도 크게 국가의 대동맥大動脈이 움직이는 판이 되어 소문은 바람을 타고 아침저녁으로 팔도에 흩어졌다. 우리 홍주洪州서도 정사政事에 분주하는 여러 선진자先進者들은 이곳저곳에 모여서 수군수군하는 법이 심상한 기세가 아니었다.

그래서 좌우간 이 모양으로 산속에 파묻힐 때가 아니라는 생각으로 하루는 담뱃대 하나만 들고 그야말로 폐포파립弊袍破笠(너절하고 구차한 차림새)으로 나는 표연漂然히 집을 나와 '서울'이 있다는 서북 방면을 향하여 도보徒步하기 시작하였으니 부모에게 알린 바도 아니요, 노자도 일푼 지닌 것이 없는 몸이며 한양을 가고나 말는지 심히 당황한 걸음이었으나 그때는 어쩐지 태연하였다. 그래서 좌우간 길 떠난 몸이매 해지기까지 자꾸 남들이 가르쳐 주는 서울 길을 향하여 걸음을 재촉하였다.

그러나 날은 이미 기울고 오장五臟의 주림이 대단하게 되자 어떤 술막집에 들어 팔베개 베고 그 하룻밤을 자느라니 그제야 무모한 걸음에 대한 여러 가지 의구疑懼가 일어났었다. 적수공권赤手空拳(아무것도 가진 것이 없음)으로 어떻게 나라 일을 돕고 또한 한학漢學의 소양素養 이외에 아무 교육이 없는 내가 어떻게 소지素志를 이루나. 그날 밤 야심토록 전전반측하며 사고수십회思考數十回에 이를 때에 문득 나의 아홉 살 때의 일이 유연油然히 떠오른다. 그것은 아홉 살 때 『서상기西廂記』의 통기 1장을 보다가 이 인생이 덧없이 회의懷疑하던 일이라. 영영일야營營日夜하다가 죽으면 인생에 무엇이 남나. 명예냐, 부귀냐? 그것이 모두 아쉬운 것으로 생명이 끊어짐과 동시에 모두 다가 일체 공空이 되지 않느냐. 무색하고 무형한 것이 아니냐. 무엇 때문에 내가 글을 읽고 무엇 때문에 의식衣食을 입자고 이 애를 쓰는가 하는 생각으로 오류일 밥을 아니 먹고 고로苦勞하던 일이 있었다. 인생은 고적孤寂한 사상을 가지기 쉬운 것이라, 이에 나는 나의 전정前程을 위하여 실력을 양성하겠다는 것과 또 인생 그것에 대한 무엇을 좀 해결하여 보겠다는 불 같은 마음으로 한양 가던 길을 구부리어 사찰을 찾아 보은 속리사로 갔다가 다시 더 깊은 심산유곡의 대찰을 찾아간다고 강원도 오대산의 월정사까지 가서 그곳 동냥중, 즉 탁발승이 되어 불도를 닦기 시작하였다. 물욕, 색욕에 움직일 청춘의 몸이 한갓 도포 자락을 감고 고깔 쓰고 염불을 외우게 되매 완전히 현세를 초탈한 행위인 듯이 보이나, 아마 내 자신으로 생각하기에도 그렇게 철저한 도승이 아니었을 것이다.[19]

---

19 『삼천리』, 1930년 5월 1일.

불도에 정진, 각종 경전 독파

만해에게는 방랑벽이 있었던 것 같다. 1896년 열여덟 살 때에 부인과 가족을 두고 표연히 가출하여 방랑의 길을 떠난다. "이 모양으로 산속에 파묻힐 때가 아니라는 생각으로" 가출한 것이다. 만해 연구가들 중에는 그때의 가출을 출가出家로서 불교의 초발심初發心으로 인식하는 경향이 있지만, 여러 가지 정황과 기록을 종합할 때 불심에 따라서라기보다 울분이 넘치는 청소년으로서 청운의 꿈을 좇아 가출한 것이 정확할 것 같다.

자신의 말처럼 "담뱃대 하나만 들고 그야말로 폐포파립으로 집을 나온" 만해는 서울을 향해 발걸음을 재촉하다가 도중 어느 주막집에서 5~6일간 회의와 번민에 빠져들었다.

적수공권으로 한학밖에 아무것도 아는 것이 없는 자신의 처지를 성찰하고, 막막한 앞날에 대해 생각하게 되었다. 나랏일과 정세는 가늠하기 어려울 정도로 어려워 가고 어릴 적

부모가 맺어준 부인과 결혼 생활에도 별다른 애정과 애착을 느끼지 못하였다. 석가모니가 왕자로서 부족함이 없는 왕궁 생활에서 인생의 생로병사를 생각하며 생에 대한 회의를 느껴서 출가했다면, 만해는 그 반대의 처지에서 가출했다고 하는 편이 정확할 듯하다.

뜻을 정한 만해는 서울로 가는 것을 포기하고 보은 속리사로 갔다가 강원도 설악산 백담사로 옮겼다. 더 깊은 심산유곡을 찾아 떠난 종착지가 백담사였다. 백담사에 자리를 잡은 만해는 불목하니(절에서 밥 짓고 물 긷는 일을 하는 사람)가 되고 탁발승 노릇을 하면서 불도佛道를 닦기 시작하였다. 홍성에서 아무런 연고도, 사전 지식도 없는 백담사에까지 찾아와 둥지를 틀게 된 것은 아무래도 불교와의 인연이거나 업業이었을 것이다. 같은 시기의 항일 지사들 중에 백범 김구와 단재 신채호 등이 한때 불사佛舍에 머문 적이 있었지만, 이들은 은신처로서 또는 호구책으로 잠시 의탁했을 뿐이었다. 반면 만해는 불심과 인연에 따라 사찰을 찾고 불도로서 시종하였다.

백담사의 주지 연곡筵谷 스님은 만해를 따뜻하게 맞아 불문에 귀의시켜 주었다. 이듬해인 1905년 1월 26일 연곡 스님을 은사로, 영제永濟 스님에 의해 수계를 받았다. 앞 장에서 밝힌 대로 계명戒命은 봉완奉玩, 법명은 용운龍雲, 법호法號는 만해萬海였다. 후일 법명과 법호가 널리 쓰이게 되었다.

입산 초기에는 승려 생활에 크게 만족했던 것 같지는 않다. 1904년 봄에 홀연히 백담사를 떠나 고향 홍성으로 돌아왔다. 중 생활에 회의를 느꼈던 것인지 두고 온 부인과 가족에 대한 세속적 인연이었는지, 고향에 돌아와서 그해 12월 21일 맏아들 보국이 태어났다.

얼마 뒤 다시 출가하여 백담사에 돌아온 만해는 불도에 정진하여 이학암사李鶴庵師에게서 『기신론起信論』 『능엄경楞嚴經』 『원각경圓覺經』 등을 배웠다. 불도에 정진하면서 불심이 깊어지고 불법의 무궁한 진리에 흠뻑 빠져들었다. 1907년 강원도 건봉사에서 처음으로 선禪 수업을 하고, 1908년에는 유점사 서월화사徐月華師에게서 『화엄경』을, 건봉사에서 이학암사로부터 『반야경』과 『화엄경』을 수료하였다. 짧은 기간에 주요 불교 경전 대부분을 이수한 것이다.

1905년 을사늑약으로 대한제국의 외교권을 박탈한 일제는 이듬해 서울에 통감부를 설치하고, 한국의 국권을 탈취하고자 각종 음모와 계략을 꾸미기 시작하였다. 일제는 개인과 사찰 소유의 땅에 대해서도 마수를 뻗히기 시작하였고, 만해는 이를 막고자 측량 강습소를 세워 한국인 측량사들을 교육시키고자 하였다.

어렸을 적부터 두뇌가 우수하였던 만해에게 불교의 교리는 연구할수록 더욱 깊고 넓은 학문의 세계를 열어 주었다. 백담사와 오세암을 오르내리며 경전을 공부하고 선禪 수업을 하면서 장경각에 쌓여 있던 각종 경전을 탐독하였다.

그러던 어느 날 만해가 또 다른 세계에 눈을 뜨게 되는 계기가 있었다. 그것은 연곡 스님이 건네준 두 권의 책이었다. 한 권은 청조 말 양계초가 쓴 『음빙실문집飮冰室文集』으로 계몽적 혁명 서적이고, 다른 한 권은 세계의 지리를 자세히 설명한 『영환지략瀛環志略』이었다.

이 두 권의 서적은 새로운 세계에 대한 인식의 지평에 눈을 뜨게 하였다. 이 책을 읽으면서 청년 불도 만해는 그간 자신이 얼마나 협소한 세상에 안주하고 있었던가를 헤아리게 되었다. 기껏 조선과 일본·중국·만주·러시아 정도를 알고 있었는데, 『영환지략』은 멀리 인도·아메리카·유럽·아프리카 등 미지의 세계를 보여 주었다.

러시아와 일본 여행

 만해는 더 이상 망설이지 않았다. 언제까지 산중에서 경전만 읽고 있을 것이 아니라 넓은 세상, 신천지를 답사하겠다고 작심하였다. 먼저 러시아를 직접 찾아봐야 하겠다고 결정하고 실행에 나섰다. 다소 무모한, 준비성 없는 행동이었지만 "어릴 때부터 담력이 크고 모험심이 강했던 만해는 드디어 『금강경』과 목탁을 담은 걸망 하나를 짊어지고 세계 여행의 장도에 올랐다. 그리하여 원산 항구에서 배를 타고 떠나 러시아 해삼위(블라디보스토크)의 신항구에 도착하였다."[20]

 수년 승방에 갇혀 있던 몸은 그에서도 마음의 안정을 얻을 길이 없어 『영환지략瀛環志略』이라는 책을 통하여 조선 이외에도 넓은 천지의 존재를 알고 그곳에 가서나 뜻

---

20 전보삼 편역, 앞의 책, 254쪽.

을 펴볼까 하여 엄嚴모라는 사람과 같이 원산서 배를 타고 서백리아西佰利亞(러시아)를 지향하고 해삼위海蔘威로 가는 것이다.

그러나 어찌 알았으리요. 나의 동행이던 엄모가 사갈蛇蝎(뱀과 전갈) 같은 밀정密偵으로 나를 해치는 자였음을, 그래서 실로 살을 에는 듯한 여러 가지 고난의 와중渦中을 헤치고 구사일생으로 다시 귀국하였다. 그러나 각처에는 의병이 일어나서 크게 어지럽게 되어 나는 간성杆城에 쫓기어 안벽 석왕사의 깊은 산골 암자를 찾아가 거기서 참선 생활을 하였다.[21]

낯선 블라디보스토크에 도착하자 그를 맞은 것은 뜻하지 않은 봉변이었다. 머리를 깎고 중의 옷차림을 한 만해를 수상하게 여긴 그곳 동포 청년들이 일진회一進會 회원으로 오인하여 행랑을 검색하고 죽이려 들었다. 일진회는 을사늑약을 지지하면서 일본에 빌붙어 매국 행위를 일삼던 무리였다. 일제가 러일전쟁에서 승리하면서 일진회 회원들은 한인이 많이 사는 블라디보스토크에도 나타나 갖은 행패를 일삼고 있었다. 그래서 한인들은 수상한 사람을 보면 일단 일진회 무리로 알고 붙잡아 폭행을 하거나 죽이기도 하였다.

이런 상황에서 만해의 차림새가 일진회 무리로 오인받게

---

21 「나는 왜 중이 되었나」, 『삼천리』, 1930년 5월호.

된 것이었다. 당시 일진회 회원들은 '개화'를 내세우며 일본식으로 두발하고 다녀서 승려의 모습과 유사했던 것이다. 평소에 승려를 보지 못하였던 동포들이 스님을 일진회 무리로 오인하면서 빚어진 일이었다. 청년들은 여관에다 만해를 감금하고 다음날 죽이려고까지 하였다.

다음날 새벽 간신히 여관을 탈출하여 바닷가를 걷고 있을 때 5~6명의 조선 청년들이 다시 나타나서 덤벼들었다. 미행하던 청년들이었다. 몸집은 작으나 완력이 남달리 세었던 만해는 모래사장에서 이들 조선 청년들과 생사를 건 격투를 벌였다. 그때 청나라 사람들이 말리고 러시아 경관이 달려와 간신히 죽을 고비에서 벗어날 수 있었다. 만해는 청년들과 싸우면서 "죽더라도 뼈만은 조선 땅에 묻어 달라"고 요구하자 청년들이 오히려 당황했다는 일화가 전한다.

아무런 준비도 없이 해외에 나섰다가 큰 봉변을 당한 만해는 세계 여행을 포기하고 서둘러 귀국하였다. 고국에 돌아와서는 안변 석왕사 등지에서 참선 수업을 계속하면서 울연한 심사를 달랬다. 그 무렵 조선에서는 의병들이 봉기하여 일제와 치열하게 싸우고 있었다.

그러나 격변하는 세상에서 새로운 문물, 다른 세계에 대한 열망은 달래지지 않았다. 넓은 세계를 알기 전에 먼저 조선의 실정을 알아야 하겠다는 생각에서 서울로 들어갔다. 서울에서 여기저기 돌아보며 세상의 변화를 실감할 수 있었다. 을사늑약 이후 조선은 완전히 일본인 세상이 되어가고 있었다. 서양의 각종 문물이 일본을 통해 들어온다는 사실도 알게 되었다.

만해는 일본행을 결심하였다. 1908년 4월이었다. 일제는 한국 침략을 노골화하면서 헤이그 특사 파견을 이유로 고종 황제를 퇴위시키고 강제로 순종 황제에게 양위케 하였다. 1907년 7월 서울에서는 황제의 양위 소식이 전해지면서 2000여 명이 시위에 나서고 이완용을 비롯한 친일파의 집에 불을 질렀다. 7월 24일 한일신협약(정미 7조약)이 체결되고, 통감부는「신문지법」을 제정하여 신문 발행을 허가제로 바꾸었다. 항일운동 탄압을 목적으로「보안법」이 제정되고 한국 군대가 해산되었다. 8월에는 전국 각지에서 의병이 들고 일어났다. 정미의병이었다. 12월에는 13도 창의군이 결성되고 1908년 1월 의병 부대가 서울 진공 작전에 나섰으나 일본군의 선제 공격으로 패배하였다. 3월에는 미국 샌프란시스코에서 미국인 친일파 스티븐스를 전명운, 장인환 두 의사가 처단하여 한국인의 패기를 만천하에 휘날렸다.

만해는 이와 같이 일제가 나라를 요절내고 있을 때 일본을 알아야겠다는 신념으로 일본으로 건너갔다. 마관馬關(시모노세키)을 거쳐 동경으로 가서 조동종曹洞宗 종무원을 찾아갔다. 여기서 조동종의 대표인 홍진설삼弘津說三과 만나 친교를 맺고 그의 주선으로 조동종대학駒馬大學에 입학하여 일본어와 불교를 수학하며 아사다淺田 교수 등과도 교우하였다. 일본에 들어온 서양 학문도 두루 접할 수 있었다. 하지만 만해의 일본행과 관련하여 비판적인 시각도 있다.

그런데 여기서 의문이 제기된다. 즉 당시 일본의 조선 침략이 노골화되고 있었고, 침략의 선봉을 문화란 미명하에 일본 불교가 수행하고 있던 때에 만해가 그 주역인 조동종 대표자와 교우하고 지원받은 것을 어떻게 설명할 수 있을 것인가?

이는 만해의 조선 불교계 자체의 현실적 진단은 정확하고 개혁 의지는 확고하였으나, 그 당시까지만 해도 아직 일제의 침략을 민족적 위기로까지는 간파하지 못했기 때문으로 이해된다. 즉 그가 『조선불교유신론』을 저술할 때까지는 반봉건적 의식에서 탈피하지 못하다가 이회광李晦光 일파의 친일매불 사건에 대응한 종지수호운동宗旨守護運動을 주도하며 반제 의식이 형성되었던 것으로 보인다.[22]

만해는 6개월여 동안 일본에 머무르면서 서양에서 유입된 일본의 선진 문물을 지켜보는 한편, 유학중이던 최린崔麟, 고원훈高元勳, 채기두蔡基斗 등을 만나 교우하였다. 이때 만난 최린과는 뒷날 3·1독립운동을 계획하고 주도하였다. 같은 물을 소가 마시면 우유가 되고 뱀이 마시면 독이 되듯이,

---

22 박걸순, 앞의 책, 36쪽.

이 무렵 일본 체류는 일부의 비판적인 시각에도 불구하고 정신적·인적 만남으로 항일민족운동의 계기가 된 것은 사실이다.

만해가 일본으로 건너간 과정을 '육성'으로 들어 보자.

> 반도 안에 국척踢蹐하여(두려워 몸을 움츠리) 있는 것이 어쩐지 사내의 본의가 아닌 듯하여 일본으로 뛰어 들어갔다. 그때는 조선의 새 문명이 일본을 통하여 많이 들어오는 때이니까 비단 불교 문화뿐 아니라, 새 시대 기운이 융흥隆興하다 전하는 일본의 자태姿態를 보고 싶던 것이다. 그리하여 마관馬關에 내리어 동경에 가서 조동종曹洞宗의 통치 기관인 종무원宗務院을 찾아 그곳 홍진설삼弘眞雪三이라는 일본의 고승과 계합契合이 되었다. 그래서 그분의 호의로 학비 일푼 없는 몸이나 조동종대학에 입학하여 일어도 배우고 불교도 배웠다. 그럴 때에 조선에서는 최린, 고원훈, 채기두 제씨諸氏가 유학생으로 동경에 건너왔더라. 그러다가 나는 다시 귀국하여 동래 범어사로 가 있다가 다시 지리산으로 가서 박한영朴漢永, 전금파全錦坡(고인이 되었으나)의 세 사람과 결의까지 하였다.[23]

만해는 일본 마관으로 건너가는 선중에서 울적한 심사를 달래느라 한시 한 편을 읊었다. 「마관선중馬關船中」이다.

한줄기 바람은 저녁 하늘을 스치는데
파도는 부서지고 지는 해는 둥그렇다
보슬비 내리는 가운데 배 한 척 잡아타고
봄바람에 술 한 병 차고 일본 땅에 이른다.

(한글 번역 조종현)

이는 마치 임진왜란 뒤 강화 사절로 일본에 가던 사명대사의 시와 맥이 상통하고 있음을 알게 된다.

전쟁은 하룻밤 사이 산골 중까지 움직였다
맨손 맨주먹으로 현해탄을 건너간다
물방울 날아서 보살복에 뿌리고
사나운 바람은 불어
대장부 수염을 흩날린다.[24]

만해는 일본에서 많은 것을 보고 배우고 하였지만, 상대적으로 뒤떨어진 조국의 실상과 비교하여 쓰라린 가슴을 억제하기 어려웠다. 그래서 일본 체류의 가을 어느 날 「추야청우유감秋夜聽雨有感」이란 시를 썼다.

영웅도 못 배우고 신선도 못 배우고

---
23 한용운, 앞의 책, 「나는 왜 중이 되었나」, 20쪽.
24 조종현, 「卍海 한용운」, 『한용운사상연구』, 129쪽, 만해사상연구회.

뜻 못 이룬 채 이 가을도 가는구나
등불에 희끗희끗 비치는 머리칼
어설픈 세월 속에 벌써 삼십이 되었고나.[25]

(한글 번역 조종현)

만해는 일본 체류 기간에 한 가지 '독특'한 기술을 배웠다. 측량술이었다. 당시 일본인들은 한국에서 최첨단 기술인 측량 기구를 통해 한국 농민들의 토지를 측량하고는 저들 멋대로 평수를 기재하는 수법으로 토지를 수탈하고 세금을 부과하였다. 조상 대대로 토지를 경작해오던 농민들은 최첨단이라는 측량 기구 앞에서 두 눈을 뜨고 땅을 잃거나 엉뚱한 세금을 내야 했다. 이런 참담한 모습을 목격하고 일본에 가서 틈을 내어 측량 기술을 익힌 것이었다.

귀국할 때 손에 측량 기계 하나를 사들고 돌아와서 서울 청진동에 '경성명진측량강습소'를 개설하고 측량 기술에 대한 강의를 시작하였다. 이렇게 해서 측량에 대한 인식을 새로이 하며 사찰이나 개인 소유 토지를 수호하는 데 앞장섰던 것이다.[26]

---

25 조종현, 앞의 글, 130쪽.
26 전보삼 편저, 앞의 책, 255쪽.

국치 겪고 만주에서 총격 받다

경술국치를 겪으면서 통분을 이기지 못한 가운데 절망하던 만해는 그해 가을 만주로 무거운 발길을 옮겼다. 그곳에서 동포들을 만나 망국의 설움을 서로 달래고 나라 찾는 일을 도모하기 위해서였다. 동포들에게 고국의 실정을 전하고, 이회영, 김동삼, 박은식, 이시영, 윤세복 등 이미 망명하여 독립운동을 전개하고 있는 지도자들과 만났다.

독립운동 지도자들을 만나고 신흥무관학교를 비롯하여 각처에 산재한 독립군 훈련장을 찾아 돌아다니며 애국 청년들을 격려하였다. 독립운동 관련 여러 지역을 돌아보던 중 엉뚱하게 오해를 받아 통화현 굴라재에서 독립군 청년의 총격을 받았다. 이번에도 허술한 승려 차림의 행색이 일본 정탐꾼으로 오해를 받게 한 것이다. 총격 사건과 관련 "피투성이의 혼수 상태 속에서 여인으로 나타난 관세음보살을 따라 마을까지 기어온 스님은 수술을 받고 겨우 다시 살아날 수 있었고, 마취도 하지 않고 수술을 받으면서 나라 잃은 슬픔이 이 육신의 아픔에야 비교될 것인가를 생각하였다. 오히려 부처님의 인욕바라밀(온갖 모욕과 번뇌를 참고 원한을 일으키지 않는 수행)을 체험할 수 있는 좋은 기회로 삼았다"[27]고 한다.

만해는 뒷날 「죽었다가 다시 살아난 이야기 - 만주 산간에서 청년의 권총에 맞아」라는 회상기를 썼다. 다음은 발췌한 내용이다.

> 어느 가을날이었다. 만주에서도 무섭게 두메山間인 어떤 산촌에서 자고 오는데 나를 배행한다고 2~3인의 청년이 따라섰다. 그들은 모두 연기 이십 내외의 장년인 조선 청년들이며, 모습이나 기타 성명은 모두 잊었다. 길이 차차 산골로 들어 '굴라재'라는 고개를 넘는데, 나무는 하늘을 찌를 듯이 들어서 백주에도 하늘이 보이지 아니하였다. 길이라고는 풀 사이라 나무꾼들이 다니던 길같이 보일락말락하였다. 이러자 해는 흐리고 수풀 속은 별안간 황혼 때가 된 것같이 캄캄하였다.
>
> 이때다! 뒤에서 따라오던 청년 한 명이 별안간 총을 놓았다! 아니, 그때 나는 총을 놓았는지 무엇을 놓았는지 몰랐다. 다만 '땅' 소리가 나자 귓가가 선뜻하였다. 두 번째 '땅' 소리가 나며 또 총을 맞으매 그제야 아픈 생각이 난

---

[27] 진보삼, 앞의 책, 257쪽.

다. 뒤미처 총 한 방을 또 놓는데 그때 나는 그들을 돌아다보며 그들의 잘못을 호령하려 하였다. 그리하여 여러 말로 목청껏 질러 꾸짖었다. 그러나 어찌된 일이냐? 성대가 끊어졌는지 혀가 굳었는지 내 맘으로는 할 말을 모두 하였는데 하나도 말은 되지 아니하였다. 아니 모깃소리 같은 말소리도 내지 못하였다. 피는 댓줄기같이 뻗치었다. 그제야 몹시 아픈 줄을 느끼었다.

몹시 아프다. 몸 반쪽을 떼어 가는 것과 같이 아프다! 아! 그러나 이 몹시 아픈 것이 별안간 사라진다. 그리고 지극히 편안하여진다. 생에서 사로 넘어가는 순간이다. 다만 온몸이 지극히 편안한 것 같더니 그 편안한 것까지 감각을 못하게 되니, 나는 그때에 죽었던 것이다. 아니, 정말 죽은 것이 아니라 죽는 것과 똑같은 기절을 하였던 것이다.

평생에 있던 신앙은 이때에 환체幻體를 나타낸다. 관세음보살이 나타났다. 아름답다! 기쁘다! 눈앞이 눈이 부시게 환하여지며 절세의 미인! 이 세상에서는 얻어 볼 수 없는 어여쁜 여자, 섬섬옥수에 꽃을 쥐고, 드러누운 나에게 미소를 던진다. 극히 정답고 달콤한 미소였다. 그러나 나는 그때 생각에 총을 맞고 누운 사람에게 미소를 던짐이 분하기도 하고 여러 가지 감상이 설레였다. 그는 문득 꽃을 내게로 던진다! 그러면서 "네 생명이 경각에 있는데 어찌 이대로 가만히 있느냐?" 하였다.

한참 도로 가다가 다시 돌아서서 어떻게 넘었던지 그 산을 넘어서니 그 아래는 청인淸人의 촌이 있었다. 그리고 조선으로 치면 이장 같은 그곳 동장洞長의 집에서 계를 하느라고 사람이 많이 모여 있었다. 내가 피를 흘리고 온 것을 보고 부대 조각으로 싸매 주었다. 그때에 나에게 총 놓은 청년들은 그대로 나를 쫓아 왔었다. 나는 그들을 보고 "총을 놓을 터이면 다시 놓으라"고 대들었으나 그들은 어쩐 일인지 총을 놓지 않고 그대로 달아나 버리었다.

나는 그 집에서 대강 피를 수습하고 그 아래 조선 사람들 사는 촌에 와서 달포를 두고 치료하였다. 총알에 뼈가 모두 으스러져서 살을 짜개고 으스러진 뼈를 주워내고 긁어내고 하는데 뼈 긁는 소리가 바각바각하였다. 그러나 뼛속에 박힌 탄환은 아직도 꺼내지 못한 것이 몇 개 있으며, 신경이 끊어져서 지금도 날만 추우면 고개가 휘휘 둘린다. 지금이라도 그 청년들을 내가 다시 만나면 내게 무슨 까닭으로 총을 놓았는지 조용히 물어보고 싶다.[28]

이 사건 뒤부터 만해는 체머리를 슬슬 흔드는 불편을 숨길 때까지 겪게 되었다. 백범이 중국 망명 시절에 동족이 쏜 총탄을 가슴에 맞고 일생 동안 손이 떨리는 증세를 보이고, 그의 휘호체가 '떨림체'라는 별칭을 듣게 되었던 사례와 비

---

28 『별건곤』, 2권 6호, 1927년 8월호.

숫하다.

구사일생으로 생명을 건진 만해는 왜적 치하에서 고통을 받는 동포들과 함께 하고자 고국으로 돌아왔다. 앞에서 잠깐 언급한 대로 귀국한 만해는 1911년 송광사에서 승려 대회를 열어 한일불교동맹조약을 파기시키는 데 성공하였다. 그러나 총독부는 사찰의 주지 임명과 재산 관리 권한을 총독이 행사하도록 하는 이른바 「조선사찰령」을 반포하여 조선 불교를 장악하기에 이르렀다.

불교 정화와 민족 불교의 회복에 진력하던 그에게 「사찰령」은 그의 꿈을 일거에 망가지게 만들었다. 만해의 『조선불교유신론』은 이와 같은 아픔과 질곡 가운데서 배태되었다.

제 2 장

불교혁신운동의 횃불을 높이 들고

이순신 사공 삼아
을지문덕 마부 삼아
파사검破邪劍 높이 들고
남선북마南船北馬하여 볼까
아마도 님 찾는 길은
그뿐인가 하노라.

— 한용운, 「무제無題」

호국 불교 사상의 법맥과 전통

한국의 호국 불교 사상은 불교를 처음으로 공인한 신라 법흥왕부터 국왕들의 칭호를 살펴보면 불교의 호국적 구실의 중요성을 짐작할 수 있다.

법흥왕法興王은 법을 흥성興盛케 하는 것을 이상으로 삼았는데, 그것은 바로 진리를 흥성케 하는 일眞興王에 일치했고, 그것은 참된 지혜眞智王로 이어졌고, 다시 참된 평화眞平王와 선한 덕善德王과 참된 덕眞德王의 표방으로 전개되었고, 다시 무열왕과 문무왕, 신문왕으로 이어져 마침내 최초의 통일된 민족국가를 출현시키는 결과를 낳았다.[1]

---

[1] 이기영, 「정치경제문화의 새로운 질서」, 『동국사상』, 제10, 11합집, 105~106쪽.

신라가 극심한 전란기에 자장법사의 건의에 따라 세운 황룡사 9층탑은 외적의 침략을 막고자 하는 기원의 뜻이었다고 한다. 탑의 제1층은 일본, 제2층은 중국, 제3층은 오월吳越, 제4층은 응유鷹遊, 제5층은 불명, 제6층은 말갈靺鞨, 제7층은 단국丹國, 제8층은 여적女狄, 제9층은 예맥濊貊을 진압하려는 기원을 담은 것이었다고 한다.[2] 신라가 이 탑을 세운 이유는 삼국통일의 기원에서 찾게 된다. 당시 실제적 라이벌 국가인 고구려와 백제보다 이민족의 침략을 막고자 탑을 세운 신라 호국 불교 사상의 진면을 보인다.

백제에서는 겸익율사謙益律師가 중국을 거쳐서 간접적인 불교 수입을 탈피하고 직접 인도에 가서 5년 동안 불교를 연구하고 율부律部를 가지고 와서 율의 신종新宗을 수립하고, 이것을 일본에 전래하여 율종律宗의 시종이 되는 등 독특한 모습을 보였다.[3]

고려 시대의 호국 불교 사상은 더욱 두터워졌다. 불교를 국교로 택할 만큼 고려 불교의 호국 사상은 강력한 기반을 갖고 있었다. 왕건은 「훈요10조」 중 제1조에서 불교의 호국 유지를 천명하였고, 현종에서 문종에 이르기까지 40여 년에 걸쳐 5048권을 새긴 『대장경』 경판은 거란의 침공으로 수도 개경이 함락되자 이를 극복하고 외적을 물리치려는 호국 정

---

2 김선근, 「한국 불교의 호국 사례 소고」, 『한국 불교학』 제7집, 146쪽, 주6, 한국 불교학회.
3 김동화, 『불교의 호국 사상』, 9~10쪽, 불교신문사.

신의 발로에서 제작되었다.

이 『대장경』 경판이 몽고 침략군의 손에 소실되자 고려는 강화도의 피난 수도에서 16년 동안 6791권, 8만 1258판의 팔만대장경판을 다시 새겼다. 외적의 침략에서 국가를 수호하려는 발원發源이고 불교적 호국 정신의 실현이었다.

대각국사 의천義天에서 목우자 지눌知訥로 이어지는 고려 불교의 법맥은 신라 원효 이래의 화정和靜과 원융圓融 사상의 실천적 호국 불교 정신으로 전개되었다.

조선 왕조는 숭유억불 정책으로 불교가 혹독한 탄압을 받는 시련기였다. 하지만 국난을 맞게 되자 유생들이 망쳐 놓은 국가를 승려들이 궐기하여 왜적과 싸워서 승전을 거듭하였다. 호국 불교 전통이 면면하게 이어진 것이다. 휴정休靜, 영규靈圭, 유정惟政 스님으로 대표되는 임진왜란 당시 승려들의 호국 정신은 신라나 고려 시대의 호국 불교 정신에 못지않았다.

유정 스님은 왜장 청정淸正이 만나기를 원하자 단신으로 살벌한 왜장 진영으로 들어가 담판을 벌였다. 청정이 "귀국에는 어떤 보배가 있는가" 묻자, "조선에는 다른 보배는 없고, 오직 그대의 머리를 보배로 삼는다" 하니, 청정이 그 뜻을 헤아리지 못하고 다시 물었다. 이에 유정이 "우리나라에서는 그대의 머리에 천근의 금金과 만가萬家의 읍邑을 상으로 걸었으니 어찌 보배가 아닌가" 하였다. 청정의 간담이 서늘해지고, 배석했던 왜장들이 스님의 기개에 기가 죽어 고개를 들지 못하였다.

불교의 근본 정신과 중심 교리는 '중생성불'衆生成佛과 '불국정토'佛國淨土의 이상이다. 한국의 고대국가 고구려·백제·신라가 불교를 수입한 목적은 보국안민輔國安民을 위함이었을 것이다. 하지만 나라의 사정에 따라 위기가 닥칠 때면 호국 정신이 요구되었고, 한국 불교는 여기에 진력하였다. 고려와 조선 왕조에 그대로 이어졌음은 물론이다.

조선 왕조는 중후기에 이르러 주자학이 극성해지면서 일체의 여타 종교와 학문은 철저히 배척하고 이단시하였다. 같은 뿌리의 성리학도 배척되는 판에 불교가 온전할 리 없었다. 불교는 쇠미해지고 탄압을 피해 산중으로 들어갔다. 국난기에는 호국 불교로서 크게 기여하고서도 안정이 유지되면 산중으로 격리되지 않으면 안 되는 수난과 시련을 겪어야 했다. 그 세월이 무려 500년이나 지속되었다.

그러나 호국 불교 사상은 "뒤늦게 서둔 승군단의 창설로 나타난 호국 불교라는 가치는 임진왜란과 병자호란을 한계로 시효가 매듭되었다"[4]라는 진단이 나올 정도로 왜란·호란 이후 한국 불교의 호국 정신이 약화된 것도 사실이었다.

따라서 한국의 전통적인 '호국 불교'에 관해 오히려 역기능 측면에서 비판하는 시각도 없지 않다. 여기 한 가지 주장을 들어 보자.

4　지승,「한국 불교 이대로 좋은가」,『주간불교』, 1987년 1월 5일.

그런데 일부 학자들에 따르면, 이러한 호국 불교가 민족사에 역기능을 행사하게 된 것은, 이미 신라가 당나라를 끌어들여 삼국을 통일했을 때부터 시작되었다는 것이다. 그리고 왕권을 뒷받침으로 해서 국가권력과 밀착하며 교세를 확장시켰던 불교는 고려에 와서 더욱 극성을 부렸으며, 조선조에 들어와서 불교는 권력의 지지 기반을 상실함으로써 그 뿌리까지 흔들리게 되었다. '이때는 이미 종교의 최대 역기능인 서비스 기능 정도로 전락할 정도'가 되었다. 그러나 조선 후기에 들어와서, 불교는 장길산의 미륵신앙운동이나 천민을 중심으로 하는 민중적 저항운동을 통하여 민중성을 다시 인식하게 되었고, 일제하에서는 제국주의에 대항했던 승려들과 3·1운동을 통하여 불교가 제자리를 찾기에 더욱 노력하기도 했다.[5]

불교가 '제자리'를 찾게 된 데에는 만해의 공력과 노력이 적잖았다. 실종된 호국 불교의 전통을 찾고자 만해는 산중 불교보다는 세간世間 불교에, 경전 위주보다는 보국안민에 관심을 집중하면서 힘겨운 세간과 출세간出世間을 폐포파립으로 힘겹게 걷는다.

만해가 활동에 나서기 전후에 전개된 한국 불교의 풍토를 간단히 점검해 보자.

---

[5] 황필호, 「해방신학과 민중불교의 비교분석」, 『민중불교의 탐구』, 262쪽, 민족사.

일본 승려 사노의 도성 입성 해금 전말

 조선 불교가 조선 왕조의 혹독한 탄압과 척불 정책으로 산중 불교로 간신히 명맥을 유지한 것은 그나마 유교가 '사'士의 학문이었고 '민'民의 학문이 되지 못했기 때문이었다. 조선의 유교는 조선 왕조의 통치 이념이고 정책 수단이었지만 일반 백성들에게는 번거롭고 숙명론적인 지배 질서일 뿐이었다.

 유교의 지배 체제에 편입되지 못한 다수의 일반 백성과 천민 계층은 현세의 고달픈 삶을 내세의 극락정토에 왕생을 불법에 의탁하거나 암암리에 승려들을 도와주게 되면서 혹독한 탄압 속에서도 불교가 명맥을 유지할 수 있었다.

 인조 원년인 1623년에 왕명으로 승려들의 도성 출입이 거듭 금지된 이래 270년 동안이나 불교 법회는 물론 출입이 엄격하게 통제되었다. 승려들이 남북을 왕래할 때에도 서울을 피해 먼 길을 걸어야 했으며 서울 부근의 사찰은 대부분 황폐화되었다.

  승려의 도성 출입이 가능하게 된 것은 일본 승려 사노佐野前厲의 작용이 컸다. 일련종日蓮宗 승려 사노는 1895년 3월 서울에 도착하여 똬리를 틀었다.

  사노는 양덕방 계산동에 일련종 교무소를 열고 포교 활동을 시작하였다. 4월 15일에는 북한산 중흥사를 방문하여 일련종 교의를 설명하여 연대를 약속받았다. 5월 5일에는 조선 국왕의 성수聖壽와 중흥유신의 성업을 축하한다는 대법회도 열었다. 이 법회에서 조선 각 사찰의 승려 300여 명, 일본인 명사, 일반인 등 1만 5000여 명이 참석하여 성황을 이루었다. 조선 조정의 핵심부와 접근하기 위한 예비 행사치고는 거창한 행사였다.

  일본에서 창도된 일련종은 1881년 와타나베渡邊日蓮가 부산에 건너와 일종회당日宗會堂을 세우고 이듬해 아사히旭日苗가 원산에 정묘사頂妙寺를 세웠다. 사노가 조선에 건너온 해에는 인천에 묘각사妙覺寺를 세우고 있었다.

  그 무렵 일련종은 청일전쟁에서 일본이 승리한 여세를 타고 급속히 조선으로 몰려들었다. 서울에 온 사노는 일본 공사관을 통해 『법화경』 『안국론安國論』과 향로 등을 궁내부에 헌상하고 대원군의 아들인 궁내부 대신 이재면과 면담하였다. 그 후 광무 황제(고종)로부터 호피·돗자리 등 하사품이 전달되었다.

  사노는 총리대신 김홍집을 비롯하여 각 대신을 만나고 대원군도 면담하였다. 조선의 집권자들을 두루 만난 사노는 승려들의 도성 출입을 허용해줄 것을 바라는「건백서」를 조선 조정에 제출하였다.

사노의「건백서」를 받은 총리대신 김홍집과 내부대신 박영효가 광무 황제에게 이를 상주하여 윤허를 받았다.『고종실록』1895년 4월 23일조(양력)는 "총리대신 김홍집, 내부대신 박영효가 이제부터 승려들의 입성에 대한 옛 금지령을 완화할 것을 상주하여 윤허를 받다"라고 기록되어 있다. 이능화의『조선불교통사』에는 "조선 이대왕(고종) 32년 을미 여름 4월 승려 입성 금지의 완화를 명하다. 이에 앞서 일본 일련종 승려 사노가 오다. 총리대신 김홍집에게 상서하여 승려 입성 금지를 완화하여 줄 것을 청하다. 김홍집이 경연 자리에서 상주하여 그리하도록 명하다"라고 되어 있다.

『승정원 일기』나『일성록』에도 비슷한 내용이 실려 있는 것을 볼 때 사노가 김홍집과 박영효를 통해 작용한 것은 거의 틀림없어 보인다. 고교형高僑亨은『이조불교李朝佛教』에서 사노가 조선 승려들의 도성 입성에 적극 나서게 된 배경을 이렇게 밝히고 있다. "사노사佐野師는 경성에 체류한 지 얼마되지 아니하였지만 조선 불교의 생기가 이미 사라져서 승려에게 종승宗乘도 없고 종지宗旨의 신조도 없음을 간과하였다. 좋은 방편을 쓰면 그들을 일본 불교의 종지로 개종시켜 일련종으로써 조선 불교계를 통일하는 것이 반드시 어려운 일이 아니라고 생각되었다. 이때 조선 승려를 위하여 어려운 난관을 타개하는 은혜를 베풀고 이로써 그들을 우리 종파로 유인하는 계기로 삼고자 하였다. 그리하여 기발한 재주를 가진 사노가 착수한 것이 바로 조선 승려의 입성 해금의 수행이었다."

이와 관련하여 고교형은 "이것이 사노의 발의에 의한 안인지, 누군가의 권고에 의한 것인가는 명확하지 않지만 조선 불교의 역사를 아는 자는 누구나 그 현저한 생각의 깊고 묘함에 감탄하지 않을 수 없다. 일은 실행시킬 만한 가능성이 있어서 당대의 승려들의 이목을 집중시켰을 것임에 틀림없다"라고 썼다.

사노가 주도면밀하게 친일파 내각을 움직여 승려의 도성 출입이 허용되자 조선 불교와 승려들은 500년 묵은 숙원이 풀리는 듯 감격하였다. 이때의 광경을 고교형은 『이조불교』에서 "사노씨는 조선 불교계에서 싸우는 장군이 홀로 천 리를 가는 것과 같이, 보름달이 중천에 걸린 것과 같이, 홀로 그 재주와 기략을 발휘하였다"고 썼다. 이능화도 『조선불교통사』에서 "어떤 자는 크게 기뻐하며 '조선 승려는 수백 년간 성 밖에 있는 자였다. 오늘에야 비로소 구름이 걷혀 하늘을 볼 수 있다. 이로부터 불일佛日이 다시 비칠 것이다"라고 찬탄하였다.

승려의 도성 입성 해금 사실이 알려지면서 경향 각지의 사찰과 승려들의 기쁨은 하늘을 찌를 듯하였다. 그 중심에 일본 일련종 사노가 있었다. 용주사의 승려 석상순釋尙順은 4월 29일

사노에게 다음과 같은 '사례의 말'을 전하였다. 이것은 조선 승려들의 총의를 모은 내용이라 해도 과언이 아니었다.

> 대조선국 경기도 수원 화산 용주사 승려 석상순은 삼가 대일본 대존사大尊師 각하에게 축하의 절을 올립니다. 우리 불도는 이 나라에서는 지극히 비천하게 되어 시경市京에 들어갈 수 없게 된 지 지금까지 500여 년입니다. 다행히 교린의 조약이 이루어져, 대존사 각하가 여기 만리 밖에까지 널리 자비의 큰 은혜를 베푸시고 이 나라의 승도를 500년 이래의 원통함과 비굴함에 쾌히 일어서게 하셔서 오늘에야 비로소 왕궁을 볼 수 있게 되었습니다. 이것은 조선 승려가 한결같이 감사드리는 바입니다. 이제 입성에 즈음하여 작은 정성을 표하여 대존사 각하께 절을 올립니다.[6]

조선 불교의 구원자처럼 등장한 사노는 정치적 야망에 불타서 조선인 대상으로 일한학교日韓學校를 세우고자 계획하여 700여 평의 토지를 구입한 데 이어 조선인 학생의 일본 일련종학교 유학을 추진하였다. 학생 선발을 외부대신 김윤식에게 의뢰하는 등 사노는 친일내각을 십분 활용하였다.

그러나 인간사 매사가 순풍만이 있는 것은 아니다. 조선

---

[6] 김삼웅, 「일본 승려 사노의 도성 입성 해금 전말」, 『종교신문』, 2004년 7월 4일.

에서 대성공을 거둔 사노가 마치 개선장군처럼 일본으로 돌아가자 종단 안에서는 거센 비판이 제기되었다. 지나친 독선 독주가 일본 일련종 간부들의 견제를 받게 된 것이다.

사노가 종단에서 궁지에 몰리면서 일본의 일련종으로 조선 불교를 통합하려던 그의 야망은 물거품이 되고 말았다. 조선 불교계로서는 의외의 구원을 받은 것이다.

그러나 사노는 굽히지 않았다. 1910년 강제 병탄과 함께 조선총독부의 종무총감宗務總監이 되어 다시 조선에 나타나고 1912년에는 도고쯔기床次竹二郎의 삼교회동三敎會同 추진자의 핵심이 되었다. '삼교회동'이란 신도·불교·기독교를 한 묶음으로 만들어 일본 신도의 지배 아래 만들겠다는 지극히 반종교적인 기도였다.

일본인 승려의 작용으로 해제되었던 승려들의 도성 입성 해제 조치는 3년 뒤인 1898년 보수 내각에 의해 다시 번복되어 금지령이 강화되었다. 그러나 이 시기는 독립협회에 의하여 개화운동이 대중운동으로 크게 번성하면서 「도성 금지령」은 별다른 효과를 거둘 수 없었다.

임진왜란의 국난을 맞아 벌떼같이 일어났던 조선 승려들이 한국병탄과 식민 통치에 순응했던 것은 조선조의 척불 정책과 함께 사노에 의한 도성 출입 해금 조치도 일정한 기여를 하게 되었다.

일제가 조선을 침탈하고 강점하면서, 불교가 이 땅에 들어온 지 1600여 년 동안 그 중심 가치로 이어져 온 호국 사상은 찾아보기 어렵게 되고 말았다. 그 혼미하고 타락한 한국 불교계에 만해와 몇 사람 승려가 있어서 호국 불교의 법맥을 잇게 된 것은 그나마 다행한 일이다.

왜색 불교 타파 선두에 서다

　일본에 반년 가까이 체류하면서 지켜본 문물과 국내외 정세는 만해에게 새로운 눈뜸(개안)의 계기가 되었다. 조국은 이미 돌이키기 어려운 상태에서 일본에 먹히고 있었으며, 친일 매불 승려들은 뒤질세라 침략자 편에 줄을 서고 있었다.

　1908년 10월에 귀국하여 동래 범어사와 지리산 자락에 산재한 여러 사찰을 순회하면서 불교의 대중화와 개혁운동에 진력하였다. 그때 그가 돌아본 한국의 크고 작은 사찰들은 황폐 일로에서 퇴락한 모습이었고, 승려들은 아무런 시대 의식이나 호법 정신도 없이 사원寺院에 기생하여 가난한 중생들의 식량을 축내고 있었다.

　한국 불교가 개혁되지 않고서는 살아남기 어렵겠다는, 불교유신의 신념을 체감하게 되었다. 더욱이 1910년 8월 29일 간신히 잔명을 유지하고 있던 국명國命이 경술국치로 숨이 끊어지면서 친일 불교인들은 제 세상이나 만난 듯이 설치고 다녔다. 이를 지켜보기란 참을 수 없는 고통이었다.

경술국치와 함께 이회광 일파의 매국 활동은 불교계뿐 아니라 일반 민중들에게도 지탄의 대상이 되었다. 조선 불교는 500년간의 억압과 격리에서 채 벗어나기도 전에 일제와 친일파들의 손에 짓밟히는 비운을 맞는다.

승려「입성 금지령」이 해지된 지 4년 뒤에 홍인문興仁門 밖에 원흥사가 세워진다. 조정에서는 1902년 그곳에 사사관리서寺社管理署를 두고「사찰령 36개조」를 정한다. 이듬해에는 이보담李寶潭 등이 '사원 및 불교 관리권 자치' 청원을 하고, 몇 해 뒤에는 '불교연구회'를 설립하고 고등교육 기관인 명진학교를 세운다. 조선 침략의 야욕을 드러내기 시작한 일제는 원흥사를 빼앗으려다 이보담 등의 반대로 실패하게 된다. 그러나 이회광이 명진학교 2대 교장이 되던 1907년, 다케다武田範之는 일진회의 이용구와 '권불재흥서'를 만든다. 이때 만해 한용운은 건봉사에서 수선안거首先安居를 성취하고 있었다.

1908년 조선 승려 52인은 원흥사에서 전국 사찰 대표자 회의를 개회하여 불교 회의를 해체하고 새로운 원종圓宗 종무원을 설립한다. 이회광을 종정으로, 다케다를 고문으로 추대한 이들은 1910년 전동에 각황사(지금의 조계사)를 창건하여 조선불교중앙회 사무소 겸 중앙포교소를 설립한다.[7]

이회광은 골수에 박힌 친일 승려가 되었다. 1910년 경술국치 직후 원종의 대표로서 일본에 건너가 조동종과 야합하여 "조선의 단종사원丹宗寺院은 일본의 조동종과 완전히, 영구히 연합한다"는 합의를 맺었다. 많은 승려들이 이회광 곁에 모여들어 부화뇌동하고 조선의 민족 불교는 점차 왜색 불교의 색채를 띠어 갔다.

일본에 건너간 이회광은 조동종 종무대표 홍진설삼과 다음의 7개 조항을 체결하였다. 조선 불교를 일본 불교에 예속시키는 내용이 중심이었다.

1. 조선 전체의 원종 사원중寺院衆은 조동종과 완전 또는 영구히 연합 동맹하여 불교를 확장할 것.
2. 조선 원종 종무원은 조동종 종무원에 고문을 의촉할 것.
3. 조동종 종무원은 조선 원종 종무원의 설립인가를 얻음에 알선의 수고를 담당할 것.
4. 조선 원종 종무원은 조동종의 포교에 대하여 상당한 편의를 도모할 것.
5. 조선 원종 종무원은 조동종 종무원에서 포교사 약간 명을 초빙하여 각 사수寺首에 비치하여, 일반 포교와 청년 승려의 교육을 위탁하고 또는 조동종 종

---

7 고명수, 『나의 꽃밭에 님의 꽃이 피었습니다』, 60쪽, 한길사.

무원이 필요로 인정하여 포교사를 파견하는 때는 조선 원종 종무원은 조동종 종무원이 지정하는 곳의 수사원에 숙사宿舍를 정하여 일반 포교와 청년 승려 교육에 종사케 할 것.
6. 본 체맹締盟은 쌍방의 뜻이 합치되지 않으면 폐지, 변경 혹은 개정할 수 없다.
7. 본 체맹은 그 관할처의 승인을 얻는 날부터 효력을 발생한다.[8]

불교계의 위기를 맞아 만해는 민족 불교의 살 길은 오직 불교의 독립과 통일 그리고 이를 위한 전국 사찰의 통제밖에 없다고 생각하게 되었다. 만해는 박한영, 진진은, 김종래 등과 더불어 순천 송광사에서 승려 궐기 대회를 열어 이회광 일당의 망동을 규탄하는 한편 새롭게 임제종臨濟宗을 창립하여 임제종 종무원 관장에 추대되었다. 만해는 전국에 포교소를 설치하여 임제종 종지를 선양하면서 전국 불교계의 호응을 얻어 원종의 연맹을 깨기에 진력하였다.

---

8 박걸순, 앞의 책, 재인용, 56쪽.

통감부에 「건백서」 보내는 실책을 범하다

만해는 이와 같이 조선과 조선 불교가 일본 불교에 짓밟히고 있는 상황에서 불도로서 나라를 지키기 위해서는 우선 불교 개혁이 먼저라는 생각을 갖게 되고 불교유신론을 구상하기에 이르렀다. 1909년 7월에는 강원도 표훈사 불교 강사에 취임하고, 1910년 9월에는 경기도 장단군 화산강국의 강사에 취임하여 불도들을 가르쳤다.

이 무렵 만해에게는 일생일대의 '실수'라고 하기에는 너무 큰 실책을 범한다. 경술국치가 일어나던 해 3월과 9월 두 차례에 걸쳐 중추원 의장 김윤식에게 「중추원 헌의서」와 통감 데라우치 마사다케寺內正毅에게 「통감부건백서」를 보낸 것이다. 병탄 전후의 일이다. 만해는 이 「통감부건백서」 내용을 몇 해 뒤에 쓴 불후의 명저 『조선불교유신론』의 제14장에 편입하였다.

내용은 불교에 대한 지나친 규제가 승려들의 파계를 가져

온다는 것과, "승려들은 마땅히 자식을 낳고 불교의 범위를 넓혀서 종교 경장의 진지陣地를 구축하여 기치를 세우게 하는 것이 교세를 보호하는 큰 계책"이라고 제시하였다. 이 같은 주장은 대처를 기본으로 하는 일본 불교의 풍속과도 부합하는 내용이었다. 지극히 "탈불교적 발언이고 인구의 증진만이 국가 존립의 방편이라는 시대착오적인 발상을 언명하고 있었다."[9]

「통감부건백서」(요지)[10]

엎드려 생각컨대, 승려의 결혼을 부처님의 계율이라 하여 금한 것이 그 유례가 오래되었으나, 그것이 백 가지 법도를 유신하는 오늘날 현실에 적합지 않은 것은 말할 나위도 없는 일입니다.

부처님의 계율에 있는 금혼은 본디 방편의 하나에 불과한 것일 뿐, 불교의 궁극의 경지와는 거리가 먼 터이니, 이를 제한한들 어찌 손상됨이 있겠습니까.

거기에다가 남녀 간의 욕심이란 지자, 우자에 공통되는 것이어서, 만약 일생 결혼하지 못하도록 금한다면 이 금혼으로 인해 폐단이 생겨서, 폐단은 자꾸 폐단을 낳아

---
9 고명수, 앞의 책, 61쪽
10 『조선불교유신론』, 「통감부건백서」, 안병직, 『한용운』, 158~159쪽.

갈 것입니다. 실은 조선 승려들도 해금이 낫다는 것을 모르는 바 아닙니다. 다만 하루아침의 말로 천 년의 구습을 타파할 수는 없어서 마음 가득 의구심을 품고 해가 다 가도록 주저하고 있는 실정입니다. 저는 조정의 법령으로 금혼을 해제하고자 바란 까닭에 금년 3월에 사실을 들어 전 중추원에 청원한 바 있었습니다.

그러나 아직 아무런 조처도 없고, 승려들의 의구심은 더욱 깊어만 가서 환속하는 승려가 날로 많아지고, 전도가 날로 위축되어 가고 있으니, 속히 금혼을 풀어 교세를 보존하는 것과 어느 쪽이 낫겠습니까. 많은 수효의 승려로 하여금 태도를 바꾸어 결혼해 애를 낳게 한다면, 그것이 정치·도덕·종교계에 영향줌이, 생각컨대 많지 않겠습니까. 이런 이유로 하여 이에 감히 소견을 개진하오니, 깊이 살피신 다음에 승려의 결혼 금지 해제의 사실을 특별히 부령으로 반포하시어서, 대번에 천 년의 누습을 타파하여 세상에 드문 치적을 이루게 되시기 바랍니다.

명치 43년 9월 일

통감 자작 마사다케寺內正毅 귀하

「헌의사」와 「건백서」의 내용도 문제지만, 을사늑약 뒤 조선의 통치 기관으로 군림하게 된 통감부의 수장에게 글을 보낸 것 자체가 당시 만해의 '몰역사주의적 한계'이기도 하였다. 이 소식을 전해들은 만해의 외우畏友 박한영이 "만해가 미쳤나"라고 개탄했을 정도로 충격을 주었고, 많은 승려들로부터 신랄한 비판을 받게 되었다.[11] 뒷날 창씨개명을 끝까지 거부하고 거처 심우장의 방향을 북향으로 바꾸고 외동딸을 학교에 보내지 않았던 만해의 모습과는 큰 차이를 보인다.

만해의 '실책'과 관련하여 그의 제자이며 연구가인 김관호는 만해의 승려 결혼 허용, 인구 증가 문제 등 「건백서」와 관련하여 다음과 같이 '해명'하고 있지만, 여전히 설득력은 떨어진다.

> 당면 문제보다도 30년 이후를 예견하는 주장이다. 앞으로 인류는 발전하고 세계는 변천하여 많은 종교가 혁신될 텐데 우리 불교가 구태의연하면 그 서열에서 뒤질 것이다. 그리고 지금처럼 금제禁制하면 할수록 승려의 파계와 범죄는 속출하여 도리어 기강이 문란해질 것이라 믿는다.
> 그런데 한 나라로서 제대로 행세하려면 적어도 인구가 1억쯤은 되어야 한다. 인구가 많을수록 먹고사는 방도가 생기는 법이다. 우리 인구가 일본보다 적은 것은 수모受侮의 하나이니 우리 민족은 장래에는 1억의 인구를 가져야 한다.[12]

만해가 승려의 대처를 옹호하게 된 데는 아무래도 자신의

---
11 고명수, 앞의 책, 61쪽
12 김관호, 「만해가 남긴 일화」, 『한용운』, 한길사.

전력前歷과도 유관할 것이다. 승려가 되기 이전에 아들을 두었었기 때문이다. 그는 뒷날 「남 모르는 나의 아들」이라는 글을 공표하여, 이를 감추려 하지 않았다.

「남 모르는 나의 아들」

나는 원래 구식 시대―승려의 육식·대처를 절대로 금하던 시대로부터 승려의 신분으로 있는 사람이니까 누가 나더러 처자가 있느냐고 묻지도 않았고, 나도 구태여 처자가 있다고 누구에게 대하여 말할 일도 없었다. 그런데 내가 지금 별안간에 아들 있는 이야기를 하면 혹은 그동안에 무슨 파계를 한 일이 있었는가 하고 오해하는 이도 있을 것 같다.

그러나 그런 것이 아니오, 실상은 내가 승려가 되기 이전, 즉 속민 시대에 낳은 아들이 하나 있었다. 나는 원래 충남 홍성 사람으로 구식 조혼 시대에 일찍이 장가를 들고 열아홉 살 때에 어떤 사정으로 출가하여 중이 되었는데, 한번 집을 떠난 뒤로는 그야말로 승속이 격원하여 집의 소식까지도 자세히 알지 못하고, 다만 전편傳便으로 내가 출가할 때에 회임중이던 아내가 생남하였다는 말만 들었을 뿐이다.

그러다가 연전 기미 시대에 나의 이름을 세상에서 많

이 알게 되니까 시골에 있던 아들 아이도 내가 저의 친부인 것을 알게 되어 서울로 찾아와 소위 부자가 초면 상봉을 하게 되었다. 그러나 그 뒤에 여러 가지 사정으로 한집에 데리고 있게는 못되고 경향이 낙락落落하게 되자 각거各居하니 남들이 나의 아들이 있는 것도 잘 알지 못하게 되었다. 나도 또한 누구에게나 이런 이야기를 별로 한 적이 없었다. 사회적으로 공개하기는 이번이 처음인 것 같다.[13]

병탄 전후에까지도 만해의 사회 의식과 역사 인식이 치열했던 것 같지는 않다. "그는 의인·걸사를 추구하던 사회 개혁 의식이 한계에 부딪쳤을 때 불문에 귀의함으로써, 현상의 원리로 현상을 개혁하려는 의도를 포기하고 본체本體의 진리를 추구하였기 때문이다."[14] 이런 일은 어쩌면 당대 지식인들이 갖고 있는 보편적인 세계관의 한계이기도 하였다. 매천 황현은 『매천야록』에서 동학도를 '동도'東徒 또는 '동비'東匪라고 불렀다. 반대로 신채호, 박은식과 같은 언론·사학자들은 해외로 망명하여 치열하게 일제와 싸웠다.

한용운 사상의 한계로서는 우선 사회과학적 안목과 지식의 부족을 들 수 있다. 비록 그는 시대의 흐름에 따라

---

13 『별건곤別乾坤』, 5권 6호, 1930년.
14 이상철, 「한용운의 사회사상(下)」, 『한국학보』 제31집, 194쪽, 일지사.

자신의 사상을 성숙시켜 갔지만 사회의 현실적이고 실천적인 과제를 해결해 나가는 데 있어서 구체적인 사회적 요인과의 관련에서 철저하게 규명하지는 못하였다. 그는 근본적으로 사회의 제반 문제에 대처해야 할 인간의 도덕적인 자세에 역점을 두고 그 사상을 전개시켜 나갔던 것이다. 이러한 경향 때문에 그는 식민지 반봉건 체제의 사회 구조적 기반에 대한 인식이 부족하였다. 그 결과의 대표적인 일례로서는 민족주의 사상과 운동에서 지향하는 정치 체제나 구체적인 진로를 제시하지 못하였던 점을 지적할 수 있다.

이러한 한계의 이유는 그 사상의 양면성에서 찾을 수 있다. 그의 사상은 유심惟心과 인간 본질로서의 자유와 평등 개념에 기초를 두고 있으므로 당위성은 강하게 띠고 있으나 바로 그 점 때문에 현실적인 한계도 가지게 되었던 것이다.[15]

이와 같은 지적은 만해 일대를 종관하면서 분석한 비판일 터이다. 어쨌건 만해는 일제의 한국병탄을 전후하여 한편에서는 왜색 불교의 침투와 친일 매불 불교인들을 규탄하면서, 일제의 정치·군사적 침략 행위에는 직접 맞서지 않았다. 의병이나 의열사가 되기에는 너무 시인적이고 불교적이었던

---

15 이상철, 앞의 글, 206쪽.

것일까.

을사늑약과 경술국치에 이르러 매천은 스스로 목숨을 끊고, 안중근은 하얼빈 역두에서 이토 히로부미를 통쾌하게 처단하였다. 만해는 안의사의 의거에 울연한 심정으로 시 한 편을 읊었다.

> 만 섬의 끓는 피여! 열 말의 담력이여!
> 벼르고 벼른 기상 서릿발이 시퍼렇다
> 별안간 벼락치듯 천지를 뒤흔드니
> 총탄이 쏟아지는데 늠름한 그대의 모습이여!

제 3 장

불후의 명논설 『조선불교유신론』

유신이란 무엇인가, 파괴의 자손이요. 파괴란 무엇인가, 유신의 어머니다. 세상에 어머니 없는 자식이 없다는 것은 대개 말들을 할 줄 알지만, 파괴 없는 유신이 없다는 점에 이르러서는 아는 사람이 없다. 어찌 비례의 학문에 있어서 추리해 이해함이 이리도 멀지 못한 것일까.

- 한용운 『조선불교유신론』

국치 통분 삭이며 『조선불교유신론』 집필

 한말의 거유巨儒 김윤식金允植의 "문체로 보나 사상으로 보나 근세에 짝을 찾기 어려운 글"¹이라는 평가를 받는 『조선불교유신론』은 만해가 서른두 살 때인 1910년 백담사에서 탈고하여 1913년 불교서관에서 발행한 불교 개혁의 명논설이다. 그에게는 최초의 인쇄출판물이고 한국 불교사에 큰 업적으로 알려지는 저술이다.

 1910년은 바로 경술국치의 해다. 근대 한민족사에서 가장 치욕으로 얼룩진 경술년에 만해는 통분을 삭이며, 그 참담함을 불교 개혁의 논설을 쓰는 데 바쳤다. 200자 원고지 1만 매가 넘는 방대한 분량인 이 논설은 "당시 조선 불교의 현상을 비판하고 당면 과제를 지적하여 자유 · 평등주의 사상에 입각, 개혁안을 제기한 실천적 지침서였다. 여기에는 그의 모

---

1 김윤식, 송건호, 앞의 글, 재인용, 294쪽.

든 교육과 사색과 견문이 쇠락한 조선 불교의 현상에 대해 전면적이고 비판적인 형태로 집약되어 있다. 또한 그의 장래의 사상과 행동이 총체적으로 부각되어 있다."[2]

전문 연구가 몇 사람의 평을 들어 보자.

> 그는 대세에 맞추어 우리나라 불교 개혁의 역사적 필연성을 통감하고, 여기에서 어긋나는 일체의 장애를 유신해야 한다고 보았다. 그가 진단한 당시의 불교는 근원적인 병이 들어 있었고, 이를 근본적으로 개혁하기 위해서는 유신이 불가피하며, 또 유신을 위해서는 먼저 파괴가 선행되어야 한다고 주장했다. 불교의 본의를 평등주의와 구세주의로 본 그는 일체의 기본 불교에 대하여 과감한 도전이 필요하다고 느꼈다.[3]

1910년에 탈고하여 1913년에 출판된 이 『조선불교유신론』은 학구적인 입장에서 불교의 진리를 해설한 이론서가 아니고 조선 불교의 현상을 타개하려는 열렬한 실천론이다. 그러나 이 논문은 바로 그러한 실천적 의도로 인하여 조선 불교의 현실을 올바르게 보았을 뿐더러, 불교 자체의 진리와 그 현대적 의의를 옳게 제시한 불후의 노작이 되었다. 이 저서에는 지금까지의 만해의 모든 교육

---

2 박걸순, 앞의 책, 42~43쪽.
3 인권환, 앞의 글, 459쪽.

과 사색과 견문이 조선 불교의 현상에 대한 비판의 형태로 전면적으로 집약되고 있으며, 또한 앞으로 전개될 그의 모든 행동과 사상과 문학의 윤곽이 총체적으로 부각되고 있다. 이 점에서 『조선불교유신론』은 만해 사상의 집대성적 성격을 지닌다고 할 수 있다.[4]

불교학자 서경수徐景洙는 『조선불교유신론』과 관련하여 "한용운의 『조선불교유신론』은 당시의 정치적 외적 정세와, 불교 내부의 완고한 보수성 때문에 불발탄으로 끝나기는 했지만 1910년대 당시에는 가장 선구적이고 혁명적인 논문"이라고 분석하였다. 그는 다음 4가지 점을 제시한다.

1. 조선 불교의 전반에 걸쳐 다각적인 관찰과 비판을 가했다는 점.
2. 전체 논문이 이론 정연하고 체계가 짜여 있다는 점.
3. 그러면서도 정말 불교의 장래를 누구보다도 아끼는 종교적 정열에서 솟아나온 산 글이라는 점.
4. 당시로서는 개화된 문장체인 국한문 병용을 택했다는 점.

그는 또 비판론으로 다음의 5가지를 지적한다.

---

[4] 염무웅, 「한용운의 민족사상」, 『한국근대사론』, 1977년 6월.

1. 극히 외형적 피상적으로만 승단의 병폐를 지적했다는 점.
2. 따라서 불교 교리·사상의 근대적 해석이나 주석의 필요성을 강조하지 않았다는 점.
3. 급진적 유신에 조급하여 종교 교단의 근본 원칙이 되는 계율의 해석과 개혁을 소홀히 다루었다는 점.
4. 조선 불교의 통폐가 호국을 가장한 승단이 역대 왕조와 야합에 있다는 것을 지적하지 않은 점.
5. 도리어 승려의 독신 생활을 왕권이나 일제 통감부의 무력에 의하여 막으려 했다는 점.

서경수는 그렇지만 "한국 불교가 낡은 껍질에서 벗어나지 않는 한, 한용운의 '유신론'은 가장 무섭고 날카로운 비판과 개혁의 화살로 한국 불교 승단을 노리고 있을 것이다"라고 결론을 맺는다.[5]

『조선불교유신론』은 서문을 포함하여 모두 18장으로 구성되었는데, 목차는 다음과 같다.

1장. 서문
2장. 서론
3장. 불교의 성질論佛教之性質

---

[5] 서경수, 『조선불교유신론』, 『한국의 명저2』, 443쪽, 현암사.

4장. 불교의 주의論佛敎之主義

5장. 불교유신은 파괴로부터論佛敎之維新 宜先破壞

6장. 승려의 교육論僧侶之敎育

7장. 참선論參禪

8장. 염불당 폐지論廢念佛堂

9장. 포교論布敎

10장. 사원의 위치論寺院位置

11장. 불가에서 숭배하는 불상과 그림論佛家崇拜之塑繪

12장. 불가의 각종 의식論佛家之各樣儀式

13장. 승려의 인권 회복은 반드시 생산으로부터論僧侶之克復人權이 必自生利始

14장. 불교의 앞날과 승려의 결혼 관계論佛敎之前道가 關於僧侶之嫁聚與否者

15장. 주지의 선거 방법論住職選擧法

16장. 승려의 단체論僧侶之團體

17장. 사원의 통할論寺院統轄

18장. 결론

'망매지갈' 望梅之渴의 의미

　　만해의 이 논설은 불교의 교리는 물론 당면한 현실적 문제에도 광범위하게 논술하고 있다. 서문에서 자신이 오래 전부터 품어온 불교유신을 당장 실행할 수는 없으나 시험 삼아 글로 나타내어 스스로 쓸쓸함을 달래고자 한다고 밝혔다. "나는 일찍이 우리 불교를 유신하는 문제에 뜻을 두어 얼마간 가슴속에 성산成算(일이 이루어질 가능성)을 지니고도 있었다. 다만 일이 뜻 같지 않아 당장 세상에서 실천에 옮길 수는 없는 실정이었다. 그래서 시험 삼아 한 무형의 불교의 새 세계를 자질구레한 글 속에 나타냄으로써, 스스로 쓸쓸함을 달래고자 한 것뿐이다"고 자기 독백적인 서술을 하고 있다.

　　1910년 12월 8일 밤에 쓴 이 서문은 "매화나무를 바라보면서 갈증을 멈추는 것望梅之渴[6]도 양생의 한 방법이긴 할 것

---

6 군인들이 갈증으로 고생하는 것을 본 조조가 좀더 가면 매화나무 숲이 있다고 말하자 군인들 입에서 군침이 돌더라는 것.

인 바, 이 논설은 말할 것도 없이 매화나무의 그림자 정도에 지나지 않는다. 나의 목마름의 '불꽃'이 전신을 이렇게 태우는 바에는 부득불 이 한 그루 매화나무의 그림자로 만석萬石의 맑은 샘 구실을 시킬 수밖에 없는가 한다"라고 '망매지갈'의 의미를 부여하였다.

만해는 논설의 서론緖論에서 "각 방면에서 유신을 부르짖는 소리가 천하에 가득하여 이미 유신을 했거나 지금 유신을 하고 있거나 장차 유신을 하고자 하는 사람들이 헤아릴 수 없도록 접종하고 있는 상태임에도 불구하고 유독 조선의 불교에 있어서는 유신의 소리가 조금도 들리지 않으니, 모르겠구나, 과연 무슨 징조일까. 조선 불교는 유신할 것이 없는 탓일까, 아니면 유신할 만한 것이 못 되는 까닭일까. 곰곰이 생각해 보나 그 이유를 알지 못하겠다. 아, 그러나 이것 역시 알 수 있는 일이다. 어디까지나 책임은 나에게 있는 것임에 틀림없다"고 자책론을 전개한다. 그러면서 다음과 같이 자신의 신념을 명확하게 제시한다.

> 조선 불교의 유신에 뜻을 둔 이가 없지 않으나 지금까지 드러남이 없는 것은 유독 무엇 때문일 것인가. 하나는 천운에 돌리고, 하나는 남을 탓함이 그 원인일 것이 분명하다. 나는 "일을 이룸이 하늘에 있다"는 주장에 의혹을 품게 된 후에 비로소 조선 불교 유신의 책임이 천운이나 남에게 있는 것이 아니라 나에게 있다는 것을 알았다.

그리고 그런 후에 책임을 회피할 수 없음을 갑자기 깨달은 나머지 유신해야 할 까닭을 얼마쯤 생각하기에 이르렀다. 그리하여 이 논論을 써서 스스로 경계하는 동시에, 이를 승려인 형제들에게 알리는 터다. 이 논문이 문명국 사람들의 처지에서 보기에는 실로 무용지 장물로 비칠 것이다. 그러나 조선 승려의 전도를 생각하는 처지에 선다면 반드시 조국은 채택할 것이 없지도 않으리라고 생각된다. 대저 거짓이 유신이 있는 후에 참다운 유신이 비로소 나타나는 것이니, 이론이 후일에 가서 거짓 유신의 구실을 하게 된다면, 필자의 영광이 이보다 더 함이 없겠다.[7]

---

[7] 안병직 편, 『한용운』, 『조선불교유신론』, 84쪽, 한길사.

『조선불교유신론』의 요지

『조선불교유신론』은 어떤 내용으로 구성되었을까? 그 요지를 살펴보자.

1. 불교의 성질

요새 말로 바꾸면 불교의 본질론이다. 만해는 이 본질론을 두 가지 대목으로 분류해 논술했다.

첫째, 불교의 종교적 성질을 논하고 있다. 그는 사람이 종교를 신앙하는 것은 최대의 희망을 종교에 두고 있기 때문이라고 했다. 그리고 문제가 되고 있는 미신과 종교의 차이성을 명백히 드러낸 다음 불교는 깨달음을 원칙으로 삼고 또 모든 중생으로 하여금 지혜의 바다에 들게 하는 종교이기 때문에 미신적 종교가 될 수 없다고 갈파한다.

둘째, 불교의 철학적 성질을 논하고 있다. 여기서는 독일 철학자 칸트, 영국의 베이컨, 프랑스의 데카르트의 학설까지

인용하면서 다방면으로 불교의 성질을 논증하고 있다. 만해는 불교 경전이 동서고금의 모든 학설과 사상을 담고 있다고 주장한다.

2. 불교의 주의

첫머리에서 천하에 주의가 없는 것은 없다고 하는 것으로 보아 아마 불교가 특히 주장하는 것, 즉 불교의 특징을 가리키는 것 같다. 여기서 만해는 불교의 특징을 평등주의와 구세주의救世主義에 있다고 주장한다. 그리고 이 두 가지에 대하여 도도한 논진을 편다. 평등주의를 주장하면서 "근세 자유주의와 세계주의가 실은 평등주의가 낳은 자손이라"고 역설한다. 그런데 그 평등주의는 부처님의 말씀인 경전에서 어디서든지 찾을 수 있다는 것이다. 구세주의를 말하면서 만해는 이 주의가 바로 자기만이 잘 살아보겠다는 "독리獨利 주의의 반대"라고 못을 박는다. 그리고 "흔히 많은 사람들은 불교를 독선주의의 종교라고 말하는데, 이는 아직도 불교의 참 뜻을 모르고 하는 말이라"고 따끔하게 일침을 놓는다. 이어서 『화엄경』의 대목을 인용하며 그의 주장을 증명해 간다.

3. 불교유신은 파괴로부터

위에서 인용한 가장 과격한 혁신적 논리는 이 항목에 실려 있다. 과격한 유신은 파괴를 전제로 해야 한다는 이론을 의사와 환자의 비유를 들어가며 전개한다.

여기 크게 곪은 환부 때문에 몹시 앓고 있는 환자가 있다고 하자. 만일 어떤 의사가 있어 스스로 곪아 터져서 그 환자가 죽을 때까지 손을 대지 않고 있다면 그는 아직 의사의 직책을 모르는 위인이다. 만일 또 한 의사가 있어 건성으로 곪은 데에만 약을 바르고 그 뿌리를 제거하기를 주저한다면 그 환자는 곧 뿌리로부터 다시 더 크게 곪아 죽고 말 것이다. 이 같은 의사는 서투른 돌팔이에 지나지 않는다. 그러나 여기 한 의사가 있어 대담하게 그 곪은 데를 칼로 째고 뿌리를 뽑은 다음 그 부분을 치료한다면 환자는 곧 깨끗이 나을 것이다. 이 같은 의사야말로 진짜로 의사의 사명과 직책이 무엇인지 똑똑히 아는 훌륭한 의사다.

그리고 이 항목의 결론을 다음과 같이 맺고 있다.

누구든지 오랫동안 폐단이 없기를 바라는 것이다. 그러나 오랜 세월이 흘러가노라면 이상스럽게 여러 가지 폐단이 생겨나고 이 폐단은 시간의 흐름과 더불어 점점 커 가고 굳어 가서 나중에는 폐단이 생기기 이전의 모습을 잃고 만다. 조선 불교는 4500년의 긴 세월을 내려오는 동안 여러 가지 폐단이 쌓이고 쌓여 이제는 그 폐단이 극도에 이르렀다. 이 폐단이라는 것이 바로 파괴의 대상이다. 파괴의 대상인 이 폐단을 파괴하기를 꺼려서 피상적인 개량만 한다고 하여 그 폐단이 제거되는 것은 아니다. 조선 불교 유신에 뜻을 둔 사람은 유신하지 않음을 두려워 말고 파괴하지 않음을 두려워하라.

4. 승려의 교육

만해는 "교육이 성하면 문명도 흥하고 교육이 약하면 문명도 쇠약한다"고 첫머리에서 주장한다. 그런데 조선 불교 승단은 이 교육의 중요성을 망각하여 왔고 또 망각하고 있기 때문에 승단 전체에 쇠망을 가져오게 되었다는 것이다. 그리고 조선 불교의 장래를 위하여 교육의 당연성을 주장하면서 구체적 교육 제도 안案까지 작성했다. 그 안에 의하면 승려 교육 제도는 세 가지 단계로 나뉜다.

첫째, 보통학普通學의 과정을 주장한다. 만해에 의하면 '보통학'이란 "사람이 매일같이 입고 먹는 의복이나 음식처럼 몸에 지니고 있어야 한다"는 것이다. 문명 시대에 살아가려면 최소한도로 지녀야 할 상식도 이 보통학 과정에서 습득된다. 그리고 이 보통학은 전문적 지식을 연구하기 위한 예비 과정도 될 수 있다고 보았다.

둘째, 사범학師範學을 역설한다. 여기서 사범학은 천연사범天演師範과 인사사범人事師範으로 분류된다. 그런데 만해는 사범학의 개념을 상당히 넓게 잡고 있는데 우리가 흔히 알고 있는 사범 교육을 만해는 인사사범이라고 생각했다. 또 천연사범을 설명하면서 콜럼버스의 지구학地球學, 뉴턴의 인력학

引力學, 와트의 증기학蒸氣學, 다윈의 진화학進化學을 예거 하고 있는데, 다시 말해 자연 과학에 대한 지식 습득을 강조하고 있다.

셋째, 외국 유학을 주장한다. 1910년대에 조선 불교계에서 감히 외국 유학을 주장했다는 사실에는 만해의 탁월한 선견지명을 짐작할 수 있다. 그리고 승려 교육을 논하는 항목의 결론 역시 격렬한 어조로 맺고 있다.

> 그렇거늘 낡고 부패한 늙은 무리들이 젊은이들의 신교육을 백방으로 방해하고 있으니 통탄할 일이로다. 큰소리로 이 같은 무리들을 꾸짖어야 한다. 교육을 저해하는 자는 반드시 지옥에 떨어지고 교육을 권장하는 자는 마땅히 선도할 것이다.

5. 참선

만해는 선禪에 대하여 여러 방면으로 논술하고 있으나 조선 불교계에 미친 참선의 그릇된 폐단도 함께 지적한다.

> 한마디로 말해서 참선의 요제는 적적성성寂寂惺惺에 있다. 적적은 흔들리지 않음을 말하고, 성성은 매昧하지 않음을 말한다. 흔들리지 않으면 마음에 어지럽게 일어남이 없고, 매하지 않으면 마음이 혼미에 떨어지지 않는다. 그렇건만 이상하다. 옛날 참선인은 마음이 적적함을 말하

였는데 오늘 참선인은 있는 처소가 적적함을 말하고 또 옛날에는 그 마음이 움직이지 않음을 말하였는데 오늘은 그 몸이 움직이지 않음을 말하고 있다. 있는 처소의 적적은 곧 염세를 일컬음이요. 몸을 움직이지 않는다 함은 큰 독선과 통한다. 불교는 원래 구세의 종교이고 중생을 제도하는 종교인데 어찌 염세와 독선이 있을 수 있겠는가.

그리고 오늘의 참선 세계를 분석하면서

오늘의 참선인들을 가리면 십 분의 하나만이 겨우 진짜 참선인이고 십 분의 둘은 그저 배불리 먹기 위하여 앉아 있고 나머지 십 분의 칠은 우미愚迷하고 게으르나 배불리 먹을 수 있으므로 선방에 앉아 있는 것이다. 선지先知도 모르는 자들이 우두커니 앉아서 옛 조사祖師의 어록 몇 마디를 수작하며 원숭이의 잠으로 아까운 청춘을 백발의 노인으로 화하게 하니 이것이 어찌 한심한 일이 아니겠는가. 오늘의 조선 참선은 이름만이 겨우 참선이다.

라고 당시의 참선계를 강타한 만해는 이번에는 줄을 바꾸어 참선의 유신책을 펴 나간다.

모든 조선 참선실의 재산을 합하여 규모 있고 거대한 선학관禪學館 한두 개만 지은 다음, 훌륭한 선지식 몇 분을 스승으로 모셔 놓고 참선하고자 하는 사람은 승속僧俗을 구별치 않고 매일 일정한 시간에 정진하도록 한다. 그리고 한 달에 한 번 선지식의 법어法語를 듣든지 아니면 서로 토론하여 그동안 탐구한 정도를 시험한다. 그리고 이와 같이 토론하여 서로 교환한 지식들을 책으로 엮어 출판하면 누구나 쉽게 참선에 친근해질 수 있는 것이다. 또 사찰의 집무 때문에 전문적으로 참선할 수 없는 승려는 그 사찰에서 적당한 시간에 참선하면 되는 것이다. 구태여 특별히 선실을 꾸며 놓고 그 안에 온종일 앉아 있어야 참선한다고 할 수는 없다. 물을 길어 나르고 나무하는 일이 묘용妙用이 아님이 없고 계곡에 흐르는 물소리나 푸른 산이 모두 진상眞相을 보여 주고 있다.

6. 염불당 폐지

"오늘 조선 불교의 염불은 염불이 아니고 호불呼佛이다"라고 지적한 다음 염불과 호불의 차이를 분명히 가른다. 다음으로 불교의 진리를 피력하여 가면서 호불이 부당함을 역설한다.

불신佛身이 법계에 충만하여 있고 또 원근遠近 내외內外에 불신 아님이 없다. 그러니 무엇을 부른다는 것인가. 또 내 마음 가운데 아미타불이 있고 바로 내 마음이 아미타불인데, 남이 나를 부르면 몰라도 내가 어찌 나를 큰소리로

부를 수 있겠는가. 아미타불인 내가 아미타불인 나를 부른다면 누가 대답하겠는가. 대개 지극한 이치는 말이 없는데, 어찌 그다지 말이 많은가. 불도佛道를 큰소리로 부름으로써 구할 수 있다면 천 번 부르고 만 번 불러도 좋다. 그러나 큰소리로 구할 수 없다면 차라리 조용한 마음으로 염불함이 좋을 것이다.

그런데 당시의 불교 현황은 큰소리치며 호불하는 것이 왕생극락하는 염불인 것처럼 꾸미고 순진한 여성들의 정신을 혼미하게 하니 하루빨리 시정해야 한다고 만해는 외친다. 가짜 염불이 진짜 염불을 좀먹는 폐단은 근절해야 한다는 것이다.

7. 포교

만해는 조선 불교가 쇠퇴하게 된 까닭은 포교에 적극적으로 힘쓰지 않았기 때문이라고 주장했다. 더구나 신자의 대부분을 무식한 여성들이 차지하고 남자는 극히 드물다는 사실을 들어 그는 재래 불교의 비포교성을 통렬히 비난한다. 그리고 포교의 방법론까지 제시하며 당시 포교에 열중하던 기독교의 예를 들어 불교계에 경종을 울린다.

> 포교사는 세 가지 조건을 구비해야 한다. 첫째는 열성, 둘째는 인내, 셋째는 자애다. 이 셋 중에 하나만 빠지더라

도 포교사의 자격은 미달이다. 포교사는 더위와 추위의 멀고 가까움을 가리지 않고 누구에게나 포교하는 열성을 가져야 한다. 그리고 하루 이틀에 성공하기를 바라서도 안 된다. 중국에 온 어느 서양 포교사는 7년 만에 겨우 신자 한 사람을 얻었다는 이야기가 있다. 그의 인내를 불교 포교사도 배워야 한다. 또 남이 욕하고 비웃는다고 하여 주춤해서야 포교사라 할 수 없다. 남의 비방이나 조롱을 자애로 받아들일 아량을 가지고 포교에 임해야 한다.

8. 사원의 위치

『조선불교유신론』 중에서 만해는 이 항목에 많은 열의를 쏟고 있다. 산간벽지에 물러앉은 사원의 위치를 독일 철학자 헤겔의 말까지 인용하며 가장 혹독하게 비판한다. 그는 산간벽지에 숨어 있는 사원의 위치와 불교적 사업의 관계를 한 가지씩 열거하며 논술한다.

> 첫째, 사원의 위치가 산간에 있기 때문에 진보적 사상이 위축되었다. 밤낮 산속에서 흐르는 물소리와 피는 꽃을 즐기다 보니 진보적 기상은 저절로 위축되었다.
> 둘째, 무모험적無冒險的 사상이다. 바닷가에 살면 사람은 모험을 하게 되지만 움직이지 않는 산속에 살게 되면 아무래도 모험심은 생기지 않는다.
> 셋째, 무구세적無救世的 사상이다. 부처님이나 예수님

은 무리들과 함께 살며 그들을 구제하고자 애썼다. 그러나 옛날 소부巢父나 허유許由 같은 인물은 산속에서만 살았기 때문에 염세주의에 빠졌다. 지금 사원의 위치는 염세주의에 흐르기 알맞을 뿐 구세주의에는 부적당하다.

넷째, 무경쟁적 사상이다. 깊은 산속에 떨어져 있으면 아무래도 시대의 조류와는 멀리하게 되니 치열한 경쟁에는 끼지 못하게 된다.

이 밖에도 만해는 사원의 위치가 산속에 있기 때문에 승려 교육·포교·통신 등 여러 모로 이익이 없다는 점을 들어 조선 불교는 불교의 구세적·포교적 사명을 다하기 위하여 도시로 그것도 큰 도시로 나와야 한다는 것을 주장한다.

9. 불가에서 숭배하는 불상과 그림

이어 만해는 탱화幀畵 따위를 불사르자며 다음과 같이 주장한다.

> 조선 불교에 조상造像이나 탱화의 숭배가 심하다. 어떤 사람은 이 같은 상이나 그림은 미신에 가까운 가짜 상이니 모두 한꺼번에 불태워서 사원을 깨끗이 하면 미신적 암흑시대에서 벗어나 조선 불교도 새 시대에 알맞은 종교체제를 갖출 수 있을 것이라고 말한다. 너무나 타당한 말이다.

그리고 정리해야 할 미신적 삭회塑繪의 종류로서는 ① 칠성각七星閣에 안치된 그림이나 상들 ② 나한羅漢 독성獨聖각에 있는 그림과 상들 ③ 시왕전十王殿에 있는 여러 폭의 그림들 ④ 신중단新衆壇에 모신 그림과 상 등을 들고 있다. 그러나 부처님과 보살상에 대해서는 종교적 신앙과 예배의 대상이므로 모셔 놓는 것이 옳다는 견해를 나타내고 있다.

10. 불가의 각종 의식

불교의 모든 의식 절차가 번잡하고 대단히 과감하게 간소화해야 한다는 것이다. 이 의식 간소화 안을 보면 누구나 놀랄 것이다. 너무 지나치게 간소화했기 때문이다.

사원마다 하루에 한 번 집례執禮가 종을 치면 모든 승려들은 의복을 정재하고 법당에 모인다. 그 다음 향을 피우고 세 번 절한 후 함께 찬불가讚佛歌를 한 번 부르고 끝낸다.

그리고 그 밖에 재공의식齋供儀式과 제사예절祭祀禮節도 마찬가지로 극단히 간소화해야 한다고 주장한다.

11. 승려의 인권 회복은 반드시 생산으로부터

만해는 또 이렇게 주장한다.

사람이 옷을 입으려면 옷감을 짜야하고 밥을 먹으려면

밭을 갈아야 한다. 짜지도 않고 갈지도 않으면서 옷과 밥을 얻으려는 사람은 유의유식遊衣遊食자로서 사회나 나라에 해를 끼치는 무리다. 그리고 자기의 힘으로 노동하거나 생산하지 않는 사람은 결국 남의 노동과 생산에 의지하여 살게 되니 생존의 권리가 내게 있지 않고 남의 손에 있다. 그러니 어느 때에 자유를 보전하고 압박에서 벗어날 수 있겠는가.

조선 승려가 생활하는 양식을 분류하면 대개 두 가지 종류가 있다.

첫째는 사취欺取 생활이다. 듣기 좋은 말로 우매한 부녀자들을 속여 불공이나 재를 올리게 하여 호구지책을 마련하는 것을 사취 생활이라 한다.

둘째는 걸식乞食 생활이다. 승려들은 보살만행菩薩萬行을 위주로 한다고 하여, 스스로 생산적 노동을 부정하고 남의 것을 구걸하는 것을 걸식 생활이라 한다.

그러나 이 두 가지 생활 방법이 모두 남의 것에 의존하고 살아가는 것이기 때문에 언제나 독립된 입장에 서지 못한다. 따라서 독립된 위치에서 자기의 권리를 주장하지 못하고 마는 것이다. 그러므로 오늘의 승려는 의존적 생활 방법을 지양하고 독립 생활 방법을 강구함으로써 생존권리를 회복해야 한다. 그렇다고 사원이 근대적 자본 축적에 앞장서라는 뜻은 아니다.

12. 불교의 앞날과 승려의 결혼 관계

만해는 「불교유신론」에서 승려의 가취 문제를 상당히 심각히 다루었다. 조선 불교의 전도가 승려의 가취 여부에 있다고 극언할 만큼 만해의 관심도 크다. 그 지론에 의하면 모든 승려는 반드시 결혼하여 아내와 남편을 가져야 한다는 것이다. 그러니까 부처님 이후 내려온 승가의 계율을 송두리째 부정하고 나선 것이다. 만해는 결혼하지 않고 독신 생활을 계속하게 되면 ① 윤리에 해롭고 ② 종족 번식을 나라의 힘으로 삼고 있을 때 나라를 해치는 것이라 ③ 포교에 해롭고 ④ 풍습에 해롭다는 것을 들어 불교가 그 아내요 남편이 아니라면 취가娶嫁하라고 권하였다.

물론 옛날에 파스칼이나 칸트 같은 철인이나 뉴턴 같은 과학자도 일생 독신으로 지낸 일이 있다. 그러나 그들은 모두 천지 귀신이 곡할 지혜를 가지고 천하가 뒤바뀔 업적을 남겨 놓았다. 칸트에게 있어 아내는 철학이고 뉴턴에게 있어 아내는 과학이었다. 그렇다면 조선 승려가 취가하지 않는 것은 그들이 모두 불교를 아내로 삼고 역사적 종교 개혁이라도 완수할 큰 뜻에서인가. 불행하게도 조선 승려가 다 그렇게는 보이지 않는다. 그렇다면 차라리 결혼하는 것이 여러 가지 점에서 타당하다.

이 승려 취처 문제에 대하여 만해는 한말 조선 정부에 「헌의서」까지 내면서 권력의 힘으로 강행하여 줄 것을 요청하였다. 더구나 그가 싫어하던 조선 총독부의 전신인 통감부에도 「건백서」를 제출하여 일본 통감부의 무력으로 승려의 독신을 금지시켜 보려고 시도한 것을 보면 그의 주장이 어떠했는지를 짐작할 수 있다. 그러나 이 대처승 문제는 오히려 『조선불교유신론』의 영향보다도 후일 일본에 유학을 갔던 젊은 승려들의 영향으로 일부 승려 가운데 비공식으로 가취 생활하는 자가 많이 생겨났으니 유학을 갔던 젊은 승려들은 일본 승려의 가취 생활을 보고 왔던 것이다.

13. 주지의 선거 방법

그때까지 사원 주지는 선거함이 없이 법랍法臘의 차례로 돌아가며 하는 '윤회주지'輪廻住持, 지방 토호나 행정관에게 뇌물을 주면서 주지직을 의뢰받는 '의뢰주지'依賴住持, 중론을 무시하고 자기 마음대로 주지직을 차지하는 '무단주지'武斷住持의 세 가지 형태로 주지직을 맡아 왔다는 것이 만해의 견해다. 그러므로 주지가 무능하거나 무식하여 저지른 잘못을 책임지울 수도 없고 또 독단적 처사를 감행하여도 막을 길이 없다. 그래서 그는 다음과 같이 개혁안을 주장했다.

사원의 크기에 따라 반드시 주지에게는 소정의 월급을 주도록 하고, 또 유능하고 지혜 있는 적임자를 주지에 앉히려면 반드시 선거 제도에 의하여 공명하게 선출하여야 한다.

14. 승려의 단체

이 항목에서 만해는 당시의 승려들을 가차 없이 매도한다. 우선 조선불교유신을 도모하는 승려는 누구나 승려들에게 "단체 사상이 결여되어 있다"는 사실을 통탄한다. 조선 승려만큼 독선적 이기주의자는 없다는 것이다. 그리고 이 같은 독선적 이기주의는 필연적으로 모든 사회적 움직임을 남의 일처럼 '방관하는 위치'에서 만족하는 타성을 길러 낸다. 『조선불교유신론』에서 만해는 "천하에 가장 보기 싫고 미운 자는 방관자"라고 호통하면서 이 방관자를 다음의 여섯 가지로 분류한다.

첫째, 혼돈파渾沌派. 너무 무식하여 그저 배고프면 먹고 곤하면 누워 자는 일뿐 무엇이 어떻게 돌아서 되어 가는지 갈피를 못 잡고 있는 무리들이다. 이들은 사실상 방관자의 위치에 있으면서도 그들 자신이 방관자라는 사실도 전연 모르고 있다.

둘째, 위아파爲我派. 남은 어찌 되든 조선 불교는 어찌 되든 자기만 안전하면 그만이라는 무리. 입술이 없으면 잇몸도 상한다는 가장 쉬운 이치도 모르고 사는 우둔한 무리다.

셋째, 오호파嗚呼派. 모든 일을 강 건너 불로 보고 이편에 앉아 한숨으로 세월을 보내는 무리. 한숨과 눈물로 세월을 보내는 동안 불길은 이쪽으로 넘어와 자기 집을 불태운다. 그대로 앉아서 한숨만 쉬고 구경만 하는 가장 비겁한 무리다.

넷째, 소매파笑罵派. 항상 뒤에서 남의 일을 비웃거나 조롱하는 무리.

다섯째, 포기파暴棄派. 모든 것을 다 포기하고 앉아서 구경만 일삼고 있는 무리.

여섯째, 대시파待時派. 가만히 앉아서 때가 오기만 기다리는 무리. 그것은 씨나 뿌려 놓고 기다리는 것이 아니라, 처음부터 앉아서 기다리기만 하는 어리석은 무리를 가리킨다.

15. 사원의 통할

조선 불교의 사무 절차나 의식에 통일성이 없다. 질서 있고 조리 있는 절차와 의식 규준이 마련되고 전불교 사원과 사원 재산까지도 일률적으로 통괄하는 조직과 기구가 있어야 한다.

이 밖에 결론이 있으나 항목마다 결론적인 것을 내린 까닭에 『조선불교유신론』의 결론은 짧게 끝나고 있다. 약 4만 2000자에 달하는 대논문은 조선 불교의 앞날에 유명한 마르틴 루터 같은 종교개혁가가 나와 주기를 고대하면서 끝 부분을 맺고 있다.[8]

---

8 서경수, 『조선불교유신론』, 『한국의 명저』, 436~443쪽, 현암사.

대처론에 대한 사회적 파문

　『조선불교유신론』이 발표되면서 사회적인 파문이 적지 않았다. 제14장 '승려의 결혼 문제'에 관한 부문은 특히 큰 파문을 던졌다. 앞에서 잠시 언급한 대로 통감부에 보낸 「건백서」의 내용을 제14장에 첨부하면서 승려의 가취嫁娶 문제가 세상에 알려지게 되고, 전통적 교리를 지키려던 청정 비구比丘에게는 큰 충격이 아닐 수 없었다. 불교계의 큰 존재였던 박한영이 크게 분개하고, 뒷날 만해와 함께 「3·1독립선언서」에 서명한 백용성白龍城도 이 문제에 대해서는 적극 반대하였다. 박한영은 만해를 맞대 놓고 질책하였다. "지옥이란 게 없다면 모르되 있다면 꼭 너 같은 사람이 들어가야 할 게다. 가취론 때문에 조선 중 모두 망쳐 놨으니 말야."[9]

---

9 정광호, 『일본침략시기의 한일불교관계사』, 305쪽, 도서출판 아름다운 세상.

조선의 불교는 고대로부터 대처帶妻를 금지하고 철저한 비구比丘를 원칙으로 해왔다. 신라의 원효대사는 특수한 사례로서 인식되지만 당시 승가에서는 파계승破戒僧으로 비난하였다. 승려는 결혼하지 말고 음탕에 빠지지 않는다는 불음계不婬戒의 기원은 불교 이전 인도교에까지 거슬러 올라간다. 인도교 사회에서는 불음계를 범하게 되면 자기가 속하는 카스트에서 축출되므로 생존의 위협을 받게 되고, 따라서 불교 교단의 불음계는 인도교에서 그대로 그 엄격성과 함께 조선 불교에 전승되었다.

약혼만 하고 출가한 어느 비구가 자손을 원하는 부모의 간청에 못 이겨 약혼녀와 관계하고 승단에 돌아왔을 때 승단 내 비구승 사이에서는 찬반 의견이 엇갈리고 있었다. 이때 부처님은 어떠한 조건에서건 불음계를 범한 그 비구를 엄하게 다스렸다. "남근男根을 여인의 음부에 넣으려면 차라리 독사의 입에 넣어라"는 무서운 한마디가 나왔다. 이미 남녀 관계가 어렵다는 체험을 가졌던 부처님이었으므로 금욕에 대하여는 가장 엄격함을 비구들에게 교훈했다.[10]

만해는 '승려의 결혼 문제' 첫 부문에서 "불교는 무슨 방

---

10 서경수, 「만해의 불교유신론」, 『한용운사상연구』 제2집, 922쪽, 민족사.

법으로 장차 부흥시킬 것인가 하고 물으면, 나는 반드시 이렇게 대답하겠다. '승려의 결혼 금지를 푸는 것'은 중요하고 시급한 대책의 하나일 것이다"라고 역설할 만큼 중요시하였다. 하지만 불교계는 물론 일반 사회에서는 오랜 관습에서 이 부문이 비난의 대상이 되고 파문이 적지 않았다.

일제강점기 불교계의 대처식육론帶妻食肉論 싸움

불교계의 '승려 대처론'은 일제강점기에 '식육론'食肉論과 겹쳐 전개되었다. 대표적으로는 3·1운동 뒤 일제가 한국 불교의 장악을 위한 수단으로 나타났다.

1919년 3·1운동 뒤 부임한 조선총독 사이토 마코토齊藤實는 정무총감 미즈노 렌타로와 함께 총독부 학무국에 종교과를 신설하고 포교 규칙 개정, 종교 단체의 법인화 허가 등 본격적인 종교 탄압에 나섰다.

3·1운동에서 천도교·기독교·불교 등 종교 단체가 큰 역할을 하고 여전히 커다란 잠재력을 가지고 있으므로 이들 종교 단체를 분열시켜 친일화를 펴려는 술책이었다. 1920년 사이토는 「조선의 민족운동에 대한 대책」을 발표했는데 그 가운데 '종교적 사회운동'의 내용은 다음과 같다.

① 「사찰령」을 고쳐 경성에 전국 30본산을 통할하는

총본산을 세우고 중앙집권화를 꾀한다.
② 총본산의 관장에는 친일주의자를 세운다.
③ 불교 진흥 촉진 단체를 만들어 총본산의 옹호 기관 역할을 시킨다.
④ 진흥 촉진 단체는 본부를 경성에 두고 회장을 거사居士 중, 친일주의자 중 덕망이 높은 사람으로 채운다.
⑤ 이 단체의 사업을 일반 인민의 교화, 죄인의 감화, 자선사업 기타로 한다.
⑥ 총본산·각본산·불교 단체에 상담역으로 인격 있는 내지인內地人(일본인)을 둔다.

이에 따라 '조선불교중앙교무원'이 성립되고 한국 불교는 급속히 친일 예속화의 길을 걷게 된다.

일제는 한국병탄 과정에서 친일 불교인들을 육성하여 전국의 사찰 곳곳에 이들을 배치했다. 또한 많은 청년 승려들을 유학의 명분으로 일본으로 끌어들였다. 일본 유학을 다녀온 이들은 대부분 결혼을 하고 육식을 하였다. 일본 불교계의 습속을 그대로 따른 것이었다.

일본 불교는 1872년(명치5년) 4월 25일 이른바 「태정관太政官 훈령 33호」로써 "승려의 육식대처는 각자 임의에 맡긴다"는 조칙을 내림으로써 승려들의 '육식대처'가 일상화되었다.

이로써 불교의 전통적인 금욕주의 정신이 사라지게 된 것이다. 당연히 한국의 불교계에서는 비난이 일게 되고, 일본 유학을 피하려는 현상이 나타났다.

일제 식민 체제가 강화되고 불교의 예속화가 심화되면서 대처식육의 승려가 눈덩이처럼 늘어났다. 이 무렵 조선 불교의 파계를 전하는 기록이 있다.

> 노소를 막론하고 너도나도 대처 생활을 하였다. 인간적 본능에서 나온 자연성이라 할까! 종래 금욕주의적 승려가 대처 문제 가부를 논할 여가도 없이 우후죽순처럼 일제히 대처 생활을 하게 되었다. 젊은이들은 청춘의 정열에서, 나이 많은 이들은 성의 있는 시봉侍奉을 삼기 위하야! 실로 조선 불교가 들어온 후 처음 보는 파계 생활이다.[11]

조선 불교의 친일화와 파계를 염려하는 많은 승려들이 대처식육을 비판하고 나섰다. 대표적인 사람이 '불교청년운동'의 핵심이었던 이용작李龍柞이다. 명리를 추구하지 않는 선사의 후예이던 승려들이 대처 생활을 하게 되면서 4~5배로 늘어난 생활비의 충당으로 사원 경제의 위기를 초래한다고 비판했다. 그는 "생활 문제는 전혀 염두에 둘 필요도 없던 조선 승려는 대처 생활을 한 그날부터 가정적 노예가 아닐

---

11 이용작, 「위기에 직면한 조선 불교의 원인 고찰」, 1932년

수 없게 되었다. 절에 가서는 승려 흉내를 내야 하고, 집에 돌아와서는 속세 생활의 임무를 아니할 수 없게 되었다. 이 같은 이중생활에서 나온 여러 가지 모순은 필경 절에 있어 참다운 승려도 못 되고 마을에 와서는 진실한 가장도 못 되어서 그야말로 비승비속非僧非俗의 중간적 기형 생활을 아니할 수 없게 되었다"고 병폐를 지적했다.

백용성의 대처식육 반대 「건백서」

이때 조선 불교계의 타락상을 지켜보던 범어사 주지 백용성白龍城이 나섰다. 3·1운동 당시 민족대표로 참여한 조선 불교의 상징적 인물이었다.

백용성은 1926년 5월과 9월 두 차례에 걸쳐 조선총독부와 내무성에 대처식육을 금지해 달라는 「건백서」를 제출했다. "석가모니 이래로 비구의 대처식육의 설이 없는데 근래에 무치권속無恥權屬의 무리들이 대처식육을 강행하여 청정한 사원을 마굴로 만들고 결과적으로 참선·염불·간경看經 등까지도 전폐하는 지경에 이르렀다"고 비난했다. "대처식육을 엄금하고 오로지 수도에만 전념케 하여 진리의 등불을 후세에 전수하도록 할 것"을 촉구했다. 또 출가 대중의 대처식육으로 청정 도량이 오염되고 불가의 고유 역할도 전폐되었기에 대처식육을 행하는 부류들을 불가의 '대적大賊'이라고 단언했다.

이 「건백서」에는 석왕사 주지 이대전, 해인사 주지 이회진 등 127명의 승려가 연서를 했다.

승려들의 대처식육 반대 운동이 알려지면서 조선 불교계는 찬반을 둘러싸고 일대 파란이 일어났다. 총독부는 대처식육을 방관하고 오히려 이를 비호하는 편이었다.

일본 유학생 출신인 조선불교중앙교무원 이사 이혼성李混惺은 대처식육의 문제는 승려 개인의 문제지 그것이 조선 불교의 쇠퇴 원인이 될 수 없기에 그 금지에 의해서 부흥이 될 수 없다고 주장했다.

서울의 승려 홍진혁洪鎭赫은 네 가지 이유를 들어 옹호론을 폈다. ① 인간의 본능적 생활은 원시 이래 변하지 않았다. ② 육체는 활동과 가치의 원천이다. ③ 승려도 인류 사회의 일원이다. ④ 인간을 위한 불교가 되어야 한다. 그는 또 "승려의 대처식육을 반대하는 것은 부자연스러운 극단적인 망론으로 시대착오적인 우론愚論"이라고 반박했다.

대처식육 비판론자는 불법의 정통성을 내세웠다. 팔공산의 승려 한종수韓鐘秀는 승려가 대처하면 사원에서 축출하여 퇴속시켜야 한다고 주장했다. 승려의 파계 행위는 불교 전래의 불률佛律을 파괴한다는 이유였다.

승려 강태수姜泰秀는 석가모니의 제자들인 수행납자는 계戒를 지키는 것이 당연한데도 승려가 수계를 하였으면서도 대처식육을 행하고 청정한 사원을 일대 마굴로 변화시킨 것은 석존을 말살하는 것이라고 분개했다.

천성산의 승려 박보각朴普覺은 승려들의 대처식육은 세계 최대의 죄악으로 당국이 이를 법률상으로 허가하려는 것은 불교를 박멸하면서 동시에 석존을 무시하는 처사라고 비판했다.

금강산의 비구 영호英虎는 승려의 대처식육의 금지는 불교의 규율로 내려온 것이고 이를 어기면 파계라고 주장, 승려에게 그러한 규율이 정해진 이유로 세 가지를 들었다. ① 애착을 단제하여 수도에 전념케 하는 것. ② 처자를 위해 일어나는 업인고과業因故果를 멀리하게 하는 것. ③ 정신 수양 상에 막대한 영향을 파급하는 것을 없애는 것.

그는 또 불교계에서는 재가 대중은 대처식육을 허락하고 생산 활동을 인정하였지만 비구와 비구니는 이를 인정치 않았다는 사실을 제기했다. "부처는 살생 금지를 제일의 계율로 정하였는 바 승려가 육식을 하는 것은 바로 부처의 제일의 규율을 어기는 것인데 승려가 그 계율을 이행치 않는 근본 원인은 대처를 함에서 비롯된다"고 질타하였다.

양산의 승려 김연호金蓮湖와 박대규朴大奎는 불법을 위반하고 파계한 자들이 불제자로 횡횡하는 현실을 조선 불교의 '병독'病毒이라 규정하고 해결 방안을 제시하였다.

① 선종 승려는 수양참선, 견성성불, 홍도제중생을 목적으로 한다.
② 교종 승려는 포교 전도와 동시에 홍도중생을 목적

으로 한다.
　③ 현재 선교 양종 승려로서 육식대처하는 자가 다수인데, 자기 계행을 엄수치 않는 자는 교역자의 임무에 충당케 하고, 그렇지 않으면 교계에서 구축시켜야 한다.
　④ 선종 승려는 청정한 사원에서 수행에 힘쓰고, 교종 승려는 도회지에서 민중과 접촉하며 포교 전도에 복무한다.[12]

　일제의 한국 병탄과 사찰령, 무단통치와 한국 불교의 잠식 등으로 만해의 불교유신론은 불교 개혁의 당위성을 제기한 채 실천 운동은 뒷날의 과제로 남겨졌다.

　만해는 유신을 위한 파괴를 위하다가 결국 유신은 꿈으로 끝나고 파괴의 소리만 메아리쳐 남겨 놓고 갔다. 만해의 파괴 범위는 비단 불교계뿐 아니라 한국 민족의 전부에게까지 미친다. 3·1운동부터 시작한 그의 대민족, 대사회적 발언은 철저한 부정적 논리에 근거한 파괴적 발언이었다. 피식민지에서 살아야 했던 피압박 감정이 탈수도인적脫修道人的 방향에서 폭발했기 때문이라고 본다. 그러나 그에게는 화산같이 폭발하는 감정을 수도인적 자세의

---
12 이 부분은 김순석의 「1920년대 초반 조선총독부의 불교 정책」과 김광식의 「1926년 불교계의 대처식육론과 백용성의 건백서」 등을 참고했다.

차원에서 「님의 침묵」으로 산화酸化할 수 있는 마음의 공백을 지니고 있었다. 그래서 만해는 수도인적 방향과 탈수도인적 방향을 함께 걷는 인물이다.[13]

『조선불교유신론』에 대해 부정적 시각은 앞서 서경수의 비판 내용과 함께 몇 가지 비판이 첨가된다. 이에 대해서는 김상현의 다음과 같은 글이 문제 제기와 해답을 잘 보여 준다.

『조선불교유신론』에는 「사찰령」에 대한 비판은 없고, 오히려 일제의 통감에게 제출한 「통감부건백서」가 실려 있다. 이 사실에 주목하여 만해의 현실 인식을 의심하거나 당시 불교계의 한계를 지적하는 경우도 없지 않다. "만해는 일본의 정치적 침략과 일본 불교의 침투에 대한 문제에는 이상하리만치 무감각했다"는 주장이 그 대표적인 경우다. 물론 대처해금의 주장에도 논란의 여지가 없지 않고, 더구나 이 주장을 관철시키기 위하여 일제의 조선 통감부라는 정치적 힘을 빌리려 했던 것은 문제가 있다. 그러나 만해는 일본의 정치적 음모와 「사찰령」의 문제를 누구보다도 잘 알고 있었고, 자주적 불교 발전을 위해서 고군분투했던 것은 틀림없는 사실이다.[14]

---

13 서경수, 앞의 글, 97~98쪽.

만해의 『조선불교유신론』은 "급진적이고 과격한 면도 없지 않으나, 당시는 물론 지금까지도 마땅히 해결되어야 할 과제임에 틀림없다. 그의 이론이 실제 실현되지 못한 점이 많다 하더라도 그 선각자적 혜안은 우리 불교사에 길이 남을 것이다."[15]

---

14 김상현, 「1910년대 한국 불교계의 유신론」, 『2000 만해축전』, 77쪽, 만해사상실천선양회.
15 인권환, 앞의 글, 460쪽.

제 **4** 장

경전 간행과 오도吾道, 불교 대중화 운동

사나이 되었으니 무슨 일을 하여 볼까
밭을 팔아 책을 살까 책을 덮고 칼을 갈까
아마도 칼 차고 글 읽는 것이 대장부인가 하노라

– 한용운, 「남아男兒」

『불교대전』 편찬하여 대중화 기여

만해의 학문에 대한 집념과 불교 대중화 운동의 열정은 식을 줄 몰랐다. 『조선불교유신론』 집필에 이어 1912년부터 경전을 대중화하기 위하여 『불교대전』 편찬을 기획하였다. 불교가 수입된 지 1600여 년이 되었지만 이렇다할 『불교대전』이 없는 형편을 안타깝게 여기다가 직접 편찬에 나선 것이다. 만해가 아니고는 감히 도전하기 어려운 역사役事였다.

이를 위하여 경남 양산 통도사에서 초인적인 정력으로 방대한 『고려대장경』 1511부, 6802권을 빠짐없이 열람하고 독파하기 시작하였다. 1912년 여름 통도사에 도착하여 폭염 속에서 장경각에 비치된 『고려대장경』을 낱낱이 읽었다. 낮에는 열독하고 밤에는 현대적 감각에 맞도록 깨알같이 요약 정리하여 만든 초록본만 444부에 이르렀다. 불교의 『대장경』은 매우 방대하고 난해하여 일반인들은 물론 학덕이 깊은 승려들도 쉽게 접하기 어려웠다. 그러나 만해는 『조선불교유신론』을 탈고한 지 1년여 만에 다시 『불교대전』 간행에 나섰다.

만해는 1년여 동안 통도사 응진전應眞殿 별우別宇에서 사경寫經·초경抄經으로 하루하루를 넘겼다. 만해는 이곳에서 제1차 편찬을 하고 그 원고를 가지고 장단 화장사로 올라와서 틈틈이 제2차 적록摘錄을 수행한 것이 1913년 봄이었다. 이 무렵에는 또 틈을 내어 박한영이 초대 종정宗正으로 추대되는 불교 종무원을 전심 임제종으로 발전시켜서 창설하고 한동안 장금봉張錦峰 등과 함께 종무를 맡기도 하였다.

『불교대전』 편찬에는 건봉사 시절 알게 된 속초의 서여연화徐如連華 보살의 상당한 보시와 건봉사 승려 정의산의 도움이 있었다. 만해는 오로지 일반 대중을 위하여 불교 교리를 체계적으로 집대성한 『불교대전』을 편찬한 것이다. 『조선불교유신론』이 승려들을 대상으로 한 이념적인 저작이라면, 『불교대전』은 불교 교리를 현대화하여 대중에게 제시한 실천적인 저작[1]이라고 할 수 있다.

『불교대전』을 현대어로 역주한 이원섭은 "인간적인 한계를 넘어서서 자유자재로 노리는 듯한 관자재 보살의 능력이 아니고서는 행하기 어려운 일들을 만해는 거뜬히 해치우고 있다"[2]면서 『불교대전』 머리말에 다음과 같이 썼다.

---

1 고재석, 「한용운의 해방적 관심과 소외의 변증법」, 『한국 근현대문학지성사』, 고명수, 앞의 책, 100쪽, 재인용.
2 고명수, 앞의 책, 100쪽.

방대한 불교의 경전을 섭렵, 주제별로 재구성하여 불교의 기본적 교리와 수도 방법과 처신의 문제를 체계 있게 분류하여, 위로는 깨달음의 내용으로부터 아래로는 국가·가정의 문제에까지 이르도록 망라하지 않음이 없었고, 거기에 해당하는 말씀들을 경經·률律·론論에서 초록하였으니, 인용 경전은 한역 대장경과 남전藍田 대장경을 합해 444부에 이른다. (중략)

바다 속에 있는 것 같아 방향조차 잡기 어려운『대장경』을 이같이 재정리해 놓음으로써 불교를 일목요연하게 만든 것은 깨달음의 눈이 투철하신 선생이 아니신들 어찌 꿈꾸기나 할 수 있는 일이었겠는가?[3]

『불교대전』은 1914년 4월 국반판 800쪽으로 범어사에서 간행되었다. 서품序品·교리강령품教理綱領品·불타품佛陀品·신앙품信仰品·업연품業緣品·자치품自治品·대치품對治品·포교품布教品·구경품究竟品 등 총 9개 품品으로 구성되어, 만해의 독창적인 대전으로 평가받는다. "『조선불교유신론』이 불교의 혁신을 불교계에 호소한 것이라면, 이는 불경을 간이화·실용화하여 실제 승려의 교육과 불교 대중화의 초석을 이룬 것이다. 또한 불교의 근대화란 관점에서도 획기적인 업적으로 높이 평가할 만한 것이다."[4]

---

3 이원섭,『불교대전』역주, 초판 머리말, 5쪽, 고명수, 앞의 책, 재인용.
4 박걸순, 앞의 책, 62쪽.

『불교대전』이 출간되면서 불교계 내외에 큰 반향을 일으켰다. 불교 잡지 『해동불교』 6호(1914년 4월)에서는 이를 광세曠世의 대저작이고, 불교의 포교·교과서에 금과옥조이며, 일반 사회에는 복음이라고 높이 평가하였다. 한 불교 잡지에는 다음과 같은 광고문이 게재되었다.

선계禪界에 명고名高한 한용운 화상의 소찬所撰으로 간행 후 미기未幾에 수천 부를 매출한 대서大書로, 여차한 매황賣況은 서적계에 기록을 파破하였다 하는 것이니 차此는 곧 서書의 내용이 불교의 대전大典됨이 아니면 소능小能한 것이라. 중생의 지덕을 계발하기 위하여 절세 성인 석가세존의 소설所說로부터 경과 율을 게揭하고 각 보살의 소조所造 논문을 초록 유취하였으니(중략) 독讀하라.[5]

만해는 『불교대전』을 간행하기에 앞서 『불교교육 불교한문독본』을 편찬하였다. 승려 교육을 위한 교재로써 직접 정리·필사한 것이다. 또 1912년 장단군 화장사에서 「여자 단발론」을 집필하였지만 아쉽게도 현재 원고가 전하지 않는다.

---

5 『조선불교총보』, 8호, 1918년 3월.

『채근담』 편찬하여 일반인 수양에 도움

 일제 폭압 통치가 자행되고 있는 식민지에서 만해는 영·호남 지역의 사찰을 순회하면서 젊은 승려들을 상대로 불교 유신과 민족 불교를 강의하는 한편, 1915년 6월에는 『정선강의精選講義 채근담』을 탈고하였다. 전북 순창 구암사에 머물 때에 독해·강의한 것을 묶은 것이다.

 『채근담』은 중국 명나라 말기 홍자성洪自誠이 유·불·도 삼교 일치의 처세훈을 정선하여 적은 수양서다. 만해가 편역한 이 책은 1917년 동양서원에서 포켓판 276쪽으로 간행되었다.

 만해는 일제 치하에서 "분수에 맞지 않는 권력을 위하여 남의 턱짓하는 밑에서 한 허리를 만 번이나 구부리면서 부끄러움이 없는 삶을 살고 있는 자나, 불의한 복리를 위하여 비굴하게 살면서도 태연한 자들"을 일깨워 민족 독립의 정신을 심어주겠다는 일념으로 '조선 정신계 수양의 거울'로서 이

책을 편찬하게 되었음을 밝혔다. 불교도뿐 아니라 일반 대중의 수양을 위해서였다.

불교계 지도자 박한영은 다음과 같은 서문을 써서 이 책의 가치를 평해 주었다.

> 만해 상인이 참선을 하는 여가에 환초공이 저술한 『채근담』을 뽑아서 강의하고 편록하여 나의 낮잠이 처음 깨는 깊숙한 암자에 와서 보여 준다. 다시 이 세계에 분주히 바쁘게 왔다 갔다 하여 더운 데로 달리고 끓는 것을 밟는 사람들로 하여금 능히 녹수청산의 사이로 걸음을 돌려서 바람 앞에서 한 번 읽고 소나무를 어루만지며 한 번 읽고 돌을 쓸고 앉아서 한 번 읽게 한다면 전일에 부귀영화의 호화로움을 구하던 생각이 깨끗이 소멸될 것이며 육미肉味를 잊고 허근虛根으로 돌아감이 여기에 있을 뿐이다.[6]

---

6 고명수, 앞의 책, 102~103쪽, 재인용.

오세암에서 깨달음을 얻다

만해는 1910년부터 1917년까지 『조선불교유신론』 『불교대전』 『정선강의 채근담』 등 다른 학승이 평생 걸려서도 하기 힘든 일을 7년 동안 해내느라 심신이 크게 지쳤다. 그런 와중에 다시 한 번 자신의 내면을 찾고자 하는 강한 충동을 느낀다. "그도 인간인 이상 몸도 수척해지고, 감당키 어려웠을 것이다. 아! 나는 어디에 있는가? 만해는 이 물음을 풀어야만 했다."[7]

1917년 가을 만해는 백담사로 들어갔다. 시봉이던 상좌 이춘성과 함께 가는 길이었다. 백담사는 만해의 본거지와 같은 곳이다. 그러나 백담사는 1915년의 화재로 건물이 거의 불타서 사라지고 없었다. 그래서 오세암으로 올라갔다. 자신

---

7 김광식, 앞의 책, 97쪽.

이 젊은 시절 불교 경전을 공부할 적에 오르내리던 암자다. 오세암은 예나 지금이나 눈과 바람이 드센 곳이다. 만해는 여기서 겨울을 지낸다. 외부와 철저하게 단절된 육지 속의 고도와 같은 선방에서 좌정하고 자신을 찾는 수도에 정진한다. 오세암은 몇 해 뒤에 다시 찾아 이 곳에서 『님의 침묵』을 집필했을 만큼 만해의 보금자리와 같은 곳이다.

만해는 세간을 떠나 설악산 오세암 대자연 속에 파묻혀 자신을 되돌아 본다. 그는 "구름이 흐르거니 누군 나그네 아니며, 국화 이미 피었는데 나는 어떤 사람인가"라는 화두를 들기도 한다.[8] 그리고 그해 마지막 겨울 밤, 바람에 물건이 떨어지는 소리를 듣고 '자기를 어둠 속에서 분명히 바라보는 체험'을 한다. 돈오견성頓悟見性이었다. 불교에서 오도五道라는 어언語言은 깨달음覺을 이루었다는 말이다.

> 남아의 발 닿는 곳, 그곳이 고향인 것을
> 그 몇이나 객수 속에 오래 머무나
> 한 소리 크게 질러 삼천세계 깨닫거니
> 눈 속에 복사꽃이 송이마다 붉구나.

이 시를 읊조리고 나서 만해는 그동안의 의심하던 마음이

---
8 김광식, 앞의 책, 97쪽.

씻은 듯이 사라졌다고 한다. 이 시는 1907년 강원도 건봉사에서 수선안거를 성취한 이래 10년 만에 마침내 오도悟道한 선사 만해가 자기 면목을 눈 속의 복사꽃으로 표현한 것이다.[9]

만해의 상념은 점점 깊어 갔다. 문풍지에 매서운 바람 소리와 눈보라가 이따금씩 다가왔지만 만해의 깊디깊은 화두話頭는 가속화되어 갔다. 그 경지는 자연과 만해와의 일체며, 우주 속의 만해의 실체며, 자신의 정체성을 확인하는 깨우침이었을 것이다. 마침내 만해가 품었던 의문은 외부의 껍질을 박차고 뛰쳐나왔다. 1917년 12월 3일 밤 10시, 만해는 침잠을 거듭한 좌선중에 돌연 바람이 불어 무엇인가를 떨구는 소리를 들었다. 바로 그때 지금껏 의심하였던 마음이 씻은 듯이 풀렸다. 깨달음이었다. 만해는 마음에서 우러나오는 용솟음으로 다음과 같은 게송을 읊었다.

> 男兒到處是故鄉
> 幾人長在客愁中
> 一聲喝破三千界
> 雪裡桃花片片紅[10]

사나이 가는 곳마다 바로 고향인 것을

---
9 고명수, 앞의 책, 107~108쪽.
10 김광식, 앞의 책.

몇 사람이나 나그네 시름 속에 오래 젖어 있었나
한 소리 크게 질러 삼천세계 깨뜨리니
눈 속에도 복사꽃이 펄펄 날린다.

오세암에서 동면하는 짐승처럼 참선으로 한 겨울을 지냈다. 이 기간 만해는 "1907년 강원도 건봉사에서 수선안거를 성취한 이래 10년 만에 마침내 오도悟道"[11]에 이른 것이다.

만해의 제자 설산雪山은 이 무렵 스승의 '오도'를 다음과 같이 증언한다.

도를 깨달으면 개당설교開幢說敎로써 대중의 친증親證을 받아야 합니다. 삼백의 규중 대중이 운집하였습니다. 법상法床에 오른 선사께서는 '오도송'을 대중과 화음으로 읊은 다음에 "해탈은 생사거래生死去來로 끊어졌고 진공묘유眞空妙有의 그림자도 없어지더니 소소영영昭昭靈靈한 내 마음 자리만 만리에 구름이 없으니 만리가 그대로 하늘일 뿐이올시다. 대성존께서는 박탈무이縛脫無二의 도리를 구원겁래久遠劫來로 설하고 계십니다. 합원대중合院大衆은 들으시오! 속박은 누가 얽매었으며 해탈은 스스로 털어버리는 도리를 아느냐! 모르느냐! 삼천대천 세계가 쾌활쾌활입니다." 이때 상좌에 정좌하신 만화萬化 스님이

---
[11] 고명수, 앞의 책, 108쪽.

일어서서 주장자로 만해 선사를 가리키며 "한입으로 온 바닷물을 다 마셔버렸구나—口汲盡萬海水 이제 만해수좌萬海首座로 하라. 나의 정법안장을 만해 선자에게 부촉해 주노라吾有正法眼藏을 付囑萬海禪子." 만해 선사가 법좌에서 내려와서 삼두三枓를 드시고 가사袈裟와 발우를 수지受持하니 석가모니불의 78대代요, 태고 선사의 자자세손으로서….12

견성의 체험으로 새롭게 태어난 만해는 오세암 생활을 청산하고 서울로 돌아왔다. "선사 만해에서 지사 만해"로 변신하는 과정이었다. 오세암에서 머물 때 지은 시 「오세암」이 전한다.

「오세암」

구름 있고 물이 있어 이웃이 넉넉하고
…13 하물며 인仁일 것가
저자 멀어 약 대신에 솔잎차를 달이고
산이 깊어 고기와 새 사람 보기 드물다

---

12 박설산, 「만해 선사의 '오도송'과 일화」, 『만해학보』, 제2호, 고명수, 앞의 책, 108~109쪽, 재인용.
13 이 부분은 결자缺字.

아무 일도 없음이 고요함이 아니요
첫 마음 안 고침이 바로 새로움이다
비 맞아도 끄떡없는 파초만 같다면
난들 무엇 꺼리리 티끌 속 달리기를.

불교 교양 잡지 『유심』 발행

만해는 1918년 9월에 우리나라 최초의 불교 교양 잡지 『유심惟心』을 창간하였다. 서울 계동 43번지에 유심사라는 간판을 내걸고 인쇄는 서울 을지로 2가 21번지 신문관에서 찍었다. 계동 43번지의 한옥은 오세암에서 서울로 돌아와 마련한 자신의 임시 거처였다.

『유심』은 국판 60여 쪽의 초라한 잡지였지만 불교 관련 글 이외에도 민중 교양과 청년들이 갖춰야 할 수양적인 글을 주로 실었다. 하지만 민족 독립의 정신이 담긴 내용이 중심이었다.

제2호는 그해 10월, 제3호는 12월에 각각 발행되었다. 만해는 『유심』을 통해 "일제의 군국주의를 벗어나기 위한 한민족의 독립운동 정신을 현실적으로 심기 시작한 것"(윤재근)이고, "선사 만해가 지사 만해로 전환되는 순간이다"(고명수)는 평가처럼 만해는 새롭게 변모하기 시작했다.

창간사에 해당되는 「처음에 씀」에서 만해가 이 잡지를 창간하게 된 의도를 헤아리게 된다.

> 배를 띄우는 흐름은 그 근원이 멀도다. 송이 큰 꽃나무는 그 뿌리가 깊도다.
> 가벼이 날리는 떨어진 잎새야 가을 바람이 굳셈이랴
> 서리 아래 푸르다고 구태여 묻지 마라
> 그 대竹의 가운데는
> 무슨 걸림도 없나니라
> 미美의 음音보다도 묘妙한 소리 거친 물결에 돛대가 낫다
> 보느냐 샛별 같은 너의 눈으로 천만의 장애를 타파하고
> 대양大洋에 도착하는 득의得意의 파波를 보일리라 우주의 신비 들일리라 만유萬有의 묘음妙音
> 가자 가자 사막도 아닌 빙해氷海도 아닌 우리의 고원故園
> 아니 가면 뉘라서 보랴 한 송이 두 송이 피는 매화.

『유심』이라는 배를 띄워 매화를 찾겠다는 의미가 담긴 창간사 내용이다. '매화'는 만해가 그리는 꿈이고 이상이고 상징이다.

이 잡지는 대부분 만해가 직접 쓴 글로 채워졌지만 당대의 명사들도 다수 참여하였다. 박한영, 백용성, 권상로, 이능화, 김남전, 최남선, 최린, 현상윤 등이 주요 필자였다. 박한영은 「타고르의 시관」을 쓰고, 만해는 타고르의 「생의 실현」

과 「우담발화재현어세」를 번역하여 실었다. 만해가 쓴 주요 기고문에는 「조선 청년 수양」「고통과 쾌락」「청년의 수양 문제」「가정 교육이 교육의 근원이다」「항공기 발달소사」「과학의 연원」「동정을 받을 자 되지 마라」「고학생」「전로前路 택하여 진進하라」「자아를 해탈하라」는 등 여러 편이 있다. 만해는 이 잡지를 불교 전문지가 아닌 일반 종합 잡지의 성격을 띠는 쪽으로 편집을 이끌었다.

『유심』은 3회에 걸쳐 보통문, 단편 소설, 신체시, 한시 등 4개 분야의 문예 작품을 현상 모집하였다. 여기에는 방정환, 김법린, 이영재 등이 뽑히게 된 청년 문인들이었다.

만해가『유심』에서 또 하나 중점을 두었던 부문은 타고르의 소개와 함께 자신의 '자유시'를 시도하여 「심心」과 같은 자유시를 실험하였다는 점이다. 그리고 당시 언론에서 반드시 등장하던 총독부 관리의 글을 배제하여 민족 주체성을 확고히 보여주었다는 사실이다.

창간호에 실린 시「심心」은 만해의「님의 침묵」이전의 대표적인 작품으로 평가된다.

「심心」

심心은 심이니라
심만 심이 아니라 비심非心도 심이니 심외心外에는 하

물何物도 무無 하니라

　생生도 심이오 사死도 심이니라

　무궁화도 심이오 장미화도 심이니라

　호한好漢도 심이오 천장부賤丈夫도 심이니라

　신루蜃樓도 심이오 공화空華도 심이니라

　물질계도 심이오 무형계無形界도 심이니라

　공간도 심이오 시간도 심이니라

　심이 생生하면 만유가 기起하고 심이 식息하면 일공一空도 무하니라

　심은 무無의 실재오 유有의 진공眞空이니라

　심은 인에게 누淚하고 여與하고 소笑도 여하나니라

　심의 허虛에는 천당의 동량도 유하고 지옥의 기초도 유하니라

　심의 야野에는 성공의 송덕비도 입立하고 퇴패의 기념품도 진열하나니라

　금강산 상봉에는 어하魚蝦의 화석이 유하고 대서양의 해저에는 분화구가 유하니라

　심은 하시라도 하사何事 하물何物에라도 심 자체뿐이니라

　심은 절대며 자유며 만능이니라

만해가 '심'에다 이토록 깊은 의미를 부여한 것은 잡지명인 『유심』과도 상통한다. 그는 이 잡지에서 애국심을 고취하

고자 노력하였다. 7년 뒤에 발표하여 근대시의 금자탑이라는 평가를 받는 「님의 침묵」의 싹이 이미 잡지 『유심』에서 싹트고 있었음을 찾게 된다.

총독부 정책에 순응하지 않는 만해의 『유심』은 검열을 통해 연재물이 취소되기도 하였다. 타고르의 작품 「생의 실현」이 1~2호에 번역 게재되었는데 3호에는 '불인가'不認可로 싣지 못하고 말았다. 이 같은 사실이 3호 공고문에 실려 있다. 이와 같은 역경을 거쳐 『유심』은 총독부의 탄압을 견디지 못하고 제3호를 종간호로 문을 닫기에 이르렀다. 다른 한편 3·1운동이라는 민족적인 거대한 저항운동을 준비하느라 '한가롭게' 잡지에 매달릴 수도 없었다.

『유심』이 비록 제3호로 폐간되었지만 만해는 이 잡지를 통해 민중 교육의 목적 외에도 자유시를 실험하고, 1년 뒤에 성사되는 3·1운동의 핵심 인사들인 최린, 권동진, 오세창, 최남선, 임규, 현상윤 등과 필자나 동지로서 인연을 맺게 되었다. 이런 의미에서 『유심』은 '한국독립운동사'의 한 모체가 되었다고 해도 과언이 아닐 것이다.

고재석은 『유심』의 문학사적 의의를 다음과 같이 썼다.

닫혀졌던 역사의 문을 3·1독립운동이라는 역사의 햇불로 열고자 동분서주했던 한용운은 이 잡지의 간행을 유보할 수밖에 없었다. 그리고 종단의 지원 없이 잡지를 낸다는 것은 한 개인으로서는 너무 벅찬 일이었다. 또한 총독부가 정교 분립을 지향한 이 잡지를 그냥 방치해 둘 리도 없었다. 3·1운동이라는 역사의 소용돌이에 휩쓸려 중단되고 말았지만, 『유심』지는 한용운의 문학을 잉태시킨 출발점이자 1910년대를 대표하는 불교 지성들과 민족진영의 지성들이 식민지 현실을 극복하는 이념적 좌표를 유심과 수양주의에서 찾았던 잡지로서 그 문학사적 의의를 평가할 수 있다.[13]

한 연구가는 만해의 "불교 인식은 유심도리惟心道理를 기초로 하고 있다"면서 불교의 철학적 성질에서 인간의 마음心이 모든 것의 근거라고 다음과 같이 말하였다.

다른 종교는 하늘天을 믿지만 불교는 자신, 즉 마음을 믿는다는 것이다. 그래서 우주만물은 사람(마음)이 창조하는 것으로 파악하였다. 그는 일체유심조一切惟心造의 도리에 의하여 "불교는 그 신앙에 있어서는 자신적이요, 사상에 있어서는 평등이요, 학설로 볼 때에는 물심을 포함, 아니 초절한 유심론"이라고 하였다. 물物과 심을 포괄·초절한 유심은 반야般若의 물이 즉 심色卽是空이요, 심이 즉 물空卽是色의 경지인 삼계유심三界惟心·심외무물心外無物의 절대적 일심을 가리키는 것이다. 그러므로 "심은 하시

---

13 고재석, 앞의 책, 218~219쪽.

라도 하사 하물에라도 심 자체뿐이니라! 심은 절대며 자유며 만능이니라"고 할 수 있었다.**14**

15 이상철, 「한용운의 사회사상(下)」, 『한국학보』, 제31집, 141쪽, 일지사.

제 5 장

불교계 민족대표로 3·1운동 주도

> 3·1운동 당시 옥중에서 선생이 기초한 「조선독립이유서」라는 긴 논문은 육당의 「독립선언서」에 비하여 시문 時文으로서 한 걸음 나아간 것이요, 조리가 명백하고 기세가 웅건할 뿐 아니라 정치 문제에 몇 가지 예언을 해서 적중한 명문이었다.
>
> — 조지훈, 「민족주의자 한용운」

3·1운동 준비에 앞장서다

　기미년 3·1운동은 망국 9년차에 접어드는 시점에서 일어난 한민족의 거족적인 독립투쟁이었다. 식민지 민중의 역량이 총체적으로 결집되었다. "왜적의 혹독한 탄압 정책으로 말미암아 국내에서 정치 단체는 가위 절종絶種이 되다시피 되었으므로 독립운동의 모체로는 종교 단체밖에 없었다"[1]라는 만해의 지적대로, 3·1운동은 종교 단체에서 주도할 수밖에 없었다.

　만해는 1918년 『유심』을 발행하면서 각계의 민족주의 지도자들과 자주 만나 독립운동을 논의하고 구체적인 방안을 마련하였다. 그해 12월 초에는 마침 윌슨 미국 대통령이 '민족자결주의'를 제창한 것이 알려지면서 때를 기다리던 민족운동 지도자들은 이 기회를 놓치지 않았다. 만해와 지도자들

---

1 김법린, 「3·1운동과 만해」, 『신생』, 창간호, 1946년 3월.

은 구황실의 귀족들과 대한제국의 고관, 심지어 친일 인사들과 재력가들까지 끌어 모아 200명 정도의 동지들을 규합, 거국적인 궐기로서 독립선언을 구상하였다.

만해는 직접 최린을 만나고 권동진, 오세창과도 접촉하여 참여자들의 뜻을 모으고, 천도교 측이 추진중이던 독립선언 계획에 적극 동참하게 되었다. 그러나 사안이 사안인 만큼 개별 접촉이 쉽지 않은 관계로 많은 인사들이 서명에 직접 참여하지 못하였다.

한용운은 1918년 11월 말경 최린과 상의하되 천도교에는 신도도 많고 동학의 혁명 정신으로 보거나 그 구성 인물의 사상적 경향으로 보거나 천도교의 영수와 운동 전개의 방침을 협의하여 이 운동을 천도교 중심으로 전개하는 것이 좋겠다는 의견을 피력하였다. 그 뒤 한용운은 천도교의 오세창과도 만나 앞서 최린과의 상의 사항을 재확인하고 이를 권고하였다. 그뿐 아니라, 나아가서 손병희와도 직접 만나 이상의 사항에 승낙도 다짐받았다. 그 후에 그는 또 최린과 오세창과의 3인 회합에서 서북 지방의 기독교 참가 의견도 피력하여 기독교 측 중진과도 만났다. 이와 같이 3·1운동의 모체인 종교계의 통합은 이루어져 갔다. 물론 유교 측의 참가도 논의되어 그 대표 책임자로서 전간재田艮齋와 곽면우郭俛宇와의 양론이 있었는데, 한용운의 안인 곽면우로 결정되자 곧 곽면우를 거창의 사저로 심방하여 쾌락을 얻었으나 최종의 확답은 「독립선언서」 인쇄 후였으므로 유교 측의 공식적 참가는 없는 것이 되어버렸다. 3·1운동의 핵심이 되는 「독립선언서」 작성에 직접 관여한 것도 한용운을 포함한 최남선, 최린 등 3인이었다. 애초 한용운은 이번 운동의 직접 책임자도 아닌 최남선에게 기초를 맡긴다는 것은 가당치 않다고 하였으나 최남선이 기초해온 선언서에 손수 수정을 가해서 좀 더 장엄하고 기백어린 윤문을 하는 동시에 공약삼장을 새로이 추가하는 것으로 그쳤다.[2] (공약삼장에 관해서는 뒷 장에서 상술하겠다.)

3·1운동 궐기에 대한 만해의 역할은 지대했다. 만해가 3·1운동의 주도적 역할을 한 사실을 알 수 있다. 만해는 또 월남 이상재를 찾아가 독립운동에 대해 소상히 설명하고 참여를 권유하였다. 그러나 이상재는 "잘못하면 폭동이 일어나 많은 사람이 다칠 것이니 독립운동을 할 것이 아니라 일본 총독부에 「독립청원서」를 내자고 대답하는 것이었다."[3] 3·1운동의 추진 과정에서 '독립선언'이냐 '독립청원'이냐를 둘러싸고 심각한 논란이 있었다. 이에 대해 만해는 처음부터 완강하게 '독립선언'을 주장하였다.

---

2 안계현, 「3·1운동과 불교계」, 『3·1운동 50주년기념논집』, 동아일보사.
3 전보삼, 앞의 책, 261쪽.

조선 독립이라고 하는 것은 제국주의에 대한 민족운동이요. 침략주의에 대한 약소 민족의 해방 투쟁인데 청원에 의한 타의의 독립운동이 웬 말이냐. 민족 스스로의 결사적인 힘으로 나가지 않으면 독립운동은 불가능한 것이다"라고 반박하여 그 자리를 박차고 나와 버렸다. 스님은 그 이후 월남과 영원히 결별해 버리고 말았다. 또한 박영효, 한규설, 윤용구 등 귀족들을 접촉했으나 가진 자들은 한결같이 꽁무니를 뺐다.[4]

만해는 시종일관 '독립선언'을 주창하면서 독립청원의 부당성을 설파하였다. "일본에 독립을 청원하는 것은 조선이 독립국이 아닌 일본의 예속국이라는 인상을 주며, 그것은 비복婢僕이 상전한테 선처를 바라는 것과 다름없다"고 설득하여 결국 '독립선언'으로 노선이 확정되었다.[5] 2월 하순경 불교 측 민족대표 교섭을 위하여 범어사로 가서 오성월과 만났다. 마침 그곳에 와있던 김법린과도 만나 불교계의 독립운동을 상의하였다. 이 무렵 만해와 만나고 3·1운동의 진행 과정을 지켜보았던 김법린의 증언을 들어 보자.

현 혜전惠專의 전신 불교중앙학림의 학생 신상완, 백성욱, 김상헌, 정병헌, 김대용, 오택언, 김봉신, 김법린과 중

---

[4] 전보삼, 앞의 책, 261~262쪽.
[5] 김삼웅, 『33인의 약속』, 172쪽, 도서출판 산하.

앙학교의 학생 박민오 등은 고 만해 한용운 선생의 긴급한 명령에 의하여 계동에 있던 선생의 자택으로 모였다.

이곳으로 말하면 우리 일행이 1918년 겨울 이래 자주 출입하였던 선생이 주재하던 잡지 『유심』의 사옥이었다. 우리에게는 언제나 이곳으로 올 때마다 마음이 긴장하였었다. 그날 밤은 더욱 마음이 두근거리었다. 일행을 맞은 선생의 얼굴은 평소의 근엄한 표정을 감추시고 대사大事의 결행에 만족한 비장한 환희에 횡일橫溢하셨다.[6]

이곳에서 만해는 민족자결주의, 독립운동의 모체는 종교단체밖에 없다는 점, 동학의 전통으로나 구성 인물, 사상적 경향으로 보아 천도교가 앞장서게 된 배경, 1918년 11월 말경 손병희 선생과 교섭하여 승낙을 받게 된 사실, 서북 지방으로 가서 기독교 중진과 협의하여 쾌락을 받은 일, 유림 지도자 면우 곽종석과 만난 내용 등을 상세히 알리고 이들을 격려하였다. 김법린은 그날 만해의 말을 다음과 같이 전한다.

우리 불교에 관한 것인데, 호남 방면의 박한영, 전진응, 도진호 제사諸師와 경남의 오성월 사허師許에 회담을 교섭하였으나 교통 기타 사정으로 면담치 못하고, 백용성 선사만의 승인을 얻게 되었다. 손의암 선생을 총대표로 기

---

6 김법린, 앞의 글, 414쪽.

독교 측 15인, 천도교 측 15인, 불교 측 2인으로 결정하고 보니, 임진왜란 시 국사에 분주하신 서산, 사명 등 제사의 법손法孫으로서 우리가 이에 소수로 참가한 것은 유감으로 여기는 바이다.[7]

---

[7] 김법린, 앞의 글, 415쪽.

불교·유림 민족대표 교섭 책임을 맡다

 만해는 불교 측 인사들을 민족대표로 참여시키기 위하여 동분서주하였다. 기독교 측과 천도교 측이 15명씩인 터에 불교 측에서도 동등하게 참여하길 바랐다. 그래서 박한영, 전진응, 오성월 등을 비롯한 불교계의 여러 승려들과 교섭하였으나 사정이 여의치 않았다. 심산유곡에 자리잡고 있는 사찰을 찾는 교통난과 운수행각雲水行脚으로 연락이 지연되고 촉박한 「독립선언서」의 인쇄 문제로 자신과 해인사 승려 백용성만 민족대표로 참여할 수밖에 없었다.

 유림에 대한 포섭도 만해의 몫이었다. 거창으로 내려가 영남 유림의 거유 면우 곽종석을 만나 승낙을 얻었다. 그러나 곽종석은 3월 1일 직전 급환이 생겨 아들편에 인장을 주어 만해를 찾아가도록 하였으나 3·1 전야의 분망속이라 만나지 못하였다. 곽종석은 민족대표로 서명하는 기회를 놓치게 되고, 이를 분통하게 여기어 뒷날 「파리장서」를 주도하기에 이르렀다. 분통하기는 만해도 마찬가지였다. 각계 지도급 인사들을 포섭하여 거국적으로 독립을 선언하고 일제에 타격을 입히고자 했던 것에 비해 크게 미흡한 것이었다.

불교계의「독립선언서」배포 책임을 맡은 만해는 2월 28일 오후 3시 선언서 3000매를 인수하고 그날 밤 자신의 거처로 중앙학림 학생 10여 명을 불러 독립운동에 대한 소신을 알리고 학생들이 담당할 역할을 알려주었다.

한편 민족대표들은 3월 1일 오후 1시경 서울 태화관에 모였다. 태화관은 중국음식점 명월관의 지점으로, 한때 이완용이 살았던 집을 수리하여 음식점으로 사용한 곳이다. 이곳은 이완용이 이토 히로부미와 을사늑약을 모의하던 장소이며, 고종 황제를 퇴위시키고 순종 황제를 즉위케 한 음모, 그리고 매국노들의 합병조약 준비도 바로 여기서 모의되었던 얄궂은 장소다. 3·1독립선언 뒤 5월 23일 새벽 원인 모를 화재로 소실되었다.

민족대표들은 탑골공원에서「독립선언서」를 읽고 이를 선포하기로 하였으나 전날 밤 민족대표들의 회합에서 장소를 변경하였다. 만일의 경우 분노한 민중들이 폭력화할 것을 우려하여 태화관으로 바꾼 것이다. 이날 태화관에는 지방에서 늦게 도착한 길선주, 유여대, 정춘수와 해외 독립운동가들과 접촉하기 위해 상해로 탈출한 김병조를 제외한 29명의 대표들이 참석하였다.

민족대표들은「독립선언서」의 인쇄를 담당한 이종일이

가지고 온 선언서를 돌려 읽고, 만해의 식사式辭를 들었다. 최린이 만해에게 식사를 부탁한 것이었다. "오늘 우리 모임은 곧 독립 만세를 고창하여 독립을 쟁취하자는 취지입니다. 이것은 우리가 앞장서고 민중이 뒤따라야 하는 것입니다. 우리는 신명을 바쳐 자주독립국이 될 것을 기약하고자 여기 모인 것이니 정정당당히 최후의 일인까지 독립 쟁취를 위해 싸웁시다"는 연설에 이어 각자의 건강을 축하하는 제의를 하였다. 뒤이어 조선 독립 만세삼창을 선창하였다. 만해는 뒷날 잡지 『별건곤』 기자가 자신이 겪은 인생에서 가장 통쾌한 일을 질문 받고, 거침없이 3·1운동 당시 태화관에서 연설하던 때라고 피력하였다.

민족대표들은 독립선언식이 거의 끝날 무렵 태화관에 들이닥친 일경 수십 명에게 피체·연행되었다. 손병희가 최린에게 민족대표들의 모임 목적을 일경에 알리도록 하였던 것이다.

일경에 끌려간 민족대표들은 마포경찰서에 이어 남산 왜성대의 총감부에 구금되었다. 지방에서 뒤늦게 상경한 길선주, 유여대, 정춘수 세 사람도 자진해서 경찰에 출두하여 이들과 합류하였다. 구속된 32인은 이날 밤부터 개별적으로 가혹한 취조를 받게 되었다. 32인 외에 3·1운동 준비 과정에서 중요한 역할을 한 관련자들도 속속 구속되어 48명이 주동자로 취조를 받았다. 물론 심한 고문도 가해졌다.

왜성대에서 1차 취조를 받은 민족대표들은 모두 서대문

감옥으로 이송되었다. 민족대표들이 일경에 끌려갈 때 시내 곳곳에서는 시민들이 몰려나와 독립 만세를 부르고 있었다. 지도자도 없고 조직도 없었지만 시민들이 자발적으로 거리에 나와서 만세를 부른 것이었다.

만해는 연행되어 가는 경찰차 안에서 그 광경을 지켜보고 형언하기 어려운 감격과 감동을 받았다. 이는 평생 지울 수 없는 감동으로 남았다. 만해는 뒷날 그날의 감동을 다음과 같이 기록하였다.

지금은 벌써 옛날이야기로 돌아갔습니다마는 기미운동이 폭발할 때에 온 장안은 '대한 독립 만세' 소리로 요란하고 인심은 물 끓듯 할 때에 우리는 지금의 태화관 당시 명월관 지점에서 독립선언 연설을 하다가 경찰부에 포위되어 한쪽에서는 연설을 계속하고 한쪽에서는 체포되어 자동차로 호송되어 가게 되었습니다. 나도 신체의 자유를 잃어버리고 마포경찰부로 가게 되었습니다.

그때입니다. 열두서넛 되어 보이는 소학생 두 명이 내가 탄 차를 향하여 만세를 부르고 또 손을 들어 또 부르다가 일경의 제지로 개천에 떨어지면서도 부르다가 마침내는 잡히게 되는데, 한 학생이 잡히는 것을 보고는 옆의 학생은 그래도 또 부르는 것을 차창으로 보았습니다. 그때 그 학생들이 누구이며, 왜 그같이 지극히 불렀는지는 알 수 없으나, 그것을 보고 그 소리를 듣던 나의 눈에서는 알지 못하는 사이에 눈물이 비 오듯 하였습니다. 나는 그때 소년들의 그림자와 소리로 맺힌 나의 눈물이 일생을 잊지 못하는 상처입니다.[8]

---

8 『조선일보』, 1932년 1월 8일, 「평생 못 잊을 상처」.

서대문감옥에 수감되고 고문에 시달리다

왜성대에서 1차 취조를 받은 만해와 민족대표들은 모두 서대문감옥으로 이송되었다. 악명 높은 서대문감옥에서 문초·대질심문의 어려운 고비를 겪으며 4월 4일 경성지방법원의 예심에 회부되었다. 일제는 이들을 내란죄의 죄목을 걸어 국사범으로 몰아갔다.

예심을 맡은 나가지마永島雄藏 판사는 4개월의 재판을 끌었으며 이때 작성된 조서만도 14만여 장에 달했다. 나가지마 판사는 민족대표들에게 내란죄를 적용했다. 한국인 변호사 허헌 등이 동분서주하며 변론에 나섰으나 허사였다.

일본 검사와 판사는 한통속이 되어 「독립선언서」의 공약 삼장을 내란죄의 죄목으로 걸었다. "최후의 일인까지라 함은 조선 사람이 폭동을 하든지 전쟁을 하든지 마지막 한 사람까지 궐기하라는 것이 아니냐"고 추궁하였다.

이에 대해 민족대표들은 "합방 후에는 조선 사람에게서

총기를 모두 빼앗은 까닭에 산에 맹수가 있어 피해가 많아도 이것을 구제하지 못하는 지경인데, 폭동을 일으킨다 함은 상식이 있는 사람으로서는 도저히 생각할 수 없는 일이다. 무력이 없는 사람이 무엇으로서 싸울 수 있겠는가. 그래서 모든 국민이 스스로 독립 의사를 발표하라는 뜻이었다"라고 진술하며 맞섰다.

8월 상순에 재판은 경성고등법원으로 이송되었다. 이 무렵 일제의 조선 식민지 정책이 다소 바뀌고 있었다. 무단 통치에서 이른바 '문화 정책'으로 기조가 바뀌게 된 것이다.

따라서 일본제국의회에서는 조선인의 감정을 유화시키기 위한 수단으로 민족대표들에게 '가벼운' 형벌을 내리도록 하는 여론이 제기되었다. 이런 여론에 좇아 고등법원은 그동안 적용해 온 내란죄 대신 「보안법」과 「출판법」 사건이라고 단정하여 이 사건을 다시 경성지방법원으로 되돌려 보냈다.

이듬해인 1920년 7월 12일 오전 정동 소재 경성지방법원 특별법정에서 민족대표들에 대한 공판이 열렸다. 구속된 지 16개월 만에 열린 첫 공판이었다. 법정 주변에는 일제 경찰의 삼엄한 경비가 펼쳐졌다. 일제는 다시 만세운동이 일어날 것에 대비하여 물샐틈없는 경비망을 편 것이다.

3·1운동 뒤 갓 창간된 당시 신문은 이날의 광경을 다음과 같이 썼다(요지).

> 이 공판의 결과는 조선 민중에게 어떤 느낌을 줄 것인

가. 공판 당일의 이른 아침 어제 개던 일기는 무엇 때문에 다시 흐리고 가는 비조차 오락가락 하는데 지방법원 앞에서 전쟁을 하다시피 하여 간신히 방청권 한 장을 얻어 어떤 사람은 7시경부터 공판정에 들어온다. 순사와 간수의 호위한 중에 방청권의 검사는 서너 번씩 받고 법정 입구에서 엄중한 신체 수사를 당하여 조그만 바늘 끝이라도 쇠붙이만 있으면 모두 다 쪽지를 달아 보관하는 등 경찰의 경계는 엄중을 지나 우스울 만큼 세밀했다.

붉은 테를 둘씩이나 두른 경부警部님들의 안경 속으로 노려 뜨는 눈동자는 금시에 사람을 잡아먹을 듯이 살기가 등등한 즉… 이에 따라 붉은 테를 하나만 두른 일본인 순사님도 콧등어리가 우뚝하여 이리 왔다 저리 갔다 하는 양은 참 무서웠다.[9]

재판 과정에서 민족대표들은 모두 서대문감옥 독방에 갇혀 심한 고문과 시멘트 바닥에서 추위와 더위에 시달려야 했다. 식사도 콩과 보리로 뭉친 5등식五等式 한 덩어리와 소금국물이 전부였다.

눈서리에 송백의 푸르름이 돋보이듯이 사람은 곤경에 처했을 때 참 모습이 드러난다. 3~4월 춘풍에 백화난발하고 6~7월 무더위 장마에는 만화백초가 함께 푸르다. 태평 시대

---

9 『동아일보』, 1920년 7월 13일, 「조선독립운동의 일대 사극史劇, 만인이 주목할 제1막이 개開 하다」.

에는 누구라도 할 말을 하고 제 길을 걷는다.

일경에 피체된 민족대표들 중에는 내란죄가 적용될 것이며, 그렇게 될 경우 사형이 선고될 것이라는 풍문이 전해지면서 불안에 떨고 일부 인사들은 대성통곡을 하였다.

이들을 지켜 본 만해는 실망을 금치 못하면서 그들에게 감방의 똥통을 집어 던지며 "이 비겁한 인간들아, 울기는 왜 우느냐! 나라 잃고 죽는 것이 무엇이 슬프냐! 이것이 소위 「독립선언서」에 서명했다는 민족대표의 모습이냐!"고 호통을 쳤다. 이 일화는 천도교 측 민족대표로 서명한 이종일의 『묵암 비망록』에도 소개되고 있다. 이종일은 통쾌무비한 일이었다고 회고하면서, "역시 한용운은 과격하고 선사다운 풍모가 잘 나타나는 젊은이다"라고 썼다.

3대 원칙 제시하고 실천

만해는 구속되면서 3가지 원칙을 제시하고 이를 실천하였다.

1. 변호사를 대지 말 것.
2. 사식을 들이지 말 것.
3. 보석을 요구하지 말 것.

내 나라를 내가 찾자는 것인데 누구에게 변론을 받으며, 온 나라가 감옥인데 밖에서 넣어 주는 사식을 먹는다는 것이 말이 되는가, 호의호식하자고 독립운동한 것이 아니잖는가. 일제 법률에 따른 것이 되는 보석을 신청해서도 안 된다는 주장이었다. 그리고 이를 철저하게 실천하였다.

만해는 연행된 뒤 경찰과 검사·판사의 심문에 의연한 태도로 맞섰다. 그리고 시종 꿋꿋한 기개와 정연한 논리로 대응하였다. 재판 과정에서도 이런 원칙을 견지하였다.

다음은 태화관에서 연행되어 3월 1일 구속된 뒤 경무총감부 등에서 일인 경찰·검사의 심문과 답변 내용이다. 만해의 진면모를 보게 된다.

「경찰심문조서」

문 : 본적, 주소, 출생지, 신분, 성명, 연령은?

답 : 본적 강원도 양양군 도천면, 현주소 경성부 계동 43번지, 출생지 충남 홍성군 읍내, 신흥사 승려, 한용운, 41세.

문 : 그대가 손병희 외 31인과 같이 조선 독립을 할 「선언서」를 비밀히 배포한 목적과 동기는 무엇인가?

답 : 올 1월 27일, 28일경 최린과 만나 여러 가지 시국에 대한 문제를 논의하던 중 유럽전쟁도 끝나고 강화 담판을 체결하기까지에 이르렀고 기타 식민지에서는 자결의 원칙에 따라 자유 독립을 하려고 하니 이때 동지를 규합하여 독립운동을 하자고 하였다. 올 2월 중에는 천도교인 오세창을 만나 최린과 서로 의논한 것을 말하고 그의 찬성을 얻었으며 또 그에게 다른 곳에서 인물을 구하여 동지를 모을 것을 말했다.

문 : 2월 28일 손병희 집에 모여 어떤 의논을 했는가?

답 : 3월 1일 「독립선언서」를 낭독하기로 했으며 그 장소를 처음에는 파고다 공원이 적당하다고 했으나 박희도가 이것을 반대했다. 그것은 파고다 공원에는 각 지방에서 모인 사람이 많을 뿐 아니라 학생들이 모인다는 소식을 비밀히 접했으므로 소요가 있을 것이니 차라리 다른 곳을 택하자고 하여 명월관 지점으로 변경하자는 의논을 하고 각각 돌아갔다.

문 : 어젯밤 「독립선언서」의 인쇄물을 각자가 분배하기로 했는가?

답 : 아니다. 나는 그저께 최린 집에서 「독립선언서」의 초안을 한번 읽어보고 어제 낮에 이종일에게서 3000매의 인쇄물을 받아서 그것을 어젯밤 12시경 중앙학림 학생 정병헌, 김상헌, 오택언, 전규헌, 신상환, 김법윤 외 1명을 불러 전부를 교부하고 배포할 것을 명했다.

문 : 명월관 지점에서 피고는 연설을 했다고 하던데?

답 : 나는 간단히 조선 독립 선언을 하게 된 것은 기쁜 일이라 하고 그 목적을 이루려면 계속하여 운동할 것을 희망한다는 취지로 인사의 말을 하였다.

문 : 선언은 어떤 목적으로 하였는가?

답 : 독립 목적을 관철하기 위하여 지난 27일 일본 정부와 양 의회에 조선 독립에 관한 통지서를 임규가 가지고 동경으로 출발한다고 했고 오늘 조선총독부에 건의서를 제출했다.

문 : 일본 정부와 제국의회에 제출했다는 상신서라고 하는 것은 어떤 취지의 글인가?

답 : 그 문장은 장문이므로 요약하면 "5000년을 유지하여 온 조선 민족은 일본과 영원히 동화할 수 없으니 속히 독립을 하는 것이 동양 평화를 위하는 길이다"라는 내용이다.

문 : 피고가 가지고 있는 두 통의 서면은 무엇인가? (이때 압수중 제1호와 제2호를 보임.)

답 : 그 두 통은 2월 28일 오후 2시경 내가 최린 집에 갔을 때 최는 이것이 초안인데 만일 우리가 경찰에 끌려 갈 때에는 경찰에 제출할 필요가 있으니 이것을 정서하여 달라고 해서 내가 가지고 있었다.

문 : 피고 등이 이번 독립운동에 학생들과 관계했는가?

답 : 그런 일은 없고 내가 학생을 시켜서「독립선언서」를 배포하게 된 것은 다른 사람에게 임금을 주어 배부하려고 했으나 그 사람이 뒤에 해가 있을까 두려워 그만두겠다고 하므로 내가 잘 아는 학생에게 시키는 것이 좋을 것 같아 학생을 시켰다.

문 : 이번 독립운동은 조선의 각 종교 단체가 일치하여 대표자를 선정했는데 그것은 어찌된 연유인가?

답 : 처음에는 조선 사람 전체가 하려고 했다. 천도교, 기독교, 불교가 합한 것은 귀족들이 응하지 않았기 때문이다.

문 : 피고는 앞으로도 조선의 독립운동을 할 것인가?

답 : 그렇다. 계속하여 어디까지든지 할 것이다. 반드시 독립은 성취될 것이며 일본에는 중僧에 월조月照가 있고 조선에는 중에 한용운이가 있을 것이다. (1919년 3월 2일)

문 : 피고는 일본에 간 일이 있는가?

답 : 지금으로부터 12년 전 불교를 수련하기 위하여 동경에 가서 조동종대학에 들어갔으나 학자學資를 계속할 수가 없어 반 년 만에 돌아왔다.

문 : 최린과는 언제부터 알았는가?

답 : 동경 유학할 때 알았고 조선에 돌아온 후에도 교제하고 있었다.

문 : 최남선, 손병희와도 아는가?

답 : 최남선은 6년 전부터 알고 손병희는 이번 사건으로 비로소 알게 되었다.

문 : 피고는 때때로 학생이 회합할 때 연설을 한 일이 있는가?

답 : 그렇다. 청년회관, 보성학교, 현재는 없지만 오성학교 학생에게 연설한 일이 있다.

문 : 지금 민족자결은 유럽전쟁 결과 주권을 상실한 나라의 민족이나 또는 직접 참가한 유럽 내의 일부분 민족에 관한 문제이므로 조선은 그 범위에 들어가지 않는다는 것을 알고 있었는가?

답 : 민족자결이라는 것이 그런 구역을 정했는지는 모

르나 전 세계적으로 병합한 나라의 문제라고 생각했다. 조선도 그 운동을 하면 독립이 될 줄 알았다.

문 : 피고가 집합시킨 중앙학교 학생에게 무슨 연고로 그런 것을 부탁하는 것이 좋다고 생각했나?

답 : 학생들은 자기 나라가 독립되는 것을 환영하고 비밀을 누설치 않을 것으로 생각하고 부탁했다.

문 : 손병희 집에서 회합할 때 이갑성이 운동에 학생들도 협조할 것이라고 말하지 않았나?

답 : 그렇다. 그때 이갑성은 학생들이 우리 독립운동에 응원할 방침을 세우고 있다고 했다.

문 : 그래서 다른 사람들은 무엇이라고 하던가?

답 : 그때 발표 장소를 명월관 지점으로 변경하고 학생들에게는 알리지 않기로 했다.

문 : 2월 27일 백용성 집에서 동지가 모여 정부에 제출할 서면에 조인할 때 피고도 참석했는가?

답 : 가지 않았다.

문 : 피고는 백용성에게 어떤 방법으로 조선 독립의 의사를 발표한다고 했는가?

답 : 그 방법은 말한 일이 없다.

문 : 방법을 듣고서야 찬동하지 않았는가?

답 : 천도교, 기독교가 독립운동을 하고 있으니 불교 측에서도 가입하자고 하여 찬성을 얻고, 「독립선언서」와 기타 정부와 총독부에 제출할 서면에는 인장이 필요하다

고 했더니 백용성은 나에게 인장을 맡겨 두고 갔다.

문 : 백용성에게 일본 정부의 승인이 없어도 독립선언을 함으로써 조선은 독립이 될 수 있다는 말을 하였나?

답 : 그런 말을 했다.

문 : 일본의 실력적 지배를 벗지 못하면 결국 독립선언은 무효가 되고 말 것이 아닌가?

답 : 국가의 독립은 승인을 얻어서 독립하려는 것이 아니고 독립선언을 한 후 각국이 그것을 승인함을 생각했다.

문 : 피고가 기독교 측과도 만난 일이 있는가?

답 : 2월 26일경 최린 집에서 이승훈과 만나 이런 일은 행복한 일이라고 인사의 말을 했다.

문 : 「독립선언서」를 인쇄 배포한 목적은?

답 : 그것은 조선 전반에 독립한다는 것을 알리자는 것이다.

문 : 3월 1일을 기하여 조선 각지에 「독립선언서」를 배포하기로 사람을 보낸 일이 있는가?

답 : 나는 그런 일이 없으나 천도교, 기독교에서는 보낸다는 것을 최린과 이승훈에게서 들었다.

문 : 피고 등 33인의 독립선언을 일본 정부가 승인하지 않을 것이라는 것은 명확하지 않는가?

답 : 캐나다·아일랜드·인도가 독립하므로 조선도 반드시 독립이 될 줄로 알았다.

문 : 피고는 이번 계획으로 처벌될 줄 알았는가?

답 : 나는 내 나라를 세우는 데 힘을 다한 것이니 벌을 받을 리 없을 줄 안다.

문 : 피고는 앞으로도 조선 독립운동을 할 것인가?

답 : 그렇다. 언제든지 그 마음을 고치지 않을 것이다. 만일 몸이 없어진다면 정신만이라도 영세토록 가지고 있을 것이다.[10]

만해의 경찰·법정 투쟁은 확고한 독립 의지와 신념에서 이루어졌다. 어느 날 경찰 심문 과정에서 최린이 일본인은 조선인을 차별대우하고 압박하고 있다고 총독 정치를 비난하였다. 이를 지켜보고 있던 만해는 버럭 고함을 지르며 "아니, 그럼 고우는 총독이 정치를 잘하면 독립운동을 안 하겠다는 말이요?"라고 꾸짖었다.

만해는 서대문감옥에서 복역중일 때 함께 3·1운동을 주도한 최린에게 한시 한 수를 지어보냈다. 이름하여 「증고우선화贈古友禪話」인데, '고우'古友는 최린의 호다. 최린은 그 뒤 '천지에 가득한 눈 바람'을 견디지 못하고 변절하여 만해를 분노케 하였다.

看盡百花正可愛
縱橫芳草踏烟霞

---

[10] 김삼웅, 앞의 책, 322~329쪽.

一樹寒梅將不得
其如滿地風雲何

온갖 꽃을 만나 정히 느껴 보았고
안개 속 꽃다운 풀 이리저리 다 누볐다
한 나무 매화꽃은 아직 얻지 못했는데
천지에 가득한 눈바람 어찌할 것인가.

공약삼장을 만해가 작성했다는 주장의 근거

일제의 무단 통치를 과감하게 거부하고 맨주먹으로 일어난 3·1항쟁의 정신은 「독립선언서」로 집약된다. 그리고 「독립선언서」 끝에 있는 '공약삼장' 公約三章은 「독립선언서」를 집약하는 행동 강령이다.

일제는 「독립선언서」보다 '공약삼장'을 트집 잡아 민족대표들에게 내란죄를 적용하여 중형을 선고하고자 획책하였다. 「독립선언서」는 최남선이 쓰고 공약삼장은 만해가 쓴 것으로 전하지만, 사실이 아니라는 주장도 강력하다. 모두 최남선이 썼다는 것이다.

우선 '공약삼장'부터 살펴보자.

— . 금일 오인의 차거此擧는 정의·인도·생존·존영을 위하는 민족적 요구이니 오직 자유적 정신을 발휘할 것이오, 결코 배타적 감정으로 일주하지 말라.

―. 최후의 일인까지 최후의 일각까지 민족의 정당한 의사를 쾌히 발표하라.
　―. 일체의 행동은 가장 질서를 존중하여 오인의 주장과 태도로 하여금 어디까지든지 광명정대하게 하라.

「독립선언서」는 천도교 측 15명, 기독교 측 16명, 불교 측 2인 등 33인이 서명했다. 유교 측에서는 한 사람도 참여하지 못하였고 당시 최대의 교도를 거느린 불교계에서는 단 2명밖에 서명하지 않았다.

독립선언에서 빠진 유림들은 이로 인하여 국민적인 지탄을 받게 되고, 두 차례의 「파리장서」 사건으로 이를 만회하였다. 「파리장서」 사건이란 1919년 3월 김창숙 등이 주동이 되어 프랑스 파리에서 열린 만국평화회의에 조선의 「독립탄원서」를 보냈다가 발각된 사건이다. 유림대표 곽종석, 김복한 등 유림 137명이 조선의 독립을 호소하는 유림단 탄원서를 작성, 서명하여 김창숙으로 하여금 상해에서 파리의 만국평화회의에 우송토록 하였다. 이 사실이 일본 경찰에 발각되어 곽종석 이하 많은 유림대표가 구속되었으며, 일부는 국외로 망명하였다. 곽종석, 하용제 등은 감옥에서 순사하고 일부 유림이 일경의 고문으로 죽거나 불구가 되었다. 김창숙은 제2차 유림단 사건으로 구속되어 혹독한 고문과 오랜 옥고를 치러야 했다.

「독립선언서」에 불교계에서는 만해와 백용성이 참여했을

뿐이었다. 특히 만해는 법정 투쟁과 옥중에서 의연한 기상과 꿋꿋한 자세로 일당백의 투지를 보였다.

「독립선언서」의 백미라고 할 '공약삼장'은 오래 전부터 만해가 추가로 작성한 것으로 알려졌다. 독립운동사의 각종 자료에도 그렇게 기록돼 있다. 그러나 상당수의 독립운동사 연구가들은 만해의 작품이 아니라는 주장을 펴 왔고 최근에는 이것이 정설처럼 굳어지고 있다.

일제가 민족대표 재판 과정에서 '공약삼장' 중에서도 가장 문제로 삼은 것은 "최후의 일인까지 최후의 일각까지"라는 두 번째 내용이었다. 일인 검사들은 이 내용이 3·1운동을 대중화하고 일제에 무력으로 저항하도록 선동했다고 몰아가면서 이를 구실로 민족대표들을 극형에 처하고자 기도했다.

3·1운동을 실질적으로 주도한 천도교 측은 만세운동의 방법론을 논의하면서 ① 대중화 ② 일원화 ③ 비폭력의 3대 원칙을 정하고, 이 원칙에 따라 「독립선언서」의 작성자로 최남선을 추천하였다. 최린은 최남선이 "독립운동가로서 전국에 이미 알려진 바 있고 서구적 교양과 재래의 학문을 모두 갖추고 있을 뿐 아니라 문장력도 뛰어난 사람이므로" 그가 적격이라는 주장이었다.

최남선은 "일생을 학자로 마칠 생각이라 독립운동의 표면에 나서지는 못하지만 선언서는 작성하겠다"고 하여 그가 선언서를 작성하게 되었다. 이를 전해들은 만해가 "독립운동에 책임질 수 없는 사람이 선언서를 짓는 것은 옳지 않다"고 주장하고 자신이 맡겠다고 나섰으나 최린이 이를 거부해 최남선이 작성케 되었다.

이런 연유로 세간에는 '공약삼장'은 만해가 추서하고 「독립선언서」 일부까지 윤문했다는 주장이 끊이지 않았다. 일제시대에는 논란 자체가 불가능했지만 해방 뒤 만해의 제자와 후학들 사이에 만해 추가설과 윤문설이 제기되었다.

처음으로 불을 댕긴 이는 만해의 제자 김법린이다. 1946년 3월 「3·1운동과 불교」라는 글에서 "선언서의 작성에 관한 것인데, 기초위원으로 최린과 최남선 그리고 나 3인이었는데 최남선 씨는 선언서에 서명치 않고 초안만을 집필하고 나는 그것을 수정키로 하고 최린 씨는 기초 책임자로 정하였다"[11]라고 만해에게서 들은 바를 썼다.

만해의 문인 김관호는 1981년에 쓴 「심우장견문기」에서 "「독립선언서」는 최남선 씨가 근대 문장으로 국한문 혼용에 능하다고 최린 씨가 청탁한 것이고 그 후 선생(만해)이 공약삼장을 추서하였다"[12]라고 썼다. 최범술 씨는 『한용운전집』 6권에 실린 「한용운 연보」에서 "한용운이 공약삼장을 추서했다"고 단언했다.

박노준, 인권환은 1960년 통문관에서 펴낸 『한용운연구』에서 "특히 '최후의 일인 최후의 일각까지'의 공약삼장은 순

---
11 『신천지』, 제1권 제3호, 1946년 3월.
12 김관호, 「심우장견문기」, 『한용운사상연구』 제2집, 284쪽.

전히 그(만해)가 창안, 첨가하였던 것으로 이것도 세상에는 널리 알려지지 않은 숨은 사실이다"라고 하였다.

문학평론가 염무웅은 1972년 『창작과 비평』 겨울호에 쓴 「만해 한용운론」에서 만해가 공약삼장을 집필한 것은 틀림없는 사실이라고 주장했다. 33인의 일원인 이갑성은 『동아일보』 1969년 신년호에서 만해가 공약삼장을 추서했다고 밝혔다.

역사학자 신석호는 1969년 『3·1운동 50주년기념논총』에 실린 「3·1운동의 전개」에서 "만해가 스스로 선언서를 작성할 것을 주장하다가 최린에게 거절당하여 불쾌이 생각하고 공약삼장을 붙이자고 주장하여 승낙받고 이를 추가하였다" 주장하고, 안계현 교수도 같은 책에서 "만해가 육당의 기초에 불만을 품고 육당이 기초해 온 선언서에 손수 수정을 가하여 좀더 장엄하고 기백 어린 윤문을 하는 동시에 공약삼장을 새로이 추가하였다"고 썼다.

두 주장의 팽팽한 대립

 학계에서 처음으로 '공약삼장'이 만해의 첨가가 아니라고 주장한 이는 문인 조용만이다. 『동아일보』 1969년 3월 2일자에 쓴 글에서 만해가 「독립선언서」의 초고를 보지 못한 점을 들어 선언서의 본문은 물론 공약삼장까지도 최남선이 전담하였다고 단정하였다.

 신용하 교수는 앞의 『동아일보』와 다른 글[13]에서 ① 최린의 자서전에 따르면 만해가 육당의 기초에 불만을 품고 자신이 기초하겠다고 이의를 제기했으나 최린이 거절한 점 ② 일제는 심문이나 공판 과정에서 기초자를 육당으로 파악하고 그를 심하게 추궁하였으나 만해는 전혀 추궁받지 않는 점 ③ 최린은 만해에게 「독립선언서」의 초고를 맡기지 않았으며 ④ 「독립선언서」를 수정할 시간적 여유가 없었고 ⑤ 만해는

---
13 신용하, 「3·1운동 발발 경위」, 『한국근대사론』, 지식산업사, 86~89쪽.

자기 공로를 과시하는 경향이 있음에도 스스로가 자신이 추가했다는 사실을 주장한 바가 없다는 것이다.

김상현 교수는 이에 대한 반론으로 앞의 신문에서 ① 만해도 재판중에 공약삼장의 취지에 대해 추궁받은 점 ② 만해가 선언서의 인쇄 이전에 초고를 보았으며 수정할 시간적 여유가 있었던 점 ③ 만해가 공소 공판 시 일인 판사에게 서면의 내용 중 자신의 의견과 다른 점이 있어 개정한 일이 있다고 한 답변 내용 ④ 만해가 공약삼장을 추가했다는 이갑성의 생전의 증언 ⑤ 만해의 제자 김관호, 최범술의 회고 등을 들어 만해의 첨가설을 주장하였다.

김상현은 특히 "최후의 마지막 사람, 최후의 마지막 순간까지 독립투쟁을 해야 한다는 공약삼장의 굳센 정신이 이미 3·1운동에 대한 공판에서 비타협적인 입장을 보인 만해에 잘 어울리지만, '때가 아닐 때 경솔히 행동하지 않겠다'는 식으로 기회주의적 태도를 취한 육당과는 상당히 거리가 멀었다는 사실이었다"고 주장한다.

그는 이어 '착수가 곧 성공'이라는 최남선이 쓴 선언서의 마지막 부분과 "최후의 마지막 사람, 최후의 마지막 순간"이라는 공약삼장의 정신을 비교하여, 선언서를 쓴 육당이 좀더 확신에 차고 굳센 공약삼장을 과연 썼을 수 있을까라는 의문을 제기했다.[14]

---

14 블라디미르 티호노프, 「기미독립선언서 '공약삼장' 집필자에 관한 고찰」, 115쪽, 재인용.

신국주 교수는 앞의 신문에 쓴 글에서 ① 그처럼 과격한 문구를 육당이 사용할 수 없고 ② 육당 자신이 '최후에 착수가 곧 성공이다'고 밝힌 점 ③ 만해도 공약삼장에 대해 추궁받은 점 ④ 「독립선언서」의 초고가 완료된 2월 18일부터 인쇄되던 2월 27일까지는 10일의 여유가 있었기 때문에 수정할 시간적 여유가 충분하였고 ⑤ 공약삼장의 추가에 많은 시간이 필요하지 않았던 점을 들었다.

홍일식 교수는 앞의 신문에 쓴 글에서 만해 자신의 언명은 물론 다른 어떤 간접적 자료에도 공약삼장은 만해가 지었다고 하는 주장은 뒷받침될 수 없으며 그에 반해 육당 자신의 언급과 직접 자료에 의해 그리고 상황 논리에서 볼 때 공약삼장을 포함한 「독립선언서」 전부가 육당의 작품이라고 주장하였다.

독립기념관 박걸순 박사는 『한국독립운동사연구』 제2집에 쓴 「3·1운동기 국내 비밀결사운동에 대한 시론」에서 양론을 검토하고 그 논리적 허실을 지적한 뒤 육당 작품설을 주장하였다. 그는 일제 재판부가 집요한 심문과 잔학한 고문을 통해 「독립선언서」의 기초자를 육당으로 파악했다는 것이다. 「독립선언서」 작성을 주도한 최린이 재판 과정에서 "육당의 학식을 존경하여 선언서 작성 시 대의大義만을 협의하였을 뿐 상세한 것은 육당에게 일임하였다"는 진술을 중시한다.

그럼에도 여전히 학계 일각에서는 「독립선언서」의 서명

에도 참여하지 못한 육당의 인격이 '최후의 일인까지 최후의 일각까지'와 같은 혁명적인 행동 강령을 쓸 수 있었겠느냐라는 의문을 제기한다.

만해 첨가론자들은 "최후의 …" 논지를 불교 연기론의 '세세영생世世永生 사상'으로 파악하고, 육당 전담론자들은 3·1운동의 주도체는 천도교·기독교·불교계가 합동하고 학생들까지 연합한 민족대연합전선의 선언서에 특정한 불교의 교리나 사상만이 강조되었다고 보기는 어렵다고 주장한다.

노르웨이 오슬로 대학 동양학 교수 블라디미르 티호노프는 공약삼장을 「독립선언서」의 '눈동자'뿐 아니라 만해의 사상·신념의 일종의 '축약판'으로 인식하면서, 여기에 평소 만해의 무수한 번민과 수양, 득도와 사색이 담겨 있다고 보았다.

그는 이어 "불교의 해탈·불살생不殺生·박애·보편도덕주의 정신을 끝까지 지켜온 한용운이 자유·비폭력·세계주의를 골자로 하는 '공약삼장'의 필자였다고 보는 편이 가장 자연스럽고 타당하다"[15]고 주장한다.

여러가지 정황과 증언을 종합할 때 '공약삼장'은 만해의 작품으로 보는 것이 타당할 것 같다. 일제가 "최후의 일인…"을 내란 죄목으로 몰아가던 재판에서 최남선에게는 징역 2년 6월을 선고한 데 비해 만해에게는 최장기 3년형을 선

---

15 블라디미르 티호노프, 앞의 글, 130쪽.

고하였다. 3년형은 만해와 손병희, 최린, 권동진, 오세창, 이종일, 이승훈, 함태영 등 3·1운동의 주역들에게만 선고되었다. 이 한 가지 사실로 비추어 보아도 '만해 첨가설'이 더 설득력이 있어 보인다.

제 6 장
서대문감옥의 태산 같은 지도자

달아 달아 밝은 달아
옛 나라에 비춘 달아
쇠창을 넘어 와서
나의 마음 비춘 달아
계수나무 베어내고
무궁화를 심으과저

- 한용운

감옥 안팎의 독립 의지

 1920년 10월 30일 오전 10시 경성복심법원 정동분실에서 민족대표들에 대한 선고 공판이 열렸다. 만해는 손병희, 최린, 권동진, 오세창, 이종일, 이인환과 함께 최장기형인 3년 징역을 선고받았다. 최남선, 이갑성, 김창준, 오화영은 징역 2년 6월, 임예환, 나인협, 홍기조 등은 징역 2년, 백용성, 정춘수 등은 1년 6월, 송진우, 현상윤, 길선주 등은 무죄가 각각 선고되었다.

 만해는 3·1운동 준비 과정에서 역할과 공약삼장의 집필, 재판 과정의 굽힘 없는 투쟁 등이 최장기형을 받게 된 요인이었다.

 결심 공판날 일본인 판사는 만해에게 최후 발언의 기회를 주었다. 그는 망설이지 않고 자신의 입장을 다음과 같이 천명했다.

최후 발언, 할 일 한 것뿐이다

우리들의 행동은 당신들의 「치안유지법」(일제는 재판 초기 민족대표들을 내란죄 등을 적용하다가 정책적으로 「치안유지법」 적용으로 바꿨다)에 비추어 보면 하나의 죄가 성립될지 모른다. 그러나 우리들은 우리의 조국과 민족을 위하여 마땅히 해야 할 일을 한 것뿐이다. 무릇 정치란 것은 덕을 닦는 데 있지 험險함에 있지 않다. 옛날 위魏나라의 무후武候가 오기吳起란 명장과 함께 배를 타고 강을 내려오는 중에 부국과 강병을 자랑하다가 좌우 산천을 돌아보면서 "아름답다, 산하의 견고함이여. 위나라의 보배로다"라고 감탄하였다. 그러나 오기는 이 말을 듣고 "그대의 할 일은 덕에 있지 산하에 있는 것이 아니다. 만약에 덕을 닦지 않으면 이 배 안에 있는 사람 모두가 적이 되리라"고 한 말과 같이 너희들도 강병强兵만 자랑하고 수덕修德을 정치의 요체로 하지 않으면 국제 사회에서 고립돼 마침내 패망할 것을 알려 두노라."[1]

만해에 대한 재판부의 판결문 요지는 다음과 같다.

한용운, 불교 측의 유력한 자로서 「독립선언서」의 분포

---

1 김광식, 앞의 책, 122~123쪽, 재인용.

를 담당하며 경성 시내에 약 3000매를 배포하였으며 3월 1일 명월관에서 독립선언식을 할 때 우리가 무사히 독립선언을 발표함은 지극히 경애하는 바이며 또는 독립을 위하여 더욱 노력함을 바란다는 연설을 하고 조선 독립을 선창하였다.

민족대표들이 서대문감옥에 수감되었을 때는, 계속되는 시민들의 만세운동으로 하루에도 수십 명의 민간인·학생들이 잡혀 들어오고, 감방마다 아침저녁으로 만세소리가 끊이지 않았다. 민족대표들은 수감 생활을 하는 동안 감옥 안에서 시민·학생들에게 민족지도자로서의 높은 자존을 보여주었다. 특히 만해는 한 점 굽힘없이 옥중 투쟁을 전개하여 수감자들의 존경을 받았다.

아침저녁 점검 때는 무릎을 꿇고 인사를 하는 것이 감방 규칙인 데도 어느 누구 한 사람 인사는커녕 무릎조차 꿇지 않았다. 불교대표로 승려학교장이었던 한용운은 평소 정좌를 하고 참선을 하다가도 점검 때면 평좌로 간수부장을 빤히 쳐올려다 보곤했다. 물론 이들에게는 일본인 간수들만 배치되었는데 함태영은 자기 담당 간수를 볼 때마다 "너희들 잘못이 아니다. 우리는 조선 사람이기 때문에 잃어버린 나라를 찾으려는 것뿐이었다"라고 타이르곤 했다.

그 간수는 그 뒤에 어떻게 설득되었는지 비번 때 바깥에 다녀와서는 사회 움직임이라든지 여러 가지 새 소식을 적어주는 등 편의를 보아주었다. 또 사식을 차입할 때 밥 속에 쪽지를 넣어도 걸리지 않는 방법도 가르쳐 주었다고 한다.

당시 감옥에서 주는 콩밥은 어찌나 돌이 많이 섞였던지 이갑성 등 4~5명은 밥을 먹다가 이를 다쳐 한동안 고생을 해야 했다.[2]

---

2 권영준, 『형정 반세기』, 김삼웅, 앞의 책, 113쪽, 재인용.

3. 1운동 당시 서대문감옥의 실상

　민족대표들은 연행되어 재판을 받을 때까지 일제의 온갖 고문과 악형에 시달렸다. 박준승은 고문으로 옥사하고 양한묵은 옥고로 숨졌다. 손병희는 옥중에서 병에 걸려 출감 뒤 숨졌다.

　수감된 민족대표들의 일과는 아침 6시 기상으로 시작되어 오후 9시 취침으로 이어졌다. 예심이 끝난 뒤에는 가족 면회와 사식 차입이 허용되었지만 만해의 사식 반대 주장으로 대부분 이를 거절하였다. 만해는 한 차례도 차입을 받아들이지 않고 관식으로 버텼다.

　차디찬 시멘트 바닥에서 웅크리고 앉아 한겨울을 지내는 감옥 생활은 민족대표들에게 여러 가지 병마를 불러왔다. 그러나 민족대표들은 종교계의 지도자들이기 때문에 신앙이 큰 힘이 되어 견딜 수 있었다. 모두 독서와 명상에 열중했다. 당시 서대문감옥에서는 '통방'이란 것이 유행하였다.

격리된 수인囚人들이 창살 밖으로 서로 대화하거나 방마다 있는 변기를 비우러 나가면서 딴 방 수인과 슬쩍 연락하는 것이 이른바 '통방'이다. 만해는 옆방의 최린과 '통방'을 하다가 들켜 호된 벌을 받았다. 그때 그가 읊은 즉흥시 한 편이 전한다.

一日 與隣房通話
爲看守 聽
雙手被輕
二分間卽 3

하루는 이웃방과 더불어 통화할 새
간수에게 몰래 들킨지라
손으로 두들겨 맞으니
잠시 동안 입을 벌릴 수 없더라.

3·1운동기에 서대문감옥은 독립항쟁의 성지가 되었다. 잡혀온 시민·학생들은 간수들의 고문과 협박에도 굴하지 않고 감방 안에서 큰소리로 독립운동의 연설을 하거나 만세를 부르면, 여기저기서 박수로 공명하곤 하였다. 만해도 몇 차례 옥중 연설을 하다가 곤욕을 치러야 했다. 일제는 감방이

---

3 김삼웅, 앞의 책, 111~112쪽.

모자라서 주변 교회당과 공장에도 철망을 쳐서 감방으로 대용하는 궁여지책을 쓸 만큼 많은 시민·학생이 끌려왔다.

> 교회당이나 공장에도 철망을 둘러서 감방으로 대용하는 궁책을 취했으나 흥분한 재감자 중에는 방안에서 큰 소리로 독립운동의 연설을 하면 박수로 공명하고, 그 혼잡은 도저히 비유할 수 없는 상황이며 게다가 감옥의 앞과 뒤의 고봉高峰에 독립운동자가 올라가서 낮에는 한국기를 흔들고 밤에는 봉화를 올려서 재감자를 선동하는 일이 날마다 밤마다 연속되어 한 달 이상이나 계속되었다.[4]

서대문감옥에는 이른바 '고문방'이란 것이 있었다. 수많은 애국자가 여기서 고문을 당하고 유관순 열사도 이곳에서 고문을 받다가 순국하였다. 만해도 몇 차례 끌려가 고문을 당했다.

> 당시 서대문형무소 본관 깊숙이 계호과 옆에는 취조실이라는 나무 푯말이 붙은 고문방이 있었다. 어느 형무소이건 크기와 위치는 다르지만 이런 목적의 방 한 칸씩은 다 있었다.
> 서대문의 것은 좁은 출입문과 조그만 창문이 하나 있

---

4 『법조협화잡지』, 제19권, 10·11호, 1920년 발행, 김삼웅, 앞의 책, 115쪽.

는 것으로 중앙간수소를 통해 들어가게 되어 있었다. 전등이 없이는 한낮에도 캄캄한 이 방은 네 벽이 방음화되었고 바닥은 시멘트였다.

내가 형무소에 들어간 지 얼마 안 되어 이 방을 구경하고 놀라는 표정을 짓자 한 일본인 간수가 몇 년 전 기미소요 때 조선 학생들이 이곳에서 많은 욕을 보았다고 일러주었다. 한쪽 벽에 걸려 있는 갖가지 취조 기구, 아니 고문틀은 보기에도 섬뜩했다. 천장 쇠고리에 걸려 있는 올가미진 밧줄은 흡사 사형장의 그것과 다름없다고 느껴졌다.

3·1만세 사건의 유관순은 1920년 7년형을 받고 살다가 옥사했다고 전해졌으나 간수들은 고문에 못이겨, 아니 고문으로 죽은 것으로 믿고 있었다.[5]

만해는 감옥에서 다른 민족대표들과는 확연히 다른 투쟁의 모습을 보여 주었다. 이와 관련하여 그의 상좌 이춘성은 다음과 같이 회고하였다.

말 말게. 스님의 고집 때문에 더 고생이었지. 절에서 무엇을 만들어 가지고 면회에 나서면 "이건 뭣하러 가지고 왔느냐. 내가 아홉 귀신 먹다 남은 것을 먹을 줄 알았느냐"라고 내던지기가 일쑤였지. 감옥의 간수들도 "저 중

---

5 권영준, 앞의 글, 김삼웅, 앞의 책, 116~117쪽, 재인용.

놈이 제일 간 큰 놈이지", "저 놈한테는 당해낼 수가 없어"라고 저희들끼리 중얼거렸지. 옆방의 동지와 몰래 통화하다가 들킨 것밖에는 아무런 사고도 없으니 간수들도 결국은 내버려 두었지.[6]

---

7 고은, 『한용운 평전』, 301쪽, 고려원.

「조선독립이유서」, 상해 『독립신문』에 실리다

 만해는 일인 검사와 경찰의 심문 과정에서 추호도 흐트러짐이 없이 당당하게 자신의 견해와 신념을 밝히면서 조선 독립의 당위성을 천명하였다. 그런 반면 똑같은 질문을 받고는 묵비권으로 일관하였다. 검사가 "피고는 왜 말이 없는가?"라고 묻자, "조선인이 조선 민족을 위하여 스스로 독립운동 하는 것은 백 번 마땅한 노릇, 그런데 감히 무슨 재판인가. 나는 할 말이 많다. 종이와 펜을 달라"고 하여 지필묵을 받아 자신의 소견을 집필하였다.

 1919년 7월 10일부터 경성지방법원 검사장 요구로 서대문감옥에서 「조선독립이유서」를 작성하였다. 그간 「조선독립의 서」 「조선독립에 대한 감상의 대요」 등으로도 불리는 원고지 53장의 이 대논설은 어떤 참고 서적이나 자료 하나 없이, 오직 만해의 확고한 신념으로 옥중에서 독립의 당위성을 설파한 내용으로 이루어졌다. 여기서는 「조선독립이유서」로 쓰기로 한다.

만해가 고등법원 공판에서 조선 독립에 대한 감상을 묻는 질문에 「조선독립이유서」를 일본 검사에게 제출할 즈음 국내 한 신문은 다음과 같이 보도하였다.

> 고금동서를 막론하고 국가의 흥망은 일조일석에 되는 것이 아니오, 어떠한 나라든지 제가 스스로 망하는 것이지 남의 나라가 남의 나라를 망하게 할 수는 없는 것이요. 우리나라가 수백 년 동안 부패한 정치와 조선 민중이 현대 문명에 뒤떨어진 것이 합하여 망국의 원인이 된 것이다. 원래 이 세상의 개인과 국가를 물론하고 개인은 개인의 자존심이 있고 국가는 국가의 자존심이 있나니 자존심이 있는 민족은 남의 나라의 간섭을 절대 받지 아니 하오. 금번 독립운동이 총독 정치의 압박으로 생긴 줄 알지 말라. 자존심이 있는 민족은 남의 압박만 받지 아니하고 자할 뿐 아니라 행복의 증진도 받지 않고자 하느니 이는 역사가 증명하는 바이라, 사천 년이나 장구한 역사를 가진 민족이 언제까지든지 남의 노예가 될 것은 아니다. 그 말을 다하자면 심히 장황하므로 이곳에서 다 말할 수 없으니 그것을 자세히 알려면 내가 지방법원 검사장의 부탁으로 「조선독립이유서」라는 것을 감옥에서 지은 것이 있으니 그것을 갖다가 보면 다 알 듯하오.[8]

조지훈은 「조선독립이유서」와 관련하여 아주 짧은 글에서 다음과 같이 의미 깊은 평가를 한 바 있다.

> 3·1운동 당시 선생이 기초한 「조선독립이유서」라는 장논문은 육당의 독립운동서에 비하여 시문時文으로써 한 걸음 나아간 것이요, 조리가 명백하고 기세가 웅건할 뿐 아니라 정치 문제에 몇 가지 예언을 해서 적중한 명문이다.[9]

조지훈의 지적이 아니라도 육당의 「독립선언문」을 능가하는 내용을 담고 있는 것이 「조선독립이유서」라는 대논설이다. 일제 강점기에 발표된 50여 종의 「독립선언문」 중에서 이 논설은 단재 신채호의 「조선혁명선언」(의열단선언)과 함께 가장 중요한 의미를 갖는다. 『유심』지를 발간하면서 세계 정세를 꿰뚫고 있었던 그의 선언문은 "정확한 상황 인식에 기반하고 있어 조선 독립을 주장하는 근거를 좀더 현실적으로 제시하고 있을 뿐 아니라, 보편적 공감력을 강하게 지니고"[10] 있었다. 이같은 바탕에서 쓰여진 것이 이 논설이다.

만해는 이 논설에서 일제의 조선 침략을 주도한 군국주의를 준열하게 꾸짖고, 군국주의 일본도 제1차 세계대전 때의 독일처럼 반드시 패망할 날이 올 것이라고 확언하였다. 1919

---

8 『동아일보』, 1920년 9월 25일.
9 조지훈, 「민족주의자 한용운」, 『한용운 전집』 4, 신구문화사, 363~364쪽.
10 고명수, 앞의 책, 114쪽.

년에 이미 일제 패망을 내다보는 식견을 갖고 있었던 것이다.

이 논설의 한 부는 검사장에게 제출하고, 사본 한 부는 작은 글씨로 휴지에 적은 다음 간수의 눈을 피하기 위해 여러 겹으로 적어서 종이 노끈인 것처럼 위장하여 형무소로부터 차출되는 옷갈피에 끼워 밖으로 내보냈다고 한다. 이를 처음에 입수한 이는 열렬한 만해의 제자 이춘성이었다.

이춘성은 또 다른 만해의 제자 김상호金尙昊에게 이를 전달하고 김상호와 김법린은 그 문건을 등사하여 비밀 연락 루트를 이용하여 상해 대한민국임시정부에 전달하였다.

임시정부는 1919년 11월 4일자 기관지『독립신문』제25호의 부록에「조선독립에 대한 감상의 대요」라는 제목으로 전문을 게재함으로써 세상에 알려졌다. 임시정부의 기초를 닦는 데도 큰 힘이 되고, 널리 소개되어 독립운동가들의 가슴을 뛰게 하였으나, 일제강점기 동안 막상 국내에는 소개되지 못한 '지하의 비밀 문건'이 되었다.

『독립신문』은 이를 게재하면서 저간의 사정을 다음과 같이 소개하였다.

> 차서此書는 옥중에 계신 아我 대표자가 일인 검사 총장의 요구에 응하여 저술한 자者 중의 일一인 데 비밀리에 옥외獄外로 송출한 단편을 집합한 자者라.

만해의 독립 의지가 집약된 이 문건의 원본은 "그가 입적하는 그날까지 자신의 방 문갑 안의 찢어진 봉투 속에 소중히 간직하였다. 그 후 원본은 만해의 제자인 최범술이 배접하여 소장하였으나, 현재는 행방이 묘연할 뿐이다."[11]

한편 1971년에 간행된 『나라사랑』 만해 특집호는 「조선독립이유서」를 다음과 같이 설명하고 있다.

> 그 당시 선생은 옥중에서 기초한 이 글의 전문을 작은 글씨로 휴지에 적어, 접고 접어서 종이 노끈을 만들어, 형무소로부터 차출되는 의복 갈피에 삽입, 간수의 감시를 피해 형무소 밖으로 유출시킨 것이 원문 그대로 등사되어 만주 방면의 우리 겨레에까지 전해졌었다 한다. 원문이 기재된 원고는 선생이 별세한 해인 1944년에 유씨 부인과 김관호 님이 선생의 문집을 열고 유고를 정리하다가, 찢어진 봉투 속에 26년간 보존된 그대로의 원고가 들어 있는 것이 발견된 것인데, 그후 다른 종이에 배접해서 현재는 다솔사의 최범술 님이 소장하고 있다.[12]

---

11 김광식, 앞의 책, 119~121쪽.
12 『나라사랑』, 제2집, 외솔회.

'철창 문학'의 진수, 시와 시조

　인류의 유산으로 전해지고 있는 명저의 상당수가 감옥에서 쓰여졌다. 사마천은 옥에 갇혀 남근男根이 잘리는 치욕을 겪으며 『사기史記』를 쓰고, 볼테르는 왕실에 대한 담시를 썼다는 이유로 11개월을 바스티유 감옥에 갇혀 『앙리아드』를 썼고, 존 번연은 왕군에 잡혀 베드포드 군 형무소에서 11년간 옥살이 하면서 『천로역정』을 집필하였다. 신채호는 만주 뤼순 감옥에 갇혀 『조선상고문화사』 등을 쓰다 옥사하였다.

　세르반테스는 왕실 감옥에 갇혀 『라만차의 돈키호테』를 쓰기 시작했으며, 마르코폴로는 포로 생활을 하면서 『동방견문록』을 쓰고, 오 헨리(본명: 윌리엄 시드니 포터)는 『점잖은 약탈자』 등의 단편을 옥중에서 썼다. 프랑소아 비용은 종교 비방 혐의 등으로 사형을 언도받고 지하 토굴에 갇혀 대표작 『대유언시』를 지었으며, 오스카 와일드는 동성연애 혐의로 투옥되어 『옥중기』를 썼고, 『살로메』 등의 명작을 남겼다.

리 헌트는 2년간 감옥에 있으면서 『시인의 축제』라는 책을 지었다. 그런가 하면 라외할란 네루는 10여 년간 옥중에서 『세계사 편력』을 썼다.[13]

감옥은 묘한 곳이어서 강한 자는 더욱 강하게 단련시키고 약한 자는 더욱 허물어지게 만든다. 만해는 강한 사람이었다. 출감한 날 기자가 소감을 묻자 자신은 옥중의 고통 속에서 쾌락을 얻었고, 지옥 속에서 극락을 구하였다고 대답하였다.

옥중 투쟁의 3대 원칙을 제시하여 이를 지키고, 「조선독립이유서」를 집필하여 독립운동의 의지를 밝힌 한편, 기결수가 되어서는 옥중에서 다양한 작품을 썼다. 올빼미 눈을 하고 감시하는 간수들 몰래 쓴 이른바 '철창 문학'의 진수들이었다.

한 연구가는 만해의 "옥중 한시는 13편에 달하고 주제는 다양하지만 독립 의지를 전하는 한시가 적지 않다"[14]고 분석하였다. 그는 옥중에서 시조도 한 편을 남겼다.

옥중 시(시조)의 핵심은 '자유 의지'라는 분석이다. "가장 귀 기울이고 들어야 할 음성은 자유다. 이 자유의 문제는 만해의 님을 이해하는 데 열쇠가 되어 준다. 만해에 있어서 자유는 곧 자연으로 통하기도 한다. 생명처럼 자유도

---
13 김삼웅, 『금서禁書』 19쪽, 백산서당.
14 김광식, 앞의 책, 123쪽.

본래의 것으로 인식된다. 따라서 님의 존재는 당위가 되어주고 그 님에의 한없는 그리움은 신앙을 낳게 된다."[15]

만해는 서대문감옥에서 옆방 동지와 통화를 하다가 간수에게 들켜 두 손을 묶인 채 2분간 서 있는 사이에 한시 한 편을 읊었다. 즉흥시라고 할 수 있겠다.

> 隴山鸚鵡能言語
> 愧我不及彼鳥多
> 雄辯銀兮沈默金
> 此金買盡自由花

> 농산 앵무새는 말을 곧잘 하느니
> 그 새만도 못한 이 몸 부끄럽다
> 웅변은 은이요 침묵은 금일 바에는
> 이 금으로 자유화를 다 사겠다.[16]

「옥중감회獄中感懷」라는 시도 썼다. 자유를 추구하는 선승의 모습이 잘 드러난다.

---

15 김종균, 「한용운의 한시와 시조」, 『한용운사상연구』, 288~289쪽, 만해한용운 연구회 편.
16 한글번역, 김종균, 앞의 책, 289쪽.

「옥중감회」

一念但覺淨無塵
鐵窓明月自生新
憂樂本空唯心在
釋迦原來尋常人

물처럼 맑은 심정 티끌 한 점 없기를
철창에 밝은 달 새로 돋는다
근심과 기쁨이 본래 공이요 마음만 있으니
석가도 원래는 평범한 사람.[17]

「설야雪夜」

四山圍獄雪如海
衾寒如鐵夢如灰
鐵窓猶有鎖不得
夜聞鍾聲何處來

옥 주위에 내리는 눈은 바다 같고

---

[17] 주註 4와 같음.

이불 차기는 쇠붙이요 꿈 또한 재라
철창도 매놓지 못하는가
밤에 들리는 종소리 어디서 오는가.[18]

「추회秋懷」

十年報國劍全空
只許一身在獄中
捷使不來虫語急
數莖自髮又秋風

나라 위한 10년은 허사가 되고
겨우 한 몸 옥중에 매어
처사 오지 않고 벌레 소리만 급하다
몇 오리 흰머리가 또 가을을 맞아.[19]

만해는 감옥에서 먼저 출감하는 동지를 두고 「증별贈別」이란, 심금을 울리는 한시를 지었다.

天下逢未易

18 앞의 주와 같음. 290쪽.
19 앞의 주와 같음.

獄中別亦奇
舊盟猶未冷
莫負黃花期

하늘 아래 만나기도 쉽지 않은데
옥중의 이별 또한 별다르구나
옛 맹세 아직도 식지 않았거니
국화철의 기약일랑 저버리지 말게나.[20]

「어느 학생에게」

瓦全生爲恥
玉碎死亦佳
滿天斬荊棘
長嘯月明多

치사스럽게 사는 것은 오히려 치욕이니
옥같이 부서지면 죽어도 보람인 것을
칼 들어 하늘 가린 가시나무를 베어내고
휘파람 길게 부니 달빛 또한 많구나.[21]

---

20 김광식, 앞의 책, 124쪽.
21 주 8과 같음.

만해는 옥중 시 가운데 비교적 일반에게 잘 알려진 작품은 「무궁화 심으과저」라는 시조다. 출감 뒤 한 잡지에 발표되었다.

「무궁화 심으과저」

달아 달아 밝은 달아
옛 나라에 비춘 달아
쇠창을 넘어와서
나의 마음 비춘 달아
계수나무 베어내고
무궁화를 심으과저

달아 달아 밝은 달아
님의 거울 비춘 달아
쇠창을 넘어 와서
나의 품에 안긴 달아
사랑으로 도우고자

달아 달아 밝은 달아
가이 없이 비친 달아
쇠창을 넘어 와서

나의 넋을 쏘는 달아
구름재를 넘어 가서
너의 빛을 따르고자.²²

만해의 옥중 시에 대해 한 연구자는 다음과 같이 평가한다.

> 종교인으로서의 정진과 학자로서의 완벽한 논리에다가 시인으로서의 섬세한 정서, 이 모두는 하나로 응결되어 그 시에 나타나 있으니 만해의 옥중 칠언시는 무엇보다도 독립이란 두 개념이 철두철미하게 은유되어 표현된 시라고 말할 수 있다. 이 자유와 독립의 의미는 전체를 일관하고 있음도 사실이다.²³

---

22 『개벽』, 1922년 9월호.
23 김종균, 앞의 글, 291쪽.

제 7 장

「조선독립이유서」, 무엇을 담았나

> 반만년의 역사를 가진 나라가 오직 군함과 총포의 수가 적은 이유 하나 때문에 남의 유린을 받아 역사가 단절됨에 이르렀으니 누가 이를 참으며 누가 이를 잊겠는가. 나라를 잃은 뒤 때때로 근심 띠운 구름, 쏟아지는 빗발 속에서도 조상의 통곡을 보고, 한밤중 고요한 새벽에 천지신명의 질책을 들거니와, 이를 능히 참는다면 어찌 다른 무엇을 참지 못할 것인가.
>
> — 한용운, 「조선독립이유서」

자유와 평화에 대한 선언

누구보다도 투철한 독립정신으로 일제와 맞섰던 만해는 감옥에서 「조선독립이유서」를 집필하였다. 앞에서 지적한 대로 참고서 하나 없이, 순전히 맨 정신으로 쓴 의지의 '격문'이었다. 「조선독립이유서」는 다음과 같이 구성되어 있다.

1. 개론
2. 조선 독립선언의 동기
    1) 조선 민족의 실력
    2) 세계 대세의 변천
    3) 민족자결 조건
3. 조선 독립선언의 이유
    1) 민족 자존성
    2) 조국 사상
    3) 자유주의(자존주의와는 아주 다름)

4) 세계에 대한 의무
　4. 조선 총독 정책에 대하여
　5. 조선 독립의 자신

만해 일생일대의 이 대문장은 자유와 평화에 대한 선언으로 시작된다.[1]

> 자유는 만물의 생명이요, 평화는 인생의 행복이다. 그러므로 자유가 없는 사람은 죽은 시체와 같고 평화를 잃은 자는 가장 큰 고통을 겪는 사람이다. 압박을 당하는 사람의 주위는 무덤으로 바뀌는 것이며 쟁탈을 일삼는 자의 주위는 지옥이 되는 것이니, 세상의 가장 이상적인 행복의 바탕은 자유와 평화에 있는 것이다.
>
> 그러므로 자유를 얻기 위해서는 생명을 터럭처럼 여기고 평화를 지키기 위해서는 희생을 달게 받는 것이다. 이것은 인생의 권리인 동시에 또한 의무이기도 하다. 그러나 참된 자유는 남의 자유를 침해하지 않음을 한계로 삼는 것으로서 약탈적 자유는 평화를 깨뜨리는 야만적 자유가 되는 것이다. 또한 평화의 정신은 평등에 있으므로 평등은 자유의 상대가 된다. 따라서 위압적인 평화는 굴욕이 될 뿐이니 참된 자유는 반드시 평화를 동반하고, 참된

---

[1] 인용문은 『만해 한용운 논설집』, 만해사상실천선양회 편, 장승.

평화는 자유를 함께 해야 한다. 실로 자유와 평화는 전 인류의 요구라 할 것이다.

만해의 자유와 평화에 대한 투철한 인식은 「조선불교유신론」에서 이미 나타난 대로, 자아의 불성佛性에 대한 자각에서 발전한 것이었다. 그는 자유를 평화와 평등과의 상관적 관계로 설정하고, 평등은 시공을 초월하여 타인에게 매달리지 않는 자유 진리로 보았다. 절대적 자유가 절대적 평등이라는 대단히 진보적인 인식의 면모를 보인다. 이와 같은 인식의 바탕에서 약육강식이 판치는 군국주의를 비판하고, 폭력으로 조선을 병탄하면서 동양평화를 주장하는 일제의 이중적 폭력성을 비난한다. 그의 주장을 들어 보자.

다행인지 불행인지 18세기 이후의 국가주의는 전 세계를 휩쓸고 있다. 이 소용돌이 속에서 제국주의가 대두되고 그 수단인 군국주의를 낳음에 이르러서는 이른바 우승열패·약육강식의 이론이 만고불변의 진리로 인식되기에 이르렀다. 그리하여 국가간에, 또는 민족간에 죽이고 약탈하는 전쟁이 그칠 날이 없어, 몇 천 년의 역사를 가진 나라가 잿더미가 되고 수십만의 생명이 희생당하는 사건이 이 세상에서 안 일어나는 곳이 없을 지경이다. 그 대표적인 군국주의 국가가 서양의 독일이요, 동양의 일본이다.
이른바 강대국, 즉 침략국은 군함과 총포만 많으면 스

스로의 야심과 욕망을 충족시키기 위하여 도의를 무시하고 정의를 짓밟는 쟁탈을 행한다. 그러면서도 그 이유를 설명할 때는 세계 또는 어떤 지역의 평화를 위한다거나 쟁탈의 목적물, 즉 침략을 받는 자의 행복을 위한다거나 하는 기만적인 헛소리로써 정의의 천사국으로 자처한다. 예를 들면 일본이 폭력으로 조선을 합병하고 이천만 민중을 노예로 취급하면서도, 겉으로는 조선을 병합함이 동양 평화를 위함이요, 조선 민족의 안녕과 행복을 위한다고 하는 것이 그것이다.

만해는 무엇보다 자신이 타파해야 할 적은 바로 독일과 일본으로 대표되는 군국주의 세력임을 적시하고 이들의 야만성을 통박하였다. 야만적인 세력은 승리할 수 없으며, 각 민족의 자결은 인간의 본성인 동시에 세계의 대세가 되고 있으므로 대세의 흐름을 막을 수 없음을 분명한 어조로 다음과 같이 선언한다.

> 어느 민족을 막론하고 문명 정도의 차이는 있을지언정 피가 없는 민족은 없는 법이다. 이렇게 피를 가진 민족으로서 어찌 영구히 남의 노예가 됨을 달게 받겠으며 나아가 독립자존을 도모하지 않겠는가. 그러므로 군국주의, 즉 침략주의는 인류의 행복을 희생시키는 가장 흉악한 마술에 지나지 않는다. 어찌 이 같은 군국주의가 무궁한 생

명을 유지할 수 있겠는가. 이론보다 사실이 그렇다. 칼이 어찌 만능이며 힘을 어떻게 승리라 하겠는가. 정의가 있고 도의가 있지 않은가.

침략만을 일삼는 극악무도한 군국주의는 독일로써 그 막을 내리지 않았는가. 귀신이 곡하고 하늘이 슬퍼할 구라파전쟁은 대략 일천만의 사상자를 내고, 몇 억의 돈을 허비한 뒤 정의와 인도를 표방하는 기치 아래 강화조약을 성립하게 되었다. 그러나 군국주의 종말은 실로 그 빛깔이 찬란하기 그지없었다.

전 세계를 유린하려는 욕망을 채우기 위하여 고심초사 20년간에 수백만의 청년을 수백 마일의 싸움터에 배치하고 장갑차와 비행기와 군함을 몰아 좌충우돌, 동쪽을 찌르고 서쪽을 쳐 싸움을 시작한 지 3개월 만에 파리를 함락한다고 스스로 외치던 카이제르의 호언은 한때 장엄함을 보였었다. 그러나 이것은 군국주의의 결별을 뜻하는 종곡終曲에 지나지 않았다.

만해는 이 글에서 특히 독일의 군국·침략주의를 매섭게 비판했다. 이는 일본에 대한 간접 비판이고 경고였다. 제1차 세계대전에서 독일이 막강한 군사력과 군작전에도 패배한 것은 군국주의가 정의와 인도주의에 패배함을 애둘러 일본에 경고한 것이다. 제1장과 2장은 이 글의 본문에 해당한다. 우리 민족이 독립을 선언하게 된 동기를 세 가지로 나누어

제시한다. 즉 독립할 자존과 기운과 정신적 준비를 갖추고, 세계 대세인 평화를 추구하며, 민족자결주의를 밝힌다. 조선은 독립할 수 없다는 일제 식민지 지배 논리를 반박, 이는 제국주의적 학정과 열등한 교육 제도의 폐단 때문이라고 지적한다. 핵심 부문을 직접 들어 보자.

조선 민족의 실력

일본은 조선의 민의를 무시하고 암약闇弱한 주권자를 속여 몇몇 아부하는 무리와 더불어 합방이란 흉포한 짓을 강행하였다. 그 후로부터 조선 민족은 부끄러움을 안고 수치를 참는 동시에 분노를 터뜨리며 뜻을 길러 정신을 쇄신하고 기운을 함양하는 한편 어제의 잘못을 고쳐 새로운 길을 찾아왔다. 그리하여 일본의 방해에도 불구하고 외국에 유학한 사람도 수만에 달하였다. 그러므로 우리에게 독립 정부가 있어 각 방면으로 원조 장려한다면 모든 문명이 유감없이 나날이 진보할 것이다.

국가는 모든 물질문명이 완전히 구비된 후에라야 꼭 독립되는 것은 아니다. 독립할 만한 자존의 기운과 정신적 준비만 있으면 충분한 것으로서 문명의 형식을 물질에서만 찾음은 칼을 들어 대나무를 쪼개는 것과 같으니 그 무엇이 어려운 일이라 하겠는가.

일본인은 항상 조선의 물질문명이 부족한 것으로 말머리를 잡으나 조선인을 어리석게 하고 야비케 하려는 학정과 열등 교육을 폐지하지 않으면 문명의 실현은 보기 어려울 것이다. 이것이 어찌 조선인의 소질이 부족한 때문이겠는가. 조선인은 당당한 독립 국민의 역사와 전통이 있을 뿐 아니라 현대 문명을 함께 나눌 만한 실력이 있는 것이다.

세계 대세의 변천

20세기 초두부터 전 인류의 사상은 점점 새로운 빛을 띠기 시작하고 있다. 전쟁의 참화를 싫어하고 평화로운 행복을 바라고 각국이 군비를 제한하거나 폐지하려는 움직임을 보이고 있다. 만국이 서로 연합하여 최고 재판소를 두고 절대적인 재판권을 주어 국제 문제를 해결하며 전쟁을 미연에 방지하자는 설도 나오고 있다. 그 밖에 세계 연방설과 세계 공화국설 등 실로 가지가지의 평화안을 제창하고 있으니 이는 모두 세계 평화를 촉진하는 기운들이다.

소위 제국주의적 정치가의 눈으로 본다면 이것은 일소에 붙일 일일 것이나 사실의 실현은 시간 문제일 뿐이다. 최근 세계의 사상계에 통절한 실제적 교훈을 준 것이 구라파전쟁과 러시아 혁명과 독일 혁명이 아닌가.

세계 대세에 대해서는 위에서 말한 바가 있으므로 중복

을 피하거니와 한마디로 말하면 현재로부터 미래의 대세는 침략주의의 멸망, 자존적 평화주의의 승리가 될 것이다.

민족자결 조건

미국 대통령 윌슨 씨는 독일과 강화하는 기초 조건, 즉 14개 조건을 제출하는 가운데 국제연맹과 민족자결을 제창하였다. 이에 대해 미국, 프랑스, 일본과 기타 여러 나라가 내용적으로 이미 국제연맹에 찬동하였으므로 그 본바탕, 즉 평화의 근본 문제인 민족자결에 대해서도 물론 찬성할 것이다.

이와 같이 각국이 찬동의 뜻을 표한 이상 국제연맹과 민족자결은 윌슨 한 사람의 사사로운 말이 아니라 세계의 공언이며, 희망의 조건이 아니라 기성旣成의 조건이 되었다. 또한 연합국 측에서 폴란드의 독립을 찬성하고, 체코의 독립을 위하여 거액의 군비와 적지 않은 희생을 무릅써 가며 영하 30도를 오르내리는 추위에도 불구하고 군대를 시베리아에 보내되 특히 미국과 일본이 크게 노력한 것은 민족자결을 사실상 원조한 사례일 것이다. 이것이 모두 민족자결주의 완성의 표상이니 어찌 기뻐하지 않겠는가.

「조선독립이유서」의 제3장은 "나라를 잃은 지 10년이 지나고 지금 독립을 선언한 민족이 독립선언의 이유를 설명하게 되어 실로 침통함과 부끄러움을 금치 못하겠다"면서 독립의 이유를 다음의 네 가지로 나누어 설명한다.

① 민족자존성

들짐승은 날짐승과 어울리지 못하고 날짐승은 곤충과 함께 무리를 이루지 못한다. 같은 들짐승이라도 기린과 여우나 삵은 그 거처가 다르고 같은 날짐승 중에서도 기러기와 제비·참새는 그 뜻을 달리하며, 파충류 가운데서도 용과 뱀은 지렁이와 그 즐기는 바를 달리한다. 또한 같은 종류 중에서도 벌과 개미는 자기 무리가 아니면 서로 배척하여 한곳에 동거하지 않는다.

이는 감정이 있는 동물의 자존성에서 나온 행동으로 반드시 이해득실을 따져 남의 침입을 배척하는 것이 아니라 다른 무리가 자기 무리에 대하여 이익을 준다 해도 역시 배척하는 것이다. 이것은 배타성이 주체가 되어 그런 것이 아니라 같은 무리는 저희끼리 사랑하여 자존을 누리는 까닭에 자존의 배후에는 자연히 배타가 있는 것이다. 여기서 배타라 함은 자존의 범위 안에 드는 남의 간섭을 방어하는 것을 의미하며 자존의 범위를 넘어서까지 배척함을 뜻하는 것이 아니다. 따라서 자존의 범위를 넘어 남을 배척하는 것은 배척이 아니라 침략이다.

인류도 마찬가지여서 민족간에는 자존성이 있다. 유색

인종과 무색 인종 간에 자존성이 있고, 같은 종족 중에서도 각 민족의 자존성이 있어 서로 동화하지 못하는 것이다. 예컨대 중국은 한 나라를 형성하였으나 민족적 경쟁은 실로 격렬하지 않았는가. 최근의 사실만 보더라도 청나라의 멸망은 겉으로 보기에는 정치적 혁명 때문인 것 같으나 실은 한민족과 만주족의 쟁탈에 연유한 것이다. 또한 티베트 족이나 몽고족도 각각 자존을 꿈꾸며 기회만 있으면 궐기하려 하고 있다. 그 밖에도 아일랜드나 인도에 대한 영국의 동화 정책, 폴란드에 대한 러시아의 동화 정책, 그리고 수많은 영토에 대한 각국의 동화 정책은 어느 하나도 수포로 돌아가지 않은 것이 없다.

한 민족이 다른 민족의 간섭을 받지 않으려 하는 것은 인류가 공통으로 가진 본성으로서 이 같은 본성은 남이 꺾을 수 없는 것이며 또한 스스로 자기 민족의 자존성을 억제하려 하여도 되지 않는 것이다. 이 자존성은 항상 탄력성을 가져 팽창의 한도, 즉 독립자존의 길에 이르지 않으면 멈추지 않는 것이니 조선의 독립을 감히 침해하지 못할 것이다.

② 조국 사상

월나라의 새는 남녘의 나뭇가지를 생각하고 호마胡馬는 북풍을 그리워하는 것이니 이는 그 본바탕을 잊지 않기 때문이다. 동물도 이러하거든 하물며 만물의 영장인

사람이 어찌 그 근본을 잊을 수 있겠는가.

근본을 잊지 못함은 인위적인 것이 아니라 천성이며 또한 만물의 미덕이기도 하다. 그러므로 인류는 그 근본을 못 잊을 뿐 아니라 잊고자 해도 잊을 수가 없는 것이다. 반만년의 역사를 가진 나라가 오직 군함과 총포의 수가 적은 이유 하나 때문에 남의 유린을 받아 역사가 단절됨에 이르렀으니 누가 이를 참으며 누가 이를 잊겠는가. 나라를 잃은 뒤 때때로 근심 띠운 구름, 쏟아지는 빗발 속에서도 조상의 통곡을 보고, 한밤중 고요한 새벽에 천지신명의 질책을 듣거니와, 이를 능히 참는다면 어찌 다른 무엇을 참지 못할 것인가. 조선의 독립을 감히 침해하지 못할 것이다.

③ 자유주의(자존주의와는 크게 다름)

인생의 목적을 철학적으로 해석하려면 여러 가지 설이 구구하여 일정한 정의를 내리기 어렵다. 그러나 인생 생활의 목적은 참된 자유에 있는 것으로서 자유가 없는 생활에 무슨 취미가 있겠으며 무슨 즐거움이 있겠는가. 자유를 얻기 위해서는 어떤 대가도 아까워할 것이 없으니 곧 생명을 바쳐도 좋은 것이다.

일본은 조선을 합병한 후 압박에 압박을 더하여 말 한마디, 발걸음 하나에까지 압박을 가하여 자유의 생기는 터럭만큼도 없게 되었다. 피가 없는 무생물이 아닌 이상에야 어찌 이것을 참고 견디겠는가. 한 사람이 자유를 빼앗겨도 하늘과 땅의 화기和氣가 상처를 입는 법인데 어찌 이천만의 자유를 말살함이 이다지도 심하단 말인가. 조선의 독립을 감히 침해하지 못할 것이다.

④ 세계에 대한 의무

민족자결은 세계 평화의 근본적인 해결책이다. 민족자결주의가 성립되지 못하면 아무리 국제연맹을 조직하여 평화를 보장한다 하더라도 결국에는 수포로 돌아가고 말 것이다. 왜냐하면 민족자결이 이룩되지 않으면 언제라도 싸움이 잇달아 일어나 전쟁이 계속될 것이기 때문이다.

이러한 세계의 책임을 조선 민족이 어떻게 면할 수 있겠는가. 그러므로 조선 민족의 독립 자결은 세계의 평화를 위한 것이요, 또한 동양 평화에 대해서도 중요한 열쇠가 되는 것이다. 일본이 조선을 합병한 것은 조선 자체의 이익을 위함이 아니라 조선 민족을 몰아내고 일본 민족을 이식코자 한 때문이요, 나아가 만주와 몽고를 탐내고 한 걸음 더 나아가 중국 대륙까지 꿈꾸는 까닭이다. 이 같은 일본의 야심은 누구도 다 아는 사실이다.

중국을 경영하려면 조선을 버리고는 달리 그 길이 없다. 그러므로 침략 정책상 조선을 유일한 생명선으로 삼는 것이니 조선의 독립은 곧 동양의 평화가 되는 것이다. 조선의 독립을 감히 침해하지 못할 것이다.

총독 정책에 대하여

　제4장은 총독 정책에 대한 비판이다. "조선은 합방한 후 조선에 대한 일본의 시정 방침은 무력 압박이라는 넉 자로 충분히 대표된다"고 직설적으로 총독 정치를 비판한다. 이어서 "전후의 총독, 즉 데라우치寺內와 하세가와長谷川로 말하면 정치적 학식이 없는 한낱 군인에 지나지 않아 조선의 총독 정치는 한마디로 말해 헌병 정치였다"고 질타한다. 일제강점기에 일본 관헌에게 이렇게 총독을 질타한 글을 찾기란 쉽지 않다.

　　그러므로 조선인은 헌병이 쓴 모자의 그림자만 보아도 독사나 맹호를 본 것처럼 피하였으며, 무슨 일이나 총독 정치에 접할 때마다 자연히 오천 년 역사의 조국을 회상하며 이천만 민족의 자유를 기원하면서 사람이 안 보는 곳에서 피와 눈물을 흘렸던 것이다. 이것이 곧 합방 후 10년에 걸친 이천만 조선 민족의 생활이었다. 아아, 진실로 일본인이 인간의 마음을 가졌다면 이 같은 일을 행하고도 꿈에서나마 편안할 것인가.

또한 종교와 교육은 인류 생활에 있어 특별히 중요한 일로서 어느 나라도 종교의 자유를 인정하지 않는 나라가 없거늘 조선에 대해서만은 유독 종교령을 발포하여 신앙의 자유를 구속하고 있다. 교육으로 말하더라도 정신 교육이 없음은 말할 것도 없거니와 과학 교과서도 크게 보아 일본말 책에 지나지 않는다. 그 밖의 모든 일에 대한 학정은 이루 헤아릴 수도 없고 또 그럴 필요도 느끼지 않는다.

그러나 조선인은 이 같은 학정 아래 노예가 되고 소와 말이 되면서도 10년 동안 조그마한 반발도 일으키지 않고 그저 순종할 뿐이었다. 이는 주위의 압력으로 반항이 불가능했기 때문이기도 하겠으나 그보다는 총독 정치를 중요시하여 반항을 일으키려는 생각이 없었기 때문이었다. 왜냐하면 총독 정치 이상으로 합병이란 근본 문제가 있었던 까닭이다. 다시 말하면 언제라도 합방을 깨뜨리고 독립자존을 꾀하려는 것이 이천만 민족의 머리에 박힌 불멸의 정신이었다. 그러므로 총독 정치가 아무리 극악해도 여기에 보복을 가할 이유가 없고 아무리 완전한 정치를 한다 해도 감사의 뜻을 나타낼 까닭이 없어 결국 총독 정치는 지엽적 문제로 취급했던 까닭이다.

조선 독립의 자신감 밝혀

제5장은 조선 독립의 자신감에 대해 설파하는 내용이다. "조선 독립은 국가를 창설함이 아니라 한때 치욕을 겪었던 고유의 독립국이 다시 복구되는 독립이다"라고 주장하면서 "독립의 요소, 즉 토지·국민·정치와 조선 자체에 대해서는 만사가 구비되어 있어 다시 말할 필요가 없다"라고, '즉각 독립'을 요구한다. 그러면서 일본이 조선의 독립을 부인하면 동양·세계 평화를 교란하여 미·일, 중·일 전쟁을 치르게 될 것이라는 놀라운 예견을 한다.

> 만일 일본이 침략주의를 여전히 계속하여 조선의 독립을 부인하면, 이는 동양 또는 세계 평화를 교란하는 일로서 아마도 미·일, 중·일 전쟁을 위시하여 세계적 연합 전쟁을 유발하게 될지도 모른다. 그렇게 되면 일본에 가담할 자는 영국(영·일동맹 관계뿐 아니라 영령英領 문제로) 정

도가 될는지도 의문이니 어찌 실패를 면할 것인가. 제2의 독일이 될 뿐으로 일본의 무력이 독일에 비하여 크게 부족함은 일본인 자신도 수긍하리라. 그러므로 지금의 대세를 역행치 못할 것은 명백하지 아니한가.

또한 일본이 조선 민족을 몰아내고 일본 민족을 이식하려는 몽상적인 식민 정책도 절대 불가능하다. 중국에 대한 경영도 중국 자체의 반항뿐 아니라 각국에서도 긍정할 까닭이 전혀 없으니 식민 정책으로나, 조선을 중국 경영의 징검다리로 이용하려는 정책은 모두 수포로 돌아갈 것이다. 그러므로 일본은 무엇이 아까워 조선의 독립 승인을 거절할 것인가.

「조선독립이유서」의 한계

 매사가 그러하듯이 우국충정의 이 논설도 적지 않은 문제점을 안고 있다. 일제의 식민 통치 본질에 대한 명징한 인식의 한계이기도 할 것이고, 옥중에서 쓴 환경의 영향이기도 할 것이다.

 만해는 3·1운동 준비 과정에서 일부 인사가 '독립청원' 또는 '탄원'이란 용어를 쓰려고 하자 이를 심하게 비판하였다. 그런 그가 "일본의 넓은 도량으로 조선의 독립을 승인하고"라는 대목이나, "동양 평화의 맹주를 일본 아닌 누구에게서 찾겠는가"라는 내용 등은 납득하기 어렵다.

> 일본이 넓은 도량으로 조선의 독립을 승인하고 일본인이 구두선口頭禪처럼 외는 중·일 친선을 진정 발휘하면 동양 평화의 맹주를 일본 아닌 누구에게서 찾겠는가. 그리하면 20세기 초두 세계적으로 천만 년 미래의 평화스런

행복을 위하여 복음을 전하는 천사국이 서반구의 미국과 동반구의 일본이 있게 되니 이 아니 영예겠는가. 동양인의 얼굴을 빛냄이 과연 얼마나 크겠는가.

또한 일본이 조선의 독립을 앞장서서 승인하면 조선인은 일본인에 대하여 가졌던 합방의 원한을 잊고 깊은 감사를 표할 것이다. 그뿐 아니라 조선의 문명이 일본에 미치지 못함은 사실인즉 독립한 후에 문명을 수입하려면 일본을 외면하고는 달리 길이 없을 것이다. 왜냐하면 서양 문명을 직수입하는 것도 절대로 불가능한 일이 아니나 길이 멀고 내왕이 불편하며 언어 문자나 경제상 곤란한 일이 많기 때문이다. 일본으로 말하면 부산 해협이 불과 10여 시간의 항로요, 조선인 가운데 일본 말과 글을 깨우친 사람이 많으므로 문명을 일본으로부터 수입하는 것은 지극히 쉬운 일이라 하겠다. 그러면 두 나라의 친선은 실로 아교나 칠같이 긴밀할 것이니 동양 평화를 위해 얼마나 좋은 복이 되겠는가. 일본인은 결코 세계 대세에 반하여 스스로 손해를 초래할 침략주의를 계속하는 어리석음을 저지르지 않고 동양 평화의 맹주가 되기 위해 우선 조선의 독립을 앞장서서 승인하리라 믿는다.

다음의 내용 역시 일제강점 10년 동안 일제의 잔학과 수탈에 대한 사실성이 다소 부족했던 것이 아닌가 여겨지는 부문이다. 그리고 "만일 조선 독립이 10년 후에 온다면 그동안 일본이 조선에서 얻는 이익이 얼마나 될 것인가. 물질상의 이익은 수지상 많은 여축을 남겨 일본 국고에 기여함이 쉽지 않을 것이다"라 전제, "기껏해야 조선에 있는 일본인의 관리나 기타 월급 생활하는 자의 봉급 정도일 것이니 그렇다면 그 노력과 자본을 상쇄하면 순이익은 실로 적은 액수에 지나지 않으리라"고 현실과 동떨어진 분석을 하고 있다.

하지만 말미의 다음과 같은 내용에서 만해의 독립 불패의 정신과 이 논설의 진수를 찾게 된다.

> 아아, 일본은 기억하라. 청일전쟁 후의 마관조약과 노일전쟁 후의 포츠머드 조약 가운데서 조선 독립을 보장한 것은 무슨 의협이며, 그 두 조약의 먹물이 마르기도 전에 곧 절개를 바꾸고 지조를 꺾어 궤변과 폭력으로 조선의 독립을 유린함은 또 그 무슨 배신인가. 지난 일은 그렇다 하고라도 앞일을 위하여 간언하노라. 지금은 평화의 일념이 가히 세계를 상서롭게 하려는 때이니 일본은 모름지기 노력할 것이로다.

「조선독립이유서」는 부분적인 미비점에도 불구하고 만해의 호방한 기질과 꺾이지 않는 기상 그리고 불퇴전의 용기로 쓰인 일제강점기 독립정신의 최대 성과물의 하나임에 틀림이 없다.

『십현담주해十玄談註解』에 열정을 쏟다

만해의 건강과 의욕은 대단했던 것 같다. 1923년에 불교개혁운동, 조선물산장려운동, 민립대학설립운동 등 다양한 민족운동에 참여하고, 1924년에는 중편소설 『죽음』을 탈고하였다. 이어서 조선불교청년회 총재에 취임하고, 민중 계몽과 불교 대중화를 위하여 일간신문의 발행을 구상했으며, 마침 『시대일보』가 운영난에 빠지자 이를 인수하려 했으나 총독부의 방해로 뜻을 이루지 못하였다.

1925년 가을 백담사를 거쳐 오세암에 들어온 만해는 민족운동으로 지친 심신을 추스르면서 『십현담十玄談』에 담긴 깊은 뜻을 이해하게 되었다. 더구나 매월당 김시습의 주해註解를 확인하고는 뛸 듯이 기뻐하며 자신의 정신이 담긴 새로운 주해 작업을 시작하였다.

김시습은 만해가 늘 그리워 사모하던 사람이었다. 김시습은 서울 삼각산에서 글공부를 하던 중 수양대군의 왕위 찬탈 소식을 전해 듣고 '미치광이'가 되어서 전국 산천을 유랑하며 시를 짓고 울분을 토하던 이단자이자 참자유인이었다. 그의 모습은 마음은 유자이되 행적은 불승인 '심유적불'心儒跡佛 그것이었다.

매월당은 사육신이 처형되어 그 시체가 날짐승의 먹이감이 되고 있을 때 혼자서 이를 수습하여 노량진 남쪽에다 묻어준 의롭고 용기 있는 사람이다. 매월당이 어느 해인가, 백담사에 기숙하면서 『십현담』을 보고 주해를 달았던 것을 400년 뒤 만해가 자신의 안목에 따라 새로운 주해를 시도하게 되었다. 매월당은 『십현담』을 주해할 때에 열경悅卿이라는 자를 필명으로 사용하였다. 만해와 매월당은 닮은 데가 많다.

『십현담』은 당나라 홍주 봉서산 동안원同安院의 상찰常察 선사가 저술한 선화게송禪話偈頌이다. 상찰 선사는 구봉산 도건 선사의 법사이고 청원青原의 제6세손인 선백禪伯이었다. 분량은 얼마 되지 않으나 그 뜻이 자못 유현幽玄하여 예로부터 함부로 주해하기 어려운 것으로 전해져 왔다.

불교나 선학禪學에 조예가 없는 필자로서는 『십현담』의 깊은 의미를 헤아리기 어려워 선학先學의 해설을 차용하고자 한다.

> 『십현담』은 그 제목의 차례가 심인心印·조의祖意·현기玄機·진이塵異·연교演敎·달본達本·환원還源·전위轉位·회기廻機·일색一色의 순서로 되어 있으며, 심언을 인

식한 뒤에 조의를 알고, 조의를 안 뒤에 현기를 깨닫고, 현기를 깨달은 뒤에 진이를 변별辨別하고, 진이를 변별한 즉 불교를 심찰審察할 것이니, 불교를 심찰한 즉 능히 달본(達本: 還鄕)할 것이고, 달본한 뒤에 환원을 알고, 환원을 알면 전위할 것이고, 전위 뒤에 일색이 명료하며, 일색에 이르러 곧 심인을 확인할 수 있다고 한다. 이와 같이 다음에서 다음으로 연계적連繫的으로 전개한 끝에 일색이 곧 심인을 보게 되고, 또한 십문十門 전체에 통하니 일현담一玄談한 제목 안에 십문이 구족완비具足完備되어 있어 만물이 연동작업聯動作業을 하게 되므로 총지무궁總持無窮하다는 것이다.

그리고 10문問으로 나누어진 각 제목에 1문마다 8구의 게송이 배열되어 있어, 모두 합쳐서 80구게句偈로써 이 책 전체가 구성되어 있다.

이 10제목과 80구게에 일찍이는 당나라 청량 선사가 주를 달고, 또 열경 김시습이 주를 보태어 전해지는 데다가, 다시 용운 화상龍雲和尙이 비批와 주註를 시도한 것이다. 여기에서 용운 화상의 식견識見이 어떻게 나타나 있는지를 보고자 한다. 가령 '심인'心印에 대한 해석을 보면, 청량 주는 허공虛空에는 얼굴이 없으니 어찌 지분脂粉으로 화장을 하겠느냐. 마음에는 원래 이름이 없으며, 연緣에 따라서 가명假名으로 부를 따름이며, 이를 가리켜 심인이라 하고, 혹은 심주心珠・심경心境・심등心燈・심월心

月·심원心源이라고도 한다. 이와 같이 비록 별명이 많기는 하지만 결국은 모두 일심一心이 천성千聖이 되느니, 여기서는 심인이라 부른다고 했다.

열경 주는 달마達磨가 중국에 와서 불립문자不立文字로 심인을 단전單傳하여 직지인심直指人心·견성성불見性成佛이라고 했는데, 이 인印은 말이나 글자로써 일용사물日用事物을 통해서 나타낼 수가 없고 다만 말 없는 동정動靜 속에 절로 뚜렷이 나타나는 것이니, 이를 심인이라 한다고 했다.

이에 대하여 용운화상의 비주批註는 매우 독특하다. 먼저 비를 달고, 다음에 주를 붙였는데, 비라는 것은 비점批點·평정評定의 뜻으로, 5~6자로써 단평短評을 시도한 것이며, 이 단평에 더욱 묘미妙味가 있다.

용운 비―뱀을 그리다가 이미 그 모습이 사라지고 말았는데 뱀의 발을 덧붙여 그려서 뭣을 하겠느냐.

용운 주―마음에는 원래 일정한 체體가 없다. 상相을 여의고 적跡을 끊으니, 마음을 마음이라 부르는 것도 하나의 가명假名인데, 그것을 다시 무슨 용用으로써 연이라 할 것이냐. 그러나 만법萬法이 이것으로 준칙準則을 삼고, 제불諸佛이 이것을 등명燈明으로 하는 까닭에, 그 이름을 심인이라 한다.

이와 같이 '심인'이라는 하나의 개념에 대한 해석만

보더라도, 용운 화상의 비주가 문장도 좋고 이해하기도 쉽게 되어 있다. '허虛에 화장化粧을 한다'는 청량의 말이나, '직지인심'이라는 열경의 말은 우원迂遠한 논례論例로 설명하는 것이지만, 용운 화상의 설명은 심의 체體와 상相과 용用을 들어 직접적으로 풀어 놓았기 때문에 능히 이해를 할 수가 있다.

그리고 '심인'을 두고서 8구의 송頌이 깔려 있는데, 그 가운데 한 구, "심인을 어느 사람이 감히 주고받고 할 것인가"에 대하여, 저자의 원주原註에는 "전傳함이 있으면 곧 착오錯誤라" 하고, 청량 주는 "향상일로向上一路에 천성千聖이 전하지 않으나, 그러나 부전不傳으로 전하는 것을 가명假名으로 전수傳授라 하고 전함이 없는 것이 비로소 전하는 것이다"라고 하였다. 그리고 열경의 주는 "달마가 심인을 가지지 아니하고서 왔으며, 2조祖가 심인을 구하지 아니하고 갔으니, 주는 것은 무엇이고 받는 것은 무엇이냐. 필경 생도生道가 무엇이냐. 추울 때에는 불을 향하고, 더울 때에는 서늘한 것을 찾으라." 이렇게 말하였다.

이에 비하여 용운 화상의 비에는 "의발衣鉢은 이미 심인이 아니다" 하고, 이어서 그 주에는 "심인은 체體가 없으므로 중생이 능히 받을 수 없고, 제불諸佛이 능히 전할 수 없으니, 삼세불조三世佛祖의 전법傳法은 결코 만어謾語이다. 세법世法은 전전傳으로써 전傳을 삼고 심인은 부전不傳으로써 전傳을 삼는다"고 하였다.

231

이렇게 비교를 해보면, 용운 선사의 해석이, 청량보다도 훨씬 뛰어나고, 열경보다도 문장이 평이하여, 즉석에서 이해가 되도록 꾸며진 것을 알 수 있다.

이상에 든 예로 미루어, 용운 선사의 경우는 평이한 문장 속에 영특한 지혜가 깃들여 있는 것이 그 특징이다.

돌이켜보건대, 선학禪學은 송나라 이후에 크게 발달하였으나, 대개의 선적禪籍들은 문장의 규범을 벗어나 지나치게 초탈적超脫的으로 되어, 난삽하기 짝이 없다. 어떤 사람은 직관直觀의 표현은 부조리한 난문難文의 형태를 취해도 괜찮다고도 하지만, 그것이 당연하다고는 말할 수 없다. 선리禪理를 해명함에 있어서도 용운 대사처럼 평이하면서 명석할 수도 있는 것이다. 이 점에서 용운 선사의 문장은 중국의 문장가를 능가하고 있으니, 선리의 해득과 문장의 구사驅使가 아울러 갖추어져 있다고 하겠다.

이것이 가능했던 까닭은 결국 선禪에 대한 이해가 깊었기 때문이다. 이해가 깊지 않고서는 표현이 평이해질 수가 없다. 원래, 선지禪旨는 이심전심以心傳心일 따름이지 언어나 문자로 표현을 못하는 것이라고 하나 이해가 깊으면 깊을수록 절로 평이한 표현을 취하게 된다는 것은 당연한 이치다.[2]

---

[2] 조명기, 「만해한용운의 저서와 사상」, 『한용운전집』3, 13~15쪽, 신구문화사.

만해는 『십현담』을 주해하게 된 배경을 『십현담주해』 머리글에서 다음과 같이 썼다.

> 내가 을축년 여름을 오세암에서 지낼 적에 우연히 『십현담』을 읽었다. 『십현담』은 동안同安 상찰 선사가 지은 선화禪話로 글이 비록 평이하나마 뜻이 심오하여 처음 배우는 사람은 그윽한 뜻을 엿보기가 어렵다. 원주原註가 있으나 누가 붙였는지 알 수 없고, 또 열경주悅卿註가 있는데 열경이란 매월梅月 김시습의 자이다. 매월이 세상을 피하여 산에 들어가 중옷을 입고 오세암에 머물 때 지은 것이다.
>
> 두 주석이 각자 오묘함이 있어 원문의 뜻을 해석하는 데 충분하지만, 말 밖의 뜻에 이르러서는 나의 견해와 더러 다른 바가 있었다. 대저, 매월에게는 지키고자 한 것이 있었으나 세상이 용납하지 않아 운림雲林에 낙척落拓한 몸이 되어, 때로는 원숭이와 같이 때로는 학과 같이 행세하였다. 끝내 세상에 굴하지 않고, 스스로 천하天下 만세萬世에 결백하였으니, 그 뜻은 괴로운 것이고 그 정은 슬픈 것이었다.
>
> 또한 매월이 『십현담』을 오세암에 주해했고 나도 또한 오세암에서 열경의 주해를 읽었다. 수백 년 뒤에 선인先人을 만나니 감회가 오히려 새롭다. 이에 『십현담』을 주해註解한다.

만해는 『십현담주해』 과정에서 선학을 더욱 깊게 연구하는 기회로 삼았다. 설악산으로 다시 돌아온 이후 감옥 생활, 출옥 이후의 다양한 활동으로 인한 피로를 씻어내고 선수행의 정진을 통해 에너지를 재충전할 수 있었을 것이다. 오세암에서의 선수행이 『십현담』을 주해할 수 있는 안목을 가능케 하였다고 볼 수 있다.

만해의 선체험은 『십현담』을 주해한 이후에 작성 혹은 첨삭된 『님의 침묵』에도 적지 않은 영향을 주었음은 쉽게 추론할 수 있다. 우리는 만해의 집중력에 새삼 놀라움을 금할 수 없다. 만해는 『십현담』의 주해를 탈고한 이후 집중적으로, 자신의 총량적인 에너지를 모두 투입하여 수십 편의 시를 써내려갔다.[3]

만해에게 청정비구의 자리는 어울리지 않는다. 그는 심산유곡의 절간에 앉아서 불경과 염불에 전념하는 학승이나 선승이 되기에는 나라 사랑의 열정과 불학佛學 연구의 정열이 너무 강했다.

우리 민족 시학사에 길이 남을 『님의 침묵』이 쓰여지기까지에는 만해의 여러 가지 체험과 『십현담주해』 과정에서 얻게 된 영감과 지식이 크게 영향을 주었다. 오세암에서 『십현담』을 주해하면서도 시작詩作을 계속하여 여러 편의 시를 썼다. 「오세암」이란 시도 이때의 작품이다.

---

3 김광식, 앞의 책, 152쪽.

「오세암」

有雲有水足相隣
忘却菩提況復仁
市遠松茶堪煎藥
山窮魚鳥忽逢人
絶無一事還非靜
莫負初盟是爲新
倘若芭蕉雨後立
此身何壓走黃塵

구름과 물이 있으니 이웃할 만하고
보리菩堤도 잊었거니 하물며 인仁일 것가
저자거리는 멀어 송차松茶로 약을 대신하고
산이 깊어 고기와 새 어쩌다가 사람을 구경해
아무 일이 없음이 참다운 고요 아니오.
처음 맹서를 어기지 않는 것이 진정한 새로움이거니
비 와도 끄떡없는 파초와 같다면
난들 티끌 속 달려가기 꺼릴 것이 있겠는가.[4]

---

[4] 김광식, 앞의 책, 150~151쪽, 재인용.

『유마힐소설경 維摩詰所說経』을 강의하다

만해는 이 무렵 또 하나의 중요한 불경을 강해하였으니 『유마경 維摩經』이 그것이다. 『유마경』은 대승불교를 신봉하는 유마거사 維摩居士와 문수보살 文殊菩薩이 병석에서 주고받은 말을 모아 지은 것으로 편협한 소승사상에 얽매인 마음을 계발하여, 크고 자유로운 대승의 의식을 깨우치고자 이른바 선교방편 善巧方便으로 가짜 병을 꾀하여 소승인들을 유인하여 대승의 뜻 깊은 묘리를 격조 높은 필치로 훈시한 내용이다.[5]

전권이 14품(장)으로 구성된 것을 만해는 이 가운데 제6품까지를 번역·강의하고 나머지를 미완성으로 남겼다. 왜 나머지 부문을 번역·강의하지 않았는지 애석한 일이다. 아마

---

5 조명기, 앞의 글, 16쪽.

시 『님의 침묵』을 쓰느라 시간을 내지 못했던 듯하다. 다시 선학의 글을 인용한다.

번역은 국한문으로 혼용되어 있다.

　이 같음을 내 듣사오니 한때에 부처가 비야리毗耶離의 암라수원菴羅樹園에 계시사라고 옮긴 다음에 "① 제경諸經은 불佛이 입멸한 뒤에 제자 아난阿難 등이 불에게 친문전지親聞傳持함을 편집한 고로 제경의 수首에 이 어語를 두어 불의 친설親說과 차이가 없음을 설명함이다. ② 한때, 각경各經의 설한 시를 일일이 지정하는 번만煩蔓을 피하기 위하여 한때 즉 일시라 칭함. ③ 부처Buddha는 불이니, 불타佛陀의 약어다. 한역漢譯에 각覺이니 자심을 각한 이름이다.

　이러한 형식으로, 전체의 서설序說이라 할 불국품佛國品·방편품方便品·제자품弟子品·보살품菩薩品까지 4품을 거쳐 본론에 들어가 상근인上根人을 교화하는 장면이 전개되는 문질품問疾品과 불사의품不思議品에 이르러 아깝게도 붓을 놓고 말았던 것이다.

　『유마경』의 근본 취지는 불가사의해탈不可思議解脫의 경지를 설명하는 데 있다. 즉 방장方丈의 공실空室에 보좌상寶座床 3만 2000개를 넣어도 작은 방이 차지 않는 것을 보여주고 수미산須彌山이 개자芥子 속에 들어가고, 바닷물이 털구멍에 들어가는 기묘한 설화說話로서, 대승의 묘리를 가르친 것이다.

이 경의 주인공인 유마힐은 인간의 이상理想으로 볼 수 있다. 그 자유롭고도 달관한 생활 방식은 현대인인 우리에게도 여러 가지 시사示唆와 교훈을 주고 있다. 부처의 여러 제자들과 여러 보살들이 등장하여 유마와 대화를 하면서 진행되는 줄거리는, 하나의 장대무비壯大無比한 연극이라고도 할 수 있다. 대화 속에서 대승의 교리가 증명되고 있다. 유마의 성격과 경전의 구성이 서로 잘 맞아들어서 흥미롭게 전개되는 것이다.

이 경전은, 인생을 어떻게 살아야 하느냐 하는 영원의 문제를 탐구하고 있는데, 용운 대사는 그 뜻을 해석함에 있어, 원문의 테두리 안에 그치지 않고, 현대인의 상황狀況에 밀착한 인생론으로 전개하려는 의도를 가졌던 것으로 짐작된다. 다시 말하면, 대승의 정신을 규범으로 삼고서 현대를 살아 나가는 길을 탐구한 것이다. 이 의도에 비추어 볼 때, 만해 한용운은 곧 한국의 유마라고 할 것이다.

어떻게 살아야 하느냐 하는 문제는 개인의 측면에 그치지 않고, 한편 사회적 측면에 관련된 문제다. 인간이 구제된다고 하는 것은 인간이 완성되는 그때에 가서 가능할 것이며, 개인의 완성은 개인을 성불成佛케 하는 것을 의미한다. 따라서 개인의 완성은 인류의 완성을 돕는 데 필요하고, 또한 인류의 완성에 대한 착안이 없고서는 개인의 완성도 있을 수 없는 일이다. 그런 즉, 유마의 목표는 바로 여기에 있었던 것이며, 한용운의 사상도 여기에서 발상發想한 것이라고 볼 수 있다.

이러한 궁극의 이상을 사회의 정화淨化로써 운영하려고 하는 유마의 포부는 이 경의 곳곳에 나타나 있다.

이를테면 그의 설법회說法會 중에 보현색신보살普現色身菩薩이 나타나서 유마힐에게 묻는다. "거사이시여, 당신의 부모와 처자와 권족眷族은 누구십니까?" 유마거사는 다음과 같이 대답한다. "도피안到彼岸의 도道는 어머니이고, 방편方便은 아버지다. 법열法悅은 처妻요, 자비의 마음은 딸이며, 선심성실善心誠實은 아들이니 공적청정空寂清淨이 나의 가정이니라."

이것이 경의 가장 격조 높은 게문偈文이며, 실제로 유마가 침묵을 하기 전에 말한 것이 이 시詩가 있을 뿐이다.[6]

여기에서 우리는 자유라는 것을 생각하게 되고, 또한 그것을 바라게 된다. 그러나 정신적 자유라고 하는 것은 쉽게 포착하기가 어렵다. 우리는 모든 생활면에서 자유롭게 생활할 것을 절실히 소망하지만 그 소망은 마음의 수양을 거치지 않고서는 결코 이루어지지 않는다. 여기에서 『유마경』은 그 수양의 방법을 가르치는 것이다.

---

6 조명기, 앞의 글, 16~17쪽.

그것은 곧 모순矛盾의 인지認知나 분별의 포기 등, 모든 것이 현실에 밀착을 하면서도, 그와 동시에 아무 것에도 집착되지 않는 경지에 이르는 수업을 시사한다. 다시 말하면, 자유를 누리기 위해서는 반드시 아무 것에도 집착되지 않는 경지에 이르는 수업을 시사한다. 다시 말하면, 자유를 누리기 위해서는 반드시 그 수행修行이 필요하며 이 교양의 정진 없이는 참다운 자유는 있을 수 없다는 것이다.

속박이라는 것은 밖에서만 오는 것이 아니고, 개인의 사견私見으로 인하여 스스로 속박하여 자기의 자유를 빼앗는 경우가 적지 않다. 『유마경』에는 그러한 자박自縛 상태에서 자기를 해방하는 비의秘儀를 전권全卷을 통하여 추구하고 있다. 이 점이 매우 중요하다. 생각하건대, 용운 대사의 자유와 독립사상은 이 심오한 자유의 논리에 그 밑받침을 두고 있는 것이다.

그리고 또 하나 중요한 점으로, 오직 용운 대사만이 체득한 것이 있다. 그것은 유마힐은 종교인인 동시에 시인이자 평론가로도 볼 수 있다는 점이다. 『유마경』에는 일면에 있어 초논리적超論理的이고 초윤리적이기도 하다. 시기와 경우에 따라서 인간의 정도에 따라서 천태만화千態萬化로 적절하게 변하여 상대의 오른편을 찌르는가 하면 왼편을 찌르기도 하여, 돌발突發과 비약飛躍을 자유자재로 구사하니, 인간으로 하여금 어느덧 천상의 황홀경에 이르게 한다. 용운 대사도 그렇지 않았던가. 그의 시구에 "피는 꽃도 아름답지만 지는 꽃은 더 아름답다"고 한 말은 유마 거사의 생각에 부합하는 것으로 볼 수 있다.

그렇다면 우리는 유마힐에게서 한용운을 발견할 수 있고, 또한 한용운에서 유마힐의 모습이 재현되고 있음을 볼 수 있다. 유마는 불국토佛國土를 건설하기 위해 혹은 자유로운 공상력을 발휘하고 혹은 실천을 향하여 정진하였다. 그와 마찬가지로 만해 한용운은 자유를 추구하는 방향에서 혹은 불교의 혁신을 부르짖고, 혹은 민족의 독립을 되찾기 위한 운동을 일으키고, 혹은 시집 『님의 침묵』을 썼던 것이다. 근본에 있어 그것은 모두 하나의 길이었다.[7]

---

7 조명기, 앞의 글, 18쪽.

제 8 장

한국 시문학의 금자탑, 『님의 침묵』

만해의 시는 첫째로 우리 시문학사에서 가장 높고 넓으며 깊은 인간을 표현한 작품이다. 둘째로는 그의 산문시가 현재 이 나라에서 시詩로서 표방되는 것보다 훨씬 더 높고 절실한 시로 시를 싱싱하게 담고 있기 때문이다.

– 송욱, 『시학평전』

시작詩作의 과정

 만해가 한국 시문학의 금자탑으로 불리는 시집『님의 침묵』을 쓰게 된 동기와 배경 그리고 시점을 이해하는 것은 시의 내용을 아는 것만큼이나 중요하다. 만해의 '연보'에는 1925년 8월 29일 오세암에서『님의 침묵』을 탈고한 것으로 돼 있다. 이보다 앞서『십현담주해』를 탈고하는 등 왕성한 집필 역량을 보였다.

 만해는『님의 침묵』을 1925년 여름 오세암에서 썼다. 논자들 사이에는 만해가 단시일 내에 신들린 사람처럼 이 시집에 실린 80수를 지었다는 주장과, 오랜 사유의 축적 끝에 쓴 것이라는 주장이 엇갈린다. 속성시고速成詩稿의 견해를 주장하는 김장호 교수는 다음과 같이 말한다.

> 한용운이『님의 침묵』을 장기간 끌어서 집필한 것은 아니라고 생각한다. 여기저기 발표했던 시고들을 함께 수

록하지 않았던 것은 아니라 할지라도, 적어도 그것은 대부분이 을축년 여름 설악산 오세암에서 이루어 낸 것이라고 보고 싶다. 그것은 『님의 침묵』에 수록된 태반의 작품이 그 기교며 수사가 거의 비슷하다는 사실만 들고 말함이 아니라, 그 모든 시편이 단일 주제로 귀결되고, 또 무엇보다 그 발상이 여일하다는 사실에 근거를 두고 이렇게 보는 것이다.[1]

'속성시고'에 가세한 이는 시인 고은이다. 그는 이 시고詩稿들을 하룻밤 사이에 쓴 것이라는 주장을 편다.

> 그는 시집 『님의 침묵』을 거의 하룻밤에 쓴 것이다. 이 사실을 믿는다면 놀라지 않을 사람이 없을 것이다. 그러나 그는 『님의 침묵』의 여러 시들을 당장 그날 밤으로 쓴 것은 아니다. 그의 시작철은 그 시의 초고들을 잔뜩 싣고 있다가 그것에 갑작스러운 감흥의 영감이 불을 질러서 하룻밤의 깊은 내설악의 어둠에 쌓인 그의 산중밀실山中密室의 창조 작업은 완성되었다.[2]

이와 같은 두 가지 견해에 대해 제3의 견해도 만만치 않게 제기되었다.

---

[1] 김장호, 「한용운시론」, 『양주동박사고희기념논문집』, 36쪽, 탐구당, 1973.
[2] 이명재, 「한용운문학연구」, 『한용운사상연구』, 162~163쪽, 재인용.

비록 수년에 걸친 장기간에 쓰여진 그런 시들은 아니라 추측되지만, 적어도 탈고 1년 전부터 초草하기 시작했던 초고나 메모가 되어 있던 작품이 시편의 태반 정도는 점해 있던 것을 한 가을철 산사에 머물면서 창작 보다는 가필 정리, 완성한 것이라 여겨진다. 물론 그는 훌륭한 선사이므로 청담 스님이 갈파한 바 처럼, 오랜 선을 통한 영험으로써, "입만 열면 게송偈頌이 튀어나오고, 이태백도 당할 수 없는 글을 자꾸 지어내고…" 하는 경지에 달할 수 있다하더라도 정련된 언어 기교를 요하는 시작에는 한계가 있게 마련인 것이다. 실상 아무리 천재라 할지라도 무려 80편에 달하는, 그리고 한껏 유장한 해조諧調로 다듬어진 명상의 가편佳篇들을 한두 달 사이에 한꺼번에 완성하는 기적은 있을 수 없다고 판단된다.

그러므로 그는 아마 을축년(1925) 초여름 서울로부터 시작을 위해 오세암에 들어와 묵으면서 예의 『십현담』을 주해한 것은 취향에 알맞는 내용이나 형식으로 퇴고하고 일부만을 창작해서 첨가하는 작업이었을 것으로 보인다.[3]

---

3 이명재, 앞의 글, 163쪽.

시작의 배경은 무엇인가

 만해는 그럼 왜 이와 같은 민족 문학사에 길이 빛날 시를 쓰게 되었을까. 이것은 물론 우문愚問이다. 마치 독립운동에 생애를 바친 사람에게 독립운동을 하게 된 동기를 묻는 것과 같은 것이다. 하지만, 왜 그 시점에서 그와 같은 거작을 짓게 되었는지, 배경을 찾는 작업은 여전히 중요하다.
 3·1운동으로 옥고를 치르는 3년여의 면벽 생활이 만해 문학의 대성을 위한 준비 기간이라는 견해가 있다.

> 적어도 3년에 걸친 옥중 생활을 통해서 그의 오랜 시골과 산山에서의 칩거와는 달리 뼈에 사무친 호국애족의 정신을 가다듬고, 비교적 안정된 마음으로 그의 동지나 후배들이 차입해주는 서물書物에서 한시와 불서佛書 이외의 근대 문학 이론이나 작품은 물론, 구미의 신문학을 불규칙한 접근 방법으로 대해 오던 미흡성을 보완할 수 있

었을 것으로 여겨진다. 아마 여기에서 그는 어렴풋이나마 『님의 침묵』의 테마와 그 감정적 주조가 틀이 잡혔을지도 모를 만큼 3년 동안의 영어 생활은 실로 밀도 짙은 문학 형성에 적지 않은 영향을 미쳤을 가능성이 많다.[4]

    시집 『님의 침묵』뿐 아니라 만해 문학의 묘판이 감옥에서 형성되었을 것이라는 분석이다. 특히 『님의 침묵』의 경우 '테마와 감정적 주조'의 틀이 잡혔을 것이라는 주장에는 충분한 설득력이 있다. 젊은 시절 만주·러시아·일본, 그리고 전국 각 사찰을 떠돌며, 독립운동과 불교 개혁을 온 몸으로 실천했던 그가 감옥에서 모처럼 '안정'을 찾게 되면서 그동안 보고 듣고 겪었던 일들이 시심詩心으로 활화산처럼 타올랐을 터다. 3·1운동에도 불구하고 더욱 심해진 일제의 압제는 조국에 대한 하염없는 연모의 정신으로 나타났을 터다.
    인적이 차단된 오세암에서 낮밤을 가리지 않고, 바슐라르의 '촛불'처럼 시심의 심지에 불꽃이 타올랐을 것이다. 그리하여 『님의 침묵』 80수의 시가 순간적으로, 또는 며칠을 끙끙 앓으면서 쓰여졌을 것이다. 시집에 실린 시들은 하나같이 애국 열정과 호국불심이 직재되어 거대한 용암수처럼 분출하였을 것이다. 시를 짓게 된 동기와 관련해서는 인도의 시인 타고르와 비교 설명하는 논자도 있다.

---

4 이명재, 앞의 책, 156쪽.

아마 만해가 『님의 침묵』을 쓰게 된 동기조차도 그가 타고르의 시집을 읽고 엄청난 공명과 불만을 함께 느꼈던 까닭이라고 추측할 수도 있는 것이다.[5]

만해가 타고르의 영향을 받은 것은 사실인 듯싶다. "시집 『님의 침묵』의 경우 타고르와의 영향에 밀접해 있다"[6]는 주장이나 "그 사설체 문장, 신비한 트릭은 거기에 내포된 사상과 더불어 인도 시인 타고르와 함께 길항拮抗한 것이다. 타고르의 영향을 받았으면서도 더 뛰어난 점이 있다. 그 세대, 그 연령의 시인으로 후세에 남을 작품을 끼친 이는 오직 선생이 있을 뿐이다"[7]는 주장이 그것이다.

그러나 만해가 타고르의 영향을 받았다고 하여 이를 답습한 것은 아니다. 송욱은 "만해가 『님의 침묵』을 쓴 동기가 아마도 타고르의 시들을 읽고 그 시집에 대한 미흡성과 불만으로 행한 반발 때문인지 모른다고 보았듯이 오히려 타고르의 시를 비판하고 뛰어넘을 사상을 지녔다"[8]고 보았다. 문학평론가 김윤식도 "타고르의 영향은 한용운의 『님의 침묵』이라는 커다란 봉우리에 맺혀 있음을 보는데, 이 하나의 봉우리는 타고르의 사상과 문학의 양쪽을 동시에 흡수한 티피칼한 예가 된다"[9]고 지적하였다.

---

5 송욱. 『시학평전』, 310쪽, 일조각, 1971.
6 이명재, 앞의 글, 168쪽.
7 조지훈, 앞의 글, 『사조』, 1958년 10월호, 86쪽.
8 이명재, 앞의 글, 169쪽.

이와 반대로 최남선에 대한 반발 의식에서 출발했다는 주장도 제기되었다. 최남선과는 독립운동을 한 동지이면서도 민족대표 서명에서 최남선이 몸을 사리게 된 배신감과,「독립선언서」집필 과정에 애증이 얽힌 사이였다는 사실이다. 당시 조선 문단에서 최남선은 거의 독보적인 존재였다. 더구나「독립선언서」작성으로 문명이 더욱 높아졌다. 33인 민족대표에는 빠졌지만 현실적으로는 민족대표 누구 못지 않는 위광과 선망을 받고 있었다.

최남선은 『님의 침묵』보다 1년 전 『백팔번뇌百八煩惱』를 펴내어 장안의 화제를 모으고 있었지만 사상적으로는 점차 민족진영을 떠나 친일 성향을 보이기 시작하였다. 만해의 처지에서는 반발 의식과 증오심이 싹트게 되었을 것이다. 독립운동·문학 활동·불교 관계에서 경쟁 관계이던 최남선에 대한 반발 의식이 없었다면 오히려 위선일 것이다. 시인 고은이 "여기에서 한용운은 어떤 의미에서나 감정적으로 대립되었던 최남선을 극복하려는 의지에 불을 질렀다. 그의 설악행 역시 그 원인은 최남선의 굴레를 뛰어넘으려는 데 있었다."[10]라고 지적한 것도 이 때문일 것이다.

---

9 김윤식,「한국 신문학에 있어서의 타고르의 영향에 대하여」,『진단학보』, 제32호, 209쪽.
10 고은,『한용운 평전』, 314쪽, 고려원, 2000.

최남선 '극복'이라는 주장도

 그러나 만해의 출가나 『님의 침묵』의 집필이 최남선을 '극복'하려는 데 있었다는 주장은 지극히 피상적이고 편협한 시각이다. 고은은 대단히 부정적인 시각으로 만해와 『님의 침묵』을 비판한다.

> 그는 최남선의 재능, 최남선의 끈덕진 불교, 최남선의 공공연한 권위에 대한 도전으로서의 『님의 침묵』을 이루었다. 그것이 그 당시의 청소년들이 들고 다니지 않으면 안 되는 애독서물愛讀書物이 되었음에도 불구하고 끝내 최남선의 문학적 위치를 넘어서지는 못했다.[11]

 고은은 심지어 『님의 침묵』의 '님'이 서여연화徐如蓮華라

---

11 고은, 앞의 책, 315쪽.

는 미모의 보살을 상징한다는 비논리를 펴기도 하였다. "그가 『님의 침묵』을 집필할 무렵, 그가 함께 외설악 신흥사에서 동거한 일이 있는 미모의 보살 서여연화가 백담사를 자주 출입한 사실은 『님의 침묵』에 대한 한 상징을 이루고 있다."[12]고 주장한다.

고은은 '유일한 출가 상좌 이춘성'의 말을 빌어 "첫 여름의 오세암에서 『십현담주해』에 열중하고 있을 때 서여연화 보살의 시봉侍奉은 극진했어. 그런가 하면 가을 한 철을 백담사에서 계실 적에도 그 보살은 거의 백담사 객실에서 살다시피 했지"[13]라고, 미모 보살과의 '관계'를 강조한다. 이어서 "그리고 오랫동안 승가에서 『님의 침묵』의 '님'이 곧 그 보살이라는 풍문이 떠돌았다. 실지로 그런 소문은 중앙선리참구원中央禪理參究院의 수좌들 사이에도 다 알려진 것이다"[14]라고 못을 박는다.

만해의 '님'과 최남선이 『백팔번뇌』에서 제시한 '님'을 동렬에 놓는다거나 만해가 최남선을 극복하고자 이같은 시를 쓰게 되었다는 주장, 그리고 '님'이 한 미모의 보살을 상징한다는 추단은 연구자들의 공감을 받기 어려운 도그마다. 『님의 침묵』을 '여성 취향의 예술 작품'으로 인식하는 경향도 없지 않지만, "애틋한 소녀의 목소리를 통하여 조국애를

---
12 앞의 책, 319쪽.
13 앞의 책, 319쪽.
14 앞의 책, 319쪽.

구가하고 민족의식을 고취했다고도 볼 수 있다. 그러나 이는 검열의 난관을 통과하는 방편이기도 했다"[15]는 설명에 비중을 더 두어야 할 것이다. 덧붙여서 『님의 침묵』이 총독부의 가혹한 검열을 통과하는 데는 '애틋한 소녀의 목소리'와 함께 '난해의 시'였기 때문에 검열관의 눈을 피할 수 있었을 것이라는 사실도 이해해야 할 것이다.

사정이 이러함에도 단순 논리로 '여성 취향'이라거나 '미모의 보살'을 주제와 연결시키려는 발상은 순수성의 결여 이거나 피상적 관찰이라 하겠다. "아무리 강직하고 직설적인 천성을 지닌 만해라 할지라도 우선 일차적인 작품 발표를 위한 현실적 배려를 하지 않을 수 없었을 것으로 추단"[16]되기 때문이다.

여기에서 어떤 '결론' 같은 것이 요구된다면 다음의 글이 적합할 듯싶다.

> 흔히 논란되는 만해 시의 '님'을 육당(최남선)의 『백팔번뇌』의 '임' 의식에서 다루었다는 추측은 너무 안이한 속단이기 쉽다는 것을 고려하지 않으면 안 된다. 평소 선승이요, 지사였던 그가 모처럼 처녀 시집으로 출간한 주主 테마인 그 '님'은 결코 그렇게 단순한 감정만의 대상이 아니다. 『님의 침묵』은 그가 47년 동안 꾸준한 유교 내지

---
15 이명재, 앞의 글, 173쪽, 재인용.
16 이명재, 앞의 글, 175쪽.

불교의 수도 생활과 수삼차의 외유 및 독립투쟁과 영어 체험을 거쳐 그의 종교와 생활이 완숙기에 이른 일생 최대의 결정結晶인 셈이다. 더구나 그 직접 자극이 최남선에 대한 대결감에서였다면 그만큼 육당 이외의 다른 인사의 것까지 통틀어 보고 심혈을 경주한 노작이 아닐 수 없는 것이다.[17]

---

17 이명재, 앞의 글, 165쪽.

'님'은 누구(무엇)인가

『님의 침묵』에 수록된 대부분의 시는 '님'을 중심축으로 구성되었다. 논자들은 각기 '님'의 정체와 관련하여 민족·조국·민중·불타·중생·불교의 진리 등으로 해석하였다. 다양하고 복합적인 가치로 풀이하는 것이다.

만해가 이 시집에 실린 님을 주제로 하는 시를 쓸 때는 을사늑약으로부터 20년, 경술국치로부터 15년이 지난, 참담한 식민지 현실이었다. 따라서 그가 추구해 온 가치는 민족·조국·민중·불타·중생 등의 복합된 가치였을 것이다. 그것은 하나요, 여럿이었다. 단일성 속의 다양성이요, 다양성 속의 단일성이다. 복합 가치인 셈이다. 이런 복합적인 가치가 '님'으로 표현되었다고 할 수 있다.

국어사전에는 님이 임의 옛말로 나온다. 그러나 "15세기 표기로는 님이었다. 님의 조어는 '닏'이다. 닏 〉 닐 〉 닐임 〉 니임 〉 님 〉 임으로 변천하였다."[18]

님에 대한 시어詩語의 원형상으로는 다음과 같은 주장이 전개된다.

> 임은 절대적으로 존경하고 따르고 우러러보는 마음의 대상을 나타내는 총칭이자 기호다. 즉 사랑·정치·종교·가족·국가·우주를 분리해 생각하지 않고 동일 체계로 인식한 포괄적 언어로서, 우리 시의 이념이자 그 구조를 이루는 원형적 언어였다. 따라서 임은 문학에서 가장 지속적이고, 또 작품의 소재로 다양하게 취급되어 온 것 중에서 대표적인 것이다.

> 임이여, 그 물은 건너지 마오 / 임은 그예 물 속으로 들어가셨네 / 물에 쓸려 돌아가시니 / 가신 임을 어이할꼬.
> 『공무도하가公無渡河歌』[19]

님에 대한 해석과 관련하여 김광언 교수의 풀이는 진지하다.

한국인의 님에 대해 조연현은 "단순히 임금이나 애인의 상징에만 그치지 않고, 자기의 모든 것, 즉 자기의 생명과 영혼을 다 바칠 삶의 집중적 초점"이라 했다. 따라

---
18 『한국문화상징사전』, 506쪽, 한국문화상징사전편찬위원회, 동아출판사.
19 앞의 책, 506쪽.

서, "임은 높고 귀하며, 무궁한 가치와 거대한 힘을 지닌 존재"라는 박노준의 정의에 귀착된다. 임은 하느님에서 천지 만물에 이르기까지 다종 다양하게 비유되어, 조국·절개·우정·사랑·정욕·원망·이별의 주제였다. 또 천지 신명이나 신적 존재뿐 아니라, 천연두를 관장하는 잡귀 등도 임이라 부른다.

신라 향가나 고려가요에는 무수한 임이 등장한다. 그 임은 종교적 염원·임금·충신·사랑하는 이 등이다. 조선 시대 시조에는 임이 임금보다 애인으로 형상화한 것이 더 많다. 민요에서의 임은 더욱 노골화되어 '눕는다' '품는다' '자러 간다' 등의 동침의 뜻으로 표현되고 있다.

이러한 임은 근대로 오면서 개인적 차원을 벗어나 민족의 위대한 인물 또는 강토·조국·호국신으로까지 확대되었다. 특히 일제 암흑기의 임은 다원화되어, 지금까지의 관념에다 내세 염원 지향의 임이나, 연인의 그리움, 기다림 등이 추가되었다. 그리고 오늘날에는 대부분 연인에 귀착된다고 할 수 있다.[20]

불교에서 해석하는 '님' 역시 일반적 의미와 크게 다르지 않다.

---

20 앞의 책, 506쪽.

신라 시대에는 불교가 사회적으로 크게 융성했고, 이 시기를 대표한 문학인 향가에는 임이 불교의 이상적 인간형인 부처를 상징하는 수가 많다. 그 중에서 「원왕생가願往生歌」에 "이제 서쪽까지 가셔서 무량수 부처님께 알리어 여쭈소서" 하는 '달님'에 대한 기원은 부처라는 초월적 대상을 향한 것으로 나타난다.[21]

무속과 민속에서도 '님'은 기원의 대상이 되었다.

임은 사랑의 대상이자 존경의 대상이다. 이 존경의 대상인 임이 내세나 종교적 기원의 대상일 때에 지향의 임이라 한다. 이 지향의 임은 내세에 대한 기원의 정서가 그 주조를 이룬다. 따라서, 무속이나 민간에서 섬기는 조왕님·용왕님·서낭님·산신령님·북두칠성님·성주님·제석님 등도 내가 극진하게 섬기겠다는 신앙이자, 지향의 임이다. 이 임은 자기를 섬기는 사람에게 영험과 복락을 준다고 믿어, 양자의 신앙 체계가 형성된다. 무속이나 민간신앙의 임도 남녀 간의 임이나 종교의 신과 같다.[22]

『님의 침묵』의 연구가 송욱은 이 시집이 아직까지 인구에 널리 회자되고 있는 이유를 다음과 같이 정리한다.

---

21 앞의 책, 506쪽.
22 앞의 책, 506쪽.

① 사랑을 노래한 서정시로 되어 있다.

② 3·1운동의 지도자이기도 한 저자가 이루어지지 않는 민족의 독립을 슬퍼하고 갈망하는 내용을 담은 것이기에 누구나 찬탄할 수밖에 없으며,

③ 매우 깊고 넓은 불교 철학, 즉 팔만대장경에 실려 있는 내용을 누구나 읽을 수 있는 한국말로 그리고 시라는 형식을 통해서 풀이하고 결정結晶시킨 것이 이 시집인 까닭이다.[23]

---

[23] 송욱, 「시인 한용운의 세계」, 『한용운 전집 ①』, 20쪽, 신구문화사. 1973.

시집에 대한 다양한 평가

님은 그리움의 대상이자 사랑의 대상이다. 그리고 존경의 대상이다. 이와 관련하여 최동호 교수는 『님의 침묵』에 나타난 호칭을 다음과 같이 분석하였다.

> 당신(39편), 님(36편), 너(2편), 그대(2편), 애인(1편), 무호칭(6편) 등이다. 이를 보아 당신과 님이 중점적으로 사용되었음을 볼 수 있다. 약간의 뉘앙스의 차이가 있지만 이 글에서 님은 이 모두를 포용하는 호칭으로 사용하였다. 당신·님·너·그·그대·애인 등 호칭은 달라도 만해에게 님은 민족·조국·민중·불타·중생, 바로 그 모든 것이었다.[24]

---

24 최동호, 『현대시의 정신사』, 202쪽, 주5, 열음사, 1985.

만해가 그토록 목메이게 찾던 님은 현실에 존재하지 않는 님이었다. 식민지 백성, 망국노에게 님은 이미 떠나가고 없었다. 너무 먼 곳에 가 있었다. (그러나) "님은 떠나가고, 시인은 그 침묵의 공간 속에서 님이 다시 되돌아 올 것을 호소하는 기다림에 가득 차 있는 것이다."²⁵ 그렇다. 『님의 침묵』은 '기다림의 시학'이다. 만해의 '기다림'은 조선 시대 정철 鄭澈류의 권력(군주)을 향한 '사미인곡'思美人曲이 아니라 투쟁하고 추구하는 민족 해방의 이상이고 가치인 것이다. "물론 이 기다림은 시적 상상력에 있어서 미래를 확신할 수 없었던 동시대의 다른 시인들과 한용운이 근본적인 차이점을 지니고 있었음을 드러내게 하는 것이다."²⁶ "님이 떠나감을 부정함으로써 한용운의 기다림은 역설적인 출발점을 마련하고 있다."²⁷ "우리의 모국어로 깨달음의 경지를 노래하고"²⁸ 싶었던 것이다.

『님의 침묵』을 연구한 논자들의 '님'에 대한 견해를 들어보자.

① 선생님의 님은 중생이요, 또 한국이기 때문에, 한국의 중생 곧 우리 민족이 그 님이었다.

—조지훈, 「민족주의자 한용운」.

25 최동호, 앞의 책, 197쪽.
26 최동호, 앞의 책, 197쪽.
27 최동호, 앞의 책, 198쪽.
28 전보삼, 앞의 책, 269쪽.

② 만해의 임은 이미 살핀 바 불타 정신에 뿌리박은 조국을 의미한다. —장백일,「한국현대문학론」

③ 그의 님은 곧 절대적인 '절대 자유' 곧 '진아'眞我다.
—조종현,「卍海 한용운」

④ 님은 불타도 되고 자연도 되고 일제에 빼앗긴 조국이 되기도 하였다. —조연현,『한국현대문학사』

⑤ 님이란 애인이요, 불교의 진리 그 자체이며 한국 사람(중생) 전체를 뜻한다. —송욱,「시인 한용운의 세계」

⑥ 수종數種의 '님'들을 다 인정하는 불교에서 말하는 '중생'을 그 대표적인 님으로 확정하겠다.

—박노준 · 인권환,『한용운 연구』

⑦ 님의 정체는 조국 · 민족 · 중생 · 불타 · 애인 · 친구 등 사람에 따라 달라지는 다양성을 함유하고 있으나 귀일된다. —김학동,『한국근대시인연구 ①』

⑧ 민족과 불佛을 일체화한 님.

—김종균,『한국 근대작가 의식연구』

⑨ 김용직 교수는 님을 세가지로 함축하는 의미를 지닌 것으로 파악하여 △불교 교리와의 관계 △현실 또는 민족의식과의 관계 △이성의 애인으로서의 '임'으로 다양하게 파악하였다.[29]

⑩ 일체 제법諸法으로부터 생명을 넘어 불러낸 진여眞

---

29 이상, 김동수,『일제침략기 민족시가 연구』, 151쪽, 인문당, 1988.

如·진체眞諦로서의 님.　　　　　-염무웅, 「님이 침묵한 시대」

⑪ 열반의 경지에 들게 하는 참다운 무아無我.

-오세영, 「침묵하는 님의 역설」

⑫ '님'이란 어떤 대상이나 경지가 아니라 차라리 그러한 것을 깨달을 수 있는 인식론적 근원인 '심心'이 될 수 있다.　　　　　-이인복, 「소월과 만해」

⑬ 그러나 임과 나의 존재는 따로따로 독립된 개체가 아니다. 임의 존재와 나의 존재는 상관적인 관계를 유지하고 있다.　　　　　-김상선, 「한용운론서설」

⑭ 님은 완전한 모습으로 이 세계 안에 존재하지도 전혀 부재하지도 않고 그것을 갈구하는 자의 끊임없는 예기豫期와 모색의 실천 속에 불완전한 모습으로 나타난다.

-김흥규, 「님의 존재와 진정한 역사」[30]

---

[30] 이상, 김재홍, 『한용운문학연구』, 86~87쪽, 재인용, 일지사.

만해 시의 가치

『님의 침묵』에 일관되고 있는 사상을 연구한 송욱은 이 시의 가치를 다음과 같이 요약한다.

첫째로 만해의 시는 시문학사에서 가장 높고 넓으며, 깊은 인간을 표현한 작품이다. 둘째로는 그의 산문시가 현재 이 나라에서 시詩로서 표방되는 것보다 훨씬 더 높고 절실한 시를 싱싱하게 담고 있기 때문이다.[31]

만해 시의 언어 선택의 능력과 기법상의 참신성을 연구한 정태용은 '님'의 본질을 다음과 같이 지적한다.

그의 임은 불타도 이성도 아닌, 바로 일제에 빼앗긴 조

---

[31] 송욱, 『시학평전』, 295~296쪽, 일조각, 1963.

국이었다. 조국을 도로 모시고 싶은 지정일념至情―念은 그 마음 안에 기도의 제祭를 모셔 놓고 갈구의 심현心絃을 섬세한 가락의 주문으로 읊었던 것이다.32

한편 박노준과 인권환은 님을 다음과 같이 해석한다.

> 그의 '님'은 조국도 될 수 있고, 민족도 될 수 있으며 불타도 될 수 있고, 이성도 될 수 있는, 환언하면 어디까지나 복합체로 구성된 존재 가운데서 본론은 다름 아닌 '중생'을 그의 '님'의 일 전형으로 택함으로써 결과적으로 보아 그 '중생' 안에 이성도 민족도, 식물도 동물도 내포시켜 통틀어 그의 '님'으로 정한 바 있었다.33

여러 사람의 견해를 들었다. 각기 그럴 만한, 충분한 논거가 담긴다. 이와 더불어 "그의 님은 불타도 이성도 아닌, 바로 일제에 빼앗긴 조국이었다"34라는, 조지훈의 직절한 분석은 『님의 침묵』을 이해하는 지름길이 될 것이다.

송욱은 만해의 전집에 실린 『님의 침묵』의 해제에서 "만해하면 이 시집 한 권을 생각하게 된다"면서 그 까닭을 다음과 같이 제시하였다.

---
32 정태용, 「현대시인 연구」, 『현대문학 29』, 192쪽.
33 박노준·인권환, 『만해 한용운 연구』, 151쪽, 통문관, 1975.
34 조지훈, 앞의 글.

첫째로, 우리는 『님의 침묵』을 사랑을 노래한 서정시로서 탄복하며 읽을 수가 있기 때문이다.

둘째로, 이 시집은 3·1운동의 지도자이기도 한 저자가 이루어지지 않는 민족의 독립을 슬퍼하고 갈망하는 내용을 담은 것이라고 느끼면서 찬탄할 수밖에 없는 까닭이다.

셋째로, 매우 깊고 넓은 불교 철학, 즉 『팔만대장경』에 실려 있는 내용을 누구나 읽을 수 있는 한국말로, 그리고 시라는 형식을 통해서 풀이하고 결정結晶시킨 것이 바로 이 시집인 까닭이다.[35]

만해의 시 특히 『님의 침묵』에 대해 가장 깊은 연구를 한 것으로 평가받는 송욱의 글을 보자.

> 그는 위대한 종교가였다. 그렇기 때문에 독립운동이라는 속세의 소용돌이 속으로 뛰어들어 지도자가 될 수 있었다. 그는 석학일 뿐 아니라 대사상가였다. 이 때문에 그는 학자로서의 개성을 3·1운동이라는 열화 속에서 예술가의 개성으로 변화시켜, 마치 용처럼 『님의 침묵』이라는 황금 혹은 여의주를 물고 나올 수 있었다. 그는 역사에도 드문 암흑기에 살 수밖에 없었다. 이 때문에 그는 세상을 휘황하게 비추는 횃불을 항시 들고 있는 인물이 될 수 있

---

[35] 송욱, 「시인 한용운의 세계」, 『만해 한용운 전집』, 1, 20쪽, 신구문화사, 1974.

었다. … 만해는 보통 사람을 절망시킨 일제하라는 지옥을 오히려 황금을 빚어 내는 도가니로 만들었다.『불교대전』은 3·1운동, 즉 일제의 굴레를 태우려는 겁화劫火 속에서『님의 침묵』이라는 황금 꽃다발로 이변하였다. 따라서 이 시집은 한국 사람이면 누구나 즐길 수 있고 누구나 두려워 할 수 있는 대장경이기도 하다. '님'이 불교의 진리를 말한다고 함은 바로 이런 뜻이다. 아마도 이 때문에 이 시집은 초등학교 어린이도 어느 정도 읽을 수 있고 일세―世의 석학도 때로 고개를 갸우뚱하게 만들 수 있으리라. 이 시집은 그 자체가 하나의 이변이며, 또 읽는 이에게도 어떤 이변을 빚어 내니까 말이다.[36]

---

36 송욱, 앞의 책, 21~22쪽.

『님의 침묵』 시 20선

『님의 침묵』은 서언 격인 「군말」로부터 시작한다. 여기서는 20편을 임의로 골라 싣는다.

「군말」

'님'만 님이 아니라 기룬 것은 다 님이다. 중생이 석가의 님이라면 철학은 칸트의 님이다. 장미화薔薇花의 님이 봄비라면 맛치니의 님은 이태리다. 님은 내가 사랑할 뿐 아니라 나를 사랑하느니라.

연애가 자유라면 님도 자유일 것이다. 그러나 너희는 이름 좋은 자유의 알뜰한 구속을 받지 않느냐. 너에게도 님이 있느냐. 있다면 님이 아니라 너의 그림자니라.

나는 해 저문 벌판에서 돌아가는 길을 잃고 헤매는 어

린 양이 기루어서 이 시를 쓴다.

「님의 침묵」

님은 갔습니다. 아아, 사랑하는 나의 님은 갔습니다.
푸른 산빛을 깨치고 단풍나무 숲을 향하여 난 작은 길을 걸어서 차마 떨치고 갔습니다.
황금의 꽃같이 굳고 빛나던 옛 맹세는 차디찬 티끌이 되어서 한숨의 미풍에 날아갔습니다.
날카로운 첫 키스의 추억은 나의 운명의 지침을 돌려놓고 뒷걸음쳐서 사라졌습니다.
나는 향기로운 님의 말소리에 귀먹고 꽃다운 님의 얼굴에 눈멀었습니다.
사랑도 사람의 일이라 만날 때에 미리 떠날 것을 염려하고 경계하지 아니한 것은 아니지만, 이별은 뜻밖의 일이 되고 놀란 가슴은 새로운 슬픔에 터집니다.
그러나 이별을 쓸데없는 눈물의 원천으로 만들고 마는 것은, 스스로 사랑을 깨치는 것인줄 아는 까닭에, 걷잡을 수 없는 슬픔의 힘을 옮겨서 새 희망의 정수배기에 들어부었습니다.
우리는 만날 때에 떠날 것을 염려하는 것과 같이 떠날 때에 다시 만날 것을 믿습니다.

아아, 님은 갔지마는 나는 님을 보내지 아니하였습니다.
제 곡조를 못 이기는 사랑의 노래는 침묵을 휩싸고 돕니다.

「이별은 미美의 창조」

이별은 미의 창조입니다.
이별의 미는 아침의 바탕 없는 황금과 밤의 올 없는 검은 비단과 죽음 없는 영원의 생명과 시들지 않는 하늘의 푸른 꽃에도 없습니다.
님이여, 이별이 아니면 나는 눈물에서 죽었다가 웃음에서 다시 살아날 수가 없습니다. 오오 이별이여,
미는 이별의 창조입니다.

「알 수 없어요」

바람도 없는 공중에 수직의 파문을 내이며 고요히 떨어지는 오동잎은 누구의 발자취입니까.
지리한 장마 끝에 서풍이 몰려가는 무서운 검은 구름의 터진 틈으로 언뜻언뜻 보이는 푸른 하늘은 누구의 얼굴입니까.

꽃도 없는 깊은 나무에 푸른 이끼를 거쳐서 옛 탑 위의 고요한 하늘을 스치는 알 수 없는 향기는 누구의 입김입니까.

근원은 알지도 못할 곳에서 나서 돌부리를 울리고 가늘게 흐르는 작은 시내는 굽이굽이 누구의 노래입니까.

연꽃 같은 발꿈치로 가없는 바다를 밟고, 옥 같은 손으로 끝없는 하늘을 만지면서 뻗어지는 날을 곱게 단장하는 저녁놀은 누구의 시입니까.

타고 남은 재가 다시 기름이 됩니다. 그칠 줄을 모르고 타는 나의 가슴은 누구의 밤을 지키는 약한 등불입니까.

「가지 마셔요」

그것은 어머니의 가슴에 머리를 숙이고, 아기자기한 사랑을 받으려고 삐죽거리는 입술로 표정하는 어여쁜 아기를 싸안으려는 사랑의 날개가 아니라 적의 깃발입니다.

그것은 자비의 백호광명이 아니라 번득거리는 악마의 눈빛입니다.

그것은 면류관과 황금의 누리와 죽음과를 본 체도 아니하고 몸과 마음을 돌돌 뭉쳐서 사랑의 바다에 풍덩 넣으려는 사랑의 여신이 아니라 칼의 웃음입니다.

아아 님이여, 위안에 목마른 나의 님이여, 걸음을 돌리셔요. 거기를 가지 마셔요. 나는 싫어요.

대지의 음악은 무궁화 그늘에 잠들었습니다.

광명의 꿈은 검은 바다에서 자맥질합니다.

무서운 침묵은 만상의 속살거림에 서슬이 푸른 교훈을 내리고 있습니다.

아아 님이여, 새 생명의 꽃에 취하려는 나의 님이여, 걸음을 돌리셔요. 거기를 가지 마셔요. 나는 싫어요.

거룩한 천사의 세례를 받은 순결한 청춘을 뚝 따서 그 속에 자기의 생명을 넣어 그것을 사랑의 제단에 제물로 드리는 어여쁜 처녀가 어디 있어요.

달콤하고 맑은 향기를 꿀벌에게 주고 다른 꿀벌에게 주지 않는 이상한 백합꽃이 어디 있어요.

자신의 전체를 죽음의 청산에 장사지내고 흐르는 빛으로 밤을 두 조각에 베는 반딧불이 어디 있어요.

아아, 님이여 정에 순사殉死하려는 나의 님이여 걸음을 돌리셔요. 거기를 가지 마셔요. 나는 싫어요.

그 나라에는 허공이 없습니다.

그 나라에는 그림자 없는 사람들이 전쟁을 하고 있습니다.

그 나라에는 우주 만상의 모든 생명의 쇳대를 가지고 척도를 초월한 삼엄한 궤율로 진행하는 위대한 시간이 정지되었습니다.

아아 님이여, 죽음을 방향芳촐이라고 하는 나의 님이여, 걸음을 돌리서요. 거기를 가지 마서요. 나는 싫어요.

「나의 길」

이 세상에는 길도 많기도 합니다.
산에는 돌길이 있습니다. 바다에는 뱃길이 있습니다. 공중에는 달과 별의 길이 있습니다.
강가에서 낚시질하는 사람은 모래 위에 발자취를 냅니다. 들에서 나물 캐는 여자는 방초芳草를 밟습니다.
악한 사람은 죄의 길을 좇아갑니다.
의 있는 사람은 옳은 일을 위하여는 칼날을 밟습니다.
서산에 지는 해는 붉은 놀을 밟습니다.
봄 아침의 맑은 이슬은 꽃 머리에서 미끄럼탑니다.
그러나 나의 길은 이 세상에 둘밖에 없습니다.
하나는 님의 품에 안기는 길입니다.
그렇지 아니하면 죽음의 품에 안기는 길입니다.
그것은 만일 님의 품에 안기지 못하면 다른 길은 죽음의 길보다 험하고 괴로운 까닭입니다.

아아, 나의 길은 누가 내었습니까.
아아, 이 세상에는 님이 아니고는 나의 길을 낼 수가

없습니다.

 그런데 나의 길을 님이 내었으면 죽음의 길은 왜 내셨을까요.

「길이 막혀」

당신의 얼굴은 달도 아니건만
산 넘고 물 넘어 나의 마음을 비춥니다.

나의 손길은 왜 그리 짧아서
눈앞에 보이는 당신의 가슴을 못 만지나요.

당신이 오기로 못 올 것이 무엇이며
내가 가기로 못 갈 것이 없지마는
산에는 사다리가 없고
물에는 배가 없어요.

뉘라서 사다리를 떼고 배를 깨뜨렸습니까.
나는 보석으로 사다리 놓고 진주로 배 모아요.
오시려도 길이 막혀서 못 오시는 당신이 기루어요.

「하나가 되어 주셔요」

님이여, 나의 마음을 가져가려거든 마음을 가진 나에게서 가져가셔요. 그리하여 나로 하여금 님에게서 하나가 되게 하셔요.

그렇지 아니하거든 나에게 고통만을 주지 마시고 님의 마음을 다 주셔요. 그리고 마음을 가진 님에게서 나에게 주셔요. 그래서 님으로 하여금 나에게서 하나가 되게 하셔요.

그렇지 아니하거든 나의 마음을 돌려 보내 주셔요. 그러고 나에게 고통을 주셔요.

그러면 나는 나의 마음을 가지고 님의 주시는 고통을 사랑하겠습니다.

「나룻배와 행인」

나는 나룻배,
당신은 행인,

당신은 흙발로 나를 짓밟습니다.
나는 당신을 안고 물을 건너갑니다.
나는 당신을 안으면 깊으나 얕으나 급한 여울이나 건너갑니다.

만일 당신이 아니 오시면 나는 바람을 쐬고 눈비를 맞으며 밤에서 낮까지 당신을 기다리고 있습니다.
당신은 물만 건너면 나를 돌아보지도 않고 가십니다그려.

그러나 당신이 언제든지 오실 줄만은 알아요.
나는 당신을 기다리면서 날마다 날마다 낡아갑니다.

나는 나룻배,
당신은 행인.

「당신이 아니더면」

당신이 아니더면 포시랍고 매끄럽던 얼굴이 왜 주름살이 접혀요.
당신이 괴롭지만 않다면 언제까지라도 나는 늙지 아니할 테여요.
맨 첨에 당신에게 안기던 그때대로 있을 테여요.

그러나 늙고 병들고 죽기까지라도 당신 때문이라면 나는 싫지 않아요.
나에게 생명을 주든지 죽음을 주든지 당신의 뜻대로만 하셔요.

나는 곧 당신이어요.

「슬픔의 삼미三味」

하늘의 푸른 빛과 같이 깨끗한 죽음은 군동群動을 정화합니다.
허무의 빛인 고요한 밤은 대지에 군림하였습니다.
힘없는 촛불 아래에 사리뜨리고 외로이 누워 있는 오오 님이여.
눈물이 바다에 꽃배를 띄웠습니다.
꽃배는 님을 싣고 소리도 없이 가라앉았습니다.
나는 슬픔의 삼매에 '아공'我空이 되었습니다.

꽃향기의 무르녹은 안개에 취하여 청춘의 광야에 비틀걸음치는 미인이여.
죽음을 기러기 털보다도 가볍게 여기고, 가슴에서 타오르는 불꽃을 얼음처럼 마시는 사랑의 광인이여.
아아, 사랑에 병들어 자기의 사랑에게 자살을 권고하는 사랑의 실패자여.
그대는 만족한 사랑을 받기 위하여 나의 팔에 안겨요.
나의 팔은 그대의 사랑의 분신인 줄을 그대는 왜 모르셔요.

「사랑의 존재」

사랑을 '사랑'이라고 하면 벌써 사랑은 아닙니다.
사랑을 이름지을 만한 말이나 글이 어디 있습니까.
미소에 눌려서 괴로운 듯한 장밋빛 입술인들 그것을 스칠 수가 있습니까.
눈물의 뒤에 숨어서 슬픔의 흑암면黑闇面을 반사하는 가을 물결의 눈인들 그것을 비출 수가 있습니까.
그림자 없는 구름을 거쳐서 메아리 없는 절벽을 거쳐서 마음이 잘 수 없는 바다를 거쳐서 존재? 존재입니다.
그 나라는 국경이 없습니다. 수명은 시간이 아닙니다.
사랑의 존재는 님의 눈과 님의 마음도 알지 못합니다.
사랑의 비밀은 다만 님의 수건에 수놓는 바늘과 님의 심으신 꽃나무와 님의 잠과 시인의 상상과 그들만이 압니다.

「님의 손길」

님의 사랑은 강철을 녹이는 불보다도 뜨거운데 님의 손길은 너무 차서 한도가 없습니다.
나는 이 세상에서 서늘한 것도 보고 찬 것도 보았습니다. 그러나 님의 손길같이 찬 것은 볼 수가 없습니다.

국화 핀 서리 아침에 떨어진 잎새를 울리고 오는 가을 바람도 님의 손길보다는 차지 못합니다.

달이 작고 별에 뿔나는 겨울 밤에 얼음 위에 쌓인 눈도 님의 손길보다는 차지 못합니다.

감로甘露와 같이 청량한 선사禪師의 설법도 님의 손길보다는 차지 못합니다.

나의 작은 가슴에 타오르는 불꽃은 님의 손길이 아니고는 끄는 수레가 없습니다.

님의 손길의 온도를 측량할 만한 한란계는 나의 가슴 밖에는 아무 데도 없습니다.

님의 사랑은 불보다도 뜨거워서 근심 산을 태우고 한恨 바다를 말리는데 님의 손길은 너무도 차서 한도가 없습니다.

「당신을 보았습니다」

당신이 가신 뒤로 나는 당신을 잊을 수가 없습니다.
까닭은 당신을 위하느니보다 나를 위함이 많습니다.
나는 갈고 심을 땅이 없으므로 추수가 없습니다.
저녁거리가 없어서 조나 감자를 꾸려 이웃집에 갔더니 주인은 "거지는 인격이 없다. 인격이 없는 사람은 생명이 없다. 너를 도와주는 것은 죄악이다"고 말하였습니다.

그 말을 듣고 돌아 나올 때에 쏟아지는 눈물 속에서 당신을 보았습니다.

나는 집도 없고 다른 까닭은 겸하여 민적民籍이 없습니다.
"민적 없는 자는 인권이 없다. 인권이 없는 너에게 무슨 정조냐" 하고 능욕하려는 장군이 있었습니다.
그를 항거한 뒤에 남에게 대한 격분이 스스로의 슬픔으로 화하는 찰나에 당신을 보았습니다.
아아, 온갖 윤리, 도덕, 법률은 칼과 황금을 제사지내는 연기烟氣인 줄을 알았습니다.
영원의 사랑을 받을까 인간 역사의 첫 페이지에 잉크칠을 할까 술을 마실까 망설일 때에 당신을 보았습니다.

「복종」

남들은 자유를 사랑한다지만 나는 복종을 좋아하여요.
자유를 모르는 것은 아니지만 당신에게는 복종만 하고 싶어요.
복종하고 싶은데 복종하는 것은 아름다운 자유보다도

달콤합니다.

그것이 나의 행복입니다.

그러나 당신이 나더러 다른 사람을 복종하라면 그것만은 복종할 수가 없습니다.

다른 사람을 복종하려면 당신에게 복종할 수가 없는 까닭입니다.

「첫 키스」

마셔요, 제발 마셔요.

보면서 못 보는 체 마셔요.

마셔요, 제발 마셔요.

입술을 다물고 눈으로 말하지 마셔요.

마셔요, 제발 마셔요.

뜨거운 사랑에 웃으면서 차디찬 잔 부끄럼에 울지 마셔요.

마셔요, 제발 마셔요.

세계의 꽃을 혼자 따면서 항분亢奮에 넘쳐서 떨지 마셔요.

마셔요, 제발 마셔요.

미소는 나의 운명의 섬에서 춤을 춥니다. 새삼스럽게 스스러워 마셔요.

「금강산」

만이천봉! 무양無恙하냐 금강산아.
너는 너의 님이 어디서 무엇을 하는지 아느냐.
너의 님은 너 때문에 가슴에서 타오르는 불꽃에 온갖 종교, 철학, 명예, 재산, 그 외에도 있으면 있는 대로 태워 버리는 줄을 너는 모르리라.

너는 꽃에 붉은 것이 너냐
너는 잎에 푸른 것이 너냐
너는 단풍에 취한 것이 너냐
너는 백설에 깨인 것이 너냐.

나는 너의 침묵을 잘 안다.
너는 철모르는 아이들에게 종작 없는 찬미를 받으면서, 시쁜 웃음을 참고 고요히 있는 줄을 나는 잘 안다.
그러나 너는 천당이나 지옥이나 하나만 가지고 있으려무나.
꿈 없는 잠처럼 깨끗하고 단순하란 말이다.
나도 짧은 갈고리로 강 건너의 꽃을 꺾는다고 큰말 하는 미친 사람은 아니다. 그래서 침착하고 단순하려고 한다.
나는 너의 입김에 불려 오는 조각 구름에 키스한다.

만이천봉! 무양하냐 금강산아.
너는 너의 님이 어디서 무엇을 하는지 모르지.

「님의 얼굴」

님의 얼굴을 '어여쁘다'고 하는 말은 적당한 말이 아닙니다.
어여쁘다는 말은 인간 사람의 얼굴에 대한 말이요, 님은 인간의 것이라고 할 수가 없을 마큼 어여쁜 까닭입니다.

자연은 어찌하여 그렇게 어여쁜 님을 인간으로 보냈는지 아무리 생각하여도 알 수가 없습니다.
알겠습니다. 자연의 가운데에는 님의 짝이 될 만한 무엇이 없는 까닭입니다.

님의 입술 같은 연꽃이 어디 있어요. 님의 살빛 같은 백옥이 어디 있어요.
봄 호수에서 님의 눈결 같은 잔물결을 보았습니까. 아침볕에서 님의 미소 같은 방향芳香을 들었습니까.
천국의 음악은 님의 노래의 반향입니다. 아름다운 별들은 님의 눈빛의 화현化現입니다.

아아, 나는 님의 그림자여요.

님은 님의 그림자밖에는 비길 만한 것이 없습니다.

님의 얼굴을 어여쁘다고 하는 말은 적당한 말이 아닙니다.

「논개의 애인이 되어서 그의 묘에」

낮과 밤으로 흐르고 흐르는 남강은 가지 않습니다.

바람과 비에 우두커니 섰는 촉석루는 살 같은 광음光陰을 따라서 달음질칩니다.

논개여, 나에게 울음과 웃음을 동시에 주는 사랑하는 논개여.

그대는 조선의 무덤 가운데 피었던 좋은 꽃의 하나이다. 그래서 그 향기는 썩지 않는다.

나는 시인으로 그대의 애인이 되었노라.

그대는 어디 있느뇨. 죽지 않은 그대가 이 세상에는 없구나.

나는 황금의 칼에 베어진 꽃과 같이 향기롭고 애처로운 그대의 당년當年을 회상한다.

술 향기에 목마친 고요한 노래는 옥獄에 무딘 썩은 칼을 울렸다.

춤추는 소매를 안고 도는 무서운 찬 바람은 귀신 나라의 꽃수풀을 거쳐서 떨어지는 해를 얼렸다.

가냘픈 그대의 마음은 비록 침착하였지만 떨리는 것보다도 더욱 무서웠다.

아름답고 무독無毒한 그대의 눈은 비록 웃었지만 웃는 것보다도 더욱 슬펐다.

붉은 듯하다가 푸르고 푸른 듯하다가 희어지며, 가늘게 떨리는 그대의 입술은 웃음의 조운朝雲이냐, 울음의 모우暮雨이냐, 새벽달의 비밀이냐, 이슬꽃의 상징이냐.

삐삐 같은 그대의 손에 꺾이지 못한 낙화대의 남은 꽃은 부끄럼에 취하여 얼굴이 붉었다.

옥 같은 그대의 발꿈치에 밟힌 강 언덕의 묵은 이끼는 교긍驕矜에 넘쳐서 푸른 사롱紗籠으로 자기의 제명題名을 가리었다.

아아, 나는 그대도 없는 빈 무덤 같은 집을 그대의 집이라고 부릅니다.

만일 이름뿐이나마 그대의 집도 없으면 그대의 이름을 불러볼 기회가 없는 까닭입니다.

나는 꽃을 사랑합니다마는 그대의 집에 피어 있는 꽃을 꺾을 수는 없습니다.

그대의 집에 피어 있는 꽃을 꺾으려면 나의 창자가 먼저 꺾여지는 까닭입니다.

용서하여요 논개여, 금석 같은 굳은 언약을 저버린 것은 그대가 아니요 나입니다.

용서하여요 논개여, 쓸쓸하고 호젓한 잠자리에 외로이 누워서 끼친 한恨에 울고 있는 것은 내가 아니요 그대입니다.

나의 가슴에 '사랑'의 글자를 황금으로 새겨서 그대의 사당에 기념비를 세운들 그대에게 무슨 위로가 되오리까.

나의 노래에 '눈물'의 곡조를 낙인으로 찍어서 그대의 사당에 제종을 울린데도 나에게 무슨 속죄가 되오리까.

나는 다만 그대의 유언대로 그대에게 다하지 못한 사랑을 영원히 다른 여자에게 주지 아니할 뿐입니다. 그것은 그대의 얼굴과 같이 잊을 수가 없는 맹세입니다.

용서하여요 논개여, 그대가 용서하면 나의 죄는 신에게 참회를 아니한데도 사라지겠습니다.

천추에 죽지 않는 논개여,
하루도 살 수 없는 논개여,
그대를 사랑하는 나의 마음이 얼마나 즐거우며 얼마나 슬프겠는가.

나는 웃음이 겨워서 눈물이 되고 눈물이 겨워서 웃음이 됩니다.

용서하여요, 사랑하는 오오 논개여.

「독자에게」

독자여, 나는 시인으로 여러분의 앞에 보이는 것을 부끄러워합니다

여러분이 나의 시를 읽을 때에 나를 슬퍼하고 스스로 슬퍼할 줄을 압니다.

나는 나의 시를 독자의 자손子孫에게까지 읽히고 싶은 마음은 없습니다.

그때에는 나의 시를 읽는 것이 늦은 봄의 꽃수풀에 앉아서 마른 국화菊花를 비벼서 코에 대는 것과 같을는지 모르겠습니다.

밤은 얼마나 되었는지 모르겠습니다.
설악산의 무거운 그림자는 엷어 갑니다.
새벽종을 기다리면서 붓을 던집니다.

-을축 8월 29일 밤 끝

순수 우리 언어로 선시禪詩 개척

 만해는 지눌 이래 선시의 법통을 이어온 이 분야의 개척자다. 드넓은 '만해 문학'의 평원에서는 선시도 우뚝 서는 한 봉우리다.

 흔히 선禪과 시詩가 합일화된 용어를 '선시'라 한다. 불교의 한 유파인 선이 모든 형식이나 격식을 벗어나 궁극의 깨달음을 추구하는 것이라면, 여기에 자연이나 인생에 대하여 일어나는 감흥과 사상을 함축하는 언어인 시가 덧붙여 이루어진 것이 선시인 것이다. 그런 의미에서 선시는 그야말로 불교 문학의 정수라 할 수 있다.

　선시는 유형상으로 선에서 시적 형식을 원용하는 경우와 시에서 선적 사유를 함축시키는 두 가지 경우가 있는데, 우선 선에서 시적 형식을 원용하는 시법시示法詩가 있다. 선사들이 대중을 제도함에 있어서 언어로 표현할 수 없고,

또 표현되어서도 안 되는 선의 묘체를 부득불 시의 형식을 빌려 표현하는 것을 말한다. 이런 시들은 내용이나 의미가 주로 강조되어 시적 수사에는 소홀한 것이 특징이다.

둘째, 오도시悟道詩가 있는데 이는 선사들이 자신의 깨달음을 시의 형식을 빌려 표현한 것으로, 그 표현은 어느 시보다 더 상징적이라는 특징을 지닌다. 시법시와 같은 성격이나, 그러나 청자(수용자)를 의식하지 않고 도를 깨닫는 그 순간 한 번의 작시로 지어진 상징적 표현이 풍부하게 함축된 시이다.

셋째, 염송시捻頌詩는 선사들의 어록이나 공안公案에 대하여 시로 표현한 것으로, 선어의 내용이 일상 언어의 논리를 초월하는 경우가 많은데, 이것을 다시 시의 상징으로 표현한 것이므로 지극히 난해한 내용을 담은 경우가 많다. 고려 혜심이 편찬한 『선문염송집禪門捻頌集』에 수록되어 있는 시들이 대표적인 염송시들이다.

넷째, 선기시禪機詩는 종교적인 교리를 표현하는 앞의 시들과는 달리 종교적인 목적을 떠나 시 자체로 존재하면서 선적 함축성을 내포한 시들이다. 이런 시는 각자가 선시라 하더라도 시인의 입장에서 시를 지었다 하는 것이 타당할 정도로, 시인이 지은 선취시禪趣詩와 거의 같은 특징을 지니고 있다.[37]

---

37 이종찬, 「선시」, 『한국민족문화대백과사전』 2, 262쪽, 한국정신문화연구원.

고려 때 지눌知訥이 선을 체계화시킨 이래 한국에서는 선사상이 불교의 큰 맥의 하나로 자리잡고, 지눌의 선사상은 고려 시대 선시의 사상적인 모태가 되었다. 조선조에는 불교가 산중으로 밀려나 금압의 대상이 되면서 선시도 크게 위축되었다. 그러나 선시의 맥은 면면히 이어졌다. "조선 시대에 들어와 중기에 접어들면서 선시는 선리의 천착보다는 시적 흥취가 강화되어 선취시의 경향이 짙어지게 되는 데, 대표적인 인물이 휴정休靜이다. 그의 선시는 법리나 진리의 요체, 그리고 사물의 기미까지도 망각한 경지에서 성립된 특징을 지니고 있다. 그리고 현대에 들어와 순수 우리의 언어로서 선취시의 절정을 이룬 한용운의 시는 한국 선시의 맥락을 이은 현대시라 할 수 있다."[38]

한국 선시의 맥을 잇고 여기에 순수 우리의 언어로서 선취시의 절정을 이룬 이가 만해다. 참 자유인이었던 그에게 선시는 썩 잘 어울리는 문학 장르의 하나가 되었다. 만해의 선시는 현재 176수가 전한다.[39] 선시나 한시의 상당 부분이 인사人事 문제를 다루고 있다. "이는 대외 지향성이 강하게 발휘되는 만해 시의 한 특징이라 할 수 있다."[40]

만해의 선시 중에서 가장 빈번하게 다룬 소재의 하나는 매화다. 흔히 설중매雪中梅는 만해를 상징하리 만큼 그의 생

---

38 이종찬, 앞의 글.
39 박정환, 「만해 한용운 한시 연구」, 충남대박사학위논문, 2쪽, 1990.
40 김광원, 「만해 한용운의 선시」, 『유심』, 19호, 30쪽, 2004, 겨울.

애와 대비되기도 한다. 만해의 한시 중에서 '매화'가 등장한 것은 26회로 달月 47회, 꿈夢 31회에 이어 세 번째이나, 식물로서는 가장 빈번하게 나오는 소재다.[41]

한 연구가는 만해와 매화의 상관성을 다음과 같이 정리하였다.

> 첫째, 많은 꽃 중에 '한매'寒梅를 소재로 택한 이유는 쉽게 이해된다. 앞장의 「증고우선화贈古友禪話」에서 살펴보았듯이, 매화는 만해에게 삶 그 자체를 상징한다고 할 수 있다. 그의 한시에서 가장 많이 사용되는 소재 중 하나인 만큼 매화는 그의 삶의 한 지향점의 구실을 한다. 선의 세계가 '있는 그대로의 직관적 만남'이라고 할 때, 그가 느끼는 평상심으로서의 세계는 일제하의 아픔을 함축하며, 그 아픔의 극복을 상징할 수 있는 매화는 곧 당대의 그가 지니는 역사성과 깊은 관계가 있다 하겠다.[42]

매화를 소재로 하는 선시는 앞장에서 소개한 3·1운동의 동지 최린에게 준 「증고우선화」를 비롯하여 「관낙매유감觀落梅有感」등 여러 편이 있다.

---
41 박원길, 「한용운 한시 연구」, 전북대학원석사학위논문, 25쪽, 1988.
42 김광원, 앞의 글, 46~47쪽.

「관낙매유감」

宇宙百年大活計
寒梅依舊滿禪家
回頭欲問三生事
一秋維摩半落火 [43]

우주의 영원한 큰 활계活計로
매화는 옛 그대로 선원禪院에 가득폈다
머리 돌려 삼생의 일을 물으렀더니
한 가을 유마세계 꽃이 반은 떨어졌다. [43]

「청한淸寒」

待月梅何鶴
依梧人赤鳳
通宵寒不盡
遶屋雪爲峰

달을 기다리나니 매화는 학이런가

---

[43] 김광원, 앞의 글, 43쪽, 재인용.

오동을 의지하나니 사람도 봉황이네
온 맘 내내 추위는 그치지 않아
집 둘레의 쌓인 눈 산봉우리 되었네.⁴⁴

「매화」

새봄이 오단 말가
매화야 물어보자
눈 바람에 막힌 길을
제 어이 오단 말가
매화는 말이 없고
봉오리만 맺더라.⁴⁵

「풍아에서 주자가 동파의 운을 써서 매화를 읊은 것을
나도 그 운을 사용하여 매화를 노래함」

강남 외딴 마을에 저녁 눈 내려
나무에는 겹겹이 시혼詩魂이 내린다
가지마다 변방 밖의 피리 소리 듣고

44 최동호, 『한용운시전집』, 172쪽, 재인용.
45 『불교』, 제103호, 1933년 1월 1일.

초승달은 어슴프레 어둠 그대로이다
깊은 밤에 고요히 돌아가는 꿈
헛된 사귐 10여 년 동안 고향을 저버렸다
봄바람의 많은 영욕 도리어 부끄러워
어떤 추위에도 절개를 안 고친다
예쁜 맵시 힘겨워 저녁 비를 맞거니
새 뜻으로 어찌 참아 아침 해를 맞이하랴
왼쪽 오른쪽의 송죽松竹을 함께 하고
일생 굳게 마음 지켜 문을 닫지 않는다
좋은 이름 사랑하여 시 짓기야 쉬워도
정작 아름다움이야 어찌 이루 다 말하리
그대나 나나 같이 세상 싫어하는 이
젊은 나이 가기 전에 함께 술잔을 들자.[46]

「또 옛사람들이 매화를 들고 오언고시를 쓴 일이 없기에
호기심으로 시험 삼아 읊어 봄」

매화가 어디 있는가
눈 쌓인 강촌에 많다
금생에 찬 얼음 삐이거니

---

[46] 최동호, 앞의 책, 150쪽, 재인용, 문학사상사.

전생에는 백옥의 넋이리

그 맵시는 낮에도 기특하고

그 얼이야 밤엔들 어두우리

먼 바람길에 피리 소리 흩어지고

따뜻한 날에는 선방에 향기롭다

한 봄인데도 시구詩句는 차가웁고

긴 밤에는 술잔이 따스하다

흰 꽃은 어찌 밤의 달빛 띠었는가

빨간 그 꽃은 아침 햇살 맞이한다

그윽한 선비만 외로이 즐기나니

추위 견디며 문을 닫지 않는다

강남의 그 어지러운 일일랑

부디 이 벗에게는 말하지 말라

이 세상에는 자기의 벗이 적거니

이 벗을 마주하여 술잔을 기울이자.[47]

「지는 매화를 보고 느낌이 있어서」

우주의 영원한 큰 활계로

매화는 옛 그대로 선원에 가득꼈다

---

[47] 최동호, 앞의 책, 152쪽, 재인용.

머리 돌려 삼생三生의 일을 물으렸더니
한 가을 유마세계 반은 꽃이 떨어졌다.**48**

젊은 시절에 심우장에서 만해를 직접 뵌 적이 있는 서경보는 '설중매'를 가르친 만해에 대해 다음과 같이 회상하였다.

> 용운 스님을 처음 뵈올 때 인상은, 키는 작았지만 매섭고도 냉철해 보여 칼날 같은 스님의 성격을 저절로 알게 되었다. 나는 묻기를 "불교가 긴요히 가져야 할 금언 일구一句를 가르쳐 주십시오."
> "설중매"雪中梅.
> 용운 스님은 이 한 마디를 거침없이 밀어붙이는 게 아닌가. 그렇잖아도 긴장한 나의 몸과 마음이 찬물을 맞아 얼어붙는 듯하였다.
> 이 '설중매화'라는 용운 스님의 말에 대하여 한영漢永 스님은 웃으면서 비상한 고난을 겪으면서 탁월한 인격을 함양시켜야 된다고 말씀하시고, 엄동설한의 매화나무가 꽃이 필 때 차디찬 설중에서 그윽한 향기를 품는 것과 같다고 해설하였다.
> 참으로 매섭고도 짠 말씀이었다.**49**

---

48 최동호, 앞의 책, 250쪽.
49 서경보, 「한용운과 불교사상」, 『한용운사상연구』, 100~101쪽.

만해는 일제강점기를 '풍란화 매운 향내'로 살았다. 눈서리치는 혹독한 시절이었다. 태양이 식민지 조선에서는 햇볕을 잃어버린 엄혹한 계절에 그는 눈서리 속에서도 꽃을 피우는 풍란화, 설중매처럼 지절과 품격을 유지하면서 민족적 자존을 지켰다. 매화를 소제로 하는 일련의 선시는 바로 자신의 자화상이었다

뒷날 정인보는 사망한 만해를 두고 「만만해선사挽萬海禪師」에서 다음과 같이 읊어서 두고두고 사람들 입에 오르내리고 붓끝에 먹을 묻히게 하였다.

> 풍란화 매운 향내 당신에게 견줄손가
> 이날에 님 계시면 별도 아니 빛날손가
> 정토가 이외에 없으니 혼하 돌아오소서.[50]

만해에게 있어 꽃 중에서 매화만이 선시의 주제는 아니었다. 도화桃花와 관련해서도 여러 편의 선시를 남겼다. 비교적 젊은 시절에 쓴 오도시悟道詩도 도화를 주제로 삼았다.

> 男兒到處是故鄕
> 幾人長在客愁中
> 一聲喝破三千界

---

[50] 『불교』제8, 13쪽, 1948년 8월.

雪裡桃花片片紅

　　사나이 가는 곳이 바로 고향인데
　　이 오랜 객수 속을 그 몇이 있었으랴
　　삼천계를 향하여 한 소리 지르니
　　눈 속에 복사꽃이 군데군데 붉었구나.[51]

　달月도 즐겨 사용한 소재가 되었다. 「월욕생月欲生」과 「월욕낙月欲落」등 여러 편이 있다.

　「월욕생」

　　衆星方奪照
　　百鬼皆停遊
　　夜色漸墮地
　　千林各自收

　　뭇 별들은 그 빛을 잃고
　　온갖 귀신은 놀음을 멈춘다
　　밤빛이 차츰 땅에서 사라지면
　　모든 숲들은 각기 제 몸 가눈다.[52]

51　김광원, 앞의 글, 37~38쪽, 재인용.
52　최동호, 앞의 책, 165쪽, 재인용.

「달이 지려 할 때」

소나무 밑에 푸른 안개 사라지고
두루미 곁에 맑은 꿈이 한가하다
산은 가로눕고 고각 소리 그쳤나니
찬 달빛은 정을 다 거둬간다.[53]

「달이 하늘 한가운데 올 때」

온 세계가 다 함께 바라보고
모든 사람 제각기 즐겨 노닌다
너무나 환하여 앗을 수 없고
높고 멀거니 어찌 잡으랴.[54]

「달이 처음 뜰 때」

산마루에서 백옥이 솟으면
푸른 시내에는 황금덩이 노닌다
산골 사람들 가난타 한탄말라

[53] 최동호, 앞의 책, 166쪽, 재인용.
[54] 최동호, 앞의 책, 165쪽, 재인용.

저 하늘 보배를 어찌 모두 거두리.[55]

「달을 보고」

그윽한 사람 달을 바라 보나니
하룻밤 내내 좋은 때이다
아무 소리도 없는 그 경지에 이르러
다시 뜻이 깊은 시를 찾는다.[56]

「달 구경」

쓸쓸한 빈 산에 달이 하 밝아
나 혼자 가서 마음껏 노니나니
누구에게 멀리 달리는 마음인가
깊은 밤에 아득히 걷잡을 수 없네.[57]

 만해의 선시 중에는 인사人事에 관한 시가 적지 않았다. 그 중에 매천 황현黃玹을 그리는 「황매천」도 눈길을 끈다.

---

55 최동호, 앞의 책, 164쪽, 재인용.
56 최동호, 앞의 책, 162쪽, 재인용.
57 최동호, 앞의 책, 158쪽, 재인용.

「황매천黃梅泉」

就義從容永報國
一暝萬古劫火新
莫留不盡泉臺恨
大塲苦忠自有人

의를 향해 종용히 나라 은혜 갚으려고
한 번 죽자 만고에 겁의 꽃이 새로워라
저승에서도 다 못 풀 한 남기지 말라
그 충절을 위로할 사람 절로 있으리.58

황매천과 관련해서는 또 한 편의 시가 있다. 「선암사에 머물면서 매천의 시에 차운함」이다.

반 평생을 쓸쓸히 마음에 차지 않아
하늘 끝에 떨어져 홀로 찾아 헤매다
앓고 난 흰 머리털 가을마다 성기리
난리 뒤에도 국화 피고 풀들도 무성하다
겁을 강하던 구름이 사라지자 흐르는 물소리 듣고
경을 듣던 사람이 떠나자 선계의 새가 내린다

---
58 최동호, 앞의 책, 258쪽, 재인용.

온 천지가 바로 풍진을 만난 이때
어찌 서천의 두보의 시를 읊조리고 있으랴.[59]

이 장을 마치면서 만해의 선禪에 대한 생각을 정리해 보자. 그의 선에 대한 인식은 대단히 분방한 것이었다. 일반적인 선의 경계를 초월하고 있었다. 그런 선의 인식 때문에 선시 또한 일반적인 선의 경계를 넘어섰다고 할 수 있겠다. 해답을 만해의 다음 글이 보여 준다.

> 선이라면 불교에만 한하여 있는 줄로 아는 것이 보통이다. 물론 불교에서 선을 숭상하는 것이 사실이다. 그러나 선을 일종의 종교적 행사로만 아는 것은 오해다. 선은 종교적 신앙도 아니요, 학술적 연구도 아니며, 고원高遠한 명상도 아니고 침적沈寂한 회심灰心도 아니다. 다만 누구든지 아니하면 아니 될 법이요. 따라서 누구든지 알 수 있는 지극히 평범하고 필요한 일이다.
> 선은 전인격全人格의 범주가 되는 동시에 최고의 취미요, 지상至上의 예술이다. 선은 마음을 닦는, 즉 정신 수양의 대명사다. 그러면 마음은 무슨 필요로 닦으며 어떠한 방식으로 닦느냐는 것이 문제의 순서인 것이다.[60]

---

59 최동호, 앞의 책, 246쪽, 재인용.
60 한용운, 「선과 인생」, (선의 의의).

제 9 장

신간회 참여와 여성·노동 문제 관심

> 1927년 2월~1931년 5월 사이 존속한 신간회는 … 전국에 120~150여 개의 지회를 가지고 있었고 회원수는 약 2만~4만 명에 이르렀다. 신간회는 일본제국주의 통치 아래 가장 규모가 컸던 항일 사회운동 단체였던 것이다. 더욱 그것은 청년·여성·노동·형평衡平·사상운동 등과 조직적·이념적으로 연계되어 있었으므로 신간회에 대한 연구는 우리에게 그 부문 운동들에 대한 이해의 폭과 깊이를 더할 수 있게 해 줄 뿐 아니라 3·1운동 후의 여러 민족운동을 전체적으로 파악할 수 있게 해 줄 것이다.
>
> — 이균영, 『신간회연구』

1920년대 국내의 상황

일제의 무단통치가 강화되면서 조선 사회는 식민지 지배 체제로 굳혀져 가고 있었다. 일제는 3·1운동 이후 이른바 '문화 정치'를 표방하고 몇 가지 가시적인 조처를 취하였다. 총독부 관제 개편과 헌병경찰 제도의 폐지, 조선인 관리의 임용과 대우 개선, 민간인 신문 허가, 지방자치제 실시를 위한 조사 연구 등이 그런 것들이다.

그러나 실제로는 헌병경찰 제도를 폐지한 대신 이전의 헌병이 경찰로 바뀐 데 불과하고 오히려 경찰과 군병력을 크게 증가시켰다. 1918년 경찰관서 751개소, 경찰관 5400명에서 1920년 경찰관서 2761개소, 경찰관 1만 8400명으로 늘어났다. 1920년대부터 경찰은 매년 증가하여 '문화 정치'의 본질이 민족을 분열시켜 민족운동 세력을 약화시키려는 민족 분열 정책이었음을 알게 된다.

일제는 갖가지 분열 정책을 시행하였다. 특히 3·1운동 뒤에 부임한 사이토齊藤實 총독은 「조선민족운동에 대한 대책」이란 것을 발표하여 분열 정책을 가중시켰다.

① 일본에 절대 충성하는 자로서 관리를 임용한다.
② 신명을 바칠 친일적 인물들을 물색하고 이들을 귀족·양반·유생·부호·실업가·교육가·종교인들에게 침투시켜 친일 단체를 만든다.
③ 각종 종교 단체에 친일파로 하여금 최고 지도자가 되게 하고 일본인을 고문으로 앉혀 어용화한다.
④ 친일적 민간인에게 편의와 원조를 제공하여 수재 교육 이름 아래 친일 지식인을 대량 양성한다.
⑤ 양반 유생으로 직업이 없는 자에게 생활 방도를 마련해주고 이들을 선전과 민정 정찰에 이용한다.
⑥ 조선인 부호에게는 노동쟁의·소작쟁의를 통해 노동자·농민과의 대립을 인식시키고, 일본 자본을 도입하여 그것과의 연계를 맺어 매판화시키고 일본 측에 끌어들인다.
⑦ 농민을 통제·조종하기 위해 전국 각지에 유지가 이끄는 친일 단체를 만들어 국유림의 일부를 불하해주는 한편 입회권(수목채취권)을 주어 회유·이용한다.

이와 같은 친일 세력 양성화 정책으로 일제는 대지주·매판자본가들과 결탁하여 대정친목회·유민회 등을 비롯하여 교풍회·국민협회·대동동지회 등을 조직하고 친일 여론을 조성했으며, 그 밖에도 유생들의 친일 단체인 대동사문회·유도진흥회·농민운동을 약화시키기 위한 어용 단체인 조선인소작인상조회·상무단·조선불교교우단 등 각종 친일 조직을 만들었다.

일제는 이들 단체들을 동원하여 친일 활동·민족운동 파괴 활동·대외 선전·독립운동가 적발과 이들의 포섭·설득 등 친일 세력을 확대시키고 민족 분열을 획책했다.

이렇게 만들어진 각종 친일 단체들이 극성을 부리는 상황에서 참정권 청원운동과 자치운동론 등이 제기되었다. 일제의 사주에 따라 벌어진 참정권 청원운동은 일제의 식민지 통치를 인정하는 범위 내에서 참정권을 얻자는 주장이었다.

참정권을 얻는 방법으로는 조선 의회를 따로 만드는 방법과 일본제국 의회에 조선인 대표를 파견하게 하는 방법이 제기되었지만, 일제의 본심은 어느 것도 허용할 생각이 없었다. 다만 참정권을 선전함으로써 친일파를 증가시키고 민족운동 세력을 분열시키려는 데 목적이 있었을 뿐이다.

개량주의자들의 득세와 의열 투쟁

 자치운동론도 이와 유사하게 전개되었다. 절대 독립과 독립 전쟁론 대신 일본의 지배를 인정하는 범위 내에서 자치를 주장하고 나선 그룹이었다. 3·1운동 뒤 독립운동의 열기가 드높아지자 일제는 이를 약화시키기 위해 종교운동·수양운동·생활개선운동·농촌계몽운동·사교邪敎운동 등을 적극 장려하고 그 운동의 주동자를 포섭하기에 혈안이 되었다.

 타협적 개량주의자들은 조선 독립의 시기상조론을 내세우면서 독립운동 대신 문화운동과 실력양성운동을 전개해야 한다고 주장하고 나왔다. 이들은 주로 지주나 자본가들로서 이광수의 「민족개조론」과 최남선의 「일선동조론日鮮同祖論」을 그 이론적 지주로 삼았으며, 김성수, 송진우, 최린, 조만식 등이 조직한 연정회硏政會가 그 대표적인 단체였다.

 일제는 이들의 타협 노선을 적극 권장하고 이용했으며, 그 결과 이들의 타협주의는 결국 일제의 문화 정치와 논리를 같이하는 친일적 노선이 되었다.

일제의 폭압 통치와 개량주의자들의 타협 노선이 접점을 이루어 여론을 지배하면서 국내에서는 대중적인 항일운동이 점차 시들어가게 되었다. 일제의 식민 지배 정책이 그만큼 성공을 거두는 형국이었다. 하지만 조선인의 의열 투쟁과 학생들의 항쟁까지 멈추게 할 수는 없었다.

중국에서 입국한 의열단원 김상옥金相玉이 1923년 1월 12일 종로경찰서에 폭탄을 던지고 일본인 형사 다무라田村를 사살하는 데 이어 무장 경찰 1000여 명과 3시간 동안 싸운 끝에 스스로 목숨을 끊는 장렬한 의거가 있었다. 1924년을 전후하여 의열단원들이 국내에 잠입하여 부산경찰서와 밀양경찰서 투탄 그리고 총독부 폭파 사건 등 의열 투쟁이 계속되었다.

일본에서는 1923년 아나키스트 박열朴烈이 그의 부인 가네코 후미코金子文子와 더불어 일왕 히로히토裕人 부자 암살을 실행하려다 피체되어 무기형을 선고받고 부인은 옥중에서 사망하였다.

1926년 6월 10일 순종 황제의 장례식을 기해 전국적 규모의 만세운동이 일어났다. 사회주의계의 권오설, 김단야, 이지탁, 인쇄직공 민창식, 이용재, 연희전문의 이병립, 경성대학의 이천진, 천도교의 박내원, 권동진 등이 주동하여 "일본제국주의 타도" "토지는 농민에게" 등의 구호를 내걸고 3·1 만세운동을 잇는 만세 시위를 벌였다.

만해는 이 사건과 관련하여 6월 9일 천도교주 박인호朴寅浩, 간부 송세호宋世浩 등과 함께 일경에 예비검속되었다가 풀려났다.

의열단원 나석주는 1926년 12월 28일 일제의 식민지 착취기관인 동양척식회사와 식산은행에 폭탄을 던지고 추격하는 경찰과 접전 끝에 자결하는 의거를 결행하였다.

만해가 3·1운동으로 투옥되어 3년여 만에 출감하여 불교개혁운동과 각종 민족운동에 참여한 데 이어 오세암에 칩거하여 저작에 전념하고 있을 때 국내에서는 개량주의자들에 의한 사이비 자치운동이 전개되고, 다른 한편에서는 각종 의열 투쟁과 6·10만세운동 등 저항운동이 그치지 않고 있었던 것이다.

제1차 세계대전 뒤 국제 정세는 자본주의와 제국주의가 결합한 세력과 사회주의 경향의 세력이 대립되어 가고 있었다. 전자는 국제연맹 기구를 주창하고, 후자는 러시아혁명을 계기로 계급 해방을 주창하여 서로 대립하였다. 3·1운동을 치룬 지 얼마되지 않는 조선에는 일본 유학생들에 의해 민족해방운동의 지도 노선으로 사회주의 이념이 유입되었다.

일제의 폭압과 지주들의 수탈에 신음하던 농민과 인텔리 청년들에게 사회주의 계급 투쟁 사상은 쉽게 공감되고 널리 전파되어 갔다. 초기에는 민주주의 계열과 사회주의 계열이 함께 반제 투쟁에 힘을 모았지만, 시일이 경과하면서 양측은 헤게모니 경쟁에 나서게 되고, 일제가 이를 부추기면서 점차 갈등을 빚게 되었다.

양측은 서로 시기하고 증오한 나머지 상대방의 비밀을 탐지하고 일경에 밀고하는 추태까지 벌어졌다. 따라서 일제의 분열 책동은 더욱 심화되어 갔다.

이러한 상황에서 뜻있는 인사들이 양대 세력의 통합으로 독립운동 역량을 집결해야 한다는 의견이 제시되고, 조국 광복운동의 통일 단체로 결성된 것이 바로 신간회의 창립이었다. 신간회가 창립되기 전에 정우회正友會 · 북성회北星會와 조선물산장려회 · 서울청년회 · 조선민흥회 등 좌우 계열의 단체가 설립되었다. 신간회는 이와 같은 각종 단체들의 발전적 통합과 새로운 민족주의 계열 인사들이 대거 참여하여 결성되었다. 일제강점기 국내에서는 최대 규모의 항일운동 조직이라 해도 지나치지 않는 규모의 조직이었다.

신간회가 창립되면서 만해는 발기인으로 참여하였다. 단순히 발기인으로만 참여한 것이 아니라 1926년 말부터 홍명희, 안재홍, 권동진, 박대홍, 박동완 등과 신간회 창립을 위한 논의에 깊숙이 참여하였다. 『십현담주해』와 『님의 침묵』을 발행하여 큰 학문적 업적을 남기고, 학승 · 불승 · 시인에서 다시 지사로 돌아온 것이다.

신간회의 발기를 위한 움직임과 관련하여 일제 측 자료는 다음과 같이 기록한다. 만해의 역할도 포함되고 있어서 인용한다.

1926년 말 우연히 평안북도 정주 소재 오산학교 교사로 있던 홍명희는 동기 휴가를 이용하여 경성에 와서 최남선을 방문한 바 최남선으로부터 그들의 의중을 전해 듣고 동시에 서로 자치 문제에 대하여 밤을 밝히며 토의하였다. 다음날 홍명희는 안재홍을 방문하고 신석우를 초치하여 대책을 협의한 결과 급속히 진실된 민족당을 조직하기로 결정하였다.

이어서 권동진, 박대홍, 박동완, 한용운, 최익한 등의 찬동을 얻어 홍명희로부터 재북경 신채호에게 비격飛檄하여 역시 찬동을 얻어 발기인에 참가시키고 당국과 접근성을 가진 신석우를 개재하여 그 양해를 얻고 '신간출고목' 新幹出枯木이라는 말에서 취하여 신간회란 명칭을 정하였다.[1]

---

1 『고등경찰요사高等警察要史』, 47쪽, 이균영, 『신간회 연구』, 96쪽, 재인용, 역사비평사.

신간회 발기인 참여와 경성지회장 선임

앞에서 언급한 대로 신간회는 민족주의 좌파 계열과 사회주의 계열이 연합하여 창립한 '민족협동전선'이었다. 1920~30년대 초 민족해방운동은 민족주의운동과 사회주의운동의 두 흐름으로 진행되고, 이 두 흐름은 민족운동의 이념·방법·주도 세력 등에 따라 여러 갈래로 나뉘어져 있었다.

이러한 상황을 극복하고 민족주의 좌파와 사회주의자들의 민족협동전선으로 신간회를 창립하였다.[2]

신간회의 창립은 "민족단일당 민족협동전선"이라는 표어 아래 1927년 2월 15일 조선민족운동의 대표 단체로 서울 중앙기독교회관에서 비타협적 민족주의자 34명이 발기인으로 참여하였다.

이날 참석한 회원은 300여 명이었으며 왜경의 삼엄한 감

---

2 『한국독립운동사사전』 5, 운동·단체편, 「신간회」, 231쪽, 독립기념관.

시 아래 긴장과 흥분 속에서 창립 대회가 진행되었다. 천도교계·사회주의계·비타협 민족주의계·종교계 등 각계 인사들이 참여하였지만 자치운동을 주장하던 민족개량주의자들은 거의 참여하지 않았다.

창립 총회에서 회장에는 이상재, 부회장에는 권동진이 선임되고 만해는 중앙집행위원으로 피선된 데 이어 경성지회장을 맡게 되어, 신간회의 주도적 위치에 자리하게 되었다. 중국에 망명중이던 신채호도 발기인으로 참여하였다. 창립 총회에서는 안재홍, 신석우, 문일평을 비롯한 간사 35명을 선출하고, 조직 확대에 주력하여 1928년 말경에는 지회수 143개, 회원수 2만 명에 달하는 방대한 전국적 조직으로 성장하였다.

만해는 최고 의결 기관인 중앙집행위원과 경성지회장이라는 중책을 맡아 신간회 발전에 성의를 다하였다. 매사에 적극적이었던 그는 신간회 활동이 독립운동의 이념과 노선을 통일하고 사이비 민족주의자들이 벌이고 있는 참정권운동과 자치운동 따위를 봉쇄할 수 있다고 보았던 것이다. "만해가 신간회에 적극적으로 가담한 것은 이 운동의 비타협적 성격 때문이며 또한 좌파와 합작함으로써 항일 노선의 분열을 방지하고 민족 대통합의 항일 저항 노선을 일관되게 실천할 수 있다고 본 때문이다."[3]

---

[3] 고명수, 「조선독립에 대한 감상의 개요에 나타난 만해의 독립사상」, 『불교평론』, 제3권 제3호, 153쪽.

신간회 활동 중에 하나의 일화가 전한다.

> 바쁜 생활 가운데 하루는 이런 일이 있었다. 신간회에서 전국에 돌려야 할 공문이 있었다. 그런데 인쇄된 봉투 뒷면에 일본 연호인 소화昭和 몇 년 몇 월 몇 일이라는 글자가 찍혀 있었다. 이것을 본 그는 아무 말 없이 1000여 장이나 되는 그 봉투를 아궁이 속에 넣고 불태워 버렸다. 이 광경을 보고 깜짝 놀란 사람에게 가슴이 후련하 듯 "소화昭和를 소화消火해 버리니 가슴이 시원하군" 하는 한마디만 남겼다. 참으로 만해가 아니고서는 상상도 할 수 없는 일이다.[4]

만해는 신간회에 참여하기 2년 전에 이미 좌우 합작 노선의 필요성을 주장하는 논설을 발표한 바 있다. 「혼돈한 사상계의 선후책―이천만 민중이 당면한 중대 문제」라는 글이다.

「혼돈한 사상계의 선후책」

민족운동과 사회운동은, 이것이 우리 조선 사상계를 관류하는 2대 주조입니다. 이것이 서로 반발하고 대치하

---

4 전보삼, 앞의 책, 276쪽.

여 모든 혼돈이 생기고 그에 따라 어느 운동이고 다 뜻같이 진행되지 않는가 봅니다. 나는 두 운동이 다 이론을 버리고 실지에 착안하는 날에 이 모든 혼돈이 자연히 없어지리라 믿습니다. … 우리는 동주과우同舟過雨한 격이니 갑이고 을이고 다 지향하는 방향이 있으나 우선 폭풍우를 피하는 것이 급선무로써 공통되는 점을 해결하는 것이 상책입니다.

물론 일조일석에 해결될 문제도 아니나 근대에 이르러 사회운동가들이 민족운동을 많이 이해하여 가는 경향이 있는 것은 매우 축복할 만한 일입니다. 우리는 오늘 우리의 특수한 형편으로 보아 이 두 주조가 반드시 합치하리라고 믿으며 또 합쳐야 할 것인 줄 믿습니다.[5]

신간회가 내걸었던 강령은 만해가 추구해 온 목표와 가치가 고스란히 담겨 있어서 더욱 적극성을 보인 것이다.

「신간회 강령」

1. 우리는 조선 민족의 정치적·경제적 해방의 실현을 기함.

---

5 『동아일보』, 1925년 1월 1일.

2. 우리는 전 민족의 총역량을 집중하여 민족적 대표 기관이 되기를 기함.
3. 우리는 일체 개량주의 운동을 배척하여 전 민족의 현실적 공동 이익을 위하여 투쟁하기를 기함.

「신간회 정책」

1. 언론·집회·출판·결사의 자유.
2. 조선 민족을 억압하는 일체 법령의 철폐.
3. 고문제拷問制 폐지와 재판의 절대 공개.
4. 일본 이민 반대.
5. 부당 납세 반대.
6. 산업 정책의 조선인 본위.
7. 동양척식회사 폐지.
8. 단결권·파업권·단체 예약권 확립.
9. 경작권의 확립.
10. 최고 소작료의 공정公定.
11. 소작인의 노예적 부역 폐지.
12. 소년·부인의 야업 노동과 위험 작업의 금지.
13. 8시간 노동제 실시.
14. 최저 임금·최저 봉급제 실시.
15. 「공장법」「광업법」「혜원법」의 개정.
16. 민간 교육 기관에 대한 허가제 폐지.

17. 일체 학교 교육의 조선인 본위
18. 일체 학교 교육 용어의 조선어 사용.
19. 학생의 연구 자유와 자치권 확립.
20. 여자의 법률상·사회상 차별 철폐.
21. 여자 교육과 직업의 일체 제한 철폐.
22. 형평 사원과 노복에 대한 일체 차별 반대.
23. 형무소에 있어서 대우 개선·독서·통신의 자유.

광주학생운동으로 요시찰인 지목받아

　신간회는 1929년 6월 말 간사제를 없애고 집행위원회 체제로 개편하여 집행위원장에 허헌許憲이 선임되었다. 그러나 그해 12월 전국적인 민중대회를 준비하던 중 허헌을 비롯하여 주요 회원이 대거 일경에 검거당하면서 김병로를 중심으로 하는 새 집행부가 구성되기에 이르렀다.

　이 무렵 전남 광주에서 대대적인 항일 학생운동이 일어났다. 1929년 11월 3일 광주중학의 일본인 학생과 광주고보의 조선인 학생 사이에 대규모 충돌 사건이 직접 계기가 되었다. 조선인 학생들은 이 사건을 편파 보도한 일본어 신문 『광주일보』를 습격, 윤전기에 모래를 끼얹고 "조선 독립 만세"를 외쳤다.

　11월 12일에는 광주학생들이 일제히 시위에 돌입하여 구속 학생 석방과 식민지 노예 교육 철폐 등을 요구하고, 학생 투쟁 본부를 설치하였다. 학생들은 신간회·근우회 등 주요 민족운동 단체들과 연계를 맺으며 광주의 투쟁을 전국적인 항일 투쟁으로 전환시키기 위해 노력하였다.

신간회 본부는 광주학생운동이 일어나자 11월 10일 허헌, 김병로 등을 조사단으로 광주에 파견하여 진상 조사 활동을 벌였다. 조사 결과 많은 조선인 학생이 구속·퇴학·고문·폭행당하는 등 일경의 잔학 행위가 확인되자 신간회는 '광주학생 사건 보고 대연설회'를 개최하려 준비를 서둘렀으나 일경이 이를 금지시켰다. 연설회가 금지당하자 이번에는 일경의 불법 탄압과 광주 진상 보고를 겸한 민중 대회를 준비하였다.

만해는 민중 대회의 연사로 선정되었다. 연사는 만해 외에 권동진, 허헌, 홍명희, 조병옥, 이관용 등 10인이었다. 그러나 이 민중 대회도 열리지 못하고 말았다. 정보를 입수한 일경이 관련 인사들을 구속하고 신간회 본부를 수색하여 각종 인쇄물을 압수하여 민중 대회를 봉쇄한 것이다.

만해는 피체되는 일은 면했지만 다시 일경의 요시찰 인물로 지목되어 더욱 심한 감시와 탄압을 받게 되었다. 민중 대회가 열리지는 못하였지만 신간회의 여러 가지 지원으로 광주학생운동은 전국적로 확대되어 3·1운동 이후 최대 규모의 항일 학생운동으로 전개되었다.

신간회에 각별한 기대와 애착을 가졌던 만해는 1930년 말경 6개월 만에 사임했던 경성지회장 대신 경성지회 의안부장의 책임을 맡는 등 신간회 활동에 열과 성을 다하였다. 그러나 신간회는 1930년대 들어 해소론이 제기되고, 일제가 민중

대회 사건으로 핵심 간부 40여 명을 구속하면서 해체되는 계기가 되었다.

만해는 신간회 해소론에 극력 반대하였다. 최초의 좌우연합전선으로 결성된 신간회는 좌파 세력이 코민테른 제6차 대회에서 민족주의자들과 단절하고 적색노동조합운동 노선으로 전환을 결의하는 이른바 '12월 테제'를 발표하면서 결정적으로 분열과 해소의 길로 접어들었다.

허헌 중심의 새 집행부와 '12월 테제'에 영향을 받은 사회주의계열은 각 지회를 중심으로 신간회 해소운동을 전개하여, 1931년 5월 전국 대회에서 해소안이 가결됨으로써 신간회는 해체되고 말았다.

만해는 신간회 해소의 움직임을 지켜보면서 이를 적극 반대하였지만, 그러나 끝내 막아내지 못하였다. 당시 『삼천리』에 실린 다음의 글에서 만해의 심경의 일단을 읽을 수 있다.

「신간회 해소운동」

(1) 신간회 해소에 반대합니다. 해소론자로부터 그 이유에 대하여 명확한 제시가 없으므로 구체적 비판을 할 수가 없습니다만, 대체로 시간적 협동이란 것을 분명히 인식하였다면 그의 입으로부터는 해소론이 아니 나와야 옳을 것이겠습니다. 우리가 가설을 지어서 가령 계급선상

의 여러 사람들이 신간회를 떠나서 따로 계급적 운동을 한다고 합시다. 그렇더라도 그네들도 똑같이 신간회가 목표로 하는 어느 것을 넘지 않고는 아무 일도 못할 것이외다. 아무 일도 되지 못할 결정적 이치이니까.

(2) 현재의 신간회에 대하여 여러 가지 생각을 갖는 분이 많겠지요. 혹은 만족한 생각을, 혹은 불만족한 생각들을… 그러나 대체로 말하면, 불만족한 생각을 가진 이들은 그를 개선하기에 노력할 것이요, 아주 없앤다는 생각을 할 것이 아닌 줄 압니다. 이 문제에 대해서는 다른 기회에 충분히 말씀할까 합니다.[6]

신간회 해체로 사회주의 계열은 합법적 활동 무대를 잃게 되었으며 그 후 해방 때까지 국내에서는 좌우통일전선운동이 전개되지 못하게 되었다. 이와 때를 같이하여 개량주의자들이 점차 득세하였다.

만해는 다른 글에서 "해소론자들이 처음에 신간회에 들어올 때에도 정책상 들어온 것이요, 해소를 주창한 것도 또한 정책이겠지요. 하여간 앞으로 문제인즉 퍽 복잡할 것 같습니다"[7]라고 사태의 배경을 정확히 꿰뚫어 보았다.

---

6 『삼천리』, 2권 2호, 1930년 2월 1일.
7 『혜성』, 창간호, 1931년 3월 15일.

타고난 문인, 많은 글 쓰고 발표

만해는 천성적으로 타고난 문인文人이었다. 민족운동과 불교 경전 간행 등 힘든 일을 하면서도 틈나는 대로 지상에 여러 편의 시사적인 글을 발표하여 사회적 관심을 불러 모았다.

1923년 1월에는 「조선 및 조선인의 번민」을 『동아일보』에 발표하였다. 민립대학설립운동에 전념할 때다. 이 글의 요지는 다음과 같다.

「조선 및 조선인의 번민」

현재 우리 조선 사람이 정신상으로나 물질상으로나 무한한 고통을 받음은 사실이외다. 남다른 설움과 남다른 고통으로 불고불고 하는 터이외다. 밥이 넉넉하지 못하고 옷이 헐벗어 목숨을 부지하기에 온갖 고통이 일어납니다.

자유가 없으니까, 눈이 있으나 입이 있으나 없으나 다름이 없습니다. 손이 날래고 발이 튼튼하다 하더라도 아무 보람이 없습니다. 그래서 고통을 느끼어 갑니다.

그러나 이 고통을 물리치려고 없애려는 태도로 수단을 부리고 길을 취한다 하면, 고통은 점점 더할 것이외다. 근본적으로 이 고통의 탈 가운데서 뛰어나와 쾌락하게 평화롭게 영적 활동을 계속하여 가면 고통은 자연히 없어질 것이외다. 고통이 우리에게 고통을 주지 못할 것이외다.[8]

1924년에는 장편소설 『죽음』을 탈고하고, 시집 『님의 침묵』을 발행한 1926년 12월에는 「가갸날에 대하여」를 신문에 발표하였다. 가갸날은 '한글날'의 처음 이름이다. 1926년 한글날 기념식을 처음으로 치르는 자리에서 '가갸날'로 정해졌으며 그 이후 여러 해 동안 사용되었다.

만해는 가갸날에 대한 기사를 보고 「가갸날에 대하여」라는 글을 신문에 기고하였다. "나는 신문지를 통하여 가갸날에 대한 기사를 보게 되었는데 그 기사를 보고 무엇이라고 표현하기 어려울 만큼 이상한 인상을 받았습니다. '가갸'와 '날'이라는 말을 따로 떼어 놓으면 누구든지 흔히 말하고 듣는 것이라 너무도 심상하여 아무 자극을 주지 못합니다. 그

---

[8] 『한용운 수상집』, 김관호 편, 45쪽, 재인용, 신구문화사.

러나 그렇게 쉽고 흔한 말을 모아서 '가갸날'이라고 한 이름을 지어 놓은 것이 그리 새롭고 반가와서 이상한 인상을 주게 됩니다. 가갸날에 대한 인상을 구태여 말하자면 오래간만에 문득 만난 님처럼 익숙하면서도 새롭고 기쁘면서도 슬프고자 하여 그 충동은 아름답고 그 감격한 곱습니다"[9]고 전제하면서 "'가갸날'에 힘을 입어 먹을 갈고 붓을 드는 용기를 내어" 다음과 같은 시를 쓰게 되었다고 밝힌다.

> 아아 가갸날
> 참되고 어질고 아름다워요.
> 축일, 제일祭日
> 데이, 시이즌 이 위에
> 가갸날이 낫어요, 가갸날.
> 끝없는 바다에 쑥 솟아오르는 해처럼
> 힘있고 빛나고 뚜렷한 가갸날.
>
> 데이보다 읽기 좋고 시이즌보다 알기 쉬워요.
> 입으로 젖꼭지를 물고 손으로 다른 젖꼭지를 만지는 어여쁜 아기도 일러 줄 수 있어요.
> 아무것도 배우지 못한 계집 사내도 가르쳐 줄 수 있어요.

---

[9] 『동아일보』, 1926년 12월 7일.

가갸로 말을 하고 글을 쓰서요.
혀끝에서 물결이 솟고 붓 아래에 꽃이 피어요.

그 속엔 우리의 향기로운 목숨이 살아 움직입니다.
그 속엔 낯익은 사랑의 실마리가 풀리면서 감겨 있어요.
굳세게 생각하고 아름답게 노래하여요.
검이여 우리는 서슴지 않고 소리쳐 가갸날을 자랑하겠읍니다.
검이여 가갸날로 검의 가장 좋은 날을 삼아 주세요.
온 누리의 모든 사람으로 가갸날을 노래하게 하여 주세요.
가갸날, 오오 가갸날이여. 앞의 글.

- 관음굴에서

여성해방운동에 각별한 관심

한말과 일제강점기 초기에 독립운동가들 중에는 여성해방론을 주장하는 사람이 적지 않았다. 신채호는 1908년 가정교육과 여성 계몽을 위한 순 한글 잡지 『가뎡잡지』를 편집·발행하였다. 만해는 1912년(34세) 『불교대전』을 편찬하는 한편 장단군 화장사에서 「여자단발론」을 집필할 정도로 여성의 개화와 해방에 관심을 보였다.

출가 전인 1892년(14세)에 고향에서 혼인한 적이 있는 만해는 그 때문인지 줄곧 승려의 결혼 문제를 긍정적으로 인식하고, 1933년(55세)에는 유씨와 재혼해 뒷날 딸까지 두었다. 신간회 활동 시기인 1927년 7월에는 수필 「여성 자각이 민족해방 요소」라는 글을 신문에 발표하였다.

여기서 "여성에게 충분한 자각이 있게 되는 날, 조선 여성운동은 비로소 힘있게 전개될 것입니다. 그러므로 나는 여성의 자각을 여성해방의 목적, 더 나아가서 인류 해방의 목적을 달성하는 원소라고 합니다"고 주장한다.

「여성 자각이 민족 해방 요소」

내가 지금 여성이라는 것은 일반 여성을 가리켜서 하는 말이 아니오, 신여성 즉 상당한 교육을 받은 여성, 또는 여성해방운동에 참가한 여성을 가리켜서 하는 말입니다. 그들에게는 무엇보다도 자각이 필요하다고 생각합니다.

이때까지의 여성 활동의 결과를 보면, 신여성들에게 자각이 부족한 것이 사실입니다. 그 중에는 물론 철저한 자각을 가지고 있는 이도 있겠지마는 대체로 보면 그들이 사회를 위하여 활동하게 된 것은 자신의 철저한 그 자각에서 나온 것이 아니오, 남자에게 피동被動된 것 같습니다.

예를 들면 처음에는 적극적으로 여성해방을 위하여 나서서 활동하여, 따라서 일반의 촉망과 희망도 많았던 신여성이 한번 가정만 가지게 되면 종래의 이상과 결심은 꿈같이 잊어버리고 완전히 타락하여 다시 그 이름을 들을 수도 없게 되는 일이 많습니다.

또 한 가지 예를 더 들면 한참 동안은 단발 여자가 많더니 요사이는 보기에 드물게 되었습니다. 이것을 보면 그들이 해방운동을 하고 또는 단발하던 것이 그 자신의 굳은 자각에서 나오지 않은 것이 분명합니다.

여성해방운동은 여성 자신의 운동이라야 합니다. 남자에게 피동되는 운동은 무의미하게 되며 또 무력하게 됩니다. 그러나 나는 과거의 조선 여성의 운동이 남성에게 많이 피동되었다 하여 그것을 질책하려 하지 않습니다.

왜 그러냐 하면 여자는 과거 몇 천 년 동안 저열한 지위에서 학대받아 왔으므로, 그들은 질로서나 또는 인간으로서나 비상히 저열하게 되었으니 그들이 일조일석에 자각을 가질 수 없는 것은 사회 진화 과정상 어찌 할 수 없는 일입니다.

그러나 이 진화 과정을 짧게 하지 아니하면 아니 됩니다. 예를 들면 그대로 버려두면 10년 갈 것이라도 우리가 노력하면 3년이라든지 4년 동안에 성공할 수 있도록 그것을 단축시킬 수 있습니다. 다시 말하면, 우리는 조선 여성으로 하여금 진정한 자각을 가지고 그 자신의 해방에 대하여 자립적 정신으로 잘 활동하게 하기 위하여 그 자각을 촉진하여야 합니다.

여성에게 충분한 자각이 있게 되는 날, 조선 여성운동은 비로소 힘있게 전개될 것입니다. 그러므로 나는 여성의 자각을 여성해방의 목적, 더 나아가서는 인류 해방의 목적을 달성하는 원소元素라고 합니다.

만해는 비슷한 무렵에 여학생친목회의 취지서를 써달라는 청탁을 받고 「일어서라 나아가라」는 메시지를 보냈다.

"여학생 제군! 조선 여자 미래의 칼을 열기 위하여 친목의 모임에 낙오가 되지 말지어다"라는 요지의 취지서다.

「일어서라 나아가라」

친목은 인생의 아름다움이니라. 동정이 풍부한 우리 여자의 지향은 항상 친목의 역域에 집중코자 한다. 그러나, 조선 과거 사회의 공기는 여자의 주위에 긴장한 저기압을 이루어 어느 때라도 오고자 하는 악풍우惡風雨의 상태는 우리 여자의 신성한 자유를 구속하여 참담한 전제인도專制人道의 사회 헌법을 편성함에 이르러, 우리 여자의 사교적 동정을 파괴함에 이르렀다.

아, 자연인지 무엇의 죄악인지는 모르지마는 우리들의 과거, 즉 조선 여자계의 역사는 참 한 줄기의 광명도 없는 대분묘大墳墓이다. 우리 여자들은 남존여비의 불공평한 사회 헌법 아래 절대로 복종하지 아니한 지가 오래다. 우리 여자의 굴욕적 의무뿐이요, 아름다운 권리는 묘연杳然하였다.

우리 여자의 천지는 규중閨中뿐 임의로 능히 집 밖을 나오는 여행은 심히 드물었느니라. 슬프다, 억울하지만 피할 수 없는 의무, 담장을 사이에 두고 갇혀 사는 생활은 우리로 하여금 사방의 구속적 도태를 당하고 겨우 잔재殘

在한 몇 분의 선처적 자각을 제한 외에는 일호一毫도 발휘한 신지식은 없음에 이르게 하며, 또 가장 고독 생활에 고통을 느끼는 우리로 하여금 발자취를 교제하는 자리와 친목하는 장소에 끊게 함은 실로 천고의 유감이 아니겠는가.

그러나 우리의 행로는 요구하는 목적물의 존재하는 곳을 향하는 것이 과거나 배후를 돌아보아 연연하고 미래나 면전面前을 경영치 않으면 불가할 것이다.

그러므로 한갓 고분묘에 향을 피워서 향연香烟과 함께 어지러운 유감만을 소비함보다, 전로前路를 개척하여 미래를 장엄함에 노력함이 마땅할 것이다. 조선에 여자의 구속을 개방함과 동시에 여학생의 수가 세월을 따라 증가하되, 금일까지 짝 친목 기관도 없음은 웬 일인고, 또는 우리가 미개방 시대와 같이 지망志望의 적, 즉 외래의 반동물反動物에게 장애되어, 사실의 기치旗幟를 수립하지 못하고 의구소격依舊疏隔의 항巷에 떨어짐이 아니라, 자조自助의 용기가 부족하여 정진매왕精進邁往치 못하는 약점을 표현함에 불과함과 같도다.

그러면 요는 우리 여자계의 수치라 함보다도 차라리 흥분할 바이로다. 우리는 이를 느끼어 여학생 친목회를 설립하노라. 여학생 제군! 조선 여자 미래의 칼을 열기 위하여 친목의 모임에 낙오자 되지 말지어다.

일어서라! 나아가라! 우리 친목의 낙원에!

농민·노동자 문제에도 선각적 관심

젊어서 출가하여 산사山寺를 떠돌거나 독립운동·시작 생활 등으로 중년을 보낸 만해에게 노동자·농민의 문제는 다소 거리가 있어 보인다.

그러나 아니었다. 만해는 누구보다 노동자와 농민 문제에 많은 관심을 보였다. 식민지 조선에서 소수의 친일파와 지주계급 이외에는 모두가 노예이고 피압박 천민이었다.

그 중에서도 생산업에 종사하는 노동자와 농민의 수탈과 고통은 특히 심하였다. 농민들이 생산한 미곡 등 상품은 대부분 일본에 빼앗겨서 기근에 시달리고, 노동자들은 극심한 저임금·중노동에 가정과 육체를 보전하기가 어려웠다.

만해가 식민지 백성들의 이런 참상을 모를 리 없었다. 세상의 주인인 중생들의 고통을 외면한 채 참선이나 불사佛事에나 매달린다면 그것은 진정한 학승이나 선승의 자격이 없는 사이비 승려일 것이다. 유림에 진유眞儒 아닌 부유腐儒가 있듯이 승려에도 진불眞佛 아닌 부불腐佛이 있는 것이다.

만해는 특히 1920~30년대 농업·농민에 많은 관심을 보였다. "만해는 1920년대의 새로운 시대 상황에 따라 그의 민족사상도 점차 민중적 차원으로 발전하여 농민이나 노동자의 상황 또는 그들의 사회운동에까지 적극적인 관심을 돌리기 시작했던 것이다."[10] 만해는 이와 관련 몇 편의 글을 발표하였다.

3·1운동으로 정치적·사회적으로 각성을 한 농민들은 1920년대에 들어 반일민족운동의 주체로 성장하여 소작쟁의를 중심으로 농민운동을 전개하였다. 일제의 토지 갈취로 대부분 소작농으로 전락한 농민들은 고율의 소작률·소작권의 불안정·중간 수탈 심화·공과금 부담 과중·총독부와 일본인 지주에 대한 저항심 등이 소작쟁의 형태로 폭발하였다.

1922년 30여 개의 소작인 조합이 1933년에는 1301개로 증가된 것을 계기로 소작인 조합은 조선노동공제회와 연결되고 이어서 조선노동총동맹의 지도를 받게 되었다. 1927년에는 농민운동의 전국적 중앙 조직인 농민총동맹이 발족되었다. 농민들은 민족 해방 없이는 자신들의 처지가 개선될 수 없음을 확신하고 사회운동 단체들과 연대하여 일제와 싸워 나갔다. 소작쟁의 발생은 1920년부터 1940년까지 20년간 총 14만 969건이 발생하여 연평균 7048건이 일어났다.

---

10 송건호, 앞의 책, 291쪽.

농민운동은 1930년대에 들어서면서 비합법적 변화, 좀더 폭력적 양상을 띠게 되고, 적색농민조합은 소작권 박탈·고리대 착취·친일 기관 반대 투쟁을 전개하였다. 이와 같은 정황에서 만해는 1930년 초 「소작 농민의 각오」 「농민의 고통」 「농업의 신성화」 등 논설을 연달아 발표하였다.

「소작민의 각오」(요지)

이 소작쟁의는 연래에 남조선 지방에 여러 번 있었으나 대부분 실패에 돌아갔다. 이 실패한 원인에 대해서는 관권의 압박이 있어 그리되었느니 어쩌느니 하지마는 실상은 소작인의 단결이 부족하였기 때문이다.

갑과 을이 다 같은 한 지주의 땅을 부치는 데 소작쟁의가 일어났을 때에 갑의 주장을 반역하고 을이 지주에게 붙어서 저의 사리私利를 도모하였다면 일시로는 이익이 있었다 할지라도 긴 장래에는 반드시 공도共倒하는 것이다.

이것은 소작쟁의뿐 아니라 무슨 일에든지 이해가 같은 사람이 서로 반대되는 행동을 하면 큰 해를 입는다. 이것을 일반 소작 농민은 깊이 각오하여 일치 행동하여야 할 것이다. 같은 배를 탄 사람은 같이 그 배를 같은 방향으로 운전하여야 빠져 죽지 아니할 것이다.[11]

「농민의 신성화」

오늘까지 세상 사람들이 생각하기를, 또는 농민 자신들이 생각하기를 농업이란 농촌에서 한갓 농사짓는 한천한 직업으로 알고 농촌을 떠나서 도회지로 모여 가고자 하는 경향이 많다.

그러나 과거는 오직 자연대로 무의식하게 생각하여 왔으나 우리는 이 농업이란 직업을 가장 신성하게 알고 또는 자기가 그 직업을 가장 마땅한 직업이라고 선택하였다고 의식하고 농업에 대하여 충실하며 기술의 연구와 증진을 도모하지 않으면 안 될 줄 믿습니다.

또 한 말씀은 농사에 대한 방어책과 농민 생활의 방어책을 강구치 않으면 안 될 것입니다. 여름철에 비가 와서 동둑이 무너지면 온동리 농민이 힘을 합하여 그 동둑을 막아야 상하 좌우에 있는 논과 밭이 손해를 입지 않을 것입니다.

물론 농사짓는 데에도 이렇게 여러 사람의 힘을 합하여야 하거든 농민 생활에 있어서 정치적 의미를 떠나서라도 반드시 방어책이 있어야 할 것이 아닙니까? 우리 농촌에는 반드시 무엇이라고 지정해서 말 할 수는 없으나 침입할 것이 있으니 그는 우리 농민 대중이 스스로 각성하

---

11 『조선농민』, 6권 1호, 1930년 1월 1일.

고 온 힘을 크게 합쳐서 단체적으로 그를 방어할 준비가 있지 않으면 안 될 줄 믿습니다.[12]

「농민의 고통」

조선농민사가 세상에 나온 지 벌써 5주년이 되었다고요. 농민 대중을 위하여 농민들을 각성시킨 노력에 대해서는 경의와 아울러 감사함을 마지않습니다. 조선농민사가 과거에도 조선 농민의 이익을 위하여 농민운동에 공헌이 많았거니와 금후에 있어서도 농민들에게 이런 사업을 더하여 주시기 바랍니다.

오늘의 농민들은 생활에 큰 고통을 받고 있으니만큼 그네가 현시 세상에 여러 가지로 불만을 느끼게 됩니다. 우리가 농민 속에 들어가서 위대한 노력을 한다 해도 정치적으로 운동이 있기 전에는 그들을 움직이게 할 수 없습니다.

자주국에서는 정치적으로 그들을 움직일 것이나 조선은 객관적 정세가 정치적 충돌을 줄 수 없으므로 그들을 움직이게 하는 길은 경제적으로 타격을 받아 생활에 동요가 생기는 그들이니 만큼 역시 모든 것을 경제적 운동을

---

12 『농민』, 1권 1호, 1930년 5월 8일.

통해야 할 것입니다.

　오늘의 그들의 생활은 여지없이, 파멸을 당하고 있습니다. 실로 조선농민사는 조선의 유일한 농민운동 단체이니만큼 그들의 생활을 대표하여 전체적 운동에 가담하도록 충동을 주며 나아가 조직시켜야 할 줄 생각합니다.[13]

노동 문제도 심각하기는 마찬가지였다. 식민지 지배와 함께 일본 자본이 급격히 유입되면서 식민지 산업이 형성되고 노동자 수는 증가되었다. 그러나 노동 조건은 날로 악화되는 가운데 한·일 노동자에 대한 극심한 차별 대우는 조선 노동자들을 민족적으로 자각시키고, 노동쟁의를 불러왔다.

3·1운동의 세례를 받은 노동자들의 자각이 강화되면서 1920년부터 30년 사이에 노동쟁의는 총 891건, 7만 9450명이 쟁의에 참가하였다. 1930년대에 들어와 일제의 파쇼적 억압에 저항하면서 더욱 치열해져서 종래의 공개적인 합법 활동에서 비합법 활동으로 전환, 혁명적 적색노동조합으로 재조직되었다. 더욱이 일제의 병참기지화 정책에 따라 중화학공업이 북부 지역에 집중 건설되면서 노동쟁의는 더욱 강화되었다.

20년대 후반에 이어 30년대 전반기에는 150~200건, 참가자 1만 2000~1만 8000명의 쟁의가 발생하는 등 치열한 노

---

[13] 『농민』, 1권 6호, 1930년.

동쟁의를 통한 항일 저항운동이 전개되었다.

　1920년대에 들어서면서 항일운동이 농민·근로자·학생 등 민중적 차원으로 발전되고 있을 때, 상당수의 3·1운동 지도급 인사들은 이러한 역사적 발전을 이해하지 못하고 혹은 적대시하는 경향조차 있었으나, 만해는 역사의 흐름을 정확히 읽고 있었으므로 이러한 상황에서 유연하게 적용하여 전통적 항일운동과 새로운 단계의 민중적 항일운동은 연결되어야 한다는 주장을 피력할 수 있었다.[14]

14　고명수, 앞의 글, 152쪽.

제 10 장

다양한 장르의 글쓰기와 소설 집필

> 나는 소설을 쓸 소질이 있는 사람도 아니오. 또 나는 소설가가 되고 싶어 애쓰는 사람도 아니올시다. 왜 그러면 소설을 쓰느냐고 반박하실지도 모르나 지금 이 자리에서 그 동기까지를 설명하려고는 않습니다. 하여튼 나의 이 소설에는 문장이 유창한 것도 아니오. 묘사가 훌륭한 것도 아니오. 또는 그 이외에라도 다른 무슨 특징이 있는 것도 아닙니다. 오직 나로서 평소부터 여러분께 대하여 한번 알리었으면 하던 그것을 알리게 된 데 지나지 않습니다.
>
> — 만해, 「흑풍黑風」

미발표 소설 「죽음」과 『흑풍』

 시, 시조, 한시, 논설, 산문, 수필, 시론, 불경 번역 등 다양한 장르의 문학 활동을 해온 만해에게 소설은 전혀 낯설지 않은 분야다. 만해가 처음으로 소설을 쓴 것은 1924년 10월경에 집필한 것으로 알려진 미발표 소설 「죽음」이다. 이 소설에서 종로경찰서의 모습이나 유치장의 내부 구조 등에 있어서 실제 모습과 비슷한 점으로 미루어 3·1운동 당시 종로경찰서 내에서 감금되었던 체험을 묘사한 것으로 보인다. 따라서 『님의 침묵』이 간행되기 직전이나 직후에 집필한 것이란 주장도 가능하다.

 만해의 소설 창작은 「죽음」에 이어 1935년 4월 9일부터 1936년 2월 4일까지 『조선일보』에 연재한 『흑풍黑風』, 쉰여덟 살 때 『조선중앙일보』에 연재하다 신문의 폐간으로 중단한 『후회』, 1936년 6월 27일부터 7월 31일까지 『불교』지에 연재중에 중단한 『철혈미인』, 1938년 5월 18일부터 1939년

3월 12일까지 『조선일보』에 연재한 『박명』 등 5편이다. 『삼국지』를 신문에 연재하기도 하였으나, 이는 창작이라고 보기는 어렵다.

소설 『후회』가 신문에 연재중일 때 월간 『삼천리』에서 당시 일간신문 연재 소설 작가들을 상대로 설문 조사를 실시하였다. 소설에 모델이 있는가, 있다면 어떤 점에서 흥미를 느껴 그를 모델로 삼게 되었는가라는 흥미 있는 질문이었다. 이에 대해 만해의 답변은 다음과 같았다.

> 모델이 있다. 바로 작년 여름의 일이다. 어느 날 나는 사직공원에 놀러갔다가 40세가량 되어 보이는 아편쟁이요 그 위에 소경인 어떤 남자와 그의 아내 되는 여자를 발견하였다. 그 뒤부터는 매일같이 그 아편쟁이 부부를 만나게 되었다. (중략) 그 여자는 매일같이 동냥을 해서 남편의 아편 맞는 값을 벌어다 뒤를 대어주고 늘 그 남편을 위하여 모든 힘을 아끼지 않는 광경을 유심히 보았다. 그때부터 나는 이 사실을 가지고 기어이 소설 하나를 써보려는 생각이 있었다가 이번 『후회』를 시작하게 되었다.[1]

미발표 소설 「죽음」의 내용 중에는 직접 일제에 대한 반항적인 의사를 표시하는 대목이 있다. 노골적으로 독립 애국

---

[1] 박노준, 인권환, 앞의 책, 217쪽, 재인용.

적 사상과 일제의 망동을 표현하고 있는 것이다. 길이로 보아서 중편의 분량을 넘지 못하는 작품이지만 사건과 스토리 전개에 있어서 그의 다른 작품들보다도 복선을 많이 깔고 추리소설의 요소를 다분히 활용하였다. 주제로 보면 다른 작품들과 마찬가지로 악한 행위와 그 인물은 어떤 형식으로든지 거기 상응한 벌책을 받게 되는 법이라는 큰 윤리성을 제시하고 싶어한 것이다.[2] 지상에 공개하지 못할 만큼 일제에 저항성이 강한 작품이다.

만해의 본격적인 소설 집필은 1935년 『조선일보』에 장편소설 『흑풍黑風』을 연재하면서부터다. 그 무렵에는 재혼하여 딸까지 두고 있었다. 가정을 둔 환속 승려로서 생활 수단이 별로 없었던 그로서는 신문 연재는 짭짤한 원고료 수입원이 되었을 것이다. 시집 『님의 침묵』을 발표한 지 10년 만에 장편소설을 쓴 셈이다.

『흑풍』을 연재하기 전에 「작가의 말」에서 앞의 고딕체 '발문'에 이어 다음과 같은 소견을 밝히었다. "이야기의 중심은 중국 청조 말엽, 한참 다사다난하던 때 무명의 풍운아 왕한王漢과, 그의 애인이요 지기인 한 여자를 놓고 그 당시 중국 사회의 이모저모를 전개시키고자 합니다. 외국 사람의 이야기요 외국 사회의 이야기라, 나로서도 서투른 곳이 있고 여러분으로서도 좀 생소하게 여기실지 모르나 어떠한 사람

---

2 백철, 「시인 한용운의 소설」, 『한용운전집』 5, 9쪽.

의 어떠한 사회를 물론하고 웃음과 함께 눈물이 있다는 것은 똑 같은 일인 듯 거기서도 우리의 생활을 찾아볼 수가 없지 않습니다."[3]

작가가 말한 대로 소설의 무대는 중국이다. 시대는 청조 말로서 근대적인 혁신운동이 일기 시작한 풍운기에 젊은 혁명 무대의 남녀상을 그린 것이다. "『흑풍』이란 제명도 그런 변혁기의 사회적 사조나 사회상을 놓고 붙인 듯하다. 그렇게 보면 20년대에 『흑조黑潮』라는 잡지가 있는 일이 연상된다."[4]

만해는 『흑풍』에서 지주와 소작인 문제, 바꿔 말해서 가진 자와 못 가진 자의 갈등을 중요한 기저로 삼고 있다. 다음의 몇 구절을 살펴보자.

"그나저나 돈 없는 놈은 성명이 없네그려."

"그거야 말해 무엇하나, 그런 것을 이제야 아나? 자네는 서徐가고 나는 이李가지만 다른집에서 성을 바꾸어야 논을 주겠다고 하면 성이라도 바꾸지 별 수 있나."

세상에 돈 있는 사람들은 인정이라는 것은 조금도 없

---

[3] 『한용운전집』5, 『흑풍』, 「작가의 말」, 18쪽.
[4] 백철, 앞의 글, 8쪽.

는 모양이지요, 인민도 부자가 되는 사람들은 인정을 팔아서 돈을 사나보지요. (중략) 그들의 생활을 종합해보면 대부분이 지주나 자본가의 착취를 견디지 못하여 마침내 비참하고 가엾은 생활을 하나에서 열까지 되풀이하고 있는 것이었다.

"『흑풍』의 이러한 지주, 자본가에 대한 매도적 표현은 1920년대 프로 문학의 작품들을 방불케 한다. '가진 자'와 '못 가진 자', '지배자'와 '피지배자'를 대립 개념으로 파악하는 태도는 다분히 계급주의적 문학관의 영향에서 비롯된 것으로 보인다. 전통 사회를 지배하는 조상 숭배보다는 돈의 문제가 인생을 지배하며 가난과 궁핍이 사회제도의 구조적 모순으로부터 파생된 것으로 보기 때문에 자연히 사회 개혁 의지가 소설의 중요한 테마로 등장하는 것이다."[5]

---

[5] 김재홍, 앞의 책, 119쪽.

『흑풍』의 스토리

나중에 다시 설명하겠지만 만해는 1930년대를 거치면서 불교사회주의적 경향을 띠게 된다. 이미 『흑풍』에서도 그와 같은 경향성은 충분히 나타나고 있다. 그렇다고 하여 이 소설이 사회주의적이라는 의미는 아니다. 예컨대 다음과 같은 내용을 보면 어김없이 가정윤리 소설의 성격을 찾게 된다.

> 그러나 왕한은 이 세상에 둘도 없는 나의 애인이 아니냐. 장래의 남편이 아니냐? 아버지는 삼강三綱에 들었지만 남편도 삼강에 든 것 아니냐. 돌아가신 아버지를 위하여 산 남편을 죽이는 것이 옳을까? 남편을 살리기 위하여 아버지의 원수를 갚지 않는 것이 옳을까? 어느 것이 가볍고 어느 것이 무거울까.[6]

---

6 『흑풍』, 226쪽, 『한용운전집』5.

고명수 교수는 『흑풍』의 스토리를 다음과 같이 요약한다.

 항주杭州의 한 가난한 소작민의 아들 서왕한이 시대의 모순에 반발하며 고향을 떠나 상해로 가서 취직을 시도한다. 그러나 어디에도 취직하지 못하고 결국 강도가 되어, 자기 여동생을 첩으로 빼앗아간 지주에게 보복하고 못된 부자들을 골라 응징하며 의적 행위를 하다가 결국은 경찰에 체포된다.
 경찰청장의 도움으로 풀려나와 그의 주선으로 미국 유학을 하게 된 서왕한은 유학생 집단의 혁명파에 가담하여 활동한다. 서왕한이 귀국하면서 무대는 다시 청국으로 바뀐다. 혼란스런 청국의 정치적 현실과 함께 혁명 세력에 대한 보수진영의 탄압이 강화되면서 서왕한은 옛 여인을 만나 사랑에 탐닉한다. 이 부분은 1930년대 한국의 사회·문화 현실에 대한 하나의 알레고리가 된다. 그러니까 혁명 세력의 본거지가 보수파들에 의해 점거되고 대부분의 인사들이 검거되면서 서왕한도 지하로 잠적하게 되는 것은, 1930년대 후반 일제의 탄압이 강화되면서 문학이 내면화되고 현실에 대한 발언의 수위가 한풀 꺾여 소극적으로 바뀐 현상과 대응된다고 볼 수 있다.
 물론 현실에 대한 관심을 주요 목표로 삼았던 조선 프롤레타리아 예술가동맹의 해체와 맹원들의 지하 잠적 또는 전향과도 관계될 수 있다.

혁명파 동지들은 서왕한이 다시 나와서 혁명운동에 동참할 것을 호소하지만 이미 소승적인 일상적 인간으로 회귀한 서왕한은 쉽사리 가정의 행복에서 벗어나지 못한다. 이에 대해 만해는 주인공인 서왕한의 아내가 자살하며 남긴 유서를 통해서 민족 대중에게 하고 싶은 말을 대신하고 있다.

당신은 우리나라의 훌륭한 존재입니다. 그리하여 우리나라는 당신 같은 인물을 요구하는 때입니다. 당신 같은 인물이 둘이요, 셋이요, 열이라도 적을 터인데, 나로서 보건대 다만 하나인 당신이 국가를 위하여 일하지 못하게 된다면, 그 얼마나 애석한 일이겠습니까? (중략) 나는 작은 여자이나 나라를 사랑하고 남편을 사랑하는 것이 어떠한 것이라는 것을 알고 있습니다.

구태여 사랑이 필요하다면 혁명을 애인으로 삼아 주세요. 백 년은 짧고 무궁은 길어요. 다하지 못한 사랑은 무궁에서 이어요. 보중保重하셔요.[7]

만해의 이 소설은 구국 혁명에 생명을 버리는 여인상을 부각시키고자 하는 스토리로 전개된다. 광복을 위해서는 혁명밖에 없다는 의지의 표현이다.

---

7 고명수, 『나의 꽃밭에 님의 꽃이 피었습니다』, 257~258쪽.

만해가 소설을 쓰게 된 이유랄까 배경과 관련하여 김재홍 교수는 다음과 같이 분석하였다.

> 20년대 후반 만해의 만당卍堂, 신간회 등의 사회 활동에 따른 이념 편중적인 생활 태도로 인해 포에지가 고갈된 것도 중요한 이유가 되리라 생각한다. 여기에 1930년대의 일제의 수탈과 검열에 따른 사회적 긴장의 고조가 논설 발표의 한계를 초래하였으며, 아울러 포에지의 상실을 불러일으킨 것이다. 또한 30년대 들어 김기림, 이상 등 모더니즘의 시와 시론이 본격화되고 있음에 비추어 만해 스스로 서정시에 대한 회의와 불안감을 자각한 것도 중요한 이유가 되리라 생각된다.
>
> 결국 만해의 소설 집필은 ① 신문사의 집필 의뢰(민족운동의 지원 방편 내지 사회사적 이념 지향성), ② 만해 자신의 소설의 중간 장르적 고유 기능 인식(논설문의 직접성과 시의 상징성을 동시에 표출할 수 있는 장르), ③ 모더니즘 시와 시론에 대한 반동 성향(서정적 포에지의 상실과 시단에 대한 불만감), ④ 당대 작단作壇에 대한 선민 의식(육당, 춘원 등과 비견되는 민족적 선구자 의식과 자신도 소설을 쓸 수 있다는 자부심), ⑤ 원고료가 어려운 현실 생활에 도움을 준점(개인적 사정) 등.[8]

---

8 김재홍, 앞의 책, 111~112쪽.

장편소설 『박명薄命』

『흑풍』의 연재가 끝난 지 3년 뒤 같은 지면에 장편 『박명薄命』을 연재하였다. 만해는 연재에 앞서 「작가의 말」에서 다음과 같이 썼다.

나는 내 일생을 통해서 듣고 본 중에 가장 거룩한 한 사람의 여성을 그려볼까 합니다. 대략 이야기의 줄거리를 말하면 시골서 자라난 한 사람의 여성이 탕자의 아내가 되어 처음에는 버림을 받았다가, 나중에는 병과 빈곤을 가지고 돌아온 남편을 최후의 일순간까지 순정과 열성으로 받드는 이야긴데, 이러한 여성을 그리는 나는 결코 그 여성을 옛날 열녀 관념으로써 그리려는 것이 아니고 다만 한 사람의 인간이 다른 한 사람을 위해서 처음에 먹었던 마음을 끝까지 변하지 않고 완전히 자기를 포기하면서 남을 섬긴다는, 이 고귀하고 거룩한 심정을 그려보려는 것입니다.

이러한 이야기 줄거리를 끌고 나가면서 만약 곁가지로 현대 남성들의 가정에 있어서의 횡포하고 파렴치한 것이라든지 또는 남녀 관계가 경조부박한 현대적 상모가 함께 그려진다면 작가로서 그윽히 만족하는 바이며 또한 고마운 독자 여러분에게 그다지 초솔하지 아니한 선물을 드렸다고 기뻐하겠습니다.[9]

만해가 의욕적으로 구상하고 집필하던 이 소설은 그러나 불행하게도 신문이 폐간되면서 50회로 중단되고 말았다. 비록 끝을 보지는 못하였지만 "능란한 사건의 전개와 무르익은 소설적 필치로 한용운 소설의 한 봉우리"[10]를 이룬다.

다음은 만해의 소설관의 일단과 이 작품의 의도, 그 구상을 밝혀 주는 자료다.

「후회」는 인물과 사건이 농촌 중심은 물론 아니고 또한 도시 중심이라고 지적하기도 어렵다. 그러나 구태여 말하자면 도시의 인물을 취급하는 것이니 도시 중심편에 가깝다 하겠다. 그리고 「후회」는 현대의 세상에서도 최근의 조선 현실을 취재 표현하는 것이다.

그런데 오늘날 조선 작가는 어느 시대와 세상에 치중

---

9 『한용운전집』6, 7쪽.
10 『한용운』, 한국문학연구회, 연희, 240쪽.

해서 작품을 써야 하겠느냐 하는 것은 나는 이렇게 생각한다. 예술이라 하는 것은 반드시 어떤 시대와 세상만을 그려야만 하는 것이 아니라, 시대와 세상을 떠나서 천상天上을 그릴 수도 있는 것이요, 지하를 그릴 수도 있다고 생각한다.

문제가 그러면 그것이 과연 훌륭한 예술이냐 아니냐에 있을 것이다. 예술이 오늘날 일부의 문학자들이 말하는 거와 같이 반드시 어느 한 계급이나 몇몇 개인을 위하는 것이 아니고, 예를 꽃에 비해서, 누구나 감상할 수 있는 것, 즐길 수 있는 것이라면 예술성 그것은 어느 한 사회나 계급은 물론이요, 어느 한 시대나 현실만을 그려야 한다고 할 수는 없을 것이다.

그러나 이왕이면, 이 시대의 사람이요 이 현실에서 살아가는 사람이라면 누가 시킨다든지 어떠한 필요에서보다도 자연히 이 시대와 세상을 먼저 그려 내는 것이 순서를 보아서도 타당한 일이라고 보겠다.

풍자 문학이나 사화史話, 사담史譚의 형식은 훌륭한 예술적 표현으로는 생각되지 않는다. 그런데 신문소설(다른 소설보다도)에 있어서는 합리적으로는 예술성과 통속성, 순수성과 대중성을 겸해야 하겠지마는, 그렇지 못할 경우에는 예술성보다는 통속성에, 순수적인 것보다는 대중적인 편이 도리어 좋지 않을까 나는 생각한다.

본래 예술이란 대중적이어야 하는 것은 근본 원리인데

아무리 예술성을 지키고 순수 문학적이라 하더라도 독자 대중이 없다면(전연없지는 않겠지만 극소수인 경우) 좀더 통속성과 대중적인 편이 낫다고 보지 않을 수 없다. 그리고 어떠한 작품을 놓고 이것은 사실주의이니 낭만주의이니 자연주의이니 하지마는, 그렇게 엄밀히 구별할 수는 도저히 없을 줄로 안다.

가령 아무리 심리주의적인 작품이라 하더라도 다른 낭만이니 사실이니 하는 것이 없이, 처음부터 끝까지 심리주의로만 구성된 작품은 하나도 없을 줄 안다. 엄밀히 관찰한다면 어떠한 작품을 물론하고 그 한 개의 작품 속에는 낭만, 사실, 자연 등 별별 주의가 조금씩은 거의 포함되어 있다고 말할 수 있다.

그러나 대체로 어느 작가는 어떤 주의의 경향을 다분히 가지고 있다고는 말할 수 있을 것이다. 이런 의미로라면 나는 사실주의에 속한다고 할 수 있는 것이다.[11]

---

11 『삼천리』 제8권 11월호, 1936년 11월.

만해 소설의 문학성 비판 견해

 만해는 소설을 연재할 때 하루 3~4회 연달아 쓰거나, 써지지 않을 때는 4~5일 가도록 한 장도 쓰지 못했다고 한다. 소설은 보통 새벽과 저녁에 썼다. 잘 쓰이지 않을 때는 4~5일 붓을 잡지 않았다. 한번 쓴 소설은 반드시 세 번 이상 읽어보고 송고하였다.

 만해의 소설에 대하여 비판적인 견해도 없지 않다. 시에 비해 문학적 수준이 떨어진다는 주장이다.

> 만해는 어느 다른 부면에서보다 소설의 부면에서 성공을 못하였다. 즉 지사·불교인·시인으로서는 어느 누구도 부정 못할 만큼 완전성을 보이고 있는 데 비하여 소설가로서는 별로 특출한 두각을 나타내지 못하였다.
> 우선 이런 점이 만해가 소설가로서 후세인에게 불려지지 못한 원인이었다. 만해는 그 만년의 수년간에 다음에

해설하는 바와 같이 신문 연재 장편을 썼는데, 이렇게 만년에야 그것도 신문 연재 두어 편만을 쓰고 말았다는 것은 곧 만해가 소설가로서 두각을 나타내지 못하는 원인이었으니 당시의 소설 문단은 그 수준이 이런 아마추어 소설가의 추급追及을 허하는 그런 정도가 아니었기 때문이다.[12]

적어도 그의 시에서와 같이 만해의 소설을 신문학사상의 개척적인 자리를 끌어올릴 수는 없이 되어 있다. 왜냐하면, 그 소설들의 발표 연대가 문제가 되기 때문이다. 만일 이 소설들이 1910년대에 발표되었더라면 족히 춘원의 『무정』이나 『개척자』와 같이, 또는 『혈의 누』나 『설중매』와 같이 신문학 초기의 스토리 소설형과 같은 계몽성의 작품이라 해도 꽤 우수한 작품 위치를 차지할 수 있을는지 모른다.

그러나 만해의 소설들이 발표된 것은 1910년대가 아니고 1935년대 이후라는 데서 이야기가 달라진다. 35년대라면 박태원의 『천변풍경』(1936), 채만식의 『탁류』(1936) 등이 발표되던 시절, 그리고 이 소설들이 그때의 소설 주류를 대변하고 있었다면, 그것들은 우리 소설이 전반기를 넘어서고 작품형으로서도 스토리 중심의 경계선을 넘어서 제2기의 근대적인 리얼리즘 소설기에 이른 때였는데,

---

12 박권순. 인태환, 앞의 책, 214쪽.

> 여기서 만해의 소설이 이 작품들과 문학사적인 경쟁을 하여 더 현대 소설다운 면모를 나타내는 데 성공했다고 말할 수는 없지 않겠는가 하는 이야기가 된다.[13]

소설의 편 수나 발표 연대를 두고 작품의 수준을 평가할 수는 없을 것이다. 단 한 편으로도 수작을 남기는 경우도 있을 것이며, 연대를 넘어서는 작품도 얼마든지 가능하기 때문이다. 만해의 소설들은 문학성 여부와는 별개로 발표의 의미하는 바는 적지 않다.

> 한용운의 신문 연재는 그의 신혼 생활과 관련이 깊으며 때때로 그 연재소설의 원고료는 가계보다는 김동삼金東三의 5일장에 쓰거나 신채호의 비석 건립에 쓰이거나 한 사실과 함께 비문단적인 이유로 집필된 것이다.[14]

소설의 원고료가 독립운동가 김동삼의 장례비에 쓰이고 신채호 묘소에 비석 세우는 데 사용되었다면, 그보다 더 큰 가치는 없을 것이다.

만해 소설의 비판적인 견해를 하나만 더 소개한다.

> 그 근본적인 사고에 있어서 도덕주의적인 테두리를 벗

---

13 백철, 앞의 글, 16쪽.
14 고은, 앞의 책, 375쪽.

어나지 못함으로써 인간의 윤리적인 해방에 기여할 수 있는 소설을 쓰는 데 실패하였고, 또 완전한 의미에 있어서의 근대 정신의 출발점이 되지 못하였다.[15]

이와 같은 약점에도 불구하고 만해 소설에 관심을 가져야 하는 이유를 고명수 교수는 다음과 같이 정리하였다.

> 만해의 소설은 전인적인 이상을 추구하며 역경의 식민지 시대를 극복해온 만해가 만년에 총력을 경주한 결과물로 시 못지 않은 비중을 차지한다고 볼 수 있으며, 그에 부합되는 질과 양을 구비하고 있다. 따라서 이명재의 지적처럼 만해의 소설은 '그의 모든 사회 활동과 불교사상·문예관·인생관 등이 응결하여 구상화된 대상'으로 그의 시와 동등한 차원에서 다루어져야 할 당위성이 있으므로 종합적인 시각을 가지고 그의 총체적인 문필 행위를 평가해야 하는 것이다.[16]

---

15 김우창, 앞의 책, 171쪽.
16 고명수, 앞의 책, 269쪽.

제 11 장

『불교』 잡지 내며 언론 활동에 나서다

갔다가 다시 온들
첩 맘이야 변하리까
가져올 것 다 못가져와
다시 올 수 없지마는
님께서 주시는 사랑
하기루어 다시와요.

— 한용운, 「환가還家」

자신의 언론 갖고자 『불교』 잡지 인수

 근대적 선각자들은 언론을 통해 자신의 철학과 사상을 발표하고 국민을 계몽시키며 시대의 흐름을 선도하였다. 한말이나 독재 정권 시대에도 그랬다. 서재필의 『독립신문』, 이종일, 이승만, 최강 등의 『제국신문』, 장지연, 남궁억, 유근 등의 『황성신문』, 양기탁, 박은식, 신채호 등의 『대한매일신보』, 손병희, 오세창의 『만세보』, 신채호의 『천고』, 김교신 등의 『성서조선』, 장준하의 『사상계』, 함석헌의 『씨울의 소리』 등을 들 수 있을 것이다.

 이들은 극도로 어려운 시대 상황과 경제적 궁핍 속에서도 신문이나 잡지 또는 개인 잡지를 발행하면서 민족의 자주독립과 반독재 민주화운동을 주도하였다. 근대 사회에서 신문·잡지가 대중과 소통하거나 여론을 형성하는 데 가장 효과적인 방법인 것은 새삼 말할 나위도 없을 것이다. 만해는 일찍부터 언론의 중요성을 인식해 온 선각자였다. 그래서 한

때 신문사를 인수하기 위해 노력했지만 총독부의 방해로 성사되지 못한 것을 두고두고 아쉬워하였다.

불교 잡지 『불교』를 인수하여 발행한 것도 이러한 선각적인 의도에서 시작되었다. 언로言路가 막히고 따라서 일제의 조작된 정보와 여론만이 지배하는 시대에 그는 자신의 '소리'를 내고자 1931년 6월 『불교』지를 인수하여 사장에 취임하였다. 『불교』지는 조선불교중앙교무원의 기관지 형태를 띠었지만 실제로는 만해의 개인 잡지 성격으로 발행되고 만해가 편집에서 경영 부문까지 책임을 맡았다. 인쇄는 대동인쇄소(사장 홍순필)가 맡아주었다.

1931년은 앞에서도 살펴본 대로 신간회가 해소되는 등 국내적으로는 민족주의 세력이 크게 위축되고 있는 시점이었다. 여기에 카프(조선프롤레타리아예술동맹) 회원들에 대한 일제의 검거 선풍이 벌어졌다. 카프는 3·1운동 뒤 일제가 이른바 '문화 정치'를 표방하면서 탄압을 교묘하게 강화하여 가혹한 검열 제도로 언론·출판·문화·예술 활동을 억누르는 한편, 개량주의 사상과 문화를 적극 선전·조장하기 시작하였다. 3·1운동 뒤에 사회주의 사상이 들어오고 노동자·농민들의 투쟁 역량이 급격히 성장함에 따라 이 사상을 수용하는 예술가들은 당시의 퇴폐적이고 감상적인 문학예술의 흐름을 비판하면서 신경향파 문학운동을 전개하였다.

이 운동은 계속 발전되어서 1925년 박명희, 김기진 등을 중심으로 각 분야의 진보적 예술가들이 카프를 결성하기에 이르렀다. 이들은 "봉건적 자본주의적 관념의 철저 배격" "전제 세력에 대한 항쟁" "의식층 조성 운동 수행" 등의 신강령을 채택하면서 개성·원산·평양 등지에 지부를 설치하고 회원을 증가시켜서 회원수가 200명에 이르렀다. 카프 회원들은 민족개량주의 문학가들을 매섭게 비판하고, 예술의 대중화 문제, 창작 방법상의 문제 등을 둘러싸고 활발하게 논쟁을 이끌었다.

신간회를 작살낸 일제가 카프의 활동을 방치할 리는 없었다. 일제는 1930년대 이후 침략 전쟁을 확대해 나가면서 조선에는 병참 기지화·민족 말살 정책을 강요, 그 일환으로 저항성 있는 문학 활동을 철저히 탄압하는 한편 '친일문학운동'을 적극 조장하였다. 일제는 카프 회원들의 일제 검거에 나섰다. 저항 문학 활동에 쐐기를 박으려는 의도에서 일으킨 검거선풍이었다.

1931년 7월 1일 제1차 검거에서 박영희, 김기진, 고경흠, 임화, 이기영, 이평산 등이 구속되고, 그 뒤 카프는 비합법운동을 주장하는 경향과 합법적 범위 내에서 활동을 주장하는 경향으로 분열되고, 양자 대립이 심화되어 마침내 1932년 합법운동론자들이 탈퇴하고, 이들은 친일로 전향하고 말았다.

만해는 카프 회원들의 검거가 있기 직전에 『불교』지를 인수하였다. 누가 뭐라해도 만해의 본령은 불교인이고 활동의 근거지는 불교계였다. 불교 개혁을 통해 대중화 운동을 벌이고, 이를 바탕으로 독립운동을 전개하려는 것이 조국해방운동의 방략이었다.

대중 불교·민중 불교는 만해에게 필생의 화두로 굳어져 가고 있었다. 사회지도층 인사들이 참여한 신간회와 사회주의 계열 문학인들의 무대였던 카프가 무너졌다. 따라서 만해의 마지막 의지처는 불법佛法이었고 불교계였다. 이것은 그의 본디 모습으로 회귀 현상이기도 하였다.

불교 개혁과 민중 계몽을 위해 잡지 선택

불교가 민중과 더불어 화하는 첫째 길이 무엇인가.

① 그 교회를 민중화함이며, 그 경전을 민중화함이며,

② 그 제도를 민중화함이며, 그 재산을 민중화함이로다.[1]

이상은 만해가 불교유신회를 조직할 때 내건 주론主論이었다. 그의 불교관, 불교 인식은 대단히 진보적이었다. 차라리 혁명적이었다고 하는 편이 타당할 듯하다.

재래의 불교는 권력자와 합하여 망하였으며, 부호와 합하여 망하였다. 원래 불교는 계급에 반항하여 평등의 진리를 선양한 것이 아닌가. 이것이 권력과 합하여 그 생명

---

1 『불교』, 제87호, 1931년, 『한용운전집』 2, 133쪽, 이하 같은 책.

의 대부분을 잃었으며 원래 불교는 소유욕을 부인하고 우주적 생명을 취함으로써 골자를 삼지 아니하였겠는가.[2]

만해가 불교의 대중화와 민중 계몽을 목적으로 불교 잡지 『불교』를 권상로權相老에게서 인수한 것은 1931년 6월이다. 잡지를 인수하기 전에도 여러 차례 글을 썼던 만해는 『불교』지의 사장이 되어 본격적으로 잡지 발행에 나섰다. 권상로는 1924년 7월부터 『불교』지를 발행해 왔던 터다. 불교계에서는 일제의 한국병탄 이후에도 꾸준히 불교와 관련한 잡지와 월보 등 기관지를 발행하고 있었다. 1910년 『원종잡지圓宗雜誌』를 시작으로 1921년 『조선불교월보』, 같은 해 『해동불교海東佛敎』, 1915년 『불교진흥회월보』, 1916년 『조선불교계』, 1917년 『조선불교총보』등이 창간과 폐간을 거듭하면서 명맥을 이어왔다.

『불교』지를 인수한 만해는 여기에 많은 글을 썼다. 참담한 식민지 현실에서 글 쓰는 일 이외에는 달리 울연한 마음을 달랠 길이 없었을 것이다. 그래서 많은 글을 쓰고 『불교』지 발행에 열정을 쏟았다.

『불교』지에 쓴 주요 논설과 기고문은 다음과 같다.(괄호 안은 게재 일자)

「교정연구회敎政研究會 창립에 대하여」(1933. 4. 1), 「불교유

---

2 『불교』, 제87호, 1931년.

신회」(1932. 1. 1), 「조선 불교의 개혁안」(1931. 10. 1), 「조선 불교에 대한 과거 1년의 회고와 신년의 전망」(1937. 12. 1), 「불교 신임 중앙 간부에게」(1932. 5. 1), 「조선 불교 통제안」(1937. 4. 1), 「교단의 권위를 회복하라」(1932. 9. 1), 「주지 선거에 대하여(1937. 6. 1), 「불교청년총동맹에 대하여」(1931. 10. 1), 「불교 청년운동을 부활하라」(1938. 2. 1), 「신년도의 불교 사업은 어떠할까」(1932. 4. 1), 「조선 불교의 해외 발전을 요망함」(1932. 8. 1), 「불교 사업의 기정 방침을 실행하라」(1932. 1. 1), 「역경譯經의 급무急務」(1937. 5. 1), 「불교 속간에 대하여」(1937. 3. 1), 「불교의 과거와 미래」(1940. 2. 1), 「인도 불교운동의 편신片信」(1931. 9. 1), 「중국 불교의 현상」(1931. 10. 1), 「중국 혁명과 종교의 수난」(1931. 12. 1), 「타이의 불교」(1931. 11. 1), 「현대 아메리카의 종교」(1933. 3. 1), 「신 러시아의 종교운동」(1933. 6. 1), 「나치스 독일의 종교」(1938. 5. 1), 「세계 종교계의 회고」(1932. 3. 1), 「공산주의와 반종교 이상」(1938. 3. 1), 「우주와 인과율」(1931. 12. 1), 「신앙에 대하여」(1932. 6. 1), 「제논의 비시 불동론飛矢不動論과 승조僧肇의 물불천론物不遷論」(1937. 11. 1), 「원숭이와 불교」(1932. 1. 1), 「선禪과 인생」(1932. 2. 1), 「선과 자아」(1933. 7. 1), 「선과 선」(1937. 7. 1), 「정진精進」(1937. 8. 1), 「계언戒言」(1937. 10. 1), 「불교와 효행孝行」(1938. 5. 1), 「인내」(1938. 7. 1), 「환가還家」(1931. 6. 1), 「일념一念」(1931. 9. 1), 「나와 너」(1931. 10. 1), 「근신·분발」(1931. 11. 1), 「반성」(1931. 12. 1), 「용자勇者가 되다」(1932. 1. 1), 「태허太虛」(1932. 2. 1), 「길」

(1932. 3. 1),「돋는 움」(1932. 4. 1),「유아독존」(1932. 5. 1),「낙화」(1932. 6. 1),「아공我空」(1932. 7. 1),「내성內省」(1932. 8. 1),「법륜法輪」(1932. 9. 1),「불교 100호를 기념한다」(1932. 10. 1),「과세過歲」(1932. 11. 1),「매화」(1933. 1. 1),「시비是非」(1933. 2. 1),「봄의 사도」(1933. 3. 1),「대력大力」(1933. 4. 1),「소인과 군자」(1933. 5. 1),「심心과 아我」(1933. 6. 1),「기쁜 날 반가운 날」(1937. 3. 1),「눈을 들어 멀리 보라」(1937. 4. 1),「4월 8일」(1937. 5. 1),「보살행」(1937. 6. 1),「평범」(1937. 7. 1),「겸손하는 마음」(1937. 8. 1),「지나사변과 불교도」(1937. 10. 1),「냉정」(1937. 12. 1),「법法에 의지하라」(1938. 2. 1),「감사를 느끼는 마음」(1938. 6. 1),「인격」(1938. 7. 1),「지심여금강持心如金剛」(1938. 9. 1),「협심」(1938. 10. 1),「불교도의 권위」(1938. 11. 1)[3]

불교 개혁에 대한 선지자적인 논설에서부터 총독부의 불교 정책 비판, 불교 내부의 정화, 인도와 중국·타이의 불교 현상, 아메리카·러시아·나치스 독일의 종교에 관한 논설, 공산주의와 반종교 현상에 이르기까지 만해의 종교에 대한 관심의 영역은 범세계적이었다.

이와 더불어 불교와 진리, 선과 인생, 자연 관찰 등 다종다양한 글을 집필하였다. 『불교』지에 실린 글은 잡지의 성격상 불교와 관련된 내용이 중심이지만 사회 개혁, 인간성

---

[3] 『한용운전집』 2, 167~366쪽, 정리.

개심에 관한 글도 적지 않았다.

여기서는 많은 글 중에 '성격' 별로 몇 편을 골라 소개하고자 한다.

「불교청년운동을 부활하라」

조선 불교에 청년운동이 있는 것은 역사적으로 소고하건대 시일이 그다지 없지 아니하다.

그 남상濫觴으로 말하면 지금으로부터 약 26년 전 조선 불교의 역사적 페이지를 돌려놓는 유명한 임제종臨濟宗운동 때에, 그 기치가 호남 일우로부터 영남 일대에 날리면서 점점 전 조선의 불교계를 풍미하매, 전국 사찰에는 크게 초목개병草木皆兵의 세가 있어서 불교 청년은 누구든지 피가 뛰고 주먹이 쥐어져서, 일호백낙一呼百諾·일파만파로 보종운동保宗運動의 예비병으로 대기의 자세를 취하게 되었다. (중략)

그런데 지금부터 조선 불교는 일대 전환기에 들어 있다. 무통제로부터 통제에로, 비규율로부터 규율에로, 그보다 자립이냐 예속이냐 하는 중대한 분기점에 방황하게 되어 있다. 그야말로 조선 불교의 유사지추有事之秋가 되었다.

이러한 중대한 비상 시기에 있어서는 그 책임을 당시 불교 당국자에게만 미루고 말 일은 아니다. 불자佛子는 누구든지 권리가 있고 의무가 있는 것이다. 위법망구爲法忘軀라는 것은 실로 유사지추를 이른 말이다.

이런 때를 당하여 당당한 불교 청년으로 어찌 그 책임을 느끼지 아니하리오.

구각을 머물지 말고 속장등정束裝登程하여 청년운동 기관으로 모여서 적당한 방침을 강구하지 않으면 아니 될 것이다. (중략)

그런데 현금의 조선 불교는 통제가 필요하고, 또한 그 방향으로 전환의 초보를 움직이고 있는 터인즉, 불교 청년은 청년 기관 자체를 통제하기 위하여, 또는 조선 불교 통제의 선도자로서 그를 지도하기 위하여 불교 청년 기관을 회會 혹은 당黨으로 갱신하는 것이 좋을 것이다.

나는 불교청년동맹이 설립되던 당시에도 본지를 통하여 회와 동맹의 득실을 약론約論하고, 얼마 아니하여 회 혹은 당으로 복귀할 것을 말하였거니와, 이것은 무슨 예언적으로 한 것이 아니라 필지의 정세인즉 어찌 하리요.

조선 불교 청년은 위법爲法 분기하라!**4**

『불교』지에 쓴 많은 글 가운데「원숭이와 불교」에는 5편의 원숭이와 관련된 불교 설화를 소개하고 있다. 다음은 그 중 한 편이다.

4 『불교』, 신 제10집, 1983년 2월 1일.

「원숭이와 불교」

옛적에 한 원숭이가 있어서 큰 사람에게 얻어맞고 능히 얻지 못하여 도리어 작은 아이를 원망한지라. 어리석은 사람도 또한 이러하여, 먼저 노여워한 것을 뒷 사람에게 옮기고, 뒤에 난 일을 먼저 난 것이라 하여 망령되이 분한 생각을 내느니, 저 어리석은 원숭이가 큰 사람에게 맞고 작은 아이를 원망하는 것과 같으니라.

옛적에 한 원숭이가 있어서 한 줌의 팥을 가져다가 그릇하여 팥 하나를 땅에 떨어뜨린지라. 문득 손 가운데 있던 팥을 다 놓고 떨어뜨린 팥을 찾다가 얻지 못하고, 놓았던 팥은 닭과 오리가 다 먹은지라, 범부출가凡夫出家도 또한 이와 같아서 처음에 한 계戒를 범하고 능히 뉘우치지 못하면 뉘우치지 못하는 고로, 더욱 방일하여 일체를 다 놓쳐버리니, 저 원숭이가 한 팥을 잃고 가진 팥을 다 버리는 것과 같으니라.[5] (百喩經)

만해는 어느 의미에서 언어의 마술사였다. 문학의 각종 장르를 넘나드는 정도의 학문적 온축과 문학적 재능이 남달랐지만, 더불어 자유자재로 언어(문자)를 시구詩句로 활용할 수 있는 출중한 능력이 있었다. 짧은 시 「환가」에도 이 같은

---

5 『불교』, 제91호, 1932년 1월 1일.

언어의 마술성은 짙게 나타난다.

「환가還家」

갔다가 다시 온들
첨 맘이야 변하리까
가져올 것 다 못 가져와
다시 올 수 없지마는
님께서 주시는 사랑
하기루어 다시와요.[6]

만해는 근대적 교육을 받지 못한 사람이다. 그러나 순전히 독학과 독습으로 학문의 일가를 이루었다. 스토아학파 제논zenon stoic의 "날으는 화살은 움직이지 않는다"는 비시부동론飛矢不動論 역설의 논리까지 제시할 만큼 서양 철학에도 일가견을 갖게 되었다.

다음에 소개하는 「일념」에는 기하幾何 점點을 응용하고 있다.

---

6 『불교』, 제84호, 합호, 1931년 6월 1일.

「일념一念」

항하사겁恒河沙刼의 시간, 천억광년의 공간, 무량수무량無量數無量의 만유, 찰나변동刹那變動의 무상, 이것이 합하여 우주의 체體가 되며, 우주의 생명이 되며, 우주의 가치가 되는 것이다.

이러한 우주와 우주의 모든 것은 일면의 위에 건립되는 것이다. 그러므로 유심唯心을 부인하는 유물론도, 종교를 배척하는 반종교운동도 모두가 일념에서 건립되는 것이다.

'일념'은 기하幾何[數]의 '점'點이요, '회화'繪畵의 '소'素이다.[7]

「정중동靜中動」

스스로 움직이는 것은 산 것이요, 스스로 움직이지 못하고 고요한 것은 죽은 것이다.

움직이면서 고요하고 고요하면서 움직이는 것은 제 생명을 제가 파지把持하는 것이다.

움직임이 곧 고요함이요, 고요함이 곧 움직임이어서

---

[7] 『불교』, 제87호, 1931년 9월 1일.

움직임과 고요함이 둘이 아니며, 움직임은 움직임이요. 고요함은 고요함이어서 움직임과 고요함이 하나가 아닌 것은 생사에 자재自在한 것이다.[8]

「나와 너」

'나'가 없으면 다른 것이 없다. 마찬가지로 다른 것이 없으면 나도 없다. 나와 다른 것을 알게 되는 것은 나도 아니오. 다른 것도 아니다. 그러나 나도 없고 다른 것도 없으면 나와 다른 것을 아는 것도 없다.

나는 다른 것의 모임이요, 다른 것은 나의 흩어짐이다. 나와 다른 것을 아는 것은 있는 것도 아니오, 없는 것도 아니다. 갈꽃 위의 달빛이요, 달 아래의 갈꽃이다.[9]

「태허太虛」

圓同太虛

無缺無餘.

---

8 『불교』, 제86호, 1931년 8월 1일.
9 『불교』, 제86호, 1931년 8월 1일.

원만하기가 허공과 같아서
모자람도 없고 남음도 없다.[10]

「길」

가면은 못 갈소냐
물과 뫼가 많기로
건너고 또 넘으면
못 갈리 없느니라
사람이 제 아니가고
길이 멀다 하더라.[11]

「돋는 움」

이른 봄 작은 언덕
쌓인 눈을 저어 마소
제 아무리 차다기로
돋는 움을 어이하리
봄옷을 새로 지어

---

10 『불교』, 제92호, 1932년 2월 1일.
11 『불교』, 제93호, 1932년 3월 1일.

가신 님께 보내고자.[12]

「법륜法輪」

坐微塵裡
轉大法輪.

잔다란 티끌 속에 앉아서
큰 법의 수레바퀴를 굴린다.[13]

「대력大力」

大雄 大力 大無畏
降魔 斬邪 折外道.

웅장 대력하여 두려움이 없으니
마魔를 항복시키고 사邪를 베고
외도外道를 꺾는다.[14]

---

12 『불교』, 제94호, 1932년 4월 1일.
13 『불교』, 제99호, 1932년 9월 1일.
14 『불교』, 제106호, 1933년 4월 1일.

「소인과 군자」

극운隙雲이 태양을 가리지 못한다면
풍우는 지주砥柱를 움직이지 못하느니라
사마邪魔는 정법正法을 싫어하고
소인은 군자를 미워하느니라
만대萬代를 지도하는 것은 사마가 아니고 정법이며, 일세를 광구匡救하는 것은 소인이 아니오 군자니라.
불쌍한 군소들이여,
너희 전도는 흑암뿐이니라.[15]

「눈을 들어 멀리 보라」

발 아래를 보라. 발을 붙이고 선 땅을 보라. 발을 내려놓을 그 앞을 보라. 또 그 앞을 보라. 그래서 눈을 들어 멀리 눈가는 곳을 보라.
달려갈 자는 전신으로 준비하지 않으면 안 된다. 심신이 함께 달려가지 않으면 안 된다. 피곤은 심신이 평행하니 합일하지 않는 곳에서 일어나는 것이다.[16]

---
15 『불교』, 제107호, 1933년 5월 1일.
16 『불교』, 신 제2집, 1937년 4월 1일.

1932년 가을에 『불교』 지령 100호가 발행되었다. 암울하기 그지 없는, 척박한 식민지 조선에서 종교 잡지이긴 하지만 『불교』지 100호를 발행한 것은 기념할 만한 일이었다. 만해의 심경을 헤아리고도 남는다. 그래서 100호에 「『불교』 100호를 기념한다」는 자축의 글을 썼다.

「『불교』 100호를 기념한다」

본지의 100호를 기념함에 제하여 기쁜 반면에 또한 감개를 금하기 어렵도다. 다른 선진국에 있어서는 월간 잡지로서의 100호라는 것이 하등의 문제될 것이 없지마는 모든 것이 세계적으로 뒤진 조선에 있어서는 100호를 맞이하는 월간 잡지가 그다지 많지 못하고, 있다면 종교의 기관지로서 수종이 있을 뿐이다.

원래로 조선에서는 '언론'에 대한 인식이 뒤지고, 또한 특수한 경우에 있어서 일찍이 언론 기관이 발전되지 못한 것도 사실이지마는, 그 중에서 만난을 배排하고 월간 잡지를 경영한다 할지라도 최대의 원인으로는 경제 관계 또는 환경의 불비로 말미암아 조존석망朝存夕亡 혹은 수삼 호에 그치고, 심하면 창간호가 곧 종간호가 되는 종踵을 접하여 볼 수 있다. 그러한 조선의 언론계에서 월간지로서 100호를 기념하게 되는 것이 영행榮幸인 동시에 또한 감개한 일이다.

   본지의 경영자인 교무원에 대하여 감사하고 독자에게 대하여 감사한다. 그러나 본지는 100호까지 발간하는 동안 불교계 또는 독자에 대하여 얼마나한 공헌을 바쳤는가 스스로 경책警責하는 바이다.[17]

---

17 『불교』, 제100호, 1932년 10월 1일.

사회 명사들 필자로 참여

만해가 『불교』지를 발행하고 있을 무렵, 이를 방문했던 한 인사는 그때의 모습을 다음과 같이 회고하였다.

> 『불교』잡지가 발행될 시기에 그를 찾아가면 키가 자그마하고 목이 왼편으로 삐뚜름하게 다부지고도 체머리를 슬슬 흔드는 쉰 남짓한 중노인中老人 아닌 중僧노인 한 분이 두루마기도 입지 않고 고의적삼 바람으로 땀을 흘리며 서투른 과부의 도망가는 봇짐 싸듯이 서투른 솜씨로 잡지뭉치를 싸고 있는 것을 누구나 볼 수 있다.[18]

만해는 1930년대 초에 잡지 발행을 주도하면서 불교 개혁과 민중 계몽에 심혈을 기울였다. 그러나 『불교』지의 발행

---
18 유동군, 「만해 한용운씨 면영面影」, 『혜성彗星』, 1931년 8월호.

또한 그렇게 쉬운 일이 아니었다. 휴간과 복간이 계속되는 어려움이 따랐다. 총독부의 탄압과 친일 불교인들의 훼방 때문이었다. 다음의 글에서 저간의 사정을 살피게 된다.

만해의 『불교』지 시대는 1931년 6월부터 1933년 9월까지 만 2년 동안이었다. 재정난으로 일단 잡지사의 문을 닫게 될 때까지 온 정열을 바쳤다. 이 기간 『불교』지에만 발표한 글이 무려 200편이나 되었다. 『별건곤別乾坤』, 『혜성彗星』 『삼천리三千里』 『신흥조선新興朝鮮』과 일간신문에 발표한 논설·수필을 합치면 횟수는 훨씬 늘어난다.

『불교』지의 주요 필자는 만해 외에도 박한영, 방한암, 송만공, 백용성, 송종헌, 권상로, 김영수, 김태흡, 백성욱, 정인보, 이광수, 이혼성, 고유섭, 김법린, 유엽 등이었다. 불교계의 지도급 인사들은 물론 사회적 명망가들이 망라된 필진이었다. 이것은 만해의 인물됨을 보여주는 증표이기도 하다.

권두언·논설·단평 그리고 교계敎界 현안에 대한 사설들은 거의 등사판에서 등사해 내는 것처럼 집필하면서도 그는 재정 체계가 확립되지 않은 승려 사회에서 재정 조달을 위해서 안간힘을 썼던 것이다.

이런 열정 때문에 현세를 따르는 자를 제외하면 그렇게도 쌀쌀하고 자만심으로 차 있는 한용운의 둘레에 여러 젊은 승려들이 모여들었다.[19]

예나 이제나 잡지를 발행하는 일이 쉬울 리 없다. 만해와 같이 타산과 셈법이 서투른 사람에게 잡지를 발행하는 자금을 마련하는 일이 얼마나 어려웠을 것인가는 쉽게 상상할 수 있다. 더구나 만해는 오래 전부터 총독부에 '찍힌' 인물이었다. 이른바 '불령선인'의 두목처럼 인식되는 처지에 있었다.

글을 쓰고 원고를 수집하랴, 다른 한편으로는 비용을 마련하랴, 『불교』지 시대의 그에게는 심신이 벅찬, 그러나 보람 또한 적지 않는 그런 시기였다.

> 나는 그 무렵 하와이의 불교 청년 대회에 참석하고 돌아왔었지. 만해 화상은 『불교』지 운영 때문에 그나마 볼품없는 얼굴이 반쪽이 되어 있었어. 그러나 우리 필자들은 원고료 따위는 상상도 하지 않았어. 그만큼 열성들이었으니까.[20]

하와이의 불교 청년 대회에 참석하고 귀국한 김영수金映邃라는 사람이 고은 시인에게 전한 회고담이다. 만해는 '얼굴이 반쪽이 되어' 『불교』지를 경영하고, 필자들은 원고료 없이도 글 쓰기에 열성이었음을 증언한다.

『불교』지 시절 여러 가지 에피소드 중에는 생전에 만해

---

19 고은, 앞의 책, 359쪽.
20 고은, 앞의 책, 359쪽, 재인용.

를 만나고 그의 가르침을 받았던 조종현의 다음과 같은 증언도 있다.

> 선생의 『불교』사 시절에, 선생은 『불교』사에서 나에게 이렇게 시험하여 물으셨다.
>
> "견성見性! 견성이라니, 어떻게 마음을 본다는 말인가?"
> "육안으로 물체를 보듯이, 법안法眼으로 능히 또렷한 마음을 볼 수 있는 것이 아니겠습니까? 그러기에 '마음 증득證得했다'고 하겠지요."
>
> 나는 이렇게 대답했었다. 그러나 선생은 여허 약허 아무런 말씀이 없이 그대로 『불교』사의 실내만 천천히 왔다 갔다 하실 뿐이었다. 왼손 두 손가락으로 아래턱을 받친 채, 체머리를 살살 흔들면서 ….
> 선생의 이 체머리 증세는 만주 망명 시절, 흉탄에 명중된 면상을 수술 받은 후로부터 생긴 증세인 것이다.[21]

백범 김구가 1938년 5월 중국 망명지에서 친일파 이운환의 저격으로 총탄이 몸속에 남아 죽을 때까지 손을 흔들고,

---

[21] 조종현, 「불교인으로서의 만해」, 『나라사랑』제2집, 52~53쪽.

이로인해 그의 휘호가 '떨림체'라는 별칭을 받았듯이, 만해 역시 면상에 흉탄을 맞은 후유증으로 죽을 때까지 체머리 증세를 보이게 되었다.

소크라테스처럼 '등에' 역할

기원전 420년경 그리스는 극심한 혼란기에 접어들었다. 강국 페르시아의 침공을 거국적 단결로 물리쳐 승리를 거두고 국위를 사방에 떨쳤으나 이내 극심한 분열 상태에 빠졌다. 150여 개의 도시국가로 서로 다투는 등 내란 상태에 빠진 데다가 스파르타의 침공으로 멸망 위기에 처하게 되었다. 위기 상황에서 그리스는 내부적으로 혁명과 반혁명이 엎치락뒤치락하는 정치적 혼란기를 맞았다.

스파르타의 후견 아래 민주 정치가 폐지되고 30명의 과두 정치 체제가 수립되면서 극단적인 공포 정치가 실시되었다. 그러나 과두 체제는 곧 붕괴되고 아테네의 민주 정치는 부활되었다. 이 과정에서 일체의 권위와 사회정의가 무너지고 중상 모략과 악성 이기주의가 판을 쳤다. 진리도 정의도 양심도 찾기 어려운 말기 현상이 팽배하고 있었다.

그때 소크라테스가 분연히 일어섰다. 청년들에게 도덕적

각성을 촉구하면서 "너 자신을 알라"고 교화에 나섰다. 그는 마흔 살 무렵부터 일신의 안락과 가정을 돌보지 않고 그리스 아테네의 '등에' 역할을 하고자 애썼다. 등에는 몸빛은 대체로 누런 갈색이고 온몸에 털이 많으며 투명·반투명한 한 쌍의 날개가 있다. 주둥이가 바늘 모양으로 뾰족하고 겹눈이 매우 크다. 망충忘蟲 또는 목충木蟲·비충蜚蟲으로도 불리는 등에는 소나 말에 붙어서 따끔하게 쏘는 벌레를 말한다. 소크라테스는 아테네 시민들의 부패하고 마비된 양심을 깨우기 위해 등에처럼 따끔하게 쏘는 영혼의 각성 운동을 벌였다.

만해가 쉰 살을 맞는 1928년 앞 뒤의 조선 사회는 소크라테스가 활동하던 아테네의 상황과 크게 다르지 않았다. 아테네의 지식인들은 '등에'에게 독신죄瀆神罪와 국민선동죄로 몰아 기소하고 360대 240으로 사형을 선고하였다. 재판의 절차라도 거친 아테네가 그나마 나은 사회였을까. 당시 식민지 조선은 정의·진리·양심·법률 따위는 실체가 없는 허상일 뿐이었다. 갈수록 극악해지는 일제의 식민 통치는 반이성의 광기로 치닫고 있었다. 신간회가 일제의 탄압과 이로 인한 내부 갈등으로 해체되면서 저항 세력의 마지막 울타리도 무너졌다.

일제는 3·1운동으로 무단 통치의 비효율성을 깨닫고 이른바 '문화 정치'라는 기만적인 술책을 내걸었다. 총독부는 언론·출판·집회·결사의 자유를 인정한다고 공표하고 『동아일보』와 『조선일보』 등 신문 발행을 허용하였다. 여러 사회 단체도 결성되었으나 자유는 형식에 불과했다. 언론이나 단체 활동은 일제의 통치 의도를 벗어나지 않는 한도 내에서 가능했으며, 「치안유지법」의 제정으로 독립운동에 대한 탄압은 더욱 심해졌다.

1920년대 초부터 이광수와 천도교 청년운동의 지도자 이돈화 등이 『개벽』지를 통해 「민족개조론」 따위의 개량주의를 내세우고, 신문이 이를 크게 게재하면서 조선 청년들의 정신을 마비시키고 있었다. '문화운동'은 독립정신과 독립운동을 마비시키려는 일제의 최면술이었다. 많은 지식인들이 여기에 빠져들었다.

민족진영의 지도급 인사 중에 전향과 변절자가 늘어나고, 일제의 억압과 수탈은 날이 갈수록 심해졌다. 신간회와 조선불교총동맹의 책임을 맡아 활동하는 동안 만해의 나이는 어느덧 쉰 살을 넘어섰다. 1928년 『건봉사 및 건봉사 말사 사적』을 건봉사에서 발행하던 때가 쉰 되던 해다. 신간회 활동을 하면서도 저작 활동을 멈추지 않아 『건봉사 및 건봉사 말사 사적』을 편찬한 것이다.

강원도 건봉사와는 인연이 깊었다. 1907년 4월 15일 여기서 최초의 선 수업, 즉 수선안거首先安居를 하였다. 건봉사는 임진왜란 때 승병대장 사명당이 700여 명의 승군을 이끌고 의병전쟁을 본거지로 삼았던 유서 깊은 절이다. 개화기에는 개화승 이동인李東仁을 배출한 곳이기도 하다. 만해는 틈나는 대로 이곳을 방문하여 젊은 승려들에게 애국심을 고취시키는 강연을 하는 등 각별한 연고로 하여 건봉사 사적을 편찬하게 된 것이다.

또 수필 「천하명기 황진이」를 쓰고, 논설 「전문지식을 갖추자」를 발표하였다. 이 논설에서는 "나에게 청춘이 돌아온다면 무슨 학문이든지 전문가가 되겠다"고 다짐하면서 청년들에게 전문가가 될 것을 촉구한다.

「전문지식을 갖추자」

내가 언제나 생각하고 있는 것은 사람마다 제각기 전문지식을 연구하여야 하겠다는 것이다. 따라서 나에게 청춘이 다시 돌아온다면 무슨 학문이든지, 과학이고 철학이고 전문으로 돌진 전공하겠다.

세상이 대소 사업을 물론하고 모든 일이 모두 알고 알지 못하는 데서 그 일의 성패가 달린 것이다. 큰 죄악을 짓는 것도 알지 못하는 데서 빚어져 나오는 것이며 대사업을 성공하는 것도 모든 것을 잘 아는 데서 배태胚胎하는 것이니 알고 알지 못하는 것이 사회 건설에 성패득실成敗得失의 차이를 낳는 것인즉 그 얼마나 큰 결과가 되겠느냐?

이제는 나이도 많고 정력도 쇠약해졌으니 후회한들 소용이 있겠는가마는 내가 오늘날 같이 되고 나서 과거의 나의 역사를 회고해 보니 무엇이든지 어떤 학문이든지 한

곳으로 돌진하여 그 곳에서 진리를 깨닫고 그것으로 대사업도 경영해 보고 사회 건설의 일조一助가 되어 볼 것이라고 항상 절실히 감득感得하는 바이다.

그러한즉 금일 청년들은 나처럼 나이 늙고 기력이 쇠진한 뒤에 또다시 나의 잘못을 되풀이 하지 말고 오늘날 이 당장에 일대 각오와 일대 용단을 내려서 전문지식을 연구하여 장래의 우리, 영구의 나를 좀더 행복스럽게 광영한 사회생활을 하도록 노력하라고 충고하고 싶다.[22]

만해의 '등에' 역할은 쉴 틈이 없었다. 총독부는 물론 사회·종교·여성·노동·학생 등 모든 분야에 걸쳐 따끔한 일침을 놓았다. 신문·잡지의 기고와 각종 집회에서 연설하는 등 수단과 방법을 가리지 않고 일제 지배에 저항하고 민중들의 혼을 일깨웠다.

일제강점기에 국내에서 만해처럼 거침없이 총독 정치를 비판하고 각계각층에 소신껏 '쓴 소리'를 한 사람도 드물 것이다. 33인 민족대표 중에서도 일제의 회유와 탄압 또는 '말 못할' 사정으로 전향·변절하는 사람이 생겨났다. 6·10만세운동과 광주학생운동 뒤로는 국내의 대중적 항일 투쟁이 크게 줄어들었다.

그러나 해외에서는 1932년 1월 8일 한인애국단원 이봉창

---

22 『별건곤別乾坤』, 4권 2호, 1928년 6월.

의사가 일왕의 처단을 기도하고, 같은 해 4월 29일에는 역시 한인애국단원 윤봉길 의사가 상해 훙커우공원에서 중국 주둔 일본군사령관 사라카와 요시노리白川義則 대장과 일본인 거류민단장 등을 폭사시킨 의거가 일어났다. 이로써 한민족의 꺼지지 않는 항일 투쟁을 보여주었다.

만해는 3·1운동을 주도한 천도교가 신구파로 갈려 싸우자 채찍을 들었다. 3·1운동 뒤 천도교는 침체 상태에서 활력을 잃고 분열상을 보이고 있었다. 이를 안타깝게 여겨 일침을 가한 것이다. '주문呪文의 힘'을 회복하라는 것이다. 여기서 '주문'은 애둘러 표현이지만 천도교의 본정신을 회복하라는 주장이다.

「천도교에 대한 감상과 촉망」

천도교天道敎에 대해서는 주의主義로 보든지 역사적 사실로 보든지 현재 견실한 단결로 보든지 평소부터 많은 감탄을 가지고 있습니다. 이제 새삼스럽게 무슨 희망이니 감상이니 할 것이 없겠지요. 그러나 한 말씀 하라고 한다면 나는 이런 말씀을 하고 싶습니다.

즉 "좀더 심각하게 종교화가 되라"는 것입니다. 현대에 와서는 어떤 종교든지 그 자체가 될 수 있는 대로 속화俗化하고 사회화하고 민중화하려고 노력을 하는 모양입니다. 그러나 종교로서는 언제든지 종교화가 되지 않으면 그 자체의 힘을 보지保持하기 어렵습니다. 즉 속화·사회화가 되는 만큼 종교 자체에는 힘이 미약해집니다.

천도교가 과거에 있어 그만큼 크고 튼튼한 힘을 얻어 온 것은 돈의 힘도 아니오. 지식의 힘도 아니오. 기타 모든 힘이 아니고 오직 주문呪文의 힘인 줄 생각합니다. 세상 사람들은 주문을 일종 종교적 의식으로 보아 우습게 보는지도 모르나 나는 무엇보다 종교적 집단의 원동력으로서 주문을 가장 의미심장하게 봅니다. 천도교의 그만한 힘도 주문에서 나온 줄로 생각합니다. 좀더 더 심각하게 종교화가 되어 주십시오. 그렇다고 사회 사업이나 시대상에 등한하라는 것은 아닙니다. 그것은 별문제이니까요.[23]

천도교에 대해서는 애정이 그만큼 많았던지 또 한 차례 고언苦言을 드린다. 천도교의 분열상을 지켜보면서 쓴 '등에'의 언침言針이다.

「파쟁으로 재분열한 천도교」

천도교의 재분열에 대해서는 별로 자극을 받지 아니하

---

23 『신인간』, 20호, 1928년.

였습니다. 거년에 합동合同 당시에 나는 속칭 구파의 수령급 몇 분에 대하여 불원不遠한 장래에 재분열이 될 것을 경고하여 두었던 것입니다. 그것은 무슨 신비적 예언이 아니라 분열된 원인이 근본적으로 제거되지 아니한 줄로 추단하였던 것입니다. 재분열이 된 뒤에 그분들을 만나서 예언이 적중敵中한 것을 말하고 웃었습니다.

일반적으로 보아서 합동은 가可라 하고 분열을 부否라 하겠지마는, 분열할 만한 내용 혹은 필요가 있다면 불철저한 합동보다 광명 정대한 분립이 좋을 것입니다. 그러나 천도교에 있어서는 그 분열되는 원인이 하루바삐 제거되고, 원만 또 영구한 합동이 있기를 충심으로 바라는 바입니다.[24]

유림계에 대한 만해의 기대와 불만은 적지 않았다. 그는 3·1운동 준비 과정에서 유림 대표의 민족대표 선정 작업에 나설만큼 유림에 대한 관심과 기대가 남달랐다. 당시 조선 사회에서 큰 영향력을 갖고 있던 유림의 무기력과 타협주의에 분노와 불만을 갖게 된 것이다. 그래서 쓴 글이 「유림계에 대한 희망」이다.

---

24 『신동아』, 1932년 4월호.

「유림계에 대한 희망」

현재의 유교를 말하고자 할진대 그의 미점美點보다 폐단이 많은 것은 사실입니다. 그 중에서 무엇을 말씀하여 드릴까요. 다 그렇다는 것은 아니지요마는 근래 소위 학자님이니 선비이니 하며 각 방면으로 돌아다니며 몰염치한 행동을 하는 것들은 오히려 금수禽獸에게다 비하여도 부족한 추태가 있으니까 그것을 구태여 번설煩說할 까닭이 없고, 다만 군자시중君子時中 나는 이것을 이렇게 보았습니다. 무엇이든지 그 시대의 사람으로서 그 시대에 적응하게 하는 것이라고 합니다. 유교가 원래 종교적이라는 것보다 정치적 외 무엇이 많은 것은 누구나 다 시인하는 바, 그의 대경 대법大經大法은 천고 불변이라고 할런지.

그 이외의 여러 가지는 그 시대를 따라 그 방식이 다르고 그 환경을 따라 그 진취가 다를 것입니다. 만일 일정한 형식 아래에 일보一步로써 다시 일보를 진취하지 못하는 것이 유교의 진리라고 할 것 같으면, 유교의 생명이 반드시 수천 년의 역사를 가지고 오늘날까지 지속하여 오지 못하였을 것입니다.

그런데 근래 소위 유교라는 것은 그저 시대의 여하는 상관하지 않고 그전 것만 고수하는 것으로 생명을 삼아 세상은 모두 서로 가되 자기 혼자 동으로 가고, 세상은 모두 앞으로 향하되 자기 혼자 뒤로 물러가니, 이것은 즉 육지에서 행주行舟하는 엉터리없는 수작입니다.

만일 공자 그 양반에게서 이러한 고집 불통의 무엇이 있었다 하면, 성인이라고 숭배할 까닭이 없는 것입니다. 3대 이상은 3대 이상에 적응한 도가 있고, 3대 이하는 3대 이하에 적응한 도가 있고, 지금은 또 지금에 적응한 도가 있는 것이, 이것이 비로소 참된 유교의 진리라고 할 것입니다.

시대를 떠나서는 도덕도 없고 시대를 떠나서는 정치도 없으니 지금 이 땅, 이 날의 유림으로는 반드시 군자시중君子時中의 그 뜻을 잘 이해하여 이 땅, 이날의 참된 유교를 적용하면 어찌 찬연한 광채가 없겠습니까.

나는 우리 불문佛門에 대해서도 항상 시대의 불교를 구합니다마는 아직도 실현을 보지 못하였으나 다시 유문儒門에 대해서도 이것만으로써 정축頂祝하는 바입니다.[25]

1933년 11월 4일 조선어학회는 「맞춤법 통일안」을 발표하였다. 오랜 세월 '언문'으로 천대받던 한글이 국문國文이라 일컬어진 것은 개항 이후부터다. 지석영, 주시경 등이 한글 연구를 활발히 했으나 일제강점기에 들면서 크게 위축되었다. 그러나 3·1운동 이후 연구는 다시 활기를 띠었다. 조선어연구회는 1921년 조직되어 연구발표회·강습회·강연회

---

25 『천도天道』 8호, 1930년 10월 1일.

등을 열어 한글을 정리·통일하고 민중을 대상으로 교육운동을 벌였다. 조선어연구회는 1927년부터 기관지 『한글』을 발간하여 국어 연구에 크게 공헌하였다. 1929년에는 조선어사전 편찬 사업을 시작했으나 일제의 탄압으로 결실을 보지는 못하였다.

중일전쟁 이후 학교에서 조선어 교육이 폐지되는 등 민족 말살 정책이 가속화되는 상황에서 우리말 연구는 탄압을 받으면서도 계속되었다. 조선어연구회는 1931년 조선어학회로 이름을 바꾸고 1933년 「한글 맞춤법 통일안」을 발표하는 한편 전국에 많은 국어 강습회를 열었다.[26]

이런 상황에서 만해는 「한글 맞춤법 통일안의 보급 방법」을 제시하면서 각별한 관심을 보였다.

「한글 맞춤법 통일안의 보급 방법」

「한글 맞춤법 통일안」이 이제야 세상에 나온 것은 너무나 늦었습니다. 한글 학자들이 모여서 다년간 과학적 노력을 하신 결과로 이루어진 안案이니 우리 민중은 그대로 좇을 것밖에야 다른 것이 있습니까.

그 안의 보급 방법은 첫째 교과서敎科書가 나와야 하겠

---

26 하일식, 『한국사』, 308쪽, 일빛.

고, 그 다음에는 언론 기관과 일반 문필가들이 힘써 행하여야 되겠고, 또 그 다음에는 한글 강습회를 많이 열어서 대중을 가르쳐야 할 것입니다. 우리 불교 기관에서는 이번에 나온 새 철자법을 실행하고 있습니다.[27]

만해가 갖는 관심사의 중심은 무어라해도 '조선 민족' 문제에 있었다. 그는 항상 망국민으로써 '흰옷 입은 무리'가 안주할 땅을 찾았다. 그 대안으로 시베리아에 집단 이주할 것과 이에 대한 '정치적 선행 조건'을 제시하였다. 시베리아로 이주하여 독립운동을 하자는 주장이다.

「조선 민족이 안주할 땅」

흰옷 입은 무리들은 장차 어디에 안주의 땅을 찾을는지? 남인가, 북인가? 남이라 하면 미주나 호놀룰루나 동경·대판·북해도일 것이오, 북이라 하면 만주와 시베리아가 될 것이다. 그러면 옛 땅에서 농사할 거리가 없고 입에 풀칠할 것이 없이 된 빈농들은 어디로 가려는고?
나는 한마디로 외치고 싶다. 우리들은 이 땅을 떠나지 말자고. 그러나 아마 이 말은 사실에 즉卽한 말이 되지 못

---

27 『삼천리』 제3권, 9호, 1931년 9월 1일.

하리라.

총독부의 최근 통계에 의하면, 해외에 흩어져 있는 조선인 수는 200만을 넘는다 하는데, 이는 해마다 증가하여 가고 있는 것을 통계는 말하고 있다. 그러기에 고토故土를 떠나고 싶든 말든 빈농층은 의식을 위하여 자꾸 바깥으로 흘러가고 있음이 뚜렷한 사실이다.

이 추세를 막을 수 없는 현실을 우리들은 가졌다. 가진 이상 이미 흘러간다면 어디로 가는 것이 좋을까 하는 그 방향의 검토에 당연히 봉착하게 된다.

그런데 남방에 있는 호놀룰루나 미주가 염두에 떠오르지 않음이 아니다. 지금 「이민법」 때문에 노동할 목적으로서 그곳으로 도왕渡往하기는 불가능하게 되어 있다.

그리고 동경·대판이나 북해도 등지로 간다면, 그는 농사지으러 감이 아니라 공장 노동자로서 가는 것인즉, 그 수효를 스스로 제한받을 것이요, 또한 다수한 농민이 이주할 것이 못 된다.

어시호於是乎 갈 길은 북진北進이 남게 된다. 그러나 근일 만주 이주를 말하는 이가 있는데, 그야 토지가 광활하고 인촌지隣村地인 점에서 누구나 갈 수 있게 될 곳이지만, 신문지상으로 보아도 그곳은 아직도 소란하다. 마적馬賊 등의 피해로 동포의 고난이 자심한 바 있다 한다.

그러므로 나는 간다면 시베리아로 집단 이주함이 유일의 길이 아닐까고 생각한다. 여기에는 정치적 선행 조건이 붙는데, 아무튼 어느 지역을 100년이고 50년의 무상 불하를 받아, 거기에서 농사를 지어 먹으며 생도生途를 개척함이 옳지 않을까. 그에 대한 여러 가지 생각이 있으나 아직은 결론만 제시하고 말려 한다.[28]

교육 문제 역시 큰 관심사였다. 어느 분야보다 국민 교육에 많은 관심을 보여 왔다. 『불교유신론』에서 문명은 교육의 정도에 따라 성취한다는 전제 아래 승려 교육에 대한 잘못된 현상을 비판하고 구체적 개혁안을 제시하였다.

3·1운동 뒤에는 승려 교육에서 민중 교육으로 관심의 폭이 넓어졌다. 「조선독립이유서」에서는 총독부의 우민화 교육정책을 심하게 비판하고 출감 뒤에는 민립대학설립운동을 주도하는 등 교육 진흥에 열과 성을 다하였다.

만해의 저작을 통해 볼 때 그는 교육을 가정·사회·학교 교육의 세 가지 형태로 생각하고, 이 중 가장 중요한 것은 어렸을 때 접하는 가정교육이라 보았다. 어린이들이 가정에서 보고 듣는 것 중 교과서가 아닌 것이 없다는 것이다. 그는 지육智育과 체육에 치중하여 덕육이 부족한 학교 교육에는 별로 기대하지 않고 있다. 이는 실제 학교 교육이 중요하지 않아서라기보다는 식민 교육의 피해를 누구보다 명확히 간파

---

28 『삼천리』, 제4권 10호, 1932년 10월 1일.

하고 있었기 때문인데, 이는 자신의 딸을 취학시키지 않고 직접 교육시킨 데에서도 잘 알 수 있다.[29]

일제의 민족 말살 정책이 심해지면서 만해는 더 이상 이를 방관하려 하지 않았다. 「한·일 공학 제도」를 비판한 것도 이와 같은 인식의 연장선상이다. "조선인에게는 조선인 본위의 교육"을 실시하라는 주장이다.

「한·일 공학 제도」

교육의 근본 목적은 개인의 개성 발휘에 있은즉, 완전한 교육을 시행하려면 초등 교육에서나 중등 교육에서나 모두 그 사람 그 사람 개성에 따라 교육을 시켜야 할 것입니다. 그러나 이 같은 이상적 교육은 실시하기 여간 곤란하지 않으므로, 실제에 있어서는 초등 교육과 중등 교육은 국민 교육이라고 하여, 동일한 과정을 동일한 기한 동안 가르치게 됩니다.

그리고 세계 각국의 교육이 다소 다른 것은 그 나라의 풍속과 습관 관계입니다. 즉, 그 나라 국민에 가장 적당한 교육 방법을 실시하여 될 수 있는 대로 개성 발휘의 기회

---

29 박걸순, 앞의 책, 124쪽.

를 만들어 주려는 데 있습니다. 그러면 조선에 있어서의 교육도 참으로 교육다운 교육을 시키려면, 조선인의 개성을 잘 발휘할 조선인 본위의 교육이라야 할 것입니다.

초등 교육에 있어서 아동들이 가장 고심하는 것은 어학입니다. 이 어학 때문에 지지하여 다른 나라 아동에 비교하여 정도에 손색이 있는 것입니다. 그리고 공학을 하게 되면 조선어와 한문 과정이 문제며, 또 풍속과 습관이 달라서 아이들간에 의사소통이 못되고, 충돌이 빈번히 일어나서 교육에 여간 지장이 많이 생기지 않을 것으로 믿습니다.

어떠한 관계로 또 공학 문제가 일어났는지는 모르나, 만약 차별을 없앤다는 것이면 참말로 무차별한 교육은 조선인에게는 조선인 본위의 교육을, 일본 내지인에게는 또 그들 본위의 교육을 실시함이라고 생각됩니다.

결국 교육 이론상으로 보든지 풍속·습관·기타 관계로 보든지, 중등 정도 학교의 공학 실시는 불가능하리라고 믿습니다.

더구나 이것을 초등 교육에 미친다는 것은 도무지 말도 안 된다고 믿습니다. 만약에 공학을 하게 되면 입학률 문제로 또 말썽이 많을 것입니다. 지금 전문 학교의 입학률을 보아도 짐작할 수 있는 문제입니다.[30]

---

30 『조선일보』, 1930년 10월 8일.

일제강점기에 조선 땅에서 총독부는 거대한 성역이었다. 총독부에 대한 비판은 지하의 독립운동가 아니면 불가능한 모험이었다. 그러나 만해는 내놓고 총독 정치를 비판하는 극히 예외적인 인물이었다. 만해의 담력과 용기만이 가능한 일이었다. 「조선 총독 정책에 대하여」란 글은 해외 망명지에서 신채호가 쓴 「조선의열단선언」의 문맥과 통하고 있음을 보게 된다.

「조선 총독 정책에 대하여」

일본이 조선을 합병한 후 조선에 대한 시정 방침은 무력압박 4자로 대표하기 족하다. 고로 전후 총독, 즉 사내寺內·장곡천長谷川으로 언言하면 정치적 학식이 무한 일개 군인이라 조선 총독 정치는 일괄하여 헌병 정치니 환언하면 군력 정치요, 철포 정치라 군인이 특징을 발휘하여 군력 정치를 행함에는 자못 유감이 무無하였도다.

고로 조선인은 헌병 모자의 영影만 견見하여도 독사나 맹호를 견함과 여如히 기피하고 하사何事에든지 총독 정치에 접촉할 시마다 자연히 오천 년 역사의 조국을 회상하며 이천만 민족의 자유를 묵소默訴하면서 인人의 견見치 못하는 처處에 혈血을 반이나 화和하여 유有하나니 차此는 곧 합방 후 십 년간의 조선 이천만 민족의 생활이라.

오호라, 일본이 진실로 인심이 유有하면 차를 행하고도 기몽其夢(그 꿈)이 안安할까. 또 종교와 교육은 인류 전 생활에 대하여 특별히 중요한 사사事라, 하국何國이라도 종교의 자유를 허許치 아니하는 국國은 무無하거늘 조선에는 소위 종교령을 발포하여 신앙의 자유를 구속하고 교육으로 언하면 정신적 교육이 무함은 물론, 과학의 교과서도 광의적 일어책에 불과하며 그의 만사에 대한 학정은 매거키 불황할뿐 아니라 매거할 필요도 무하도다.

연然이나 조선인은 시是와 여如한 학정하에서 노예되고 우마牛馬 되면서 십 년간에 소호의 반동도 기起치 않고 안수부종安受俯從하였으니 차는 4위四圍의 압력 중에 재在하여 반동의 불능도 물론이나 조선인은 실로 조선 총독 정치를 중요시하여 반동을 기起코자 하는 사상도 무하였도다.

하고何故뇨. 총독 정치 이상의 합병의 근본 문제가 유함이니 환언하면 하시라도 합병을 파破하고 독립 자존을 보保하리라 함이 이천만 민족의 뇌리에 상주불멸하는 정신인 고로 총독 통치는 여하히 극악하여도 차에는 보복의 원독怨毒을 가할 리가 무하고 여하히 완선完善한 정치를 행할지라도 또한 감사의 의意를 표할 리가 무하니 총독 정치는 곧 지엽의 문제로 인認하는 고故니라.[31]

---

[31] 박노준·인권환, 『만해 한용운연구』, 344~345쪽, 재인용.

앞에서는 총독 정치를 신랄하게 비판하고, 결론에서는 우리의 최고 목적은 오직 민족의 자주독립에 있는 것이지 지엽枝葉 문제인 총독 정치의 폐지에 있지 않다고 주장한다. 일본의 침략 행위를 근본적으로 타도해야 한다는 일종의 '격문'이다.

또 한 편의 글은 「일본 위정자에 경책警策한다」는 논설이다. 주요 대목을 인용하여 만해가 일본 위정자들을 어떻게 질타했는가를 살펴보자.

「일본 위정자에 경책한다」

어시호於是乎, 절대한 민족은 약소한 민족에 대한 정책을 전轉하며, 약소한 민족은 절대한 민족에 대한 태도를 변함에 이르렀으니, 이는 폴란드·체코·유태 등이 신국가를 건健하며, 인도·월남·필리핀·몽고·이집트·아일랜드 등 약소국으로 하여금 독립운동을 개시케 한 소이며 우리 조선으로 하여금 지난 3월 1일로써 우리 조선국이 독립국임과 우리 조선인이 자유민임을 선언케 한 동기이다.

그러나 우리 금회今回 운동은 극히 문명적이요 또 질서적이었음에도 불구하고 일본 정부의 대조선책對朝鮮策은 실제 해괴함을 금치 못하느니, 우리 민족의 행동은 공권

단심으로 자유 독립을 성축할 뿐이거늘, 일본 정부는 경찰·헌병 및 소방대를 비상출동케하여 흉기를 난용하며, 병대兵隊를 증파하여 각지에서 학살·방화를 자행하여 각 지방민의 박멸을 꾀하며, 형옥을 대개하여 무죄한 양민을 뇌수牢囚함에 소위 경찰관 및 군대의 손에 검거된 자는 극히 가혹한 난형을 베풀어 난육절골의 참경에 이른 자 부지기수며, 미성년 남녀를 견박 난타하여 육체적 발육을 해害케 하며, 칠팔십의 년로年老를 구인 박타하여 천년天年을 요夭케 하며, 특히 부인에게 대하여 명언明言키 어려운 모욕 혹형을 가하는 등 비인류적 폭행은 실로 매거키 불황하며, 교육·종교·실업 등 각 계급을 통하여 대거 구인하니 사회적 파산을 초超케 하며, 방금 농작기임에도 불구하고 하등의 사실이 없는 농민 다수를 체포 신문의 제際에 난타·철자鐵刺·침자針煮·관수灌水 등 무류의 악형을 가하여 강强히 자유라 하여 경찰 임의로 진술서를 작성하여 방화·소요·보안 등 죄로 논하니, 대저 조선인의 생활은 가족 제도로써 가장 또는 기타 소수의 장정에 의하여 일가의 경제를 유지하는 바, 그 가장 및 장정은 대부분 파살破殺 또는 부상·치형·궤산潰散된 결과 드디어 가산을 잃게 하여 가족 전부가 유리호원琉璃呼冤하며, 기아전학케 되며, 우리가 특히 묵과키 어려움은 종교적 압박이니 각 지방의 예수교 및 천도교는 대부분 집합을 금지하고 다수의 교당을 소기燒冀 또는 파괴하여서 자국의 헌법을 무시하며, 나아가 세계 공도公道를 어지럽게 하니 인류의 양심이 있는 자가 어찌 이를 감위敢爲하리요.

이제 다시 일본 정부의 대조선 근본 해결책을 살피건대 4월 15일 소위 「신제령新制令」을 발포하여 일시를 미봉코자 할새, 사실·증거의 유무를 불문하고 상식이 미비한 지방 헌병 경찰관의 의견서 및 강제 작성된 진술서에 의하여 불법의 판결을 내려 미성년 아동이 유희에 공供키 위하여 철필 또는 연필을 써서 태극기 1매를 사寫하거나 선언서 1도度를 등서함도 「출판법」 위반죄로 논하며, 만세만 1창唱한 자도 「보안법」 위반 또는 소요죄로 논하여 6개월 이상 10년 이하의 징역에 처하여 1·2·3심에 여출일구如出一口로 언도하며, 더욱 가경할 일은 금회 운동에 제하여 온건한 태도로 만세를 호창하다가 무도한 군경의 총검과 소방대의 멸화기에 피살된 자의 친족에게는 인류 애정의 발작에 의하여 간혹 부지중 군경에 대항한 일이 있으나, 이는 인류의 생존권상 정당한 행위요 하등 난폭이 아니거늘, 이를 소요 또는 군기 강탈 죄로 논하여 혹형에 처하는 등 제반 행위는 문명이 극도에 달한 20세기에 있는 야만적 현상이라 하지 아니치 못하리로다.

병합 후 십 년간 소위 총독 정치를 살피건대 각 방면에 향하여 조선인의 의사를 절대 구속하며 인권을 유린하였으니, 이제 중요한 것 4.5를 들건대, ①은 조선인의 일반 자유를 박탈하며, ②는 노예적 교육제를 채용하며, ③은 부자격자不資格者 관리 등용을 행하며, ④는 헌병 경찰을 설(設)하며, ⑤는 조선인 차별 대우가 이것이다. 이 어찌 반만년 역사를 가진 민족이 감상感想할 바 이리요.

대저, 인류는 시대와 주의를 따라서 사상의 변천을 생하느니, 한국병탄과 함께 일어나 지나支那의 제 1·2·3의 혁명과 세계대전, 러시아의 혁명이 조선 민족에게 하물何物을 기부寄附하였는가. 십 년간 총독 정치의 가혹은 조선인 감정상에 무엇을 주었는가.

합병 후 약간의 물질적 발전도 도저히 조선인에 위안을 주지 못할 뿐 불시不啻라, 도리어 정신계에 대고통·대번민을 줄 뿐이라. 이들 현상에 의하여 일시 유교 문명에 중독되어 극단의 개인주의·가족주의에 은함隱陷하였던 조선인은 번연 자각하여 그 신경神經은 더욱 과민하였으며, 그의 기회를 엿보는 안구眼球는 더욱 광대하였느니, 이것이 금회 운동에 주인아主因兒거늘, 만약 일본으로 하여금 파리 평화의 성의가 있었더라면 일찍이 온건리穩健裏에 해결하여서 동양 평화, 나아가 세계 평화 행복을 증진케 하였을지라.

불행히 일본 정부는 무단 정치가의 직목관견直目官見에 위爲하여 세계 사조에 역행하며, 조선에 이해하는 등 여餘 숙도宿禱는 실하實下에 박멸을 실행하였도다.

내가 저의 잡은 바 창검槍劍의 물질을 참斬키는 가능하거니와 천의天意 인심人心이 독사獨死로써 자유를 바꾸는 민족적 정신에 어떠하뇨. 가사 일본의 차고此故에 의하여 반도半島는 일시 미몽된다 하여도 양민족 간에 불공대천의 구수仇讐를 맺음은 또한 양국 민족의 행복이라할까. 당차當且 이 밖에 있는 300여 만 조선인의 생명이 지지支持하는 때까지 내지內地로 더불어 표리表裏하여 구주歐州 회복의 운동을 그치지 아니할지니, 그런즉 세계 전쟁 이상에 대한 발칸 반도의 동정動靜이 반드시 세계에 미치는가. 영향도 역시 그러할지니, 일본은 거擧하여 다시 전화戰禍 중에 투投코자 하려는가.

내가 감히 일본의 위정가에 경책警策하노니, 이는 조선인의 입장으로서의 말함이 아니오 일본인 입장으로서 보든지 국제 도덕상으로 보든지 정의 인도상으로 보든지 세계 평화 임무상으로 보든지 동서 공존의 의상義想으로 보든지 국가 자위상으로 보아 일시 과실로 국가 만년의 계計를 그르치지 말지어다.[32]

만해가 유고로 남긴 이 글을 보면 박은식이 1920년 상해에서 간행한 『한국독립운동지혈사』를 연상케 한다. 일제의 죄상을 격렬한 필치로 고발, 비판하는 내용이다. 그러나 박은식은 망명지에서 '혈사'를 썼다. 만해의 이 「대일성토문」은 활자화되지 못한 채 유고로 남게 되었다. 식민지 조선에

---

32 만해의 유고, 『전집』1, 374~376쪽.

서 이런 글이 어떻게 활자화 될 수 있었겠는가.

만해가 식민지 동토에서 치열하게 민중 각성 운동을 벌이고 일제 지배 세력과 싸우고 있을 때 함께 3·1운동을 주도한 33인 민족대표 최린이 변절하였다.

> 최린은 1923년부터 『동아일보』계 민족개량주의자들과 접촉하면서 자치운동 단체의 결성을 계획했으나, 반민족적 성격이 폭로되어 실패했다. 최린은 1928년 12월 천도교 교령이 되었고, 1932년 천도교가 합법적 자치운동으로 기울어진 신파와 비타협적 민족운동을 주장하는 구파로 분열하자, 신파의 대도령大道領이 되었다. 최린은 1933년 말 "현재의 국제 정세하에서 동아시아의 민족은 일본을 중심으로 뭉쳐야 하고, 특히 조선은 내선융합, 공존공영이 민족 갱생의 유일한 길"이라는 내용의 성명을 발표하여 일제에 협력할 것을 공개적으로 밝혔다.33

만해는 동지들의 훼절을 지켜보면서 고달픈 민족전선을 외롭게 지키고 있었다. 민족진영에 최린 변절의 충격은 컸다. 그가 1921년 12월 서대문감옥에서 돌연 가출옥할 때부터 세간에서는 의혹을 갖게 되었다. 총독 사이토 마코토의 정치

---

33 하일식, 앞의책, 310쪽.

고문인 아베 미쓰이에阿部充家의 회유가 있었다는 소문이 뒤따랐다.

최린의 변절 소식이 중국에 있는 임시정부에도 전해지고, 항주에 머물던 임시정부의 한국독립당은 중추원참의에 임명된 최린을 비난하는 성명을 발표, 민족 배신 행위를 성토하였다. 이후 최린의 배신 행각은 거칠 것이 없어서 총독부 후원으로 친일파와 천도교 신파들로 내선일체를 주장하는 정치 단체 시중회時中會를 조직하고, 중일전쟁이 일어나자 총독부 기관지 『매일신보』의 사장이 되어 친일의 화신으로 변신하였다.

변절의 서곡이 불어 닥치고 있던 시점에 쓴 「용자勇者가 되라」는 짧은 글에서 만해의 용기와 신념의 일단을 확인하게 된다.

「용자가 되라」

해는 새로왔다. 쌓인 눈, 찬바람 매운 기운, 모든 것이 너무도 삼름森凜하여서 어느 것 하나도 무서운 겨울 아닌 것이 없는 듯하다. 그러나 그러한 환경을 깨치고 스스로 향기를 토하고 있는 매화, 새봄의 비밀을 저 혼자 알았다는 듯이 미소를 감추고 있다. 그렇다. 소장영고消長榮枯, 흥망성쇠의 순환이 우주의 원칙이다. 실의의 사막에서 헤매는 약자도 절망의 허무경虛無境은 아니니라. 득의의 절정에서 춤추는 강자도 유구悠久의 한일월閒日月은 아니니라.

쌓인 눈 찬 바람에 아름다운 향기를 토하는 것이 매화라면, 거친 세상 괴로운 지경에서 진정한 행복을 얻는 것이 용자勇者니라. 꽃으로서 매화가 된다면 서리와 눈을 원망할 것이 없느니라, 사람으로서 용자가 된다면 서리와 눈을 원망할 것이 없느니라. 무서운 겨울의 뒤에서 바야흐로 오는 새봄은 향기로운 매화에게 첫 키스를 주느니라. 곤란의 속에 숨어 있는 행복은 스스로 힘쓰는 용자의 품에 안기느니라. 우리의 새봄의 새 복을 맞기 위하여 모든 것을 제 힘으로 창조하는 용자가 되어라.[34]

타락한 시대에 황량한 들판에 홀로 서서 독립정신이 시들어가는 민중들에게 등에 역할을 하며, 용자가 되라고 소리치는 조선의 소크라테스는 '찬 바람에 향기를 토하는 매화' 바로 그것이었다. "한용운은 종교가이며 혁명가이며 시인이었다. 어떤 때는 종교가, 어떤 때는 혁명가, 어떤 때는 시인이 아니라, 그는 어느 때나 이 모든 것이기를 원했다"[35]는 분석을 빌려, 이 무렵 만해는 일제 지배를 공격하는 혁명가이고 한 그루 매화이고 사회비평가였다.

---

34 『불교佛敎』, 91호, 1932년 1월 1일.
35 김우창, 『궁핍한 시대의 시인』, 144쪽, 민음사, 1977.

제 12 장

재혼, 성북동에 심우장 짓고 거居하다

잃은 소 없건마는
찾을손 우습도다
만일 잃을씨 분명하다면
찾은들 지닐소냐
차라리 찾지 말면
또 잃지나 않으리라.

— 만해, 「심우장尋牛莊」

신사참배를 거부하다

만해가 『불교』를 발행하면서 정열을 쏟고 있을 때에 시국은 점차 짙은 어둠 속으로 묻혀가고 있었다. 총독부는 1935년 9월 각 학교에 신사참배를 강요하기 시작하였다. 일제는 병탄과 함께 천황제 이데올로기를 한국인들에게 주입시키기 위해 신사神寺를 설립하여 1925년에는 전국에 크고 작은 신사가 150개에 이르렀다.

그러나 이때까지만 해도 '자발적'인 참배를 유도하다가 만주 침략 이후 전시 체제 아래에서 이른바 황민화 정책이 본격화되면서부터 강제성을 띠기 시작하였다. 이 시기부터는 전국의 면마다 신사를 세운다는 계획을 세우고 산간벽지에까지 신사를 세웠다. 일제 패망 때 조선에 세운 신사는 1062개에 이르렀다.

중일전쟁 이후부터는 신사참배 강요가 더욱 심해져 매달 1일을 이른바 애국일로 삼아 신사참배를 의무화하는 한편,

일장기 게양, 「황국신민서사」 제창, 신사 청소 등을 강요하고 이를 거부하는 사람은 검거하는 한편 식량 등의 배급에서 차별하였다.

이 시기에 신사참배를 거부하다 투옥된 사람이 2000여 명이나 되었다. 1935년 11월 15일 평남 기독교계 학교 교장이 도내의 중등학교 교장 회의에서 신사참배를 거부하다 구속된 것을 시작으로 1936년 1월 20일에는 숭실전문학교장 매쿤이 신사참배를 반대하다가 교장 인가가 취소되었다. 만해는 단호히 신사참배를 거부하였다. 그에게 신사참배란 애초부터 가당찮은 일이었다. 일제 감옥에서 수감 생활을 할 때 참선을 하다가도 간수가 나타나면 오히려 머리를 꼿꼿이 세우고, 간수에게 절하는 것을 거부했던 터다.

1937년 3월에는 각 관청에서 일본어 통역을 폐지하고 집무중에는 반드시 일본어를 사용하도록 하였다. 그리고 6월에는 수양동우회 사건이 일어났다. 그동안 일제가 묵인했던 민족개량주의운동을 탄압하기 시작했다. 일제는 '재경성기독교청년면려회' 사건에 수양동우회 간부가 관계된 것을 빌미로 180여 명의 관계자를 「치안유지법」 위반으로 검거하였다. 고문으로 최윤세, 이기윤이 옥사하고 김성업은 불구가 되었다. 42명이 재판에 회부되었으나 전원이 무죄로 석방되었다. 철저하게 날조한 사건이었음이 드러났다.

일제는 비교적 온건하고 타협적인 민족개량주의운동을 항일 강경 세력에 대한 유화책으로 활용하다가 전시 체제의 강화와 함께 이들을 용도 폐기하는 한편 어느 정도 민족적 색채를 유지하고 있던 인사들을 위협하는 계기로 이 사건을 악용하였다. 교활하기 그지없는 술책이었다.

이광수, 갈홍기를 비롯한 수양동우회 회원들은 전향서를 쓰고 친일 단체인 대동민우회에 가입하여 본격적인 친일 활동을 벌이게 되었다. 1937년 10월에는 이른바 「황국신민서사」란 것을 제정하여 학교뿐 아니라 관공서·은행·회사·공장·상점을 비롯한 모든 직장의 조회와 각종 집회 의식에서 낭송이 강요되었다. '서사'는 아동용과 중등학교 이상의 학생·일반용의 두 종류가 있었다.

광기를 더해 가는 일제 통치

　일제의 통치는 점차 광기를 더해 갔다. 중일전쟁이 시작되면서 조선은 그야말로 전시 보급 기지가 되고 청장년들은 전장으로 끌려갔다. 총독부는 일왕의 사진을 각 학교에 걸어 경배하도록 하였다. 신사참배가 죽은 귀신에게 절하는 것이라면 일왕 사진에 대한 경배는 산 귀신에게 절하게 하는 격이었다.

　1938년 2월에는 「조선육군특별지원법령」을 공포하여 조선의 청소년들을 전쟁터의 총알받이로 끌어들였다. 내세우기는 '지원병'이었지만 실제로는 강제 동원이었다. 일선 경찰에서는 담당 지역의 지원자 수로 충성을 입증하고자 지원을 강요하였다. 지원하지 않는 사람을 인식이 부족한 비국민 불령선인의 한패로 몰아붙이면서 지원을 강요한 것이다.

　그해 4월 총독부는 각 학교에서 조선어 교육을 폐지하라고 지시하였다. 이로써 일제가 패망할 때까지 학교에서 조선어 교육은 폐지되고 대신 일어가 '국어'로 상용화되었다. 조선어를 말하거나 한글을 쓰면 여러 가지 탄압을 하였다. 1443년 12월 세종대왕이 훈민정음을 창제한 이래, 1894년 대한제국이 선포되면서 국문國文을 근본으로 한다는 원칙이 세워지고, 1910년 주시경이 『국어문법』을 간행하여 국민의 아낌을 받아온 우리말, 우리글이 폐지의 위기에 놓이게 되었다.

1938년 7월에는 국민정신총동원조선연맹이 창립되었다. 전시 체제에서 한국인에 대한 통제와 착취를 강화하기 위해 만든 어용 기관이다. 최말단 행정 단위인 마을里까지 하부 조직을 두고, 관공서·학교·상점을 비롯하여 기생들까지 직능연맹을 조직케하여 종횡으로 조직망을 엮었다. 마을마다 10가구씩을 애국반으로 묶어 상호 감시 체제를 만들고, 날마다 1시간씩 일을 더하게 하고 저축을 강제하며 전시 체제를 강화하라고 몰아부쳤다.

1939년 10월에는 「국민징용령」이 실시되었다. 1938년 「국가총동원법」 공포에 이어 「국민직업능력신고령」을 제정한 데 이어 나타난 노동력의 해외 이동을 금지하는 법령이었다. 징용령은 노무자의 모집·징용·보국대·근로 동원·정신대 등의 간판 아래 행하진 노동력의 강제 수탈을 뒷받침하는 법령이었다. 그리고 1940년 2월에는 창씨개명 조치가 내려졌다.

창씨개명을 하지 않은 사람의 자녀는 학교에 입학할 수 없었고 학교에 다니던 아동들도 교사로부터 학대를 받았다. 취직도 할 수 없고 직장에 다닌 경우에는 해고 대상자가 되었다. 행정 기관은 민원 사무를 취급해 주지 않았으며 식량 배급에서 제외시켰다.

조선 사회는 암흑 천지가 되고 조선인은 개국 이래 가장 혹독한 민족적 시련기를 맞게 되었다. 신채호가 1936년 3월 14일 뤼순 감옥에서 옥사하였다. 만해에게는 너무 큰 충격이었다. 고결한 동지를 잃은 슬픔은 헤아리기 어려웠다. 신채호는 망명을 떠나기 전에 "현실에서 도피하는 자는 은사隱士이며 굴복하는 자는 노예이며 격투하는 자는 전사戰士이니, 우리는 이 삼자 중에 전사의 길을 택해야 한다"고 설파하며, 스스로 전사의 길에 나섰다가 적지에서 전사戰死한 것이다.

만해는 일제강점기에 현실에서 도피하지 않았으니 은사가 아니고, 굴복하지도 않았으니 노예도 아니었다. 그는 격투하는 전사였다. 하지만 그에게는 싸울 수 있는 무기가 없었고, 전장은 갈수록 철벽으로 덮여 가고 있었다. 전우들도 대부분 전향하거나 묵언거사가 되고 후원자들은 발걸음을 끊었다. 민중들은 말과 글과 성씨까지 잃게 되고, 조선 천지는 거대한 수용소 군도로 바뀌었다. 그리고 민중들은 죄인 아닌 수인囚人으로 갇히게 되었다.

만해는 광기의 시대에도 좌절하지 않고 『불교』를 발행하는 데 정열을 바치는 틈틈이 경판 인출印出 등 여러 가지 일을 하였다. 1931년 7월, 전북 전주 안심사에 보관되어 있던 한글 경판 원본인 『금강경』 『원각경』 『은중경』 및 『유학』 『천자문』을 발견·조사하고 찍어냈다. 1932년 12월에는 전주 안심사에서 발견한 한글 경판을 보각 인출하였다. 총독부에서 인출 비용을 대겠다고 제의했으나 이를 단호히 거부하였다. 대신 한 유지의 출연으로 이를 간행할 수 있었다.

이 무렵 일제의 사주를 받은 식산은행이 황민화 정책의 일환으로 만해를 매수하기 위해 서울 성북동 일대의 많은 땅을 주겠다고 제의했으나 이것도 거절하였다. '미끼'임을 뻔히 알면서 이를 받아먹을 만해가 아니었다.

여성 취향의 분위기 잠재

1933년(55세)은 만해에게 매우 뜻 있는 해가 되었다. 재혼을 하고 사망할 때까지 10년 동안 거처하게 되는 자택 심우장을 마련한 때문이다. 그때 맺은 혼사는 어렸을 적에 부모가 맺어준 혼인이 미처 이성을 알기도 전이어서 사실상 초혼인 셈이었다. 오세암에서 『님의 침묵』을 쓰고 있을 무렵 미모의 젊은 보살과 로맨스가 있었다고는 하지만 확인되지 않은 이야기다.

만해는 승려의 결혼을 지지했던 신념이었기에 그의 결혼은 새삼스러운 일은 아니다. 그래서 '파계승'이라고 하긴 어렵다. 그는 "평소 경직된 성격과 금욕주의적인 생활 환경"[1] 때문에 여성에 대해 별다른 관심을 갖지 않았던 것 같다. 하지만 『님의 침묵』을 집필할 무렵부터는 상당히 변화되는 모습을 보

---

1 이명재, 「한용운문학연구」, 『한용운사상연구』, 173쪽.

여주었다. "그의 시에서 주조를 이루고 있는 그 여성 취향의 분위기는 역시 승려이던 그에게 직접 이성의 정감을 불러 일으켰던 여성 주인공이 직접적 계기를 이루었을 것은 물론이다."[2] 서여연화 보살의 상징이 '님'으로 형상화되었는지의 여부는 더 연구가 요구되는 부문이지만, 만해에게 있어 내면에 '여성 취향'의 분위기는 항상 잠재되어 있었다고 보인다.

『님의 침묵』에는 실제로 여성 모델이 있어 그녀를 뜻깊게 활용하여 만해의 예술을 형성하고 아울러 험난한 검열의 관문도 용이하게 통과했을 가능성을 무시할 수 없다.

그런데, 그의 시에서 여성 의식은 이미 그 이전부터 느껴왔다는 석지현釋智賢의 발언은 퍽 대견하고 홍미로운 바 있다.

> 나는 분명히 '만해는 별 것 아니다'고 하였다. 그 근거는 이 뒤에 만해 시의 뿌리로서 경허鏡虛를 여러분에게 보여 주겠다. 조금만 참아라.
>
> 만해의 '님' '당신' 등이 보이는 바와 같이 그의 감정은 여성적인 감정을 빼면 백지만 남는다. 이 여성적인 감정은 구한말의 무명승이요, 히피승 장발승 경허에게서 흘러오고 있다. 이를 아는가 모르는가.[3]

---

2 이명재, 앞의 글, 173쪽.

어찌 만해뿐일까. 뭇 남성들에게서 '여성적인 감정'을 빼면 남는 것이 얼마나 되겠는가.

신사참배와 창씨개명이 강요되고 훼절과 반이성이 일상화되고 있는 광기의 시대에 만해는 견디기 어려운 고통을 감수하면서 여전히 서슬 푸른 기개를 유지하고 있었다. 사위四圍를 옥죄는 어둠 속에서도 자기에게 주어진 역사의 길을 묵묵히 걷고 있었다.

"모름지기 진실과 정의를 위해 고통을 감수하는 자는 결국 존엄하고 신성한 존재가 되게 마련이다."(에밀 졸라)

"고독한 내면의 세계에 눈뜨기 위해 장님이 되기도 하고"(보르헤스), "장님이 되어가는 사람의 마지막 남은 눈동자처럼 고독해져야만(마야코프스키) 한다."(『네 정신에 새로운 창을 열어라』, 민음사)

만해가 50대 중년의 나이에 "고독한 내면의 세계에 눈뜨기 위해" 재혼을 서두른 것인지, "장님이 되어가는 사람의 마지막 남은 눈동자"처럼 더욱 고독해지고자 청혼을 받아들인 것인지는 더 살펴 볼 필요가 있겠다.

---

3 석지현, 「한용운의 '님'」, 『현대시학』, 제63호, 이명재, 앞의 글, 재인용.

아버지 콤플렉스에 시달려

만해의 여성주의·여성해방 사상은 그의 소설에서도 잘 나타난다.

> 우리는 지금부터라도 얼굴에 향수를 뿌리는 대신에 땀을 흘리고, 머리에 보석을 꾸미는 대신에 흙과 먼지를 뒤집어쓰고 피아노 치는 손으로 호미를 잡지 않으면 안 될 것입니다.
> 나의 의견을 종합하여서 강령을 세운다면
> 제1. 여자의 품격을 향상할 사.
> 제2. 결혼과 이혼을 자유로 할 사.
> 제3. 남녀가 한가지로 정조를 지킬 사.
> 제4. 경제권과 참정권의 획득을 기도할 사.[4]

---
4 『흑풍』, 213쪽.

비록 소설이기는 하지만 그 시기에 "결혼과 이혼을 자유로 하자"는 주장을, 그것도 승려의 신분으로 했다는 것은 만해의 열린 정신이 아니고는 어려운 일이었다.

만해의 내면의 여성 취향과 관련해서는 좀더 근원적인 요인이 있었다고 보인다. 그것은 아버지 한응준과의 관계다. 이제까지 대부분의 전기류가 만해의 아버지는 동학농민군으로 활동하고 만해도 소년 시절에 동학군에 참여한 것으로 알려졌다. 그러나 이는 사실과는 정반대라는 것이 최근의 연구에서 드러나고 있다.

한응준이 사로잡힌 동학군을 처형하고 혹독하게 취조했었다는 이야기들로 미루어보건대 한응준이 농민군 진압에 대단히 적극적이었으며, 따라서 만해는 수천 수백 명의 양민을 학살한 중심 인물 가운데 하나가 바로 자신의 아버지였다는 사실로 인해 평생을 극심한 정신적 고통과 죄책감에 시달려야 했던 것이다.

이러한 상황에서 몰락한 양반 가문의 후예이자 신분 상승을 꿈꾸는 재기다능한 하급 무반의 아들이었던 만해에게 가능한 선택은 과연 무엇이었을까? 농민군을 선택할 수도 없고 그렇다고 무심하게 외면해버릴 수도 없는, 또 아버지의 세계를 거부할 수도 없고 인정할 수도 없는 모순된 상황에서 그에게 주어질 수 있는 가능한 선택은 과연 무엇이었을까?

그것은 이같은 양자택일의 문제를 아예 초월해버리는 것, 다시 말해서 세상을 등지고 출가해버리는 것이었다. 만해가 말한 '어떤 사정'이란 바로 이같은 실존적 고민을 의미하는 것은 아니었을까? (중략)

만해가 자신의 출가 동기와 시기에 대해서 얼버무리거나 엇갈린 진술을 할 수밖에 없었던 것은 다음과 같은 두 가지 이유 때문이다.

첫째는 자신의 구체적인 출가의 변을 통해 드러나게 될지도 모르는 집안의 비밀 - 수천 명의 농민군을 잔혹하게 진압한 책임자의 한 사람이 자신의 아버지였다는 사실 - 을 감추려했기 때문이고,

둘째는 가출-방랑-출가-방랑-정식적인 수행 생활이라는 복잡한 출가의 경로와 정신적 방황 때문에 만해 자신으로서도 자기의 정확한 출가 시기를 밝힐 수가 없었던 것이다.

이것은 만해가 당시 홍주성전투로 인해 받은 정신적 충격의 강도가 어느 정도였던가를 단적으로 보여주는 증거다. 그렇다면 만해의 출가가 단순한 도피에 그치지 않고, 어떻게 비극적 세계관과 여성주의라는 새로운 양상으로까지 발전하게 되었는가?[5]

---

5 조성면, 「한용운재론」, 『민족문학사연구』, 제7호(1995년), 200~201쪽, 민족문학사연구소.

조성면은 「한용운재론」에서 만해의 한시 두 편을 소개하면서 "전기적 사실과 문학 사이의 밀접한 관계"를 확인하는 단서로 제공한다. 그 중 한 편은 다음과 같다.

> 십 년 전 일은 생각키도 끔찍한데
> 산천은 그대로되 흐르는 세월
> 항상 절을 찾은 것도 도道탓 아니니
> 죽고 싶은 것은 그것 그뿐 살 뜻은 없네.
>
> 「약한 자여 그대 이름은 여자인가」 중에서

여기서 조성면은 "십 년 전 일은 생각키도 끔찍한데"라는 구절의 '십 년 전' 부문은 물리적인 시간이 아닌 막연히 먼 과거의 어느 시점을 가리키는 것으로 보여지기 때문에 문제삼아야 할 것은 바로 시의 내용이고, 여기에 드러나고 있는 작가의 의식 세계라고 분석한다. 그는 특히 '생각키도 끔찍한' 어떤 사건에 대해 주목한다. "그 어떤 사건이란 물론 만해의 홍주성전투에 대한 체험을 말한다. 이로 인해 서정추체는 반평생 동안을 극심한 정신적 고통에 시달려야 했고, 이 정신적 고통은 종교적 믿음으로도 치유될 수 없는 성질의 것이었다"[6]고 지적한다.

---

6 조성면, 앞의 글, 202쪽.

여기서 만해의 정신 분석을 시도한다면 '여성주의와 아버지콤플렉스'다. "꿈 많은 청년기에 겪어야 했던 기억하고 싶지 않은 체험과 결코 밝히고 싶지 않았던 가문에 대한 비밀, 곧 아버지 때문이었다." "실제의 아버지는 수많은 인명을 앗아가면서까지 부질없는 입신양명을 꿈꾸었고, 상징적인 아버지는 외세에 의해 무기력하게 짓밟혀 버렸다." "만해에게 있어 아버지는 절대로 부인할 수도 없으면서 용인할 수도 없는 모습으로 나타나게 된다." "이 같은 상황에서 그에게 남겨진 마지막 선택은 바로 아버지 시대의 그런 삶의 방식을 철저하게 외면해버리는 것, 즉 남성이 사라져버리고 주체의 의지와는 무관하게 일방적으로 피해를 입고 버림받은 여성이 서정추체로서 등장하게 되는 것이다." "만해 문학에서 여성주의적인 편향이 나타나게 되는 것은 바로 이와 같은 모순적 상황의 결과이며, 이 아버지 부재와 여성주의는 만해 문학을 결정짓는 비극적 세계관의 결정적 계기가 된다"[7]는 주장이다.

---

[7] 조성면, 앞의 글, 203~204쪽.

서른여섯 살 간호원 유숙원과 재혼

　만해의 의식 깊숙이 뿌리박인 '아버지 콤플렉스와 여성주의'를 길게 인용한 것은 그가 재혼을 하게 된 심리적·심정적인 배경을 살피기 위해서다. '아버지 콤플렉스와 여성주의'는 그의 문학뿐 아니라 실제적 삶에도 크게 영향을 미치게 되었다. 즉 아버지 콤플렉스가 여성주의로 전이되는 현상, 바꿔말해서 날이 갈수록 심해지는 일제의 강압과 불교계를 비롯하여 조선 사회의 친일 예속화를 지켜보면서 자신을 지키는 의지처로서 가정(여성)을 동경하기에 이르렀다. 그리고 재혼을 택하게 되었다. 그는 오래전부터 '승려취처론'僧侶娶妻論을 주장해 왔던 터다. 『불교유신론』에서도 승려의 결혼을 주장하고 있었다.

　만해가 서울에 머물고 있을 때 그를 찾아오는 젊은 여신도가 더러 있었다. 그리고 가끔 술집에 가면 따르는 접대부가 있었다고 한다. 스님·선사에게 무슨 술집이고 접대부냐고 할지 모르지만, 만해는 지인들과 어울리면 술집을 찾곤 했다. 속계와 불계佛界를 자유자재로 넘나들던, 초계율적超戒律的인 그에게 술집을 찾는 것이 이상할 것은 없었다.

단성사 옆에 자리한 진성당進誠堂 병원장 여의사 정자영의 노모 김씨는 독실한 보살이었다. 그녀는 만해의 열정적인 법문과 독립정신에 크게 감명받고 있었다. 이 병원에서는 16년 동안이나 일하던 서른여섯 살의 충남 보령 출신 유숙원兪淑元이란 간호원이 있었다. 당시의 서른여섯 살 처녀란 지금과는 달리 이미 혼기를 잃은 '늙은' 나이였다. 본인도 혼인을 포기하고 간호원으로 종생할 생각이었다.

원장의 노모 김씨의 설득으로 두 사람은 결혼을 하게 되었다. 마침 만해는 지인들의 도움으로 성북동에 집을 짓고 있을 때다. 두 사람의 혼인 과정을 고은 시인은 마치 곁에서 지켜본 듯이 다음과 같이 기술한다.

> 집을 짓기 시작했을 때 진성당병원의 간호원 서른여섯 살의 유숙원은 드디어 20년이나 위인 한용운과의 결혼을 결의했다. 병원장 노모가 그녀를 데리고 성북동 골짜기의 공사 현장에 달려왔다.
> 한용운과 유숙원은 서로 너무나 늦게 만난 것이다. 그러나 만남은 어떤 만남이든지 일찍 만난 것도 아니며 만나야 할 때의 운명으로 만난 것이다. 그는 그녀를 새삼스

럽게 이모저모 뜯어보지 않았다. 그렇게 늦게 만난 사이라면 그것 자체만으로도 서로의 인연이 맞아 버린 것이기 때문이다.

그러나 그들은 새삼스럽게 혼례식을 거행할 수는 없었다. 한용운은 그의 결혼을 친구들에게 알리지 않았다.

나허고 갑시다. 갈 데가 있소라고 그는 그녀에게 단도직입으로 말하고 앞장섰다. 그녀는 물론 뒤따랐다.

그들은 성북동에서 걸어나와 돈암동 신흥사에 이르렀다. 신흥사 대웅전에 들어갔다. 한용운은 우물에서 정화수 한 그릇을 떠다가 법상에 놓았다. 향을 사르고 촛불을 켰다. 그것이 화촉이었다. 불전에 오체투지五體投地의 정체 3배頂體 三拜를 함께 마치고 상견례로 서로 절을 하고 절을 받았다. 그리고 반지를 끼워주는 대신 한용운은 신부 유숙원의 무명지를 꼬옥 잡았다. 이어서 손목을 굳게 잡았다.

이제 우리는 해로의 연을 맺었소. 이제 우리는 부부가 되었소. 고불古佛이 우리를 증집證執하였소. 어떠하오?
예에. 평생을 모시겠습니다.

신부는 적연하게 그러나 맑은 목소리로 대답하고 처음으로 한반도의 신화적인 실제 인물인 한용운을, 큰 산을 우러러 보는 듯이 바라보았다. 한용운의 못생긴 얼굴, 의지의 덩어리로 다져진 얼굴에 물무늬와 같은 미소가 엉겼다.

그리하여 그들의 첫날밤은 종로의 여관에 나와서 보내게 된 것이다. 그는 한 이불 속으로 들어가기 전에 신부 유숙원을 엄숙하게 앉혀 놓고 말을 했다.

… 나는 그대 지아비로서 좋은 지아비 노릇은 하지 못할 거요. 나는 이렇게 아내를 맞이하기는 하였으나 중을 그만 둔 것은 아니며 또한 이 나라 생각을 떨쳐 버릴 수도 없소. 이 점을 깊이 생각해서… 지금이라도 내가 좋지 않거든 이곳에서 나가도 좋소.

그러나 그녀는 그 말을 듣고 방을 나가지 않았다. 다만 고개만을 숙였다. 그녀의 고개를 그가 치켜세웠다. 그리고 옷을 벗겼던 것이다.

이렇게 하여 세속적으로 지극히 여자와의 인연이 없었던 한용운에게도 새로운 개인사가 시작된 것이다. 그들은 그렇게 결혼했다. 그리고 그 결혼은 바로 그들이 살 집을 마련하는 공사에 바로 뛰어들어서 재목을 나르고 목수들의 밥을 짓고 마당을 넓혀야 했던 것이다. 한용운의 화초 가꾸기 버릇 때문에 그의 완화玩花를 위해서 대지 몇 평을 더 살 수 있었다.

1933년 겨울 그들은 성북동의 신거생활新居生活을 시작했다. 이른바 한용운의 심우장 시대가 개막되어서 그가 죽기까지의 10년 동안의 마지막 삶이 이루어진 것이다.

그러나 건축비의 빚은 그가 죽을 때까지 따라다녔다. 한용운의 정력은 아직도 꺼지지 않았던 것이다. 그들은 행복했다.[8]

---

[8] 고은, 앞의 책, 365~367쪽.

북향으로 지은 심우장의 사연

 때로는 삼림의 맹호처럼, 때로는 산사의 선승처럼, 때로는 행운유수行雲流水의 방랑객처럼, 때로는 골방의 논객 시인처럼, 그렇게 자유분방하게 살아온 만해도 일제의 광기와 제도의 철벽 앞에서는 더 이상 어찌해 보기 어려운 상황이 되었다. 지치기도 많이 지쳤을 터다. 나이도 50대 중반에 이르렀다.

 천하의 호걸이 재혼을 하여 단칸방에 신방을 차린 궁색한 생활을 지켜본 지인들이 성북동에 거처를 마련해주기로 하였다. 방응모, 박광 그리고 부인 유씨의 지참금과 홍순필, 김병호, 운상태 등 유지들이 마련해준 성북동 골짜기의 심우장이 그것이다.

 집값의 약 300원이 부족한 돈은 홍순필의 주선으로 금융조합에서 차용하여 월부로 변상하다가 만해 사망 뒤에 김용담 씨가 변상하였다. 땅은 지사승 벽산碧山 스님이 자기가 집을 지으려고 사 두었던 땅을 선뜻 내주었다. 대지가 52평이었다. 거기에 60여 평을 보태어 집을 짓게 되었다. 중등학교의 수학 교사 최규동이 설계를 맡아 5간 한옥의 설계를 하고, 집을 지을 때는 제자 박광, 김관호가 많은 일을 거들어 주었다. 이렇게 하여 난생 처음으로 자기 집이 마련되었다. 가사장삼 한 벌에 운수납자雲水衲子의 생활에서 거처를 마련한 것이다.

집을 지을 때 한국적인 전통에 따라 여름에는 시원하고 겨울에는 볕이 잘 드는 남향으로 집터를 잡고 공사가 시작되었다. 그러나 뒤늦게 이를 알게 된 만해가 설계자와 인부들에게 호통을 쳐서 고치도록 하였다. 남향하면 돌집(조선총독부 건물)을 바라보게 될 터이니 차라리 볕이 덜 들고 여름에는 덥더라도 북향하는 집을 짓도록 한 것이다. 지금도 남아 있는 심우장이 동북향으로 지어지게 된 사연이다.

택호宅號는 '소를 찾는다'는 뜻으로 심우장尋牛莊이라 손수 지었다. 소는 마음에 비유한 것이므로 마음자리를 바로 찾아 무상대도無上大道를 깨치기 위해 공부하는 집이라는 의미다. 다음의 글에서 만해의 소에 관한 학식의 일면을 보게 된다.

> 성북동의 일우一隅에 소거小居를 복卜하고 심우장이라 명명하였다. 심우라는 뜻은 일반으로 알려진 것이 아니어서 가끔 지나는 사람들이 심우장이라는 문패를 보고서

"심우장? 심우장? 아마 이것이 목장인가보다" 하는 말을 하게 되는 것도 그다지 괴이한 일은 아닐 것이다.

소는 비유로서 불교 중에 많이 쓰이는 것이거니와, 그 유래를 간단히 들자면 열반경 18에 불을 찬탄하되 인중우왕人中牛王이라 하고 무량수경 하에 보살의 덕을 찬탄하되 유여우왕 무능승자猶如牛王 無能勝者라 하고 승만경勝鬘經에 여우왕 형색무비 승일체우如牛王 刑色無比 勝一切偶라 하여 불보살에 비譬하고 대비파사론大毘婆裟論 177 석가보살게釋迦菩薩偈에 장부우왕대사문심지산림편무등丈夫牛王 大沙門尋地山林遍無等이라 하고 법화경法華經 비유품에 양차 녹차 우차羊車 鹿車 牛車로 성문 연각 보살聲聞 緣覺 菩薩의 3승三乘에 비하고 불제자 교범시橋梵提의 역명譯名을, 무량수경에는 존자우왕尊者牛王이라 하고 여경余經에는 우사 우적 우상심牛飼 牛跡 牛相尋 등으로 역하였다.[9]

만해의 많은 글 중에서 「심우장설」은 그의 넓고 깊은 학식을 돋보이게 하는 명문으로 꼽힌다. 소와 관련한 불교의 모든 설화·시화·우화 등을 인용하면서 자신의 우관牛觀을 대하폭수처럼 펼친다.

이와 관련한 시 3편을 인용한다. 한문을 번역한 것이다.

---

9 「심우장설說」, 『한용운전집』 1,228쪽, 신구문화사.

(6)

멀리 소를 타고
돌아가는 길

피리 소리 들려 오네
저녁놀 빛!

한 박자 한 곡조의
무한한 뜻은

아는 이면 어이 꼭
입을 놀리랴.[10]

(1)

아득히 풀 헤치며
소를 찾아도

물 넓고 산도 멀어
길은 끝 없네

[10] 앞의 『전집』, 232쪽.

몸과 마음 지쳤는데
찾을 곳 없고
들리느니 단풍나무
늦매미 소리![11]

(7)

소 타고 이미 집에
이르고 보니

마음에 소 떠나고
한가하기만….

해가 높이 떠서야
일어나는 잠.

고삐는 초당草堂 안에
뒹굴고 있고.[12]

만해는 젊은 신부와 심우장에서 뒤늦은 신혼 살림을 시작하게 되었다. 개인적으로는 이 무렵이 그나마 일생에서 가장

---
[11] 앞의 『전집』, 232쪽.
[12] 앞의 『전집』, 232쪽.

안온한 생활이었을 것이다. 심우장이라는 한자 현판은 위창 오세창이 쓰고 서재 벽에는 이당 김은호, 일주 김진우, 우당 유창환의 그림이, 심우장 선실 벽에는 석정石丁 안종원의 '무애자재'無礙自在 휘호가 걸렸다. 만해에게는 너무 잘 어울리는 내용이었다.

만해는 화초를 무척 좋아하였다. 그의 방에는 언제나 화초분이 몇 개씩 놓여 있었다. 화초 중에는 풍란도 있었고 국화분도 있었다. 감옥에 갇혔을 때 면회 온 사람에게 화초 관리를 부탁할 만큼 애정을 갖고 있었다.

> 그의 거처하는 방에는 언제나 화초분이 몇 개씩 있고, 또 정원에도 화초를 많이 재배한다. 사社의 일을 보고 돌아가면 오직 화초에 물주기와 재식하기를 큰 낙으로 삼는다. 그는 화초를 어찌나 사랑하는지 재작년 11월 학생 사건 때에 그가 일시 감금되었었는데 그는 그의 친지 모 씨에게 면회를 청하고 특히 자기의 재배하는 화초를 움 속에 잘 넣어서 얼어 죽지 않게 하여 달라고 부탁을 하고 계속하여 말하기를 그 화초는 자기 생명의 한 부분이라고까지 말하였다 한다. 그만하면 그의 화초 기호 기벽이 어떠하였는가를 짐작할 수 있다.[13]

---

13 유동근, 「만해 한용운씨 면영面影」, 『한용운사상연구』 9, 18~19쪽.

김동삼 선생 5일장을 지내다

  심우장에서는 여러 가지 역사적인 일들이 일어났다. 『흑풍』 『박명』 『후회』 등의 신문 연재 소설과 적지 않은 글이 여기에서 집필되었다. 그리고 무엇보다 당시 금서로 묶여 있던 단재 신채호의 『조선상고사』를 부도 속에 넣어 '단재탑'을 만들려다가 사전에 발각되어 곤욕을 치러야 했다. 단재의 묘비명도 이곳에서 썼다.

  또 한 가지 특기할 일은 애국지사 일송 김동삼 선생의 5일장을 심우장에서 지내게 된 일이다. 김동삼은 국권이 강탈되자 만주로 망명하여 1918년 김좌진 등과 함께 「독립선언서」를 발표하고 서로군정서의 참모장 등을 지낸 독립운동가다. 만주에서 동포의 권익신장에 힘쓰다가 1931년 일제의 만주침략 때 피체되어 서대문형무소에서 수감 중 1937년에 옥사하였다. 만해는 독립운동가 중에서 누구보다도 김동삼의 인물됨을 꿰뚫고 있으면서 조국이 해방되어 혼란이 일게 되면

이를 수습할 수 있는 큰 지도자로 점찍고 있었다.

기대를 모았던 김동삼의 갑작스런 죽음 소식을 듣고 며칠 동안 통곡을 하였다. 연고자는 시신을 인수해 가라는 공고가 나붙었는데도 총독부의 눈이 무서워 어느 누구도 그 시신을 책임지려 하지 않았다. 만해는 서대문형무소로 달려가 시신을 업고 심우장까지 걸어와서 5일장을 지냈다. 이것은 마치 사육신의 찢긴 시신을 혼자서 몰래 수습하여 매장한 매월당 김시습의 행위와 닮은 것이었다.

생전에 심우장을 찾아서 만해로부터 직접 듣고 본 것을 기술한 제자 최범술은 김동삼의 장례와 관련하여 다음과 같이 썼다.

> 일송 선생이 서대문감옥에서 옥사하신 직후 그 유해를 찾아가라는 신문 보도가 있었으나, 일제의 악독한 주목받기를 꺼리어 누구 하나 일송 선생의 유해를 인수할 사람이 없을 때에, 만해 선생은 즉시로 서대문감옥으로 찾아가 일송 선생의 유해를 인수하였다. 그 뒤 그 시신을 자기 자택 안방에 옮겨 모신 후 5일장을 치를 무렵에, 이 소식을 들은 국내 유지들은 모두들 심우장에 운집하였던 것이다.
>
> 그때 참석한 인사를 몇 사람 꼽을 것 같으면 정인보, 홍벽초, 김병로, 이인李仁 씨 등 무려 수백 명이었다 한다. 만해 선생은 일송 영구를 껴안고 방성통곡하였는데, 평생에 만해 선생이 눈물을 흘린다거나 또는 호곡한다는, 만

해 선생을 아는 사람은 처음이었을 것이며, 또한 단 한 번이었을 것이라고들 말한다.

이때에 어떠한 사정이었는지는 알 수 없는 일이지만, 송진우 씨를 비롯한 D신문계의 인사만은 보이지 않았다는 것이다. 그때에 누군가 한 사람이 이 점을 물었을 때에 만해 선생은 말하길, "사람을 알아볼 수 있는 것이 그리 쉬운 것은 아닐 것이며, 또한 일송 같은 인물을 알아 볼 수 없는 사람들로서는 아마 참석 못됨이 아니겠느냐!" 다시 말해서 불참한 인사들은 일송의 인물을 알아 보는 안목이 없었던 것을 시사하여 주고 있다.

그리고 일송이야말로 우리들이 어떠한 경우에 이르렀을 때도 큰 책임을 질 수 있는 놀라운 인격의 소유자였던 것을 말하였다. 마음속 깊이 슬퍼하였던 만해 선생을 본 이들은 그때의 만해 선생 풍모가 눈앞에 선히 나타나는 것처럼 말하곤 한다.[14]

---

14 최범술,「철창철학」,『나라사랑』, 제2집, 84쪽.

제 13 장

심우장에 촛불은 꺼지고

> 만약 3·1운동 이후 만해와 같은 인물이 없었다면 한국의 독립의식과 평화사상은 무력해질 가능성이 많다. 우리는 다시 만해의 투철한 자유평등 사상을 종교적 차원에서 음미할 때가 왔다. 당시의 독립자존의 조국 사상을 재조명함으로 오늘의 한국 불교인이 어디에 서야 할까를 각성하여야 한다.
>
> — 목정배, 「한용운의 평화사상」

전시 동원 체제에서 어용 단체 속출

 근대 시민사회가 형성되는 과정에서 일본은 한번도 '밑으로부터의 혁명'을 거치지 못하였다. 이것은 전후에서 지금까지도 마찬가지다. 미국, 영국, 프랑스, 독일, 러시아, 중국에 이르기까지 대부분의 주요 국가들은 시민혁명의 과정을 겪었다. 그러나 일본은 메이지 유신이 있었지만 그것은 위에서부터 이루어진 변혁이고 개혁일 뿐이었다. 그래서 쉽게 전시 체제로 변하고 침략 전쟁을 감행하게 되었다. 이런 구조는 지금도 별로 바뀌지 않았다. 일본에서 동원 체제가 가능한 것은 이를 제어하는 근대적인 시민 계급이 부재不在하기 때문이다.

 일제는 만주 침략에 이어 중일전쟁을 일으키고, 여기서 멈추지 않고 태평양전쟁을 도발하였다 .1938년 4월 「국가총동원법」을 공포하여 인적·물적 자원을 마음대로 동원·통제하였다. 이 무렵에 강제징용제를 실시하여 그동안 허울뿐인

지원병제를 버리고 노골적으로 학생·청년들을 전장에 강제 동원하기 시작했다. 1939년부터 일제 패망 때까지 강제 동원된 조선인은 113만~146만 명에 달하였다.

이들은 침략전쟁에는 물론, 탄광·금속 광산·토건 공사·군수 공장 등에서 살인적인 노동에 혹사당하였다. 이른바 '근로 동원'이란 이름으로 어린 학생들까지 군사 시설 공사에 동원했으며, 1944년에는 「여자정신대근무령」을 공포하여 12세~40세까지의 여성 수십만 명을 강제 징집하여 군수 공장에서 일하게 하거나 군대위안부로 끌어갔다.

인력만 동원한 것은 아니었다. 1939년 「조선미곡배급조종령」을 제정하고, 1940년 임시 미곡 배급 규칙과 미곡 관리 규칙을 만들어 쌀의 자유 시장을 완전히 폐쇄하고 배급제와 공출제를 실시하였다. 소작 농민들에게까지 공출량을 미리 할당하는 할당제, 할당량을 마을 연대 책임 아래 납부케 하는 마을책임제를 만들어 농민의 최소한의 식량마저 빼앗아 갔다. 1940년부터는 전 생산량의 40~60퍼센트가 강제 공출되었으며, 그 결과 농촌의 피폐화는 더욱 극심해졌다.

일제의 수탈은 이중삼중으로 자행되었다. 1937년 8월에는 전쟁 협력을 위한 국방비 헌납을 목적으로 이른바 애국금차회愛國金釵會란 것을 조직하여 금비녀·금반지·금귀걸이 등 귀금속을 뽑아갔다. 여기에는 친일파들의 부인과 친일 여류 인사들이 망라되어 선전 활동을 벌이고 일반 가정의 결혼반지와 아이들 백일 반지까지 빼앗아갔다.

전쟁 협력을 위한 교화운동을 목적으로 59개 친일 단체와 친일 인사 56명이 참가하여 '국민정신총동원조선연맹'이 만들어지고(1938. 6), 같은 시기에 '시국대응 전선全鮮사상보국연맹'이 조직되었다. 좌우익 전향자 200여 명이 참여하여 "황국신민으로서 일본 정신 앙양에 노력하고 내선일체의 강화·철저를 기한다. 반국가적 사상을 파쇄격멸하는 육탄용사가 되기를 기약한다. 국책 수행에 철저히 봉사하고 애국적 총후 활동의 강화·철저를 기한다"는 「결의문」을 채택하면서 침략 전쟁과 황민화 정책의 선봉대가 되었다. 박영철, 이승우, 고경흠, 박영희, 한상건, 현제명 등이 임원에 선정되었다.

잔혹한 군홧발에 민족혼 짓밟히고

　조선임전보국단은 1941년 10월에 발족되었다. 전시 체제 하에서 황민화운동의 사상 통일을 강화한다는 목적으로 친일 단체와 친일 인사들이 총망라되어 조직되었다. 박중양, 윤치호, 한상룡, 이진호가 고문을 맡고, 단장에 최린, 부단장에 고원훈, 그밖에 모윤숙, 주요한, 이광수, 김동환, 김연수, 박흥식, 이종린, 방응모, 유억겸, 장덕수, 최남선, 현준호 등이 간부직을 맡았다. 이들은 군수품헌납운동을 벌이고 전국을 돌며 시국 강연회를 열어 청년들은 전장으로, 처녀들은 정신대로 나가서 '애국자'가 되라고 독려하였다.

　조선문인협회와 국민시가연맹 등 4개 어용 문인 단체가 1943년 4월에 결성되었다. 어용 문인들은 "대동아전쟁 결전 단계에 세계 최고의 황도 문학을 수립하고자, 배우는 문학자로서의 굳은 결의를 표명하며 성은에 보답할 것을 맹세한다"는 선언문을 발표하고 종군 작가 강연회, 일본 작가 환영 간

담회, 해군 찬양시 낭송회, 출진학도 격려 대회 등을 열었다.

조선의 언론인·지식인·문인 대부분이 이들 단체에 가입하여 일제의 침략 전쟁을 미화하면서 청년들을 총알받이로 끌어내거나 '공출'을 독려하는 하수인으로 전락하였다. 한국 지성의 추악상을 총체적으로 보여주는 부끄러운 모습이었다.

조선 사회에서는 어용의 나팔 소리가 요란하고, 조상의 제사용으로 숨겨둔 양곡까지 빼앗아 가는 광란의 거대한 수용소군도에서 조선 정신은 철저하게 짓밟히고 망가져 가고 있었다. 대부분의 식자들은 살아남기 위해, 출세하기 위해, 일제 지배가 200년은 더 갈 것 같아서, 타의에 의해서, 자의에 따라서, 친일 대열에 앞장서거나 합류하고 있었다.

조선 땅 어디에도 희망의 초원은 남아 있지 않은 듯하였다. 사나운 말발굽과 군홧발 길에 강토는 심하게 짓밟히고 민족혼은 증발된 지 오래되어 보였다. 하지만 꼭 그런 것만은 아니었다. 아무리 눈보라 심한 엄동에도 싱싱하게 살아 숨쉬는 소나무가 있듯이 외세의 지배와 억압이 심해갈수록, 우리말과 우리 글이 탄압받을수록, 이를 지키고 가꾸려는 일군의 전사들이 있었다. 조선어학회 회원들이다.

그러나 광란하는 일제의 칼날은 마지막 비탈에 선 전사들까지 남겨 두지 않았다.

1942년 10월, 일제는 이윤재, 이극로, 최현배, 이희승, 한징, 이은상, 안재홍 등 조선어학회 회원 30여 명을 검거하였다. '학술 단체를 가장한 독립운동 단체'라는 죄명으로 이들을 기소하고 혹심한 고문을 하여 이윤재와 한징은 옥사하였다.

조선어학회의 활동에 경외敬畏를 보였던 만큼이나 회원 중 일부의 일탈에 비판도 심하였다. 어느 회합 장소에서 만해는 조선어학회의 이극로를 만났다. 이극로는 일제의 강권에 못이겨 학도병 출정을 권유하는 연설을 한 일이 있었다. 조선어학회를 살리기 위해 부득이한 일이었다고 변명하는 이극로에게 "더럽게 변했구나. 어찌 그리 어리석은가. 그것이 오래 갈 것 같은가"라고 힐책하였다.

일제의 거대한 병참기지가 된 조선의 백성들은 먹고 사는 것도 어려운 세상이 되었다. 만해는 성북동에 신접살림을 차렸지만 생활이 어렵기는 일반 동포들과 별로 다르지 않았다. 오히려 '불령선인'으로 낙인되고 배급에서도 빠지면서 살림살이는 더욱 어려워졌다. '님'을 잃어버린 시대에 '궁핍한 시인'은 어렵게 살아가고 있었다. 신문에 연재하는 소설의 원고료가 유일한 소득원이었다. 그는 생활의 수단으로 소설을 썼을지도 모른다.

⬤딸 영숙 태어나다

　재혼 이듬해인 1934년 9월 1일 딸이 태어났다. 영숙英淑이라고 이름을 지었지만 창씨개명을 하지 않은 관계로 호적 신고를 할 수가 없었다. 아이는 잘 자라났다. 생활비를 벌기 위해 만해는 여기저기 소설을 썼다.

　이 부문에서 신채호와는 차별성이 있어 보인다. 신채호는 망명지에서 중국의 신문에 논설을 쓰면서 자신의 동의 없이 어조사 하나를 뺏다고 하여 그 신문에 글쓰기를 마다하였다. 유일한 생활의 방편이었던 원고료 수입을 스스로 차단시켜 버린 것이다. 신채호는 국내 신문에서 자신의 사론史論이 연재된다는 사실을 뒤늦게 알았다. 그리고 그 신문이 일본 연호를 쓰고 있다는 사실도 알았다. 신채호는 단호하게 자신의 글을 싣지 말도록 조처하였다.

　만해는 일본 연호를 쓰고 있던 신문에 비록 소설이라고는 하지만 글을 연재하면서 사주들과도 자주 어울리고, 그들의 물질적 지원도 받았다. '열린 마음'이었을까, 아니면 '역사관'에 문제가 있었던 것일까. 그것도 아니라면 식민지 현장과 망명지의 차이 때문이었을까.

재정난으로 휴간되었던 『신불교』 제1집을 낸 것이 1937년 3월 1일이다. 3월 1일을 기해 『불교』지에 '신新' 자를 붙여 '신장개업'을 하였으나, 재정이 어렵기는 마찬가지였다.

1936년 7월 16일 다산 정약용 서세逝世 100주년을 맞아 정인보, 안재홍 등과 서울 공평동 태서관에서 100주년 기념회를 열었다. 그리고 『신불교』를 비롯한 여기저기에 여러 편의 글을 썼다. 1938년 11월에는 만卍당 당원들이 일제히 피검되면서 더욱 심한 감시를 받게 되었다.

1939년 7월 12일(음)은 만해가 예순한 살의 회갑을 맞는 날이었다. 암담한 시대에 회갑연이 무슨 의미가 있느냐고 만류하였지만 박광, 이원혁, 장도환, 김관호가 중심이 되어 서울 청량사에서 간소한 회갑연을 열었다. 이 자리에는 오세창, 권동진, 이병우, 안종원 등 민족적 자아自我를 어렵게 지켜온 인사들이 참석하였다. 개중에는 일제에 협력하는 두 얼굴의 사나이들도 없지 않았다.

만해는 회갑날 시 한 편을 남겼다. 「회갑날의 즉흥」이다.

「회갑날의 즉흥」

바쁘게도 지나간
예순 한 해가

이 세상에선 소겁小劫같이
긴 생애라고.

세월이 흰머리를
짧게 했건만

풍상도 일편단심
어쩌지 못해….

가난을 달게 여기니
범골凡骨도 바뀐 듯.

병을 버려 두매
좋은 방문方文 누가 알리.

물 같은 내 여생을
그대여 묻지 말게

숲에 가득 매미 소리
사양斜陽 향해 가는 꿈을.[1]

  신채호에 대한 만해의 흠모와 애정은 각별하였다. 신채호의 묘비를 세운데 이어 1942년 신백우, 박광, 최범술 등과 그의 유고집을 간행하기로 하고 원고를 수집하였다. 그러나 전시 체제의 이중 삼중 통제 속에서 유고집 간행이 쉬운 일이 아니었다. 이 무렵에 『통도사 사적』을 편찬하기 위해 많은 자료를 수집하였으나 역시 시대 상황으로 완성하지 못하였다.

  총독부가 창씨개명을 강요하고 나서자 박광, 이동하 등과 창씨개명 반대 운동을 벌이고, 1943년에는 조선 청년의 학병 출정을 반대하였다. 하지만 이와 같은 만해의 활동은 시국의 거대한 물결에 흔적도 없이 파묻히고 말았다.

---

1 『한용운전집』 1, 186쪽.

"최남선은 이미 죽어 장송했소"

 심우장 시절, 만해에게는 적지 않은 일화와 대쪽 같은 성격으로 인하여 발생한 여러 가지 비화가 있었다. 자세한 것은 뒤에서 별도로 소개하기로 하고, 여기서는 몇 가지만 살펴본다.

 서울 청량사에서 어느 지기의 생일잔치에 초대되었다. 이 자리에는 각계의 유력 인사들이 다수 참석하였다. 이때 중추원 참의 정병조가 일제가 충남 부여에 건설중인 신궁神宮의 낙성식을 화제로 이야기하던 중 낙성식에 많은 사람이 모인 것을 '서민자래'庶民自來라 하였다. 이 말은 『시경詩經』에 나오는 고사로 어진 임금이 집을 짓는 데 많은 백성이 자발적으로 참여하여 하룻만에 지었다는 내용이다. 일제가 추진한 신궁은 이른바 일선동조론을 내세워 한민족을 말살하려는 간교한 식민 지배 정책의 일환이었다. 그것은 정병조가 예시한 고사하고는 도저히 적합한 비교가 될 수 없는 것이었다.

이 말을 듣던 만해는 격노하여 그 자의 면상에 재떨이를 집어 던지고 질타하면서 자리를 박차고 나왔다.

3·1운동 때 「독립선언서」를 지은 육당 최남선은 변신하여 이른바 자치운동을 주장하면서 일제와 타협 노선에 나섰다. 1925년에는 총독부 어용 단체인 조선사편수회편수위원이 되어 식민주의 역사학의 한국사 왜곡에 참여하고, 중추원 참의를 지냈으며 관동군이 만주에 세운 건국대학에서 교편을 잡았다. 1급 친일파로 변절한 것이다.

어느날 길을 가는데 최남선이 뒤쫓아와서 아는 척을 하였다. 그러나 만해는 단호한 어조로 "내가 아는 최남선은 벌써 죽어서 장송葬送했소" 하고는 뒤도 돌아보지 않고 가던 길을 재촉하였다.

다음과 같은 일화도 전한다. "1930년대 후반에 접어들어 육당이 노골적인 친일의 길에 나서자 만해는 동지들을 불러놓고 '이제부터는 왜인에게 종노릇을 자청해서 조선의 의기로부터 떠나서 죽은 고故 최남선의 장례식을 거행하겠습니다'라고 선언했다" 한다.[2]

최린에 대해 얽힌 일화도 있었다. 만해와 함께 3·1운동을

---

2 이선이, 「구세주의와 문화주의-만해와 육당」, 『유심』, 177쪽, 22호, 2005년 가을.

주도한 최린은 변절하여 중추원 참의를 거쳐 총독부 기관지 『매일신보』사장, 임전보국단 단장 등 역시 1급 친일 주구 노릇을 하고 있었다.

최린은 한가닥 양심이 남아 있었던지 어느 날 심우장으로 만해를 찾아왔다. 만해가 부재중이라 어린 딸 영숙의 손에 당시로서는 거액인 100원짜리 지폐 한 장을 쥐어주고 돌아갔다. 이 사실을 안 만해는 부인과 딸을 꾸짖고는 명륜동 최린의 집으로 달려가 문틈으로 돈을 던지고 돌아왔다.

만해의 청절 고고함이 이러했다. 변절자들을 질타하고, 자신을 지키는 데 철저하고 엄격하였다. 그는 최후의 인격체로서, 고독한 시인과 독립지사와 불교 개혁의 전사로서 제자리를 지키고 있었다.

날이 갈수록 일제의 폭압은 악랄해지고, 더불어 친일파들의 배족背族 행위도 심해졌다. 일제 앞잡이들의 망동은 일본인들 못지 않았다. 오히려 저들에게 잘 보이고자 동족을 더 심하게 학대하거나 수탈하는 자들도 적지 않았다. 만해에게는 전담 조선인 형사가 찰거머리처럼 따라다니고 있었다. 어디를 가든지 뒤를 쫓아다녔다. 어쩌면 그 자도 먹고 살기 위해 어쩔 수 없이 일제 앞잡이 노릇을 하고 있었을지 모른다. 그러나 친일 행위자들 중에는 '악질'도 많았다. '동족의 피를 빠는 무리들'이었다. 「모기」라는 시는 바로 이런 현상을 두고 쓴 것이다.

「모기」

모기여 그대는 범의 발톱이 없고
코끼리의 코가 없으나 날카로운 입이 있다.
그대는 다리도 길고 부리도 길고 날개도 찌르지는 아니하다.
그대는 춤도 잘 추고, 노래도 잘하고 피의 술도 잘도 잘 먹는다.

사람은 사람의 피를 서로서로 먹는데
그대는 동족의 피를 먹지 아니하고 사람의 피를 먹는다.

아아, 천하만세를 위하야 바다같이 흘리는 인의지사仁義志士의 피도 그대에게 맡겼거든
하물며 구구한 소장부의 쓸데없는 피야 무엇 아끼리오.[3]

---

[3] 『조선일보』, 1936년 4월 5일.

호적이 없는 일생

 일제강점기에 국내에서 일제와 싸우는 데는 여러 가지 한계가 따를 수밖에 없었다. 만해가 택한 총독부 체제에 비협력 무저항운동은 그 중 한 가지 방법이었다. 그나마 만해의 위치나 되니까 가능한 일이었다. 그는 호적등재를 거부하고 창씨개명을 반대하고 신사참배를 거부하였다.

 일본이 통치하는 동안 총독부는 처음에는 민적民籍, 그 후에는 「호적법戶籍法」을 만들어 실시하였다. 조선인들은 옴짝달싹 못하도록 묶어 놓기 위해 만든 제도였다.

 만해는 처음부터, "나는 조선 사람이다. 왜놈이 통치하는 호적에 내 이름을 올릴 수 없다"고 하면서 끝까지 호적등재를 거부하였다.

 시집 『님의 침묵』에도 "나는 민적이 없어요"라는 구절이 있듯이 평생을 호적 없이 지냈다. 그래서 그가 받는 어려움은 한두 가지가 아니었다. 우선 법률적인 신변 보호를 받을 수 없었던 것은 물론, 모든 배급(쌀·고무신 등)에서도 제외되었다.

무엇보다도 큰 문제는 귀여워하던 외동딸 영숙英淑이가 학교를 다닐 수 없었던 점이었다. 아버지가 호적이 없으니 자식 또한 호적이 없는 것은 당연한 일이었다.

만해는 영면하는 날까지, "왜놈들의 백성이 되기는 죽어도 싫다. 왜놈의 학교에도 절대 보내지 않겠다" 하고는 집에서 손수 어린 딸에게 공부를 가르쳤다. 만해의 투철한 민족의식을 그대로 보여주는 일이다.

다음의 시에서도 '민적'을 갖지 않는 자신의 소신을 잘 보여주고 있다.

> 당신이 가신 뒤로 나는 당신을 잊을 수가 없습니다.
> 까닭은 당신을 위하느니보다 나를 위함이 많습니다.
>
> 나는 갈고 심을 땅이 없으므로 추수가 없습니다.
> 저녁거리가 없어서 조나 감자를 꾸러 이웃집에 갔더니 주인은 "거지는 인격이 없다. 인격이 없는 사람은 생명이 없다. 너를 도와주는 것은 죄악이다"고 말하였습니다.
> 그 말을 듣고 돌아나올 때에 쏟아지는 눈물 속에서 당신을 보았습니다.

나는 집도 없고 다른 까닭을 겸하여 민적이 없습니다.

"민적이 없는 자는 인권이 없다. 인권이 없는 너에게 무슨 정조냐" 하고 능욕하려는 장군이 있었습니다.

그를 항거한 뒤에 님에게 대한 격분이 스스로의 슬픔으로 화하는 찰나에 당신을 보았습니다.

아아 왼갓 윤리·도덕·법률은 칼과 황금을 제사 지내는 연기인줄을 알았습니다.

영원의 사랑을 받을까 인간 역사의 첫 페이지에 잉크칠을 할까 술을 마실까 망설일 때에 당신을 보았습니다.[4]

---

[4] 시 「당신을 보았습니다」, 전문.

불교사회주의에 경도되기도

 만해는 일제의 압제와 친일파들의 행위 그리고 외세에 빌붙어 동족의 피를 빠는 악덕 지주들의 행태를 지켜보면서 불교사회주의에 경도되어 갔다. 일제가 침략 전쟁을 감행하는 배경에는 군부 세력이 주도하는 천민자본주의적 경제 체제의 작용도 적지 않았다.

 만해의 불교개혁운동과 민중불교운동의 바탕에는 불교사회주의의 이념적 지향이 배어 있었다. 불타의 근본 정신이 무소유와 경제적 평등이라면 불교는 근본적으로 사회주의적 측면이 적지 않다고 봐야 할 것이다.

 불교사회주의Buddist Socialism는 상구보리上求菩提 하화중생下化衆生과 같은 대승불교의 교리가 현대화한 것으로 인식된다.[5]

---

5 조성면, 앞의 글, 209쪽.

만해는 1931년 11월 잡지 『삼천리』와 대담을 갖고 자신은 불교사회주의자이며 이에 대한 저술을 계획하고 있다고 밝힌 바 있다. 그러나 저술은 이루어지지 못하였다. 다음은 대담의 핵심 내용이다.

> 문 : 석가의 경제사상을 현대어로 표현한다면?
> 답 : 불교사회주의라 하겠지요.
> 문 : 불교의 성지인 인도에도 불교사회주의라는 것이 있습니까?
> 답 : 없습니다. 그렇지만 나는 이 사상을 가지고 있습니다. 기독교사회주의가 학설로서 사상적 체계를 이루고 있듯이 불교사회주의가 있어야 옳을 줄 압니다.[6]

만해는 이 대담이 있기 전에 이미 『조선불교유신론』에서 "유신이란 무엇인가. 파괴의 자손이요. 파괴란 무엇인가. 유신의 어머니다"라고, '파괴를 통한 건설'을 평등 이론으로 제시하였다. 그는 또 「소작 농민의 각오」라는 글에서 다음과 같이 주장한다. "농촌에 소비조합을 설립하고 농구·비료·기타 생활상 필요한 일용품을 공동으로 구입하여 쓰면 훨씬 싸게 사 쓸 수가 있을 것이다. 이외에도 문자 보급과 미신 타

---

6 『전집』 2, 292면, 재인용.

파에 대하여도 현재도 하고 있는 중이지만 이후에도 더욱 왕성할 것"이라고 하여 선각적인 공동체 이론을 제기하였다.

천추의 한 남긴 채 입적

만해는 자유인이었다. 체제와 제도와 구조와 인습의 틀에 얽매이지 않는 자유인이었다. 일제강점기에 국내에서 만해처럼 '자유롭게' 산 이도 드물 것이다. 그는 식민지 질서를 거부하였고, 불교의 관습에서도 해탈하였다. 정신적으로나 실제 생활에서 자유롭게 살았다. 자유혼의 상징이었다. 훼절자나 소인배들이 감히 가까이할 수 없는 기품을 갖고 있었다.

> 선생은 지조로 살아왔고, 사상으로 투쟁했고, 위엄으로 제압했고, 기백으로 물리쳤고, 의지로 못 박았고, 이론으로 극복했고, 행동으로 실천했고, 글로 외쳤고, 신앙으로 일어섰고, 인격으로 지도했었다.[7]

---

[7] 조종현, 「불교인으로서의 만해」, 『나라사랑』 제2집, 51~52쪽.

반만년 조선 역사에서 어느 때보다 광폭했던 시대에 66해의 옹골찬 생애는 만해와 같은 깨어 있는 영혼으로서는 대단히 견디기 어려운 연옥의 세월이었을 것이다. 비록 체제의 굴레에서 벗어난 자유혼의 인격이었다고는 하지만, 그만큼 정신적인 압박과 고통이 심했을 터다.

거목은 쓰러졌다. 자신의 싯구처럼 "바람도 없는 공중에 수직의 파문을 내이며" 소리 없이 스러졌다. 예순여섯 되던 6월 29일(음 5월 9일)이었다. 해방을 1년 여 앞둔 시점이다. 지난 겨울 눈을 쓸다가 쓰러져 반신불수로 고통을 받다가 결국 입적하고 만 것이다. 그토록 기구해 온 조국 해방의 날이 임박했는데도 이를 보지 못하고 세상을 떠났으니, 가히 천추의 한으로 남을 일이었다. 소용돌이치는 역사의 한복판에서 그 질곡의 상처를 자신의 상처로 겪으면서 아파했던 그이였다.

패망을 앞둔 일제의 광기는 이미 절정에 이르고 있었다. 앞에서 지적한 대로 조선 땅은 거대한 감옥이었고 국민은 죄인 아닌 죄수가 되어 침략 전쟁의 소모품으로 전락하였다. 1943년 징병제와 학병제가 실시되어 조선 청년들을 무차별적으로 전장으로 끌어갔다. 윤치호를 비롯한 친일파들은 "드디어 징병제가 실시되니 우리는 내지內地의 형제들과 보조를 같이하여 대동아전에서 싸우다 죽자"고 선동하였다.

운명의 장난이 가혹하였던지, 1943년 7월에 민족 시인 윤동주가 일본에서 검거되어 2년형을 선고받고 후쿠오카 형무소에 수감되었다. 윤동주는 해방을 보지 못한 채 감옥에서

숨을 거두었다. 1944년 1월에는 역시 민족 시인 이육사가 북경 감옥에서 옥사하였다. 만해가 이들의 뒤를 이은 것이다.

윤동주, 이육사, 한용운은 외적 치하에서 민중이 신음할 때, 민족이 가슴에 극심한 상처를 입고 피를 흘릴 때, 정갈한 민족의 언어로 저항시를 쓴 대표적인 민족 시인들이었다. 이들로 하여금 광복의 해방시를 쓰게 하지 않고 그 직전에 거두어간 하늘의 뜻은 무엇이었을까.

일제의 마지막 발악에도 불구하고 조선 민족의 해방을 위한 저항은 줄기차게 이어졌다. 중경에 있던 대한민국 임시정부는 1941년 11월 28일 일제의 패망을 내다보면서 「대한민국 건국 강령」을 발표하였다. 3·1운동의 정신을 이어받아 출범한 대한민국 임시정부는 중일전쟁의 전황에 따라 항일전을 계속하면서 중경에서 항전을 계속하고 있었다. 1942년 7월에는 김두봉이 연안에서 조선독립동맹을 조직하고, 1944년 9월에는 여운형이 지하 단체인 건국동맹을 결성하면서 광복에 대비하였다.

만해는 운명을 맞으며, 어둠이 짙으면 날이 밝을 시간이 멀지 않았다는 철칙대로 민족 해방이 임박했음을 알고 있었을까, 아니면 끝내 무명無明의 공간 속에서 버둥치다가 숨을 거두었을까. 만해는 『경허집』에서 "경허 스님은 육신을 초달해 작은 일에 걸리지 않고 마음대로 자재하며 유유자적했다"고 썼는데, 이것은 바로 자신의 생애이기도 했을 것이다.

장례식은 자신이 김동삼을 영결했던 미아리의 조그마한

화장터에서 불교의 관례에 따라 조촐하게 거행되었다. 일제의 삼엄한 감시로 많은 사람이 참석조차 하지 못하였다. 오히려 그것이 만해에게는 잘 어울리는 '의식'이었을 터다. 타다 남은 유골은 수습하여 망우리 공동묘지에 안장되었다.

시신은 장작불에 모두 소골燒骨이 되었으나 오직 치아만은 타지 않고 고스란히 남아 있었다. 불가에서는 불타지 않는 치아의 출현을 매우 귀하게 여기는 관습이 있다. 불타지 않는 치아를 두고 참석자들은 그의 생전에 쌓은 심오한 수법공덕修法功德에 감복하여 나타난 이적으로 생각하였다. 그리고 이를 조국 광복의 길조라고 여기면서 슬픔 속에서도 부푼 희망을 안고 합장하였다.

평소에 선생을 경모하던 정인보, 이인, 김병로, 김관호, 박광 등 지기지우며 후배들이 홍제동 화장장에서 다비를 만들었다. 습골을 하던 중 은색이 찬연한 '치아'를 거두게 되었다. 잔뼈 굵은 뼈가 산산이 다 소골이 되었는데, 오직 '치아'만은 고스란히 옥과 같이 하얗고 단단했었다. 모든 사람들이 경이에 찼었다. 더욱 선생의 법력法力에 경건하게 합장했었다.[8]

은색이 찬연한 선생의 '치아'는 선생 생전의 그 '성스

---

8 조종현, 앞의 글, 51~52쪽.

러움'을 증명한 것이요. 그 '높은 뜻'을 길이 우리 겨레에게 보시布施하신 것이 아닐까. '치아'는 곧 선생의 법신이다.

나는 선생을 그리워하며, 마음 깊이 거룩한 '치아'를 높이 받든다. '치아'는 은색이 찬연한 채, 지금 망우리 분묘에 모셔져 있다.[9]

---

9 조종현, 앞의 글.

「알 수 없어요」

만해의 대표 시집 『님의 침묵』에는 「알 수 없어요」라는 제목의 시가 실려 있다. 일반에 많이 알려진 시다.

바람도 없는 공중에 수직의 파문을 내이며, 고요히 떨어지는 오동잎은 누구의 발자취입니까.

지리한 장마 끝에 서풍에 몰려가는 무서운 검은 구름의 터진 틈으로, 언뜻 언뜻 보이는 푸른 하늘은 누구의 얼굴입니까.

꽃도 없는 깊은 나무에 푸른 이끼를 거쳐서, 옛 탑 위의 고요한 하늘을 슬치는(스치는) 알 수 없는 향기는 누구의 입김입니까.

근원은 알지도 못할 곳에서 나서, 돐부리(돌부리)를 울리고 가늘게 흐르는 적은 지내는 굽이굽이 누구의 노래입니까.

연꽃 같은 발꿈치로 갓이없는(가없는) 바다를 밟고 곱게 단장하는 저녁놀은 누구의 시입니까.

타고 남은 재가 다시 기름이 됩니다. 그칠 줄 모르고 타는 나의 가슴은 누구의 밤을 지키는 약한 등불입니까.

이 시는 만해가 자신의 생애를 운명적으로 예언하듯이 그린 '자화상'과 같다고 하면 비약일까.

시인 박두진은 이 시에 대해 "대자연의 조화의 묘나 그 섭리를 고요한 관조로써 호소력 있는 시정의 승화"를 보여 준 시라고 전제, 다음과 같이 평한다.

청정한 질서와 깊은 사색, 수명하고 절절한 시의 호소력이 거의 나무랄 곳이 없으면서도, 끝부분 '타고 남은 재가 다시 기름이 됩니다'의 시적 비약의 능력이 얼마나 비범한가를 보여 주고 있다. 이 구절에서 이루어 놓은 급격한 전환은, 이 시가 단순한 자연의 관조를 주제로 한 것이 아니고, 바로 실국의 비애, 잃어버린 나라, 그 일에 대한 절절한 애모와 신앙, 영원한 기다림의 신념을 보여 줌으로써 조국과 민족에 대한 불타는 지조, 부활과 소생에 대한 불멸의 원리를 제시해 보여 주고 있다.[10]

---

[10] 박두진, 『한국현대시론』, 50쪽, 일조각, 1970.

만해는 죽었다. 하지만 그는 죽지 않았다. "타고 남은 재가 다시 기름이 되어" 해방의 날을 밝히고, 불교 개혁과 민중 불교의 '등불' 되어 폐곽한 조선의 강토와 중생을 제도하게 되었다.

 만해는 누구인가. 그리고 그의 철학과 사상과 불교 인식은 무엇인가. 만萬 가지의 험한 길을 밟고, 넓은 바다海를 헤엄쳤지만 만해의 본체本體를 찾기란 쉽지 않았다. 겨우 그림자의 편린을 좇았다고나 할까. 생존의 만해는 스스로 육화肉化된 자기의 사상을 갖기 위해 부단히 탐구하여 드디어 '만해 사상'을 이루게 되었다.

만해, 누구이고 무엇을 남겼는가

　만해 사상의 핵심인 자유사상 · 평등사상 · 민족사상 · 인권사상 · 진보사상 · 민중사상이야말로 어려운 시대일수록 생생한 의미와 가치를 획득해 가기 때문이다. 그것은 이러한 만해의 문학과 사상이 인류의 근원적 양심에서 우러나온 휴머니즘 사상에 기초하고 있으며, 민족의 특수한 상황을 깊이 있게 인식한 투철한 역사 의식의 소산이기 때문이다.[11]

　그는 또 민중을 역사 창조와 민족의 주체로 보고, 시대적 상황의 변화와 사상의 성숙에 따라 불교사회주의까지 구상하기에 이르렀으나, 그것은 어디까지나 민족의 단위 안에서의 계급 개념에 불과했다고 볼 수 있다. 그는 민족

11　김재홍, 『한국현대시인연구』, 27쪽, 일지사.

독립을 최우선시하고, 정치 체제와 건국 이념은 그 후의 문제라고 파악하였다.

그 때문에 반제 투쟁에는 누구보다도 적극적이었으나, 실질적인 행동에 있어서 한국 민족주의의 일반적인 결함이라고 지적되는 대내적인 반봉건 투쟁에는 소극적이었다. 그러나 정치 체제의 문제가 단순히 독립 후의 문제가 아니라 민족독립의 성패에 관건이 됨을 생각할 때, 민족주의와 그 운동의 구체적인 진로를 제시하지 못한 지향성의 문제는 그 이론의 정당성에도 불구하고 기본적으로 인식상의 한계를 나타내는 것으로 보지 않을 수 없다.[12]

그의 불교는 19세기 후반과 20세기 전반을 누구보다도 열렬히 살았고, 그 삶으로부터 탁월하게 심화된 사상의 빛을 이끌어 내었던 인간 만해의 불가피한 표현인 것이지, 종교를 위한 종교, 형식에 머무르는 배타적 종교가 아니다. 염불당을 폐지하고 절의 위치를 시중으로 옮기며 승려의 결혼이 허용되어야 한다는, 당시로서 뿐 아니라 지금으로서도 대담한 주장을 함으로써, 즉 틀에 얽매인 종래의 불교를 거부함으로써 그는 불교인이 되었던 것이다.

종교를 통해서 현실을 잊고 현실을 초월한 것이 아니라, 종교를 토해서 현실을 좀더 깊이 있게 알았고, 깊이

---

12 이상철, 앞의 논문, 205~206쪽.

있게 삶으로써 비로서 현실을 넘어섰다. 종교는 만해에게 있어 적극적인 정신적 격투의 공간이지 결코 구원과 안식의 자리가 아니었다.[13]

만약 3·1운동 이후 만해와 같은 인물이 없었다면 한국인의 독립의식과 평화사상은 무력해질 가능성이 많다. 우리는 다시 만해의 투철한 자유평등사상을 종교적 차원에서 음미할 때가 왔다. 당시의 독립자존의 조국 사상을 재조명함으로 오늘의 한국 불교인이 어디에 서야 할까를 각성하여야 한다.[14]

매천梅泉의 선비 정신 그것도 의리와 학구와 절의에 근거한 정통 유교 정신의 일부를 만해가 확실히 이어받았음을 알 수 있는데 그것이 행동으로 나타난 것이 매천이 합방 전야 음독 자살한 행동 양식과 나라를 되찾고자 결사 행동한 3·1운동에서의 만해의 행동이었으니 그 양식의 차이점은 만해의 또 다른 양면성으로 유교적인 것과 불교적인 것에 의한 자합自合의 결과였다. 그 측면에서 특히 강조되는 것이 화엄경과 유마경 사상이다.

만해 행동 양식의 일단을 지적해 보자. 1919년 3·1운

---

[13] 염무웅, 「님이 침묵하는 시대」, 『나라사랑』제2집, 75쪽.
[14] 목정배, 「한용운의 평화사상」, 『불교학보』제15집, 『한용운사상연구』, 277쪽.

동 모의 당시 그 최고 참모 회의에서 불청객으로 돌연히 한밤중의 홍두깨처럼 검정 무명 두루마기에 검정 고무신을 신고 대추빛의 검붉은 조그만 얼굴을 불쑥 내밀고 필히 참석하길 주장하며 불교계 승려의 참가를 선언한 일이라든지 회의 막바지에서 최남선과 최린이 우유부단한 태도를 취하자 단연히 송진우와 함께 기어코 실행하여야 할 것을 주장하며 끝끝내 결행케 한 결단력, 만세 삼창을 떳떳하게 호쾌히 부르고 공약삼장을 첨가하여 문화 민족의 양심적 행동대열임을 역력히 보여서 근대 지성의 모범을 보였던 점 등이 또한 지적된다.[15]

한용운은 전통의 기반 위에서 서구사상을 주체적으로 수용하여 전통을 비판적으로 계승·발전시킴으로써, 그 사상이 현장성을 띠어 적극적인 힘으로 전화轉化되어 작용할 수 있었고 한국 근대 사상사에서 독특한 위치를 차지할 수도 있었다.

한용운 사상의 한계로서는 우선 사회과학적 안목과 지식의 부족을 들 수 있다. 비록 그는 시대의 흐름에 따라 자신의 사상을 성숙시켜 갔지만, 사회의 현실적이고 실천적인 과제를 해결해 나가는 데 있어서 구체적인 사회적 요인과의 관련에서 철저하게 규명하지는 못하였다. 그는

---

15 김종균, 『매천·만해·지훈의 시인의식』, 152쪽, 박영사, 1982.

근본적으로 사회의 제반 문제에 대처해야 할 인간의 도덕적인 자세에 역점을 두고 그 사상을 전개시켜 나갔던 것이다. 이러한 경향 때문에 그는 식민지 반봉건 체제의 사회 구조적 기반에 대한 인식이 부족하였다. 그 결과의 대표적인 일례로서는 민족주의 사상과 운동에서 지향하는 정치 체제나 구체적인 진로를 제시하지 못하였던 점을 지적할 수 있다.

이러한 한계의 이유는 그 사상의 양면성에서 찾을 수 있다. 그의 사상은 유심惟心과 인간 본질로서의 자유와 평등 개념에 기초를 두고 있으므로 당위성은 강하게 띠고 있으나, 바로 그 점 때문에 현실적인 한계도 가지게 되었던 것이다.

사상과 관련된 그의 행동에서 나타나는 한계는 그것이 주로 1개인의 적극적인 투쟁이 아니었는가 하는 점이다. 비록 그는 불교와 민족운동의 측면에서 여러 조직에 가담하여 적극적인 활동을 하였으나 그 조직은 자신이 중심이 되어 조직된 것은 드물었다. 민족지도자로서의 전국적인 명망에 비추어 볼 때 자기 조직의 결여는 큰 약점이다. 그 결과 지지 세력이나 계급도 일반적이고 막연한 불교도와 민중 외에는 찾을 수 없다. 따라서 그의 사상이 지속적인 운동으로 발전되지 못하였고, 그 사상을 직접 계승하는 조직적인 세력이나 집단이 결여되었다.

그 이유는 한용운 사상의 기본 구조와 당시의 객관적

상황을 들 수 있다. 그의 사상에서 유래한 투철한 행동은 일제의 정책에 대한 철저한 비타협을 특징으로 한다. 그러나 당시 국내 운동의 한계로 인하여 합법적인 조직이 철저한 비타협의 자세를 견지하는 데에는 근본적인 제약이 있었다. 그리하여 그는 타인들이 현실적 조건에 조금이라도 순응하면, 가차 없이 비판하고 독선적인 성향을 강하게 보였던 것이다. 그리고 한용운 자신의 기반인 불교계가 당시 암울한 상태에 있었다는 점도 조직적 활동에의 큰 제약이었다고 볼 수 있다.[16]

卍海는 중이냐?

중이 아니다.

만해는 시인이냐?

시인도 아니다.

만해는 한국 사람이다. 뚜렷한 배달 민족이다. 독립 지사다. 항일 투사다.

강철 같은 의지로, 불덩이 같은 정열로, 대쪽 같은 절조로, 고고한 자세로 서릿발 같은 기상으로 최후 일각까지 몸뚱이로 부딪쳤다.

마지막 숨 거둘 때까지 굳세게 결투했다.

---

16 이상철, 앞의 글, 205~206쪽.

꿋꿋하게 걸어갈 때 성역聖域을 밟기도 했다.

벅찬 숨을 터뜨릴 때 문학의 향훈을 뿜기도 했다.

보리수의 그늘에서 바라보면 중으로도 선사禪師로도 보였다.

예술의 산허리에서 돌아보면 시인으로도 나타나고 소설가로도 등장했다.

만해는 어디까지나 끝까지 독립 지사였다. 항일 투사였다.

만해의 진면목은 생사를 뛰어넘은 사람이다. 뜨거운 배달의 얼이다.

만해는 중이다. 그러나 중이 되려고 중이 된 건 아니다. 항일 투쟁하기 위해서다.

만해는 시인이다. 하지만 시인이 부러워 시인이 된 건 아니다.

님을 뜨겁게 절규했기 때문이다.

만해는 웅변가다. 그저 말을 뿜낸 건 아니고, 심장에서 끓어오르는 것을 피로 배알았을 뿐이다.

어쩌면 그럴까? 그렇게 될까? 한 점 뜨거운 생각이 있기 때문이다. 도사렸기 때문이다.[17]

만해가 가고 훗날, 그를 기리는 '만해상'이 제정되었다.

---

17 조종현,「만해한용운」,『한용운사상연구』, 122~123쪽.

새천년이 열리는 서기 2000년에는 제4회 만해 실천상 수상자로 리영희 교수가 결정되었다. 군부독재 치하에서 갖은 고난을 겪으며 민주화와 통일의 지평을 넓혀 온, 만해와 같이 정도를 당당하게 걸어온 이다. 그의 수상 소감에서 만해(상)의 가치를 찾을 수 있을 것 같다.

「상의 주격主格과 대상자의 품격品格」
- 리영희 교수의 만해상 수상 소감(발췌)

무릇 상賞의 권위는 상의 주격主格과 상이 주어진 대상자의 품격으로 평가됩니다. 상의 주격은 높고 거룩한데 상의 대상자가 그 이름에 어울리지 못하거나 오히려 그 이름을 욕되게 한다면 상의 권위에 흠이 될 수 있습니다.

제4회 만해상 수상자의 한 사람으로 저 같은 위인이 선정된 것이 혹시라도 상의 권위를 욕되게 하지 않을까 두렵습니다. 만해상의 주격이 무엇이며 누구입니까? 만해 한용운 선생이 아닙니까. 한용운 선생은 우리나라 근대사가 낳은 가장 탁월한 학자이며 종교인이며 사상가이며 동시에 사회운동가이며 국민계몽가였습니다.

민족이 외세의 제국주의의 노예가 되었던 20세기 전반의 전 기간을 통하여 한용운 선생은 그 모든 탁월한 자질을 오로지 민족의 해방과 독립을 위해서 어느 누구도 따를 수 없는 민족운동의 실천자로 치열하게 살고 투쟁하다 돌아가신 민족해방의 선구자였습니다.

전하는 바에 의하면 위당 정인보鄭寅普는 "인도에는 간디가 있고, 조선에는 만해가 있다"고 하였으며 "조선의 청년들은 만해를 우러러 본받아야 한다"고 하셨습니다. 또 벽초 홍명희는 그 당시 종교인으로서의 선생을 두고 "전 조선 칠천의 승려를 다 합하여도 만해 한 사람을 당하지 못한다. 만해 한 사람을 아는 것이 다른 사람들 만 명을 아는 것보다 낫다"고 갈파하였습니다.

이같이 빛나는 민족의 큰 별 한용운 선생의 실천 사상을 기리는 상을, 저같이 한 일이 없는 사람에게 수여한다는 것은 선생의 고결한 이름에는 물론, 상을 주관하는 만해사상실천선양회와 '만해상'의 권위에 흠이 되지 않을까 두렵습니다. 그러기에 근간 외국여행에서 돌아와 뒤늦게 제4회 만해상 수상자 선정 발표에 관한 국내 신문기사를 전해받고, 영광이나 기쁨의 생각보다는 그와 같은 두려움이 앞섰던 것입니다. 그리고 나의 심정을 선양회 관계자에게 피력하고 사양의 뜻을 밝힌 바 있습니다.[18]

---

18 『2000 만해축전』, 수상 소감, 만해사상실천선양회, 2000.

만해가 남긴 일화

「성곡城谷의 신동」

선생은 어릴 적부터 기억력과 이해력이 뛰어나 가끔 어른들을 놀라게 하였다. 그래서 마을 사람들은 그를 신동이라고 불렀으며, 선생의 집은 '신동집'으로 통했다 한다. 어느 날 만해가 서당에서 『대학大學』을 읽으면서 책의 군데군데 시커멓게 먹칠을 하고 있었다. 이상히 생각한 훈장訓長이 그 까닭을 물으니, "정자程子의 주註가 마음에 들지 않기 때문입니다"라고 대답했다.

이미 아홉 살 때에 『서전書傳』을 읽고 기삼백주朞三百註를 자해自解 통달했다고 하는 천재였지만, 훈장은 또 한 번 놀랐다.

「비녀가 소용없다」

만해는 1912년을 전후하여 장단長湍의 화장사華藏寺에서 「여자단발론」을 썼다. 당시 남자들에 대한 단발론이 사회적 물의를 크게 자아내고 있을 때 감히 여자의 단발을 부르짖은 것은 그의 선각적인 일면을 잘 나타내고 있다.

그러나 아깝게도 이 원고는 지금 전하지 않아 그 자세한 내용은 알 길이 없다. 그런데 그 무렵 만해는, "앞으로 20년쯤 후가 되면 비녀가 소용없게 된다"고 예측하였으며 좋은 금비녀를 꽂고 있는 부인을 보면, "앞으로 저런 것은 소용없게 될 텐데…" 하였다는 것이다.

「어서 덤벼 봐라!」

선생이 고성 건봉사乾鳳寺에 계실 때였다. 어느 날 길을 가다가 술에 취한 그 지방의 부자를 만났다.

"이놈, 중놈이 감히 인사도 안 하고 가느냐?" 하고 지나쳐 가려는 만해를 가로막고 시비를 걸었다. 만해는 못 들은 척하고 가던 길을 다시 재촉하자 그 부자는 따라와서 덤벼들었다. 만해가 한번 세게 밀었더니 그는 뒤로 나둥그러져 엉덩방아를 찧고 말았다.

만해가 절로 돌아온 얼마 후 수십 명의 청년들이 몰려

와 욕설을 하며 소란을 피웠다.

"이놈들, 어서 덤벼 봐라. 못된 버릇을 고쳐주겠다" 하고 드디어 화가 난 만해는 장삼을 걷어붙이고 힘으로서 대결하였다. 치고 받고 하여 격투가 벌어졌다.

자그마한 체구였으나 어릴 때부터 남달리 힘이 세었던 그를 당하는 사람이 없어 하나 둘씩 모두 꽁무니를 뺐다.

강석주姜昔珠 스님은 선학원禪學院 시절의 만해를 다음과 같이 회고하였다.

"선생은 기운이 참 좋으셨습니다. 소두小斗 말을 놓고 그 위를 가부좌跏趺坐를 한 채 뛰어넘을 정도였으니까요. 팔씨름을 하면 젊은 사람들도 당하지 못했지요."

만해는 심우장尋牛莊에서 종종 선학원을 찾아 갔는데 혜화동을 거치는 평지 길을 택하지 않고 삼청동 뒷산을 넘어 다니셨다. 그때 만해를 따르던 한 측근은 당시 그 일을 다음과 같이 회고한다.

"삼청동 뒷산을 넘을 때 선생은 어찌나 기운이 좋고 걸음이 빠른지 새파란 청년이었던 제가 혼이 났었지요. 그저 기운이 펄펄 넘쳤어요. 선생은 보통 걸음으로 가시는데 저는 달음박질을 해도 따라가지를 못했어요."

또 조명기趙明基 박사는 이렇게 말한다.

"만해 선생은 힘이 셀 뿐 아니라 차력借力을 하신다는 이야기도 전하고 있지요. 왜경이 뒤쫓을 때 어느 담모퉁이까지 가서는 어느 틈에 한 길도 더 되는 담을 훌쩍 뛰어

넘어 뒤쫓던 왜경을 당황케 했다는 말이 있어요. 그리고 커다란 황소가 뿔을 마주 대고 싸울 때 맨손으로 달려들어 두 소를 떼어 놓았다는 전설 같은 이야기도 있지요."

아무튼 만해는 남다른 역사力士이기도 했다.

「마취하지 않은 채 받은 수술」

만해가 만주 땅 간도間島에 갔을 때의 일이다. 어떤 고개를 넘다가 두서너 괴한들이 쏘는 총탄을 목에 맞고 쓰려졌다. 피가 심하게 흘러 혼수상태에 빠졌을 때 환상으로 관세음보살이 나타났다. 하얀 옷을 입고 꽃을 든 아름답기 그지없는 미인의 모습인데 미소를 던지면서 그 꽃을 주면서 "생명이 경각에 있는데 어찌 이대로 가만히 있느냐"고 하였다.

이 소리를 듣고 정신을 차려 중국 사람의 마을을 찾아가서 우선 응급치료를 받고 곧 한국 사람들이 사는 마을의 병원에서 수술을 받게 되었다. 그때 의사는 큰 상처여서 매우 아플 테니 마취를 하고 수술을 하자고 했으나 만해가 굳이 마다하는 바람에 할 수 없이 마취를 하지 않았다. 생뼈를 깎아 내는 소리가 바각바각 날 뿐 아니라 몹시 아플 텐데도 까딱않고 수술이 끝날 때까지 견뎌냈다. 의사는 "그는 인간이 아니고 활불이었다"고 감탄하며 치료비도 받지 않았다 한다.

「네 군수지, 내 군수냐」

 만해가 백담사에서 참선에 깊이 잠겨 있을 때 군수가 이곳에 찾아왔다. 절에 있는 사람은 모두 나와서 영접을 하였으나 만해는 까딱 않고 앉아 있을 뿐 내다보지도 않았다.
 군수는 매우 괘씸하게 생각하여, "저기 혼자 앉아 있는 놈은 도대체 뭐기에 저렇게 거만한가!" 하고 욕설을 퍼부었다.
 만해는 이 말을 듣자마자, "왜 욕을 하느냐?"고 대들었다.
 군수는 더 화가 나서, "뭐라고 이놈! 넌 도대체 누구냐?" 하고 소리쳤다.
 그러자 만해는, "난 한용운이다" 하고 대답했다.
 군수는 더욱 핏대를 올려, "한용운은 군수를 모르는가!" 하고 말하자, 만해는 더욱 노하여 큰 목소리로, "군수는 네 군수지, 내 군수는 아니다"라고 외쳤다.
 기지가 넘치면서도 위엄 있는 이 말은 군수로 하여금 찍소리도 못하게 하였다.

「승려취처론의 변」

『조선불교유신론』을 발표했을 때 이 중에 들어 있는 승려취처론僧侶娶妻論에 대한 시비가 벌어졌다. 그때 만해는 다음과 같이 말했다.

"이것은 당면 문제보다도 30년 이후를 예견한 주장이다. 앞으로 인류는 발전하고 세계는 변천하여 많은 종교가 혁신될 텐데 우리의 불교가 구태의연하면 그 서열에서 뒤질 것이다. 그리고 지금처럼 금제禁制를 할수록 승려의 파계와 범죄는 속출하여 도리어 기강이 문란해질 것이 아닌가. 후세 사람들은 나의 말을 옳다고 할 것이라고 믿는다. 그런데 한 나라로서 제대로 행세를 하려면 적어도 인구는 1억쯤은 되어야 한다. 인구가 많을수록 먹고 사는 방도가 생기는 법이다. 우리 인구가 일본보다 적은 것도 수모受侮의 하나이니 우리 민족은 장래에는 1억의 인구를 가져야 한다."

「월남 이상재와 결별」

3·1운동을 준비할 때, 만해는 이 독립운동을 조직화하기 위해서는 민중의 호응을 가장 널리 불러일으킬 수 있는 종교 단체와 손을 잡는 것이 가장 효과적일 것이라

생각하였다. 그래서 기독교 측의 월남 이상재 선생을 만나서 대사를 의논하였다. 이 자리에서 월남은, "독립선언을 하지 말고 일본 정부에 「독립청원서」를 제출하고 무저항 운동을 전개하는 것이 유리하오"라고 반대 의견을 내놓았다.

그러나 만해는, "조선의 독립은 제국주의에 대한 민족주의요, 침략주의에 대한 약소민족의 해방 투쟁인 만큼 청원에 의한 타력 본위他力本位가 아니라 민족 스스로의 결사적인 행동으로 나가지 않으면 불가능합니다" 하고 주장했다.

이같이 서로 의견이 맞지 않아 만해는 월남과 정면충돌하였기 때문에 월남을 지지하는 많은 기독교계 인사들이 만해의 의견에 호응하지 않았다. 그래서 만해는, "월남이 가담했더라면 3·1운동에 호응하여 서명하는 인사가 더욱 많았겠지만… 죽음을 초월한 용맹이 극히 귀하다"고 한탄했다.

서명서에 기명 날인이 잘 되면 백 명 이상은 되리라던 예측이 그만 무너지고 말았다.

「죽기 참 힘든 게로군」

만해는 3·1운동의 준비 공작을 서두르는 동안 여러 인사를 만났다. 박영효朴泳孝, 한규설韓圭卨, 윤용구尹用求 등을 차례로 접촉해 보았다. 그러나 대개는 회피하고 적극적인 언질을 피하였다. 서울의 소위 양반·귀족들은 모두가 개인주의자요, 국가·민족을 도외시한다고 한탄하며 "죽기 참 힘든 게로군!" 하고 말했다.

「당신을 그대로 둘 수 없다」

만해는 최린崔麟의 소개로 천도교 교주 의암 손병희 선생을 만나게 되었다. 그때 의암은 조선 갑부 민영휘, 백인기 그리고 고종 못지않은 호화로운 생활을 했으며, 조선인으로서는 제일 먼저 자가용 자동차까지도 가지고 있었다. 만해는 3·1운동에 천도교 측이 호응해 주기를 요구했더니 먼저 "이상재는 승낙했느냐"고 물었다. 만해는, "손선생께선 이상재 선생의 뜻으로만 움직입니까? 그러면 이 선생이 반대하니 선생도 그를 따르렵니까? 그러나 이미 대사가 논의되었으니 만일 호응하지 않으면 내가 살아 있는 한, 당신을 그대로 둘 수는 없습니다" 하고 힘의 행사도 불사하겠다는 강경한 말을 하였다.

이 말에 적이 놀란 의암은 자기를 총대표로 내세우는 조건으로 서명을 승낙했다. 의암의 이 승낙으로 천도교의 여러 인사들은 의암을 그대로 따르게 되었다.

「가짜 권총」

3·1운동 준비로 동분서주하던 선생은 당대의 거부 민영휘를 찾아갔다. 그에게 독립운동에 협조해 달라고 요구했으나 거절하므로 만해는 권총을 끄집어내었다. 민영휘는 새파랗게 질려 벌벌 떨면서 돕겠노라고 맹세했다. 그때 만해는 힘있게 쥐었던 그 권총을 그의 앞에 내놓았다. 이 권총은 다름아닌 장난감 권총이었다. 탐정 소설에나 나오는 듯한 흥미 있는 이야기지만 만해의 이런 수단은 오직 독립만을 생각하는 나머지 취해진 비장한 행위였다.

민영휘는 맹세한 터라, "비밀리에 모든 협조를 하겠소. 그에 필요한 비용도 주겠소. 그러나 그 후부터는 다시 나를 찾지 말고 내 아들 형식衡植과 상의하여 일을 추진시켜 주기 바라오. 부디 성공을 비오"라는 간곡한 뜻을 말했다.

민형식은 이 일이 있은 후 만해의 절친한 친구의 한 사람이 되어 물심양면으로 조선 독립을 도왔고, 선생이 별세하였을 때엔 불편한 몸을 이끌고 와서 만해의 죽음을 슬퍼하였다.

「곽종석과 만해」

만해는 3·1운동을 계획하면서 독립선언 서명자 가운

데 유림儒林 출신의 인사가 하나도 끼어 있지 않은 것을 개탄했다. 서울에는 유림 지도자들이 있으나 거의 친일에 기울어져 경남 거창에 사는 대유학자 면우俛宇 곽종석郭鍾錫 선생을 찾아갔다.

만해는 면우 선생에게 먼저 세계 정세를 알리고 독립운동의 참가 여부를 물으니 즉석에서 협조할 것을 쾌락하고 곧 가사를 정리한 뒤에 서울에 올라가 서명하겠노라고 약속을 했다.

그러나 면우 선생은 공교롭게도 독립선언일을 앞두고 급환으로 자리에 눕게 되었다. 그래서 아들에게 자기 인장을 갖고 만해를 찾아가라고 했다. 아들은 독립선언일 이틀 전에 서울에 올라와 만해를 만나려고 하였으나 찾지 못하고 명월관 지점에서 독립선언이 끝나는 날에야 비로소 잠깐 만났다. 그리하여 사후 서명이라도 하려고 했으나 초긴장이 된 분위기에서 그 뜻을 이루지 못하고 말았다. 그러나 「독립선언서」에 실질적으로는 찍힌 것과 같으며, 서명자는 33인이 아니라 34인이라고 할 수 있을 것이다.

그런데 3·1운동 주동자로서 붙들려 간 만해는 공판 심문에서 유림의 석학 곽종석 선생을 만나기 위해 거창으로 갔으나 형사들이 미행하는 바람에 할 수 없이 중단하고 되돌아왔다고 거짓 진술을 했다. 이것은 물론 면우 선생과 그 아들의 신분을 보호하기 위해서였다.

「함께 독립 만세를 부릅시다」

기미년 3월 1일, 민족대표 33인 중 김병조, 길선우, 유여대, 정춘수 네 사람을 제외한 29인이 명월관 지점에 모여 독립을 선언하게 되었다 .그러나 일제의 감시가 너무 심하여 선언서를 낭독할 겨를 조차 없었다. 부득이 선언서의 낭독을 생략하여 연설로 대신하고 축배를 들게 되었다.

최린의 권고로 만해가 앞에 나서서 33인을 대표하여 독립선언 연설을 하였다.

"여러분, 지금 우리는 민족을 대표해서 한 자리에 모여 독립을 선언했습니다. 기쁘기 한이 없습니다. 이제는 죽어도 한이 없습니다. 그러면 다 함께 독립 만세를 부릅시다!"

간단하고 짧은 연설이지만 하고 싶은 말을 다 한 셈이었다.

「옥중에서 대갈大喝」

3·1운동으로 투옥되어 있을 때, 최린은 일본이 우리나라 사람을 차별대우할 뿐 아니라 압박하고 있다는 말을 하며 총독 정치를 비난했다.

그때 묵묵히 듣고 있던 만해는 버럭 소리를 지르며,

"아니, 그럼 고우古友(최린의 호)는 총독이 정치를 잘 한다면 독립운동을 안하겠다는 말이요!"라고 하였다.

「감방의 오물」

민족대표들은 모두 감방에서 고민하고 있었다.
"이렇게 갇혀 있다가 그대로 죽음을 당하고 마는 것이 아닐까? 평생을 감옥 속에서 살게되지나 않을까?" 그들이 속으로 이러한 불안을 안고 절망에 빠져 있을 때, 극형에 처한다는 풍문이 나돌았다.
선생은 태연자약하였으나 몇몇 인사들은 대성 통곡을 하였다. 이 모습을 지켜보던 만해는 격분하여 감방 안에 있는 똥통을 뒤집어 그들에게 뿌리고, "이 비겁한 인간들아, 울기는 왜 우느냐. 나라 잃고 죽는 것이 무엇이 슬프냐? 이것이 소위 「독립선언서」에 서명을 했다는 민족대표의 모습이냐? 그 따위 추태를 부리려거든 당장에 취소해 버려라!"라고 호통을 치니 삽시간에 조용해졌다.

「일본은 패망한다」

독립선언 서명자들이 법정에서 차례로 심문을 받을 때,

만해는 일체 말을 하지 않았다. 재판관이, "왜 말이 없는가?"라고 묻자, 다음과 같은 대답으로 재판관을 꾸짖었다.

"조선인이 조선 민족을 위하여 스스로 독립운동을 하는 것은 백 번 말해 마땅한 노릇. 그런데 감히 일본인이 무슨 재판이냐?"

심문이 계속되자 만해는, "할 말이 많으니 차라리 서면으로 하겠다"고 지필紙筆을 달래서 옥중에서 장문長文의 「조선독립이유서」를 썼다.

여기에서 만해는 조선 독립의 이유, 독립의 자신, 독립의 동기, 민족의 자유 등에 대한 이론을 전개하고 총독 정치를 비난하였던 것이다.

결심공판이 끝나고 절차에 따라 최후 진술의 기회가 주어졌을 때, "우리들은 우리의 조국과 민족을 위하여 마땅히 해야 할 일을 한 것뿐이다. 정치란 것은 덕에 있고 험함에 있지 않다. 옛날 위魏나라의 무후武侯가 오기吳起란 명장과 함께 배를 타고 강을 내려오는 중에 부국과 강병을 자랑하다가 좌우 산천을 돌아보면서 '아름답다 산하의 견고함이여, 위국의 보배로다'라고 감탄하였다 그러나 오기는 이 말을 듣고 '그대의 할 일은 덕에 있지, 산하에 있는 것이 아니다. 만약에 덕을 닦지 않으면 이 배 안에 있는 사람 모두가 적이 되리다'고 한 말과 같이, 너희들도 강병만을 자랑하고 수덕修德을 정치의 요체要諦로 하지 않으면 국제 사회에서 고립하여 마침내는 패망할 것을 알려 두노라"라고 말했다.

과연 그의 말씀대로 일본은 패전의 고배를 마시고 쫓겨갔다.

그러나 이 사실을 말씀했던 만해는 끝내 조국의 해방을 보지 못하고 바로 그 전 해에 별세하셨다.

「마중받는 인간이 되라」

만해가 3·1운동으로 3년간의 옥고를 치르고 출감하던 날, 많은 인사들이 마중을 나왔다. 이들 중 대부분은 독립선언을 거부한 사람이요, 또 서명을 하고도 일제의 총칼이 무서워 몸을 숨겼던 사람들이었다. 만해는 이들이 내미는 손을 거들떠보지도 않고 오직 얼굴만을 뚫어지게 보다가 그들에게 침을 탁탁 뱉었다. 그리고는, "그대들은 남을 마중할 줄은 아는 모양인데 왜 남에게 마중을 받을 줄은 모르는 인간들인가"라고 꾸짖었다.

「철창 철학」

3·1운동으로 3년여 동안의 옥고를 치르고 나온 약 2개월 뒤, 조선불교청년회의 주최로 기독교회관에서 강연

회가 열렸다. 이때의 연제는 「철장 철학」이었는데 회장은 초만원을 이루었다. 일제의 임검으로 온 경관은 미와三輪란 일본 형사였다. 연설이 조금이라도 거슬리면 해산 명령은 물론이며, 현장에서 연사를 포박해 가는 때였으나 이런 분위기에서도 선생은 임검에 거슬리지 않게 하면서 청중들을 열광시켰다. 약 2시간 동안이나 연설을 하였는데 맨 마지막에는 비장한 어조로 "개성 송악산에서 흐르는 물은 만월대의 티끌은 씻어가도 선죽교의 피는 못 씻으며, 진주 남강에 흐르는 물은 촉석루 먼지는 씻어가도 의암義岩에 서려 있는 논개의 이름은 못 씻는다"는 말로 끝을 맺었다. 우뢰와 같은 박수 소리가 오래 계속되었으며, 이 일본 경찰관까지도 박수를 쳤다고 한다.

「도산과 만해」

만해가 도산 안창호 선생과 나라의 장래를 의논한 일이 있다.

그때 도산은 우리가 독립을 하면, 나라의 정권은 서북 사람들이 맡아야 하며, 기호 사람들에게 맡길 수 없다고 하였다.

만해가 그 이유를 물으니 도산은 기호 사람들이 500년 동안 정권을 잡고 일을 잘못했으니 그 죄가 크며, 서북사람들은 500년 동안 박대를 받아왔기 때문이라고 답했다 한다. 그 후부터 만해는 도산과 다시는 만나지 않았다고 한다.

「인도에도 김윤식이 있었구나」

3·1운동이 일어난 얼마 뒤 운양雲養 김윤식이 그전에 일제가 준 남작의 작위를 반납한 일이 있다. 이것은 독립운동의 여운이 감도는 당시에 취해진 민족적인 반성이었다.

이 일이 있은 몇 달 뒤 인도에서는 우발적인 일치랄까, 연쇄반응이랄까, 우리나라를 동방의 등촉이라고 노래한 바 있는 시인 타고르가 영국에서 받았던 작위를 반납하였다.

이것은 간디의 무저항주의적인 반영운동의 자극을 받은 때문이었다. 이 소식을 들은 만해는, "인도에도 김윤식이 있었구나" 하는 묘한 비판을 하였다.

「신이여, 자유를 받아라」

종로 기독교 청년회관에서 저명인사들의 강연회를 열었을 때 만해는 마지막으로 자유에 대하여 연설하였다.

"여러분, 만반진수滿盤珍羞를 잡수신 후에 비지찌개를 드시는 격으로 내 말을 들어주십시오. … 아까 동대문 밖을 지날 때 과수원을 보니 가지를 모두 가위로 잘라 놓았는데 아무리 무정물無情物이라도 대단히 보기 싫고 그 무엇이 그리웠습니다" 하는 비유를 들어 부자유의 뜻을 말하자 청중들은 모두 박수를 쳤다. 부자유를 과수원의 가지 잘린 나뭇가지에 비유한 것은 우리나라가 일본에게 자유를 빼앗긴 것을 암시하는 말이다.

그러나 입회 형사는 그 뜻을 모르고 박수를 하는 청중들에게, 고작 과수원의 전정剪定 이야기인데 박수를 하느냐고 청중의 한 사람에게 따졌다. 그랬더니 이 사람은 재치 있게도, "낸들 알겠어요. 남들이 박수를 하니 나도 따라 쳤을 뿐이지요"라고 임기응변으로 대답했다. 그래서 잠시 폭소가 터졌다고 한다.

만해는, "진정한 자유는 누구에게서 받는 것도 아니고, 누구에게 주는 것도 아닙니다. 서양의 모든 철학과 종교는 '신이여, 자유를 주소서' 하고 자유를 구걸합니다. 그러나 자유를 가진 신은 존재하지도 않고 또 존재할 필요도 없습니다. 사람이 부자유할 때 신도 부자유하고 신이 부자유할 때 사람도 부자유합니까. 그러므로 우리는 오히려 스스로가 자유를 지켜야 합니다. 따라서 우리는 '신이여, 자유를 받아라' 하고 나아가야 합니다" 하고 열을 뿜었다.

"신이여, 자유를 받아라" 하는 이 말을 그때 참석했던 사람들은 지금도 잊지 못하고 있다.

「자조」

1923년 4월 조선민립대학기성회朝鮮民立大學期成會의 선전강연회가 종로 기독교청년회관에서 열렸다.

만원을 이룬 가운데 월남 이상재의 사회로 유성준兪星濬 선생의 「조선민립대학 기성회 발기 취지에 대하여」라는 열변에 이어 만해는 「자조自助」라는 연제로 불을 뿜는 듯한 열변을 토했다. 말끝마다 청중의 폐부를 찌르는 독특한 웅변은 청중들을 열광케 했다.

「우리의 가장 큰 원수」

만해의 웅변에 뛰어난 재주가 있었다. 말이 유창하고 논리가 정연하며 목소리도 또한 맑고 힘찼다. 그리고 만해가 강연을 하게 되면 으레 일제의 형사들이 임석하게 되는데 어찌나 청중들을 매혹시키는지 그들조차도 자기도 모르게 손뼉을 쳤다고 한다.

"여러분, 우리의 가장 큰 원수는 대체 누구란 말입니

까? 소련입니까? 아닙니다. 그렇다면 미국일까요? 그것도 아닙니다."

아슬아슬한 자문자답식 강연에, 임석했던 형사들은 차차 상기되기 시작했다. 더구나 청중들은 찬물을 끼얹은 듯 숨을 죽이고 있었다.

"그렇다면 우리가 가장 큰 원수는 일본일까요? 남들은 모두들 일본이 우리의 가장 큰 원수라고 합니다."

선생의 능수능란한 강연은 이렇게 발전해 갔다. 임석 형사가 눈에 쌍심지를 켠 것은 바로 이때다.

"중지! 연설 중지!"

그러나 만해는 아랑곳없이 어느새 말끝을 다른 각도로 돌려놓고 있었다. "아닙니다. 우리의 원수는 소련도 아니오, 미국도 아닙니다. 물론 일본도 아닙니다. 우리의 원수는 바로 우리들 자신입니다. 우리들 자신의 게으름, 이것이 바로 우리의 가장 큰 원수라는 말입니다."

말끝이 채 떨어지기도 전에 청중들은 박수갈채를 했다. 이쯤 되니 일제 경찰들도 더 손을 못 대고 머리만 긁을 뿐이었다.

「소화昭和를 소화燒火하다」

만해가 신간회 경성지회장으로 있을 때 공문을 전국에

돌려야 할 일이 있었다. 그런데 인쇄해 온 봉투 뒷면에 일본 연호인 소화 몇 날이란 글자가 찍혀 있었다. 이것을 본 만해는 아무 말 없이 천여 장이나 되는 그 봉투들을 아궁이 속에 처넣어 태워 버렸다.

이 광경을 보고 있는 사람에게, 만해는 가슴이 후련한 듯, "소화昭和를 소화燒火해 버리니 시원하군!" 하는 한 마디를 던지고는 훌훌 사무실을 떠나 버렸다.

「나를 매장시켜라」

만해는 젊은이들을 사랑할 뿐 아니라 모든 기대를 그들에게 걸었다. 따라서 젊은 후진들이 만해를 자신보다 한 걸음 앞장서 전진하기를 마음 깊이 바라고 있었다. 공부도 더 많이 하고 일도 더 많이 하여 만해 자신과 같은 존재는 오히려 빛이 나지 않을 정도로 되기를 바랐었다.

그러므로, 소심하고 무기력한 젊은이를 보면 심히 못마땅해 했다. 더구나 술을 한 잔하여 얼근히 취하면 괄괄한 성격에 불이 붙어 젊은 사람들에게 사정없이 호통을 쳤다.

"이놈들아, 나를 매장시켜 봐. 나 같은 존재는 독립운동에 필요도 없을 정도로 네놈들이 앞서나가 일해 봐!"

젊은이들 가운데 독립운동을 하다가 감옥에 가는 이가

있으면 만해는 오히려 축하한다고 격려하였다.

「펜촉이 부러지다」

 1927년 월남 이상재의 사회장 때였다. 만해는 장의위원葬儀委員 명부에 선생의 성명이 기재되어 있음을 알고 수표동에 있는 장의위원회를 찾아가 자기의 이름 석 자를 펜으로 박박 그어 지워버렸다. 펜에 얼마나 힘을 주어 그었는지 펜촉이 부러지고 종이가 찢어졌다.
 이것은 3·1운동 당시 월남이 「독립선언서」에 서명을 거절했기 때문이다.

「어디 한번 더 해봐」

 어느 날 재동齋洞에 있는 이백강李白岡 선생 댁에서 조촐한 술 좌석이 벌어졌다. 이 자리에는 김적음金寂音 스님을 비롯하여 몇몇 가까운 분이 동석하고 있었다. 술이 몇 차례 도니 만해도 모처럼 유쾌한 기분이 되었다.
 그런데 잔이 거듭 오고 가던 중 김적음 스님이, "여러분, 감빠이乾盃 합시다"라고 말하였다.
 만해는 노발하여, "적음, 그 말이 무슨 말인가? 무엇을 하자고? 어디 한번 더 해봐" 하고 언성을 높였다. 적음 스님은 무색했다.

「유신」

만해는 자주 이런 말을 했다.
"내가 유사지추有事之秋(독립의 뜻)를 당하면 조선의 중부터 제도하고 불교유신을 하여 나라를 빛내겠다."

「곰과 사자」

1937년 2월 26일 총독부 회의실에서 총독부에서 주관한 31 본산 주지 회의三十一本山住持會議가 열렸다. 이것은 조선 불교를 친일화시키려는 목적에서 계획된 것이었다. 여기에 참석한 마곡사 주지 송만공宋滿空 선사는 명웅변을 벌임으로써 이 회의를 주재하는 총독을 큰소리로 꾸짖었다.
"과거에는 시골 승려들이 서울엔 들어서지도 못했으며, 만일 몰래 들어왔다가 들키면 볼기를 맞았다. 그때는 이같이 규율이 엄하였는데 이제는 총독실에까지 들어오게 되었으니 나는 도리어 볼기를 맞던 그 시절이 그립다.

우리들이 여기에 오게 된 것은 사내정의寺內正毅(초대 총독)가 이른바「사찰령」을 내어 승려의 규율을 파괴했기 때문이다. 그러니 경전이 가르치는 것과 같이 사내정의는 무간지옥無間地獄에 갔느니라. 따라서 남南 총독 역시 무간지옥에 갈 것이다."

그러고는 "총독은 부디 우리 불교만은 간섭하지 말고 우리에게 맡겨 달라"고 하는 말로 끝을 맺었다.

당시 위세를 떨치던 총독을 바로 앞에 놓고, 송만공 선사는 들고 있던 지팡이로 책상을 치기까지 하면서 총독은 무간지옥에 갈 것이라고 호통을 치는 장면은 얼마나 통쾌하고 장엄했을까? 물론 장내는 초긴장이 되었으며, 이제 총독으로부터 무슨 날벼락이 떨어지지 않을까 하고 모두가 숨을 죽였다. 만공 선사를 미친 늙은이라고 하는 사람도 없지 않았다. 그때 총독은 무슨 생각에서인지 만공 선사를 체포하려고 하는 헌병들을 만류하였다고 한다.

회의는 이런 분위기 속에서 어수선하게 끝났으나 예정했던 대로 총독은 참석자 전원을 총독 관저로 초빙하였다. 그러나 만공 선사는 총독 관저로 가지 않고 선학원禪學院으로 만해를 만나러 갔다.

총독을 호되게 꾸짖은 이 통쾌한 이야기는 금방 장안에 퍼졌다. 이미 이 사실을 들은 만해는 만공 선사가 찾아온 것이 더욱 반가왔다. 이윽고 곡차穀茶를 놓고 마주앉아 마시며 이야기를 주고받다가 만해가 말했다.

"호령만 하지 말고 스님이 가진 주장株杖으로 한 대 갈길 것이지."

만공 선사는 이 말을 받아넘겼다.

"곰은 막대기 싸움을 하지만 사자는 호령만 하는 법이지."

그러고 보니 만공 선사는 사자가 되고 만해는 곰이 되어버린 셈이다. 그러나 만해는 즉각 응대하였다.

"새끼 사자는 호령을 하지만 큰 사자는 그림자만 보이는 법이지."

즉 만공 선사는 새끼 사자가 되고 만해는 큰 사자가 되어버린 셈이다.

당대의 고승高僧인 이 두 분이 주고받은 격조 높은 이 대화는 길이 남을 만한 역사적인 일화일 것이다. 훗날 만해 선생이 돌아가신 후 만공 선사는 이제 서울에는 사람이 없다고 하여 다시는 서울에 오지 않았다고 한다.

「나의 죽음으로 독립이 된다면」

만해는 어쩌다 술이 들어 거나하게 취하면 흥분한 어조로 다음과 같은 말을 잘 했다.

"만일 내가 단두대에 나감으로 해서 나라가 독립된다면 추호도 주저하지 않겠다."

「친우를 아끼는 마음」

만해는 친구인 화가 일주一州 김진우金振宇가 친일 요녀親日妖女 배정자裵貞子의 집에 기숙하며 그림을 그린다는 말을 듣고 즉시 그 집을 찾아갔다.

배정자가 나와 반가이 맞아들였으나 만해는 아무런 대꾸도 하지 않고 따라 들어가 일주가 정말 기숙하고 있는가를 살폈다. 마침 그가 있었으나 만해는 일주에게 아무 말도 하지 않았다.

얼마 후 배정자가 술상을 차려 들고 들어와서 술을 따라서 만해에게 권하였다. 만해는 그때서야 낯빛을 고치고 일주를 물끄러미 보고 있다가 술상을 번쩍 들어 일주를 향하여 집어던졌다. 그러고는 태연히, 역시 아무 말 없이 그 집을 나왔다.

그것은 친구인 일주를 책망하는 동시에, 평소에 아끼던 마음에서 우러난 행동이었다.

그 후 만해가 별세하였을 때, 일주는 통곡하며 끝까지 호상하여 누구보다도 선생의 죽음을 슬퍼하였다.

「강직과 배일」

어느 해, 삼남 지방에 심한 수해가 났다. 학생들은 수

재민을 돕기 위하여 모금 운동에 앞장섰다. 그들이 만해를 방문하니, "제군들, 정말 훌륭한 일을 하는 군! 이런 어려운 때일수록 우리 민족이 함께 일어나서 서로 도와야지" 하며 가난한 호주머니를 털어서 그들을 격려하였다.

"그런데 모은 돈은 어떻게 쓰나?" 만해는 돈이 어떻게 유용하게 쓰이는지 궁금하여 물었다. 그러자 학생들은, "일부는 국방비로 헌납되고 그 나머지는 수재민에게 나누어 줍니다" 하고 대답하였다. 만해의 태도는 바뀌었다.

"무어! 왜놈들의 국방비로 헌납? 안 되지, 내가 왜놈들의 국방비를 보태주다니…" 하며 노발대발한 만해는 그들에게 주었던 돈을 도로 빼앗고는 집 밖으로 쫓아버렸다.

「서민자래庶民子來라니」

어느 날, 만해는 홍릉 청량사淸涼寺에서 베푸는 어떤 지기知己의 생일잔치에 초대를 받아 참석하였다. 많은 저명 인사와 33인 중의 여러분들이 손님 가운데 끼어 있었다. 이런 얘기 저런 얘기가 오고 가다가, "부여 신궁扶餘神宮 낙성식이 참 굉장하더군. 과연 서민자래庶民子來야" 하고 누군가가 한마디하였다.

서민자래란, 어진 임금이 있어 집을 짓는 데 아들이 아버지 일을 보러오듯 민중이 스스로 역사役事를 하러 와서, 하루에 낙성하였다는『시경詩經』에 나오는 고사다.

신궁 낙성식장에 사람이 모인 광경을 비유하여 일제를 격찬하는 한마디였다.

옆자리에서 듣고 있던 만해는 옆사람에게 그가 누구냐고 물었다.

중추원의 참의 정병조鄭丙朝인데 인사 소개를 하겠다고 하니 만해는 그만두라고 하고는, "정병조야, 이리 오너라" 하고 큰소리로 불렀다. 그도 노하여 나섰다.

"누구냐?"

"나 한용운이다. 너 이놈, 양반의 자식으로서 글깨나 배웠다는 놈이 서민자래라고 함부로 혀를 놀리느냐. 이놈, 개만도 못한 놈!" 하고는 앞뒤를 가릴 것도 없이 자리에 있는 재떨이를 냉큼 들어 그의 면상을 향하여 냅다 던졌다. 바로 맞아 그의 면상에서는 피가 흐르기 시작했다.

"이놈, 어서 가서 너의 애비 남차랑南次郞에게 고발해라" 하고 큰소리로 꾸짖고는 즉시 청량사를 나와 버렸다.

당시 일제는 충남 부여를 하나의 성지聖地로 정해 이른바 부여 신궁을 짓고 있었다. 일본은 백제 문화가 저의 나라에 건너와 여러 모로 영향을 끼쳤던 사실을 역이용, 한민족 말살 정책의 한 방편으로 삼기 위하여 일본과 조선은 공동 운명체라는 이론을 위장하고 있었다. 청량사에서 벌어진 이 사건은 바로 이러한 민족적인 울분의 표현이었다.

「총독에게 자비를 베풀라」

31 본산 주지 회의 때였다. 만해는 연설을 좀 해 달라는 요청이 몇 번이나 와서 마지못해 나가서 다음과 같은 얘기를 하였다.

"여러분, 여러분께서는 해마다 새해가 되면 총독 앞에 나가 세배를 하십니다. 조선을 통치하고 있는 총독의 얼굴을 직접 우러러 본다는 것은 참으로 영광된 일이겠지요. 그리고 기회만 있으면 총독을 찾아가서 얘기들을 하십니다."

만해는 잠깐 말을 쉬고 좌중을 훑어본 다음, "그런데 총독은 매우 바쁜 사람입니다. 조선 통치에 관한 온갖 결재를 하다 보면 똥 눌 시간도 없는게 당연지사일 겝니다. 여러분은 자비를 바탕으로 살아가는 스님이 아닙니까? 남의 생각도 해줘야지요. 조선 총독을 좀 편안케 해주시려거든 아예 만나지 마십시오. 부탁입니다" 하였다.

이것은 친일 요소가 다분히 있었던 31 본산 주지들을 나무란 얘기다.

실로 촌철살인寸鐵殺人의 기개를 엿볼 수 있다 하겠다.

「세상에서 제일 더러운 것은」

총독부의 어용 단체인 31 본산 주지 회의에서 만해에게 강연을 청하여 왔다. 만해는 거절했으나 얼굴만이라도 비춰달라고 하며 하도 간청하므로 마지못해 나갔다.

단상에 오른 만해는 묵묵히 청중을 둘러보고는 이윽고 입을 열었다.

"세상에서 제일 더러운 것은 무엇인지 아십니까?" 하였으나 청중은 아무런 대답을 하지 않는다. 만해는 "그러면 내가 자문자답을 할 수밖엔 없군. 제일 더러운 것을 똥이라고 하겠지요. 그런데 똥보다 더 더러운 것은 무엇일까요?"라고 말했으나 역시 아무런 대답이 없다.

"그러면 내가 또 말하지요. 나의 경험으로는 송장 썩는 것이 똥보다 더 더럽더군요. 왜 그러냐 하면 똥 옆에서는 음식을 먹을 수가 있어도 송장 썩은 옆에서는 역하여 차마 먹을 수가 없기 때문입니다."

그러고는 다시 한번 청중을 훑어보고, "송장보다도 더 더러운 것이 있으니 그것이 무엇인지 아십니까?" 하고 한 번 더 물었다.

그러면서 만해의 표정은 돌변하였다. 뇌성벽력같이 소리를 치며, "그건 31 본산 주지 네놈들이다!" 하고는 뒤도 돌아보지 않고 그 곳을 박차고 나와 버렸다.

「육당은 죽었소」

육당 최남선이 3·1운동 때 「독립선언서」를 지은 것은 다 아는 바와 같다. 그러나 그는 그 뒤 변절하여 중추원 참의라는 관직을 받고 있었다. 만해는 이것이 못마땅하여 마음으로 이미 절교를 하고 있었다.

어느 날, 육당이 길에서 만해를 만났다. 만해는 그를 보고도 못 본 체하고 빨리 걸어갔으나 육당이 따라와 앞을 막아서며 먼저 인사를 청했다.

"만해 선생, 오래간만입니다."

그러자 선생은 이렇게 물었다.

"당신, 누구시오?"

"나, 육당 아닙니까?"

만해는 또 한 번 물었다.

"육당이 누구시오?"

"최남선입니다. 잊으셨습니까?"

그러자 선생은 외면하면서,

"내가 아는 최남선은 벌써 죽어서 장송葬送했소"라고 말하고는 뒤도 돌아보지 않고 가버렸다.

「시시한 심부름」

만해는 강직한 성격 때문에 생활이 몹시 가난했다. 일제는 이런 사실을 좋은 기회로 하여 만해에게 유혹의 손길을 내밀고 있었다.

어느 날 한 청년이 목침덩이만 한 보따리를 들고 만해를 찾아왔다.

그러고는 은근한 낯빛을 지으며 그 보따리를 선생 앞에 밀어 놓았다.

"선생님 이거 얼마 안 되는 것입니다만 살림에 보태 쓰시라고 가져왔습니다."

그 돈의 액수가 얼마인지는 알 수가 없으나 상당히 많은 액수임에는 틀림없었다.

"그런데 젊은이, 나를 이렇게 생각해 주는 것은 고마우나 돈은 대관절 누가 보낸것이지?" "저… 실은 어제 총독부에서 들어오라 해서 갔더니 …"

"뭐라구!"

채 말끝이 떨어지기도 전에 선생의 낯빛은 갑자기 굳어졌다. 그 돈 보따리의 뜻이 무엇인지를 알았기 때문이다.

어느새 만해는 그 돈 보따리로 젊은이의 뺨을 후려치며,

"이놈, 젊은 놈이 그따위 시시한 심부름이나 하고 다녀! 당장 나가!" 하고 소리쳤다. 젊은이는 아무 말도 못하고 돌아갔다.

「난 그런 거 모르오」

만해가 불교사佛敎社에 재직하고 있던 어느 날, 식산은행殖産銀行에서 선생에게 도장을 갖고 오라는 공한公翰이 왔다.

그러나 만해는 갈 리가 없었다. 그 후 식산은행 측에서 서류뭉치를 들고 불교사까지 찾아와서 도장을 찍어 달라는 것이었다.

"왜 도장을 찍으라는 거요?"

만해의 물음은 간단하였다.

"선생님, 성북동에 있는 산림 20여만 평을 무상으로 선생님께 드리려는 겁니다. 도장만 찍으시면 선생님의 재산이 되는 것입니다."

이 말에 만해는 홱 돌아 앉으며, "난 그런 거 모르오!" 하고 거절하였다.

「창자까지 함락되겠다」

중일전쟁을 일으킨 일본은 중국을 침략하기 시작하였다. 워낙 넓은 땅이라 점령한 지역이란 고작 선과 점에 지나지 않았지만 잇따라 한구 함락, 남경 함락, 상해 함락 등의 보도가 빈번해졌다.

일본의 이런 전황에 따라서 우리나라 애국지사들도 사상이 변하여 일본식으로 창씨개명을 하는가 하면 일제에 아부하고 일본을 위한 강연에 자진하여 나서는 사람이 자꾸 늘어났다.

그때 만해는 민족정신을 수습할 수 없음을 통탄하며, "왜병의 함락 선전 바람에 창자까지도 함락당하겠군!" 하는 말을 되뇌었다.

「감히 개자식이라고 하지 말라」

일본이 중국 침략으로 제국주의적 식민 활동에 박차를 가할 무렵이었다. 국내에서는 일본에 아부하여 가짜 일본인 되기에 광분하는 자가 속출하였다.

하루는 지기 한 분이 만해를 방문하여 대단히 격분한 어조로, "이런 변이 있소! 최린佳山麟, 윤치호伊東致昊, 이광수香山光郎, 주○○松村紘一, 이○○岩村正雄 등이 창씨개명을 했습니다. 이 개자식들 때문에 민족에 악영향이 클 것이니 청년들을 어떻게 지도한단 말이오!" 하고 통분했다.

이 말을 듣고 난 만해는 크게 실소하고는, "당신이 그 자들을 과신過信한 듯하오. 그러나 실언失言하였오. 만일 개가 이 자리에 있어 능히 말을 한다면 당신에게 크게 항쟁할 것이오. '나는 주인을 알고 충성하는 동물인데 어찌 주인을 모르고 저버리는 인간들에 비하느냐'고 말이오. 그러니, 개보다 못한 자식을 개자식이라 하면 도리어 개를 모욕하는 것이 되오"라고 말하였다. 그 지기도 만해의 말이 옳음을 긍정하였다.

「걸식은 무능이다」

어느 날 만해는 집 앞에서 탁발托鉢하는 중을 보고 이렇게 말하였다.
"탁발은 비록 보살만행菩薩萬行 중의 하나이나, 만행에서 9999행을 버리고 하필이면 왜 하나인 탁발을 택했는가? 구걸은 자기의 무능을 나타내고 다른 사람의 천대를 받을 뿐이다."

이 말을 들은 중은 부처님의 행적을 들어 만해에게 불만을 표시했다. 그러자 만해는, "지금은 시대가 다르다. 다른 종교인의 멸시를 면치 못할 뿐이니 불교인을 위하여서라도 앞으로 구걸은 하지 않는 것이 좋으리라" 하고 충고했다.

평범한 한마디 말씀 속에서도 오랜 동안 도습되어 온 탁발 제도에 대한 혁신 정신을 엿볼수 있다.

「더러운 돈」

3·1운동 당시 동지였던 최린이 그 후 변절하여 창씨개명을 하고 어느 날 심우장으로 만해를 찾아왔다.

그가 안으로 들어오는 것을 방안에서 본 만해는 슬그머니 부인을 불러 일렀다.

"나가서 없다고 그러오. 꼬락서니조차 보기 싫으니…" 하고 옆방으로 가버렸다.

최린은 마침 만해의 딸 영숙이를 보자, 당시로는 거액인 100원 지폐 한 장을 이 어린이의 손에 쥐어주고는 돌아갔다.

만해는 이 사실을 알고는 몹시 화를 내며 부인과 영숙이를 꾸짖었다. 그리고 영숙이가 받았던 돈을 가지고 쏜살같이 명륜동 최린의 집을 찾아가서 그 돈을 문틈으로 던지고 돌아왔다.

「일본말엔 따귀로」

어느 날 친구 홍재호洪在皞와 더불어 한가히 잡담을 나누던 중 그가 무심코 일본말을 한마디하였다. 만해는 하던 얘기를 중단하고, "나는 그런 말은 무슨 말인지 모르오" 하고 말했다.

홍웅은 "선생, 내가 그만 실수를 했구려, 그러나 때가 때인 만큼 안 쓸 수도 없지 않습니까?" 하고 변명하였다.

그러자 만해는 그의 뺨을 한 대 철썩 때리고는 쫓아버렸다.

「그건 글자가 아니다」

만해는 외딸 영숙에게 일찍부터 한문을 가르쳤다. 영숙이 역시 아버지를 닮아 머리가 뛰어났다. 다섯 살 때에 이미 소학을 읽었던 것이다.

하루는 영숙이가 신문에 간간이 섞인 일본 글자를 보고, "아버지 이건 무엇이어요?" 하고 물었다.

"음, 그건 몰라도 되는 거야. 그건 글자가 아니야."

비록 어린 딸인 영숙에게 하신 말씀이었지만 이 한마디 말에서도 일생을 독립운동에 바친 만해의 단면을 엿볼 수 있다.

「위무불능굴威武不能屈」

「전 조선인 중 8, 9할이 창씨, 경북 안동군이 가장 모범!」

이것은 어느 날, 『매일신보』에 실렸던 기사였다.

안동군이 가장 일본인 되기에 급급했다는 이 기사를 본 만해는 "안동은 유림의 양반들이 사는 고장인데 이럴 수가 있을까? 어떻게 학문을 닦았기에 그럴까. 유학이 결코 의지박약한 것이 아닌데 글을 옳게 배우지 못한 까닭으로 그런 꼴이 되었으니 그만 못한 우민이야 말해서 뭣할까? 위무불능굴威武不能屈이란 맹자의 구절을 알련마는 모르는 것과 일반이니 참으로 한심하다."

「춘원과 만해」

춘원 이광수는 불교 소설을 쓰거나 소설에 불교에 관한 것을 이용할 때에는 곧잘 만해를 찾곤했다. 그리하여 그 교리의 옳고 그름을 물었다.

이같이 만해는 춘원과 서로 문학을 논하며 정신적인 교류를 해왔다.

춘원은 창씨개명을 한 뒤의 어느 날 심우장으로 만해를 방문했다. 집뜰에 들어서는 춘원을 본 만해는 춘원이 이미 창씨개명한 것을 알고 있던 바라, 찾아온 인사도 하기 전에 그를 내다보고 노발대발하여,

"네 이놈, 보기 싫다. 다시는 내 눈앞에 나타나지 말아라" 하고 큰소리로 꾸짖었다.

춘원은 청천벽력 같은 이 말에 집에 들어가기는커녕 변명할 여지도 없이 무색한 낯으로 돌아가고 말았다.

「기자의 카메라를 내던지다」

총독부의 기관지 『매일신보』의 기자가 찾아와 만해에게 학병 출정을 독려하는 글을 부탁하였다.
"그런 것 못 쓰겠네. 아니 안 쓰겠네."
"그럼 말씀만 해 주십시오. 제가 받아 쓰겠습니다."
"안 돼, 그것도 안 돼!"
만해의 음성은 다소 거칠어졌다.
"정 그러시다면 사인이라도 해 주십시오. 원고는 신문사에서 적당히 쓰겠습니다."
다그친 독촉과 함께 기자는 카메라를 들었다. 사진까지 찍어다 내려는 심산이었다. 순간, 노한 만해는 기자 손에 들려 있던 카메라를 빼앗아 내던져 버렸다.

「일제는 패망한다」

"일제의 야망은 한국에 국한된 것이 아니라 장차 중국 대륙에까지 침략의 손길을 뻗칠 것이다. 그러나 필경 연합군에 항복하고 말 것이다."

3·1운동으로 옥고를 치르고 나온 만해는 주위 사람들에게 늘 이렇게 설파하였다.

과연 이 예측대로 일제는 몇 년 뒤 만주전쟁을 일으키고 중국 대륙으로 침략해 들어갔으나 결국은 연합군에 의하여 망하고 말았다.

역사를 통찰하는 혜안慧眼이 아니고서는 감히 그때 이런 예측을 하기는 어려울 것이다.

「지식인의 지知는 치痴다」

언젠가 만해는 이런 말씀을 하였다.

"불법佛法은 가장 존귀한 인생의 최고 목적이라, 전생에 복을 지었어야 믿게 되는 것이다. 이는 물질이 아닌 귀중한 보물이기 때문에 사람마다 가질 수는 없다. 인류 사상 유일무이한 대성大聖 부처님도 불능도무연중생不能度無緣衆生이라고 불능을 말씀한 것과 같이 인연이 없는 사람에게는 신앙심을 주입시키기 어려우며 지식인으로서 불법을 몰이해 하고 취생몽사하는 것은 큰 불행이다. 지식인 중에서도 박사 지위를 가진 사람들은 자기의 지식만으로 만족하기 때문에 신앙을 주입시키기가 더욱 어려우니 지知가 도리어 치痴다.

'치'痴자를 파자破者하면 '疒' 밑에 '知'를 더한 것이 되니 아는 것이 병病이다."

「고깔을 쓰지 말라」

만해는 일본 법관 밑에서 변호사 노릇을 하는 것까지도 불쾌하게 여겼다. 낭산朗山 김준연金俊淵이 변호사 자격이 있음에도 그것을 단념한 것을 보고 높이 평가했다.
"남들은 왜놈 고깔法帽을 쓰고 그 밑에서 돈을 벌지만 낭산은 돈이 없으면서도 그따위 고깔은 쓰지 않으니 신통하군!"

「쌓아둔 것을 보았겠지」

만해는 웅변이면서도 좀처럼 농담을 하거나 익살을 부리지 않고 침묵을 지켰다. 그러나 그 방棒은 유명하여 누구보다도 무게가 있었다.
어느 날 장사동에 사는 설태희薛泰熙옹 댁에 명사들이 모였다. 이야기에 꽃을 피우다가 고하 송진우가 팔만대장경을 다 보았다고 호언장담하자 옆에 있던 만해는, "고하가 보았다는 말은 쌓아둔 것을 보았다는 말이겠지" 하고 넌지시 말했다.

그때 한자리에 있던 위당 정인보는 폭소를 터뜨렸다.

「회심의 미소」

일제 말기에 저들은 더욱 가혹하게 한국인을 들볶고 온갖 탄압과 착취를 감행하였다. 취후까지 희망을 가져보려고 하던 인사들 사이에도 이제는 절망의 한숨 소리가 더 높아갔으며 더러는 만해를 찾아가 탄식하기도 하였다.

그러나 만해는 회심의 미소를 띠며 "무리강포無理强暴는 자체 미약의 상징이니 필망必亡이 도래한다"라고 갈파하고, "족히 우려할 바가 못 된다"라고 주위 사람들을 위로하였다.

「산송장을 죽여서 무엇해!」

1940년 무렵 총독부에서는 최악의 수탈 정책을 감행할 뿐 아니라 한글 폐지・창씨개명・징병 등을 강행하여 우리 민족을 일본화시키려고 하였다.

이 무렵 공주 마곡사 주지 송만공 선사는 31 본산 주지 회의의 기회를 틈타 총독을 자살刺殺할 계획으로 몰래 칼을 품고 다녔다.

하루는 만공이 심우장으로 만해를 찾아와 칼을 내보이며 총독을 기어코 찔러 죽이고 말겠다고 호언하였다. 가만히 듣고 있던 만해는 만류했다.

"죽어 가는 산송장을 죽여서 무엇합니까. 더러운 업보만 쌓게 되니 그만 두시오" 하고 칼을 빼앗았다.

만공이 의아해서 물었다.

"아니 죽어가는 산송장이라니?"

"이제 그놈들도 끝장이야. 얼마 안가서 연합군에 항복하고 말거요. 그때 가서 스스로 목숨을 끊거나 사형을 받을 것이니 이제 죽을 날 받아놓은 것과 매한가지야."

만해의 확신에 찬 충고를 듣고 만공 선사는 머리를 끄덕였다.

그 뒤 만공 선사는 서산瑞山 간월도看月島에서 조선이 독립하게 해 달라는 천일기도를 시작하였다. 그런데 우연이라기에는 너무나 감동적인 기적이 일어났다. 만공이 천일 기도를 마치고 나온 날이 바로 1945년 8월 15일이었으니 말이다.

이 사실을 알고 당시의 고사高士였던 산강재山康齋 변영만이 만공 선사에게 달려가 스스로 제자계弟子戒를 받고 삼청三淸이라는 법호를 얻었다 한다.

「애국 자결일지라도」

일제 말기인 1941년 총독부는 우리나라 사람의 호적까지를 고치기 위한 창씨개명을 하도록 강요했다. 당시 9할이 창씨개명을 끝냈다는 보도가 『매일신보』에 발표된 것을 보고 격분 끝에 자결을 한 사람이 있었다. 이 분이 바로 애국지사요, 국문학자인 신명균申明均이었다. 그때 그는 병원에 입원하고 있었는데, 이 한심한 창씨의 보도를 보고 격분하여 약을 들고 스스로 목숨을 끊었던 것이다.

만해는 이 애국 자결에 대하여 다음과 같이 말하였다.

"그 분의 직절直節은 찬양하지만 자살이란 종교상의 죄가 될 뿐 아니라 자기의 격분이나 비관이나 혹은 공포를 참지 못하는 심적 변화의 발로이니 높이 평가할 것은 못된다. 나라를 잃고 자살한 것이 충이라 하나 이것은 비겁·자책 혹은 실망의 극치다. 예컨대 파산했다고 부모가 자살한다면 그 유아들이 비참해지는 것과 같이 후인에게 불행을 주는 것이다."

「나 혼자라도 남겠다」

일제는 연합군의 서울 공습에 대처한답시고 소위 소개疎開라는 난동을 피웠다. 그리고 일제 당국의 책동으로 대부분의 사람들이 피난을 떠났다.

그러나 만해는, "서울을 전부 소개한대도 나는 혼자 남겠다. 연합군의 공습은 우리를 돕자는 것인데 일본인들은 피난을 가더라도 우리는 남아서 오히려 환영을 해야 돼. 또 설사 폭격이 위험하다고 하더라도 오히려 텅 빈 서울에 남아 있는 것이 훨씬 안전해"라고 하며 끝까지 버티었다.

「단재와 만해」

1942년 만해는 단재 신채호 선생의 묘비 건립을 계획하여 비문은 만해가 짓기로 하고 글씨는 오세창吳世昌이 쓰기로 하였다. 그러나 애국자에 대한 일제의 탄압이 극심했으므로 비문은 중지하고 다만 "단재신채호지묘"라고만 새겨진 묘비를 선생의 친척들을 통하여 세우게 했다.

그리고 1942년에는 단재의 유고 『조선상고사』와 『상고문화사』 등의 간행을 하기 위하여 만해는 신백우, 최범술, 박광 등과 함께 사업에 착수했다.

만해와 함께 단재 선생의 문헌을 수집 간행하려던 최범술은 경남 경찰부 유치장에서 구금 생활을 하게 되었다.

선생은 최범술을 면회하기 위하여 생화 한 다발을 가지고 경찰부를 찾아 면회를 요구하였으나 거절되자 갖고 갔던 꽃다발을 그들 앞에 뿌려 버리고 말았다.

최범술이 출감한 뒤 만해에게 자기가 갇혀 있을 때 왜 꽃다발을 가져 왔느냐고 물었더니 입감된 것을 축하하기 위한 것이었다고 대답했다. 만해의 이 말은 진지하면서도 격조가 높은 사랑의 표현이었다.

「왜놈 기는 우리 집엔 없다」

1943년 만해가 입적하던 바로 전해였다. 일왕의 생일을 축하하는 천장절天長節인 4월 29일에 동회 서기가 심우장을 찾아왔다.

"선생님, 저, 오늘 조선 신궁에 좀 나가셔야겠습니다."
"난 못가겠소."
"어째서 못가십니까?"
"좌우간 못가겠소."
"좌우간 못 가신다니 그런 법이 어디 있습니까?"
"그런 법이라니, 그럼 왜놈은 법이 있어 남의 나라 먹었느냐!"

동회 서기는 찔끔했다.

"그럼 기라도 다시지요."
"그것도 못 하겠소. 왜놈 기는 우리 집에 있지도 않고…."

동회 서기는 하는 수 없이 물러갔다.

「호적 없는 일생」

일본이 통치하는 동안 그들은 처음엔 민적, 그 후엔 「호적법」을 실시했다.

만해는 처음부터, "나는 조선 사람이다. 왜놈이 통치하는 호적에 내 이름을 올릴 수 없다"고 하며, 시집 『님의 침묵』에도 "나는 민적이 없어요"라는 구절이 있듯이 평생을 호적 없이 지냈다. 그래서 받는 곤란은 한두 가지가 아니었다. 신변 보호를 받을 수 없었던 것은 물론 모든 배급 제도(쌀·고무신 등)에서도 제외되었다.

그보다도 큰 문제는 귀여워하던 외동딸 영숙이가 학교를 다닐 수 없었던 점이다. 아버지가 호적이 없으니 자식 또한 호적이 없는 것은 당연한 일이었다.

만해는 돌아가시는 날까지, "일본놈의 백성이 되기는 죽어도 싫다. 왜놈의 학교에도 절대 보내지 않겠다" 하고는 집에서 손수 어린 딸에게 공부를 가르쳤다.

「'저울추'라는 별명」

만해는 언제나 냉방에서 지냈다.

"조선 땅덩이가 하나의 감옥이다. 그런데 어찌 불땐 방에서 편안히 산단 말인가" 하는 생각에서였다.

차디찬 냉돌 위에서 꼼짝않고 앉아 생각에 잠길 때면 만해의 자세는 한 점 흩어짐이 없었다. 어찌나 꼿꼿했던지 만해는 어느새 '저울추'라는 별명이 생겼다.

차디찬 냉돌에 앉아서 혁명과 선의 세계를 끝없이 더듬는 저울추였다.

「취미 생활」

만해는 늘 참선을 하고 독립운동을 하는 데 여념이 없었지만 몇 가지 취미를 지니고 있었다.

우선 금붕어 기르기를 무척 좋아했다. 강석주姜昔珠 스님의 말에 따르면 만해가 선학원에 있을 때 금붕어를 키우며 아침 저녁으로 어항에 손수 물을 갈아주곤 했다고 한다.

또 화초 가꾸기를 매우 즐겼다. 심우장 뜰에는 선생이 가꾼 화초들로 가득하여 봄부터 가을까지 꽃이 피어 있지 않는 날이 없었으며 화초는 매화·난초 이외에 개나리·

진달래·코스모스·백일홍·국화 등이었다고 한다.

또 서화에도 취미가 있었다. 사실 자신의 붓글씨는 탈속한 일가를 이루고 있거니와 오세창, 김진우金振宇, 고희동高羲東, 안종원安鍾元, 김은호金殷鎬 등의 서화가들과 매우 가까이 지냈으며 또 집에는 오세창의 현판 글씨와 김은호의 몇 점의 그림 등이 걸려 있었다. 만해가 한국 서화에 관한 글을 쓴 것도 이러한 취미와 관련된 것 같다.

어느 날 심우장에서 참선을 하고 있던 만해를 한 기자가 찾아갔을 때 만해는 이렇게 자신의 생활을 털어놓았다.

"내게는 고적이라든지 침울이라는 것이 통 없지요. 한 달 잡고 내내 조용히 앉아 있어도 심심치가 않아요. 무애자재無礙自在하는 이 생활에서 무엇을 탓하며 무슨 불안을 느끼겠소…."

이런 달관의 경지에서 금붕어를 기르고 꽃을 사랑하며 서화를 즐겼다.

「물불, 더럽게 되었군」

제2차 세계대전이 심하던 1943년 무렵, 일제는 학병이라는 이름으로 우리나라 전문대학생을 군대로 끌어갔다. 그때 많은 저명 인사로 하여금 학생 출정 권유를 위한 강연을 시켰다. 당시 조선어학회의 물불 이극로李克魯도 일제의 강요에 못 이겨 학병 권유 연설을 하였다.

그러던 어느 날, 어떤 회합 장소에서 만해는 물불을 만났을 때, "물불, 더럽게 되었군" 하고 말했다.

물불은 그 뜻을 알아채고 조선어학회를 살리기 위하여 부득이한 일이라고 변명을 했다. 그러나 만해는, "어쩌면 그렇게도 어리석으오. 그것이 오래 갈 것이냐 말이요. 죽으려면 고이 죽어야 되지 않겠소!" 하고 충고했다.

물불은 아무 말 없이 머리만 숙이고 있을 뿐이었다.

「비유가 풍부한 연설」

만해는 독립운동을 하는 데는 물론이며 신앙생활에서도 무엇보다도 중요한 것은 실천이라고 부르짖었다.

어떤 강연회에서는, "만일 좋은 이념을 가지고 있으면서도 실천을 하지 못한다면 그것은 좋은 씨앗이 있으면서도 심지 않고 봉지에 넣어 매달아 두는 것과 같다"고 실천의 중요성을 깨우쳤다.

일반적인 이야기라도 남달리 풍부한 비유를 자유자재로 쓰기 때문에 청중들에게 감명을 주고 쉽게 이해시킬 수 있었다. 만해를 스승으로서 떠받드는 것은 그의 말이 진실하기 때문이기도 하지만 민족의 큰 이념을 실천한 행위의 인간이기 때문일 것이다.

「엄격하고도 따뜻한 마음」

만해는 늘 말이 없어 주의 사람들에게는 엄격한 인상을 주었나보다. 더구나 절개가 곧고 굳어서 조그만 잘못이나 불의도 용납하지 않았기 때문에 그를 두려워하였다.

그러나 엄격한 반면에 따뜻한 면이 너무나도 많았다. 선생 댁에서 제자들이 밤 늦게까지 말씀을 듣다가 방 한구석에 쓰러져 잠이 들어 새벽에 깨보면, 어느 틈에 옮겨졌는지 따뜻한 구들목에 눕혀져 있을 뿐 아니라 이불이 잘 덮여 있었으며, 만해는 윗목에서 꼼짝 않고 앉아 참선을 하고 있는 것이 일쑤였다고 한다.

「타지 않는 치아」

만해가 돌아가시자 유해는 불교의 관례대로 화장하였다. 당시 홍제동 화장터에는 일본인들이 경영하고 있었으므로 김동삼 선생 장례를 지낸 바 있는, 한국인 경영인 미아리의 조그마한 화장터에서 조촐하게 엄수되었다.

그때 모두 소골燒骨이 되었으나 오직 치아만이 타지 않고 고스란히 남아 있었다. 불가에서는 치아의 출현을 매우 귀하게 여기고 있으므로 모두 선생의 깊은 법력에 감복하면서 다른 한편으로는 독립을 뜻하는 무슨 길조가 오리라는 희망에 부푼 가슴을 떨면서 깊이 깊이 합장하였다.

이 치아는 항아리에 담겨져 유골과 함께 망우리 공동묘지에 안장되었다.

「사회 인사가 말하는 만해」

일찍이 만해를 알고 있던 사회 인사들은 만해에 대한 다음과 같은 이야기들을 남겨 놓았다. 그들이 얼마만큼 만해를 흠모하고 존경하였는지 알 수 있다.

1
산강재山康齋 변영만卞榮晚은 "용운일신龍雲一身이 도시담야都是膽也"라고 평했다.

2
「불교유신론」의 문장을 보고, 운양 김윤식은 평하기를 "문체로 보나 사상으로 보나 근세에 짝을 찾기 어려운 글"이라고 하였다.

3
'조선 불교의 대표적 인물'에 대한 투표가 월간지 『불교佛敎』에서 실시된 적이 있었다. 피투표자는 조선인 승려에 한했으며 투표자는 아무나 할 수 있게 하였다. 그 결과 만해가 422표로 으뜸이고, 차점이 18표로 방한암方漢岩 스님이었다. 나머지는 10표, 3표에 불과했다. 이를 보아도 만해가 불교계에서 차지하고 있던 위치를 짐작할 수 있다.

4

송만공 선사는 늘 "우리나라에는 사람이 귀한 데 꼭 하나와 반이 있다"고 하였다. 그런데 그 하나는 바로 만해를 가리키는 것이지만 나머지 반은 누구를 가리키는지 밝히지 않았다.

5

위당 정인보는 "인도에는 간디가 있고, 조선에는 만해가 있다. 청년들은 만해를 본받아야 한다"고 하여 한때 유명한 얘기가 되었다.

6

홍벽초는 "칠천 승려를 합하여도 만해 한 사람을 당하지 못한다. 만해 한 사람을 아는 것이 다른 사람 만 명 아는 것보다 낫다"고 하였다.

7

 일본의 거물급 낭인浪人 두산만頭山滿은 만해가 돌아가셨다는 소식을 듣고 그 자리에 있던 성재惺齋 김태석 옹에게 "조선의 큰 위인이 갔다. 다시는 이런 인물이 없을 것이고, 지금 우리 일본에도 없다"고 탄식하였다 한다.

유작 시와 시조

만해는 생전에 많은 시와 시조를 썼다. 그래서 당대의 문인으로 잘 알려진 것은 앞에서 살펴 본 대로다. 사후에도 적지 않은 시와 시조를 남겨 둔 것이 발굴되어 문단에 큰 보탬이 되었다. 그는 임종을 맞을 때까지 쉼 없이 많은 글을 썼다. 마치 마르지 않는 샘물처럼 창작의 열정을 쏟아냈다.

외솔회가 1971년 펴낸 『나라사랑』 제2집은 '만해 한용운 특집'을 하면서 유작 시 17편과 유작 시조 17편을 묶었다. 유작 시 17편과 시조 중에서 이미 인용한 「모기」와 「남아」를 제외한 15편을 싣는다.

「산거山居」

티끌 세상을 떠나면

모든 것을 잊는다 하기에
산을 깎아 집을 짓고
돌을 뚫어 샘을 팠다.
구름은 소인양 하여
스스로 왔다 스스로 가고
달은 파수꾼도 아니언만
밤을 새워 문을 지킨다.

새소리를 노래라 하고
솔바람을 거문고라 하는 것은
옛사람이 두고 쓰는 말이다.

님 그리워 잠 못 이루는
오고 가지 않는 근심은
오직 작은 베개가 알 뿐이다.

공산空山의 적막이여
어디서 한가한 근심을 가져오는가
차라리 두견성도 없이
고요히 근심을 가져오는
오오 공산의 적막이여.

「낙화落花」

떨어진 꽃이 힘없이 대지의 품에 안길 때
애처러운 남은 향기가 어디로 가는 줄을 나는 안다.
가는 바람이 작은 풀과 속삭이는 곳으로 가는 줄을 안다.
떨어진 꽃이 굴러서 알지 못하는 집의 울타리 사이로 들어갈 때에
쇠잔한 붉은 빛이 어디로 가는 줄을 나는 안다.
부끄러움 많고 새암 많고 미소 많은 처녀의 입술로 들어가는 것을 안다.
떨어진 꽃이 날려서 작은 언덕을 넘어갈 때에
가엾은 그림자가 어디로 가는 줄을 나는 안다.
봄은 빼앗아 가는 악마의 발밑으로 사라지는 줄을 안다.

「산촌의 여름 저녁」

산 그림자는 집과 집을 덮고
풀밭에는 이슬 기운이 난다.

질동이를 이고 물긷는 처녀는
걸음걸음 넘치는 물에 귀밑을 적신다.

올감자를 캐어 지고 오는 사람은
서쪽 하늘을 자주 보면서 바쁜 걸음을 친다.

살찐 풀에 배부른 송아지는
게을리 누워 일어나지 않는다.

등거리만 입은 아이들은
서로 다투어 나무를 안아 들인다.

하나씩 둘씩 들어가는 까마귀는
어디로 가는지 알 수가 없다.

「해촌海村의 석양」

석양은 갈대 지붕을 비쳐서
작은 언덕 잔디밭에 반사되었다.
산기슭의 길로 물길러 가는 처녀는
한 손으로 부신 눈을 가리고 동동걸음을 친다.
반쯤 찡그러진 그의 이마엔 저녁 늦은 근심이 가늘게 눈썹을 눌렀다.

낚싯대를 메고 돌아오는 어부는

갯가에 선 노파를 만나서
멀리 오는 돛대를 가리키면서
무슨 말인지 끊인 줄을 모른다.

서천에 지는 해는
바다의 고별 음악을 들으면서
짐짓 머뭇머뭇한다.

「경초莖草」

나는 소나무 아래서 놀다가
지팡이로 한 줄기 풀을 무찔렀다.
풀은 아무 반항도 원망도 없다.

나는 부러진 풀을 슬퍼한다.
부러진 풀은 영원히 이어지지 못한다.

내가 지팡이로 부질지 아니하였으면
풀은 맑은 바람에 춤도 추고 노래도 하며
은 같은 이슬에 잠자고 키스도 하리라.

모진 바람과 찬 서리에 꺾이는 것이야 어찌하랴마는
나로 말미암아 꺾어진 풀을 슬퍼한다.

사람은 사람의 죽음을 슬퍼한다.

인인지사仁人志士 영웅호걸英雄豪傑의 죽음을 더 슬퍼한다.

나는 죽으면서도 아무 반항도 원망도 없는 한줄기 풀을 슬퍼한다.

「세모歲暮」

산 밑 작은 집에
두어 나무의 매화가 있고
주인은 참선하는 중이다.
그들을 둘러싼 첫 겹은
흰 눈 찬바람 혹은 따스한 빛이다.

그 다음의 겹과 겹은
생활고生活苦 전쟁 주의主義 혁명 등.

가장 힘있게 진전되는 것은
강자와 채권자의 권리행사다.

해는 저물었다.

모든 것을 자취로 남겨 두고
올해는 저물었다.

「강江 배」

저녁볕을 배불리 받고
거슬러 오는 작은 배는
왼 강의 맑은 바람을
한돛에 가득히 실었다.
구슬픈 노젓는 소리는
봄 하늘에 사라지는데
강가의 술집에서
어떤 사람이 손짓을 한다.

「반달과 소녀」

옛 버들의 새 가지에
흔들려 비치는 부서진 빛은
구름 사이의 반달이었다.

뜰에서 놀던 어여쁜 소녀는

"저게 내 빗梳이여" 하고 소리쳤다.
발꿈치를 제켜 디디고
고사리 같은 손을 힘있게 들어
반달을 따려고 강장강장 뛰었다.

따려다 따지 못하고
눈을 힐끗 흘리며 손을 돌리어
무릇 각시의 머리를 쓰다듬으며
자장자장 하더라.

「비바람」

밤에 온 비바람은
구슬 같은 꽃 수풀을
가엾이도 지쳐놓았다.

꽃이 피는 대로 핀들
봄이 몇 날이나 되랴마는
비바람은 무슨 마음이냐

아름다운 꽃밭이 아니면
바람 불고 비 올 데가 없더냐

「산골 물」

산골 물아
어데서 나서 어데로 가는가
무슨 일로 그리 쉬지 않고 가는가
가면 다시 오려는가
물은 아무 말 없이
수없이 얼크러진 등 댕담이 칡덩쿨 속으로
작은 달은 넘어가고
큰 달은 돌아가면서
쫄쫄쫄쫄 쇠소리가
양안兩岸 청산靑山에 반향한다.
그러면
산에서 나서 바다로 이르는 성공의 비결이
이렇단 말인가
물이야 무슨 마음이 있으랴마는
세간世間의 열패자劣敗者인 나는
이렇게 설법을 듣노라.

「일출日出」

어머님의 품과 같이
대지를 덮어서 잠재우던 어둠의 장막이
동으로부터 서으로
서으로부터 다시 알지 못하는 곳으로 점점 자취를 감춘다.

하늘에 비낀 연분홍의 구름은
그를 환영하는 선녀의 치마는 아니다.
가늘게 춤추는 바다 물결은
고요한 가운데 음악을 조절하면서
붉은 구름에 반영되었다.

물인지 하늘인지
자연의 예술인지 인생의 꿈인지
도무지 알 수 없는 그 가운데로
솟아오르는 해님의 얼굴은
거룩도 하고 감사도 하다.
그는 숭엄 신비 자비의 화현化現이다.

눈도 깜짝이지 않고 바라보는 나는
어느 찰나에 해님의 품으로 들어가 버렸다.

어디서인지 우는 꾸꾸기 소리가
건너산에 반향된다.

「지는 해」

지는 해는
성공한 영웅의 말로末路같이
아름답기도 하고 슬프기도 하다.

창창한 남은 빛이
높은 산과 먼 강을 비치어서
현란한 최후를 장식하더니
홀연히 엷은 구름의 붉은 소매로
뚜렷한 얼굴을 슬쩍 가리며
결별의 미소를 띠운다.

큰 강의 급한 물결은 만가輓歌를 부르고
뭇산의 비낀 그림자는 임종의 역사를 쓴다.

「모순」

좋은 달은 이울기 쉽고
아름다운 곳엔 풍우가 많다
그것을 모순이라 하는가.

어진 이는 만월滿月을 경계하고
시인은 낙화落花를 찬미하느니
그것은 모순의 모순이다.

모순이 모순이라면
모순의 모순은 비모순非矛盾이다.
모순이냐 비모순이냐
모순은 존재가 아니고 주관적이다.

모순의 속에서 비모순을 찾는 가련한 인생
모순은 사람을 모순이라 하느니 아는가.

「성탄聖誕」

부처님의 나심은
온누리의 빛이요

뭇삶의 목숨이라.

빛에 있어서 밖外이 없고
목숨은 때時를 넘나니.

이곳과 저 땅에
밝고 어둠이 없고.

너와 나에
살고 죽음이 없어라.

거룩한 부처님
나신 날이 왔도다
향을 태워 받들고
기를 들어 외치세.

꽃머리와 풀 위에
부처님 계셔라
공경하여 공양하니
산 높고 물 푸르더라.

「쥐」

나는 아무리 좋은 뜻으로 말하여도
너는 작고 방정맞고 얄미운 쥐라고 할 수밖에 없다.
너는 사람의 결혼 의상과 연희복을 낱낱이 조사하였다.
너는 쌀궤와 떡서리를 다 쓸고 물어내었다.
그 밖에 모든 기구를 다 쏠아 놓았다.
나는 쥐덫을 만들고 고양이를 길러서 너를 잡겠다.
이 작고 방정맞고 얄미운 쥐야.

그렇다 나는 작고 방정맞은 얄미운 쥐다.
나는 너희가 만든 쥐덫과 너희가 기른 고양이에게 잡힐 줄을 안다.
만일 내가 너의 의장과 창고를 통거리째 빼앗고
또 너의 집과 너의 나라를 빼앗으면
너희는 허리를 굽혀서 절하고 나의 공덕을 찬미할 것이다.
그리고 너희들의 역사에 나의 이름을 크게 쓸 것이다.
그러나 나는 그러한 큰 죄를 지을 만한 힘이 없다.
다만 너희들의 먹고 입고 쓰고 남는 것을 조금씩 얻어먹는다.
그래서 너희는 나를 작고 방정맞고 얄미운 쥐라고 하여
쥐덫을 만들고 고양이를 길러서 나를 잡으려 한다.

나는 그것이 너희들의 철학이요 도덕인 줄을 안다.
그러나 쥐덫이 나의 덜미에 벼락을 치고
고양이의 발톱이 나의 옆구리에 샘을 팔 때까지
나는 먹고 마시고 뛰고 놀겠다.
이 크고 점잖으시고 귀염성 있는 사람들아.

「파리」

이 작고 더럽고 밉살스러운 파리야
너는 썩은 쥐인지 만두饅頭인지 분간을 못하는 더러운 파리다.
너는 흰옷에는 검은 똥칠을 하고
검은 옷에는 흰 똥칠을 한다.
너는 더위에 시달려서 자는 사람의 단꿈을 깨워 놓는다.
너는 이 세상에 없어도 조금도 불가할 것이 없다.
너는 한 눈 깜짝할 새에 파리채에 피질하는 작은 생명이다.

그렇다. 나는 작고 더럽고 밉살스런 파리요 너는 고귀한 사람이다.
그러나 나는 어여쁜 여왕의 입술에 똥칠을 한다.
나는 황금을 짓밟고 탁주에 발을 씻는다.

세상에 보검이 산같이 있어도 나의 털끝도 건드리지 못한다.

나는 설렁탕집으로 궁중연회에까지 상빈上賓이 되어서 술도 먹고 노래도 부른다.

세상 사람은 나를 위하여 궁전도 짓고 음식도 만든다.

사람은 빈부귀천을 물론하고 파리를 위하여 생긴 것이다.

너희는 나를 더럽다고 하지마는
너희들의 마음이야말로 나보다는 더욱 더러운 것이다.
그리하여 나는 마음이 없는 죽은 사람을 좋아한다.

유작 시조 15편

「추야몽秋夜夢」

그 1其一

가을밤 빗소리에
놀라 깨니 꿈이로다
오셨던 님 간 곳 없고
등잔불만 흐리고나
그 꿈을 또 꾸랴 한들
잠 못 이뤄 하노라.

그 2其二

야속타 그 빗소리

공연히 꿈을 깨노
님의 손길 어디가고
이불귀만 잡았는가
베개 위 눈물 흔적
씻어 무삼 하리요.

그 3其三

꿈이거든 깨지 말자
백 번이나 별렀건만
꿈 깨자 님 보내니
허망할손 맹세로다
이후는 꿈은 깰지라도
잡은 손은 안 놓으리라.

그 4其四

님의 발자취에 놀라 깨어 내다보니
달그림자 기운 뜰에
오동잎이 떨어졌다.
바람아 어디가 못 불어서
님 없는 집에 부느냐.

「계어溪漁」

푸른 산 맑은 물에
고기 낚는 저 늙은이.

갈삿갓 숙여 쓰고
무슨 꿈을 꾸었던가.
옷브다 새소리에 놀래어
낚싯대를 드는고녀.

세상 일 잊은양 하고
낚시드린 저 어옹漁翁아
그대에게도 무슨 근심 있어
턱을 괴고 한숨짓노.
창파에 백발이 비치기로
그를 슬퍼하노라.

「추야단秋夜短」

가을밤 길다 하기에
잠긴 회포 풀자 했더니
첫 구비도 못 찾아서

새벽빛이 새로워라.
그럴 줄 알았더면
더 감지나 말 것을.

「추화秋花」

산山 집에 일없는 사람
가을꽃을 어여삐 여겨
지는 햇볕 받으려고
울타리를 짤랐더니
서풍이 넘어와서
꽃가지를 꺾더라.

「코스모스」

가벼운 가을바람에
나부끼는 코스모스
꽃잎이 날개이냐
날개가 꽃잎이냐
아마도 너의 혼은
호접蝴蝶인가 하노라.

「심우장尋牛莊」

잃은 소 없건마는
찾을 손 우습도다
만일 잃을씨 분명하다면
찾은들 지닐소냐
차라리 찾지 말면
또 잃지나 않으리라.

「선경禪境」

까마귀 검다 말고
해오라기 희다 마라
검은들 모자라며
희다고 남을소냐
일없는 사람들은
올타글타 하더라.

「사랑」

물보다 깊으니라

가을산보다 높으니라
달보다 빛나리라
돌보다 굳으리라
사랑을 묻는 이 있거든
이대로만 말하리.

「한강에서」

술 싣고 계집 싣고
돛 가득히 바람 싣고
물 거슬러 노질하여
가고 갈 줄 알았더니
산 돌고 물 굽은 곳에서
다시 돌쳐 오더라.

「조춘무춘早春無春」

이른 봄 작은 언덕
쌓인 눈을 접허마소.
제 아무리 차다기로
돋는 엄을 어이하리

봄옷을 새로지어
가신 님께 보내고져.

「또又」

새봄이 오단 말가
매화야 물어보자
눈 바람에 막힌 길을
제 어이 오단 말가
매화는 말이 없고
봉오리만 맺더라.

「또又」

봄 동산 눈이 녹아
꽃 뿌리를 적시도다
찬바람에 못 견디던
어여쁜 꽃나무야
간 겨울 나리던 눈이
봄의 사도使徒이니라.

「춘화春畵」

그 1其一

따슨 볕 등에 지고
유마경維摩經 읽노라니
가벼웁게 나는 꽃이
글자를 가리운다.
구태여 꽃 밑 글자를
읽어 무삼하리요.

그 2其二

봄날이 고요키로
향을 피고 앉았더니
삽살개 꿈을 꾸고
거미는 줄을 친다
어디서 꾸꾸기 소리
산을 넘어 오더라.

「춘조春朝」

간밤 가는 비가
그다지도 무겁더냐.
빗방울에 눌리운 채
눕고 못 이는 어린 풀아
아침볕 가벼운 키스
네 받을 줄 왜 모르느냐.

「표아漂娥」

맑은 물 흰돌 위에
비단 빠는 저 아씨야
그대 치마 무명이요
그대 수건 삼베로다
묻노니 그 비단은
뉘를 위해 빠는가.

「성공」

백 리를 갈 양이면

구십 리가 반이라네
시작이 반이라는
우리들은 그르도다.
뉘라서 열 나흘 달을
온달이라 하던가.

「직업 부인」

첫새벽 굽은 길을
곧게 가는 저 마누라
공장工場 인심 어떻던고
후하던가 박하던가
말없이 손만 젓고
더욱 빨리 가더라.

「무제無題」

그 1其一

이순신 사공삼고
을지문덕 마부삼아

파사검破邪劍 높이 들고
남선북마南船北馬하여 볼까.
아마도 님 찾는 길은
그뿐인가 하노라.

그 2其二

물이 깊다 해도
재면 밑이 있고
뫼가 높다 해도
헤아리면 위가 있다.
그보다 높고 깊은 것은
님뿐인가 하노라.

그 3其三

개구리 우는 소리
비오는 줄 알았건만
님께서 오실 줄 알고
새옷 입고 나갔더니
님보다 비 먼저 오시니
그를 슬퍼 하노라.

그 4其四

산중에 해가 길고
시내 위에 꽃이 진다.
풀밭에 홀로 누워
만고 흥망萬古興亡 잊었더니
어디서 두서너 소리
뻐꾹뻐꾹 하더라.

그 5其五

물이 흐르기로
두만강이 마를 것가
뫼가 솟았기로
백두산이 무너지랴
그 사이 오가는 사람이야
일러 무엇하리요.

그 6其六

비낀 볕 소등 뒤에
피리 부는 저 아희야
너의 소 짐 없거든

나의 근심 실어 주렴.
신기야 어려웁지 않지만
부릴 곳이 없노라.

그 7其七

이별로 죽은 사람
응당히 말하리라.
그 무덤의 풀을 베어
그 풀로 칼 만들어
고적한 긴긴 밤을
토막토막 끊으리라.

그 8其八

밤에 온 비바람이
얼마나 모질던고.
많고 적은 꽃송이가
가엽게도 떨어졌다.
어쩌다 비바람은
꽃 필 때에 많은고.

그 9其九

시내의 물소리에
간밤 비를 알리로다.
먼 산의 꽃소식이
어제와 다르리라.
술 빚고 봄옷지어
오시는 님을 맞을까.

그 10其十

꽃이 봄이라면
바람도 봄이리라.
꽃 피자 바람 부니
그럴 듯도 하다마는
어찌다 저 바람은
꽃을 지워 가는고.

그 11其十一

청산이 만고萬古라면
유수流水는 몇 날인고.
물을 좇아 산에 드니

오간 사람 몇이던고.
청산은 말이 없고
물만 흘러가더라.

그 12其十二

산에 가 옥을 캘까
바다에 가 진주 캘까
하늘에 가 별을 딸까
잠에 들어 꿈을 꿀까
두어라 님의 품에서
기른 회포 풀리라.

그 13其十三

대실로 비단짜고
솔잎으로 바늘삼아
만고청청萬古靑靑 수를 놓아
옷을 지어 두었다가
어즈버 해가 차거든
우리 님께 드리리라.

그 14其十四

저승길 멀다 한들
하나밖에 더 있는가
사람마다 끊어 내면
하룻길도 못 되리라
가다가 길이 없거든
돌아올까 하노라.

부 록

> 공空은 가히 분별치 못할 뿐 아니라 분별 자체도 또한 공하여 비로소 공이 되느니라. 이로 말미암아 보면 객관적 실재의 공은 없느니라. 공이라 하면 어떤 것도 없음을 의미함이니 곧 유형도 없고 따라서 무형도 없음을 공이라 할지라.
>
> — 한용운

「아버지 만해의 추억」

한영숙

아버님을 여읜 지 어언 28년이란 세월이 흐른 지금, 이제 와서 새삼스럽게 나에게 아버님에 대한 회상을 써 보라고 하니 펜을 잡기는 잡았으나 무엇부터 어떻게 써 봐야 좋을지 머릿속이 멍멍해집니다.

제가 아버님을 모셔본 기간이란 겨우 11년간입니다마는, 다른 분들이 수십 년을 모신 기간보다 몇 배 소중한 기간이었음이 날이 가고 해가 바뀔수록 사무치게 느껴짐과 동시에, 생각할 때마다 눈시울이 뜨거워 질 때가 한두 번이 아닙니다.

더구나 제가 나이가 어렸기 때문에 좀더 흐뭇하게 모셔보지 못한 것이 자식 된 도리로서 유감스러울 뿐입니다.

지금도 생각하면 몸서리쳐지는 일경日警들의 감시 아래 외출도 마음대로 못하시고, 아버님을 찾아 뵈러 오시던 손님

---

1 『나라사랑』, 제2집, 90~93쪽.

들까지도 집 주위에 숨어서 지키던 일경들에게 억제를 당하고, 문전까지 오셨다가 되돌아가시던 여러 친구분들의 침통해 하던 모습이 지금도 눈에 선합니다.

그때 아버님께서는 3·1운동 이후로 갖은 옥고를 다 치르시고 그 뒤로 병객이 되셔서 집에 기거하시던 때임에도, 작고하실 때까지 항상 불안 속에서의 생활이, 그때 어린 저희 가슴에도 분통이 터질 노릇이었습니다. 그렇게 엄한 감시 속에서도 일경의 눈을 피해 간간이 찾아 오시는 손님도 계셨습니다.

지금은 이미 고인이 되신 송만공宋滿空 스님이나 또는 지난해에 작고하신 박광朴光 선생님 같은 분들께서 오시면 약주상을 가운데 놓고 허심탄회, 시간 가는 줄 모르시고 밤을 지새우며 환담을 나누시던 일들이 환히 떠오릅니다.

한번은 어떤 손님 한 분이 집에 오셔서 잘 이야기하고 노시더니, 별안간 목침이 날아 문을 부수고 아버지의 고함치는 소리가 나고 야단이었습니다. 나중에 안 일이지만, 그 손님이 취중에 일본말을 한마디하였다가, 그만 변을 당했던 모양입니다.

그때는 아버님께서 항상 병환중이었으니까, 집안에서는 통 큰소리도 안하시고 조용한 생활을 하시다가 가끔 이런 일로 소동이 벌어져 놀라곤 하는 일이 한두 번이 아니었으니까요.

전에 그럴 수 없이 절친하였던 친구 분도, 독립운동 참가

시에 변절한 분은 길에서 만나도 못 본 체하시고, 그 분이 나 아무갠데 왜 모른 체하느냐고 인사를 하려 들면, 난 그런 사람 모른다고 일언지하에 거절하고 돌아서 버리시는 냉엄하고 매운 분이시지만, 자기 마음에 맞는 동지들을 보시면 인정을 남보다 몇 배 풀어 놓으시는 분이기도 합니다.

한번 크게 놀란 일은, 독립운동 하시다 감옥에서 돌아가신 김동삼金東三 선생님의 유해를 집에 모셔다 놓고(그때 김 선생님 댁은 대구에 있었음) 장사를 지내드린 일도 있었습니다. 생기는 일이라곤 이런 엄청난 일만 계속 생기니, 그때 어린 저로서는 아버님이 퍽 무서운 분이고 이해할 수 없을 정도로 이상한 생각만 들었습니다.

그런데 제가 직접 혼이 한번 난 일은, 아버님께서 잠깐 외출하신 사이에 손님 한 분이 찾아 오셨다가 저에게 그때 돈으로 20원인가를 주시는 것을 받았습니다. 마침 돌아오시는 아버님께 그 말씀을 드렸더니, 당장에 얼굴색이 무섭도록 변하시더니 채 방에 들어오시지도 않으시고, 그 길로 돈을 도로 손님 집에 갖다 주고 오신 후에 어머님과 함께 눈물이 나도록 꾸중을 들은 일도 있었습니다.

나중에 이야기 들으니까, 그 분이 기미년 독립운동 이후에 변절한 최린 선생이셨답니다. 이런 철없는 짓을 해서 아버님의 심상을 괴롭게 하여 드린 생각을 하니 죄송스럽기 그지없습니다.

이렇게 울분에 찬 세월을 참고 지내시자니 병환이 낳으시기는커녕 자꾸 더해질 수밖에 없었습니다.

하루 아침엔 눈이 많이 왔는데 마당에 나오셔서 눈을 쓰시다가 갑자기 졸도를 하시더니, 그 길로 반신半身을 못쓰시고 줄곧 고통을 겪으시다가, 조금 차도가 있으셔서 지팡이를 짚으시고 마당 출입 정도는 하시게 되었습니다.

그러던 어느 날 밤, (봄날이었습니다) 자정쯤 되었는데, 아버님께서 일어나 앉아 계시면서 어머님께 하시는 말씀이, 공습경보가 울리는데 창문에 검은 휘장을 내리치라고 말씀하시고 자리에 누우시는 것을 보고 잤는데, 이튿날 아침 어머님과 함께 잠에서 깨어 보니, 언제부터인지 아버님께서는 혼수상태에 빠지신 채 말씀 한마디 못하시고 누워 계신 것을 본 순간, 너무도 기가 막혀 울음도 안 나오던 그때 생각이 지금도 역력합니다.

그렇게 묵묵하신 채로 몇 시간을 고통 속에 보내시다 그날 오후에 세상을 떠나셨습니다. 운명하실 때까지 계속 정신을 못 차리시고, 말씀 한마디 못해보시고, 그렇게도 갈망하시던 조국의 해방도 보시지 못한 채, 외롭고 한 많은 이 세상을 너무도 허망하게 떠나시고 만 것입니다. 눈을 감고 마지막 숨을 거두실 때에도 가슴 속에선 끊임없이 대한독립 만세를 부르짖으며 잠이 드셨을 것입니다.

그때 그 놀라움이란 무엇에 비할 수 있겠습니까? 그런데 통탄할 일은 아버님이 돌아가신 후에도 일경들이 장례식에 참례할 손님이 오시는데 눈독을 들이고 있어서, 오실 손님도

다 못 오시고 장례도 숨어서 치르는 식으로 지내야 했으니, 지금도 생각하면 이가 갈립니다.

이상이 제가 아버님 생존 시, 짧은 연륜이었으나마 지켜보았던 몇 가지 회고라고 할까요. 이 밖에도 일상생활에 눈물겨운 일이 많았습니다마는, 저는 원래 글도 잘 못 쓰는데다가 수년간 가사에만 종사하다 보니 두서도 못 가릴 정도로 굳어 버려서 조리 있게 잘 되지를 않습니다. 더 늘어놓다가는 오히려 아버님 영전에 누를 끼쳐드릴까 두려워, 이것으로 끝을 맺습니다.

저의 아버님에 대한 특집을 주선하여 주신 외솔회 여러분들과 또 출판사에서 애쓰시는 여러분들께 아울러 감사드리는 바입니다.

「죽다가 살아난 이야기」

– 만주 산간에서 청년의 권총에 맞아

죽다가 살아난 이야기! 그것도 벌써 20년 전 일이니 기억조차 안개같이 몽롱하다. 조선 천지에 큰바람과 큰비가 지나가고 일한日韓이 병합되던 그 이듬해이니 아마 1911년 가을인가 보다. 몹시 덥던 더위도 사라지고, 온 우주에는 가을 기운이 새로울 때였다. 금풍金風은 나뭇잎을 흔들고 벌레는 창밑에 울어 멀리 있는 정인의 생각이 간절할 때다.

그때에 나는 대삿갓을 쓰고 바랑을 지고 짧은 지팡이 하나를 벗 삼아서 표연히 만주 길을 떠났었다. 조선에 시세가 변한 이후로 조선 사람이 사랑하는 조국에서 살기를 즐기지 않고, 그 무슨 뜻을 품고, 오라는 이도 없고 오기를 바라는 사람도 없는 만주를 향하여 남부여대男負女戴로 막막한 만주 벌판으로 건너서는 사람이 많았다. 그중에는 고국에서 먹고 살

---

2 『별건곤』, 2권 6호, 1927. 8.

수 없어 가는 사람도 있었고, 또 그 무슨 뜻을 품고 간 사람도 많았다.

나는 그때에도 불교도佛敎徒이었으니까 한 승려의 행색으로 우리 동포가 가서 만주를 방방곡곡 돌아다니며 우리 동포를 만나보고 서러운 사정도 서로 이야기하고 막막한 앞길도 의논하여 보리라 하였다. 그곳에서 조선 사람을 만나는 대로 이런 이야기 저런 이야기로 이역異域 생활을 묻기도 하고 고국 사정을 전하기도 하였다. 그리고 그곳 동지와 협력하여 목자牧者를 잃은 양羊의 떼같이 동서로 표박하는 동포의 지접할 기관, 보호할 방침도 상의하였다.

근일에는 그곳을 가보지 못하였으나 그때에 그곳은 무슨 이상한 불안과 감격과 희망 속에 싸여 있었다. 낮에는 장산에 올라 풀뿌리를 캐고 조를 뿌리어 가을에 길이 넘는 조를 베어들여 산 밑에 있는 게딱지 같은 오막살이에 거두어들여서 조밥을 배불리 먹고, 관솔불 켜고 천하 대사를 통론하며 한편으로 화승총火繩銃에 조련을 하는 때였다. 그리고 조선 내지에서 들어온 사람을 처음에는 불안으로, 그 다음에는 의심으로, 필경에 의심이 심하면 생명을 빼앗는 일까지 종종 있던 때다.

내가 죽다가 살아난 일도 이러한 주위 공기로 인하여 당한 듯하다. 그때는 물론 어찌하여 그런 일을 당하였는지 모르고, 지금까지 의문에 있지마는 다른 사람의 말을 들으면 내가 조선서 온 이상한 정탐이라는 혐의를 받아서 그리 된 듯하다.

어느 가을날이었다. 만주에서도 무섭게 두메山間인 어떤 산촌에서 자고 오는데 나를 배행한다고 2~3인의 청년이 따라섰다. 그들은 모두 연기 스무 살 내외의 장년인 조선 청년들이며, 모습이나 기타 성명은 모두 잊었다. 길이 차차 산골로 들어 '굴라재'라는 고개를 넘는데, 나무는 하늘을 찌를 듯이 들어서 백주에도 하늘이 보이지 아니하였다. 길이라고는 풀 사이라 나무꾼들이 다니던 길같이 보일락말락하였다. 이러자 해는 흐리고 수풀 속은 별안간 황혼 때가 된 것같이 캄캄하였다.

그때다! 뒤에서 따라오던 청년 한 명이 별안간 총을 놓았다! 아니, 그때 나는 총을 놓았는지 무엇을 놓았는지 몰랐다. 다만 '땅' 소리가 나자 귓가가 선뜻하였다. 두 번째 '땅' 소리가 나며 또 총을 맞으매 그제야 아픈 생각이 난다. 뒤미처 총 한 방을 또 놓는데 그때 나는 그들을 돌아보며 그들의 잘못을 호령하였다. 그리하여 여러 말로 목청껏 질러 꾸짖었다. 그러나 어찌한 일이냐? 성개가 끊어졌는지 혀가 굳었는지 내 맘으로는 할 말을 모두 하였는데 하나도 말은 되지 아니하였다. 아니 모기 소리 같은 말도 내지 못하였다. 피는 댓줄기같이 뻗치었다. 그제야 몹시 아픈 줄 느끼었다.

몹시 아프다. 몸 반쪽을 떼어가는 것같이 아프다! 아! 그러나 이 몹시 아픈 것이 별안간 사라진다. 그리고 지극히 편안하여진다. 생生에 사死로 넘어가는 순간이다. 다만 온몸이 지극히 편안한 것 같더니 그 편안한 것까지 감각을 못하게 되니, 나는 그때에 죽었던 것이다. 아니, 정말 죽은 것이 아니라 죽는 것과 똑같은 기절을 하였던 것이다.

평생에 있던 신앙은 이때에 환체幻體를 나타낸다. 관세음보살觀世音菩薩이 나타났다. 아름답다! 기쁘다! 눈앞이 눈이 부시게 환하여지며 절세의 미인! 이 세상에서는 얻어 볼 수 없는 어여쁜 여자, 섬섬옥수에 꽃을 쥐고, 드러누운 나에게 미소를 던진다. 극히 정답고 달콤한 미소였다. 그러나 나는 그때 생각에 총을 맞고 누운 사람에게 미소를 던짐이 분하기도 하고 여러 가지 감상이 설레었다. 그는 문득 꽃을 내게로 던진다! 그러면서 "네 생명이 경각에 있는데 어찌 이대로 가만히 있느냐?" 하였다.

나는 그 소리에 정신을 차려 눈을 딱 떠보니 사면은 여전히 어둡고 눈은 내둘리며 피는 도랑이 되게 흐르고, 총 놓은 청년들은 나의 짐을 조사하고, 한 명은 큰 돌을 움직움직하고 있으니 가져다가 아직 숨이 붙어 있는 듯한 나의 복장에 안기려 함인 듯하다. 나는 새 정신을 차리었다. 피가 철철 흐르는 대로 오던 길로 되짚어 가게 되었다. 이것은 그들이 나의 피 흘린 자국을 보고 따라올 때에 내가 쫓기는 길로 간 흔적이 있으면 그들이 더 힘써 따라올 것이요, 도로 뒤로 물러간 것을 보면 안심하고 빨리 쫓지를 아니하겠기에 그들을 안심시키고 빠져 가자는 한 계책이었다.

한참 도로 가다가 다시 돌아서 어떻게 넘었던지 그 산을 넘어서니 그 아래는 청인淸人의 촌이 있었다. 그리고 조선으로 치면 이장 같은 그곳의 동장의 집에서 계를 하느라고 사람이 많이 모여 있었다. 나의 피 흘리고 온 것을 보고 부대 조각으로 싸매주었다. 그때에 나에게 총 놓은 청년들은 그대로 나를 쫓아왔었다. 나는 그들을 보고 "총을 놓을 터이면 다시 놓으라"고 대들었으나 그들은 어쩐 일인지 총을 놓지 않고 그대로 달아나 버렸다.

나는 그 집에서 대강 피를 수습하고 그 아래 조선 사람들 사는 촌에 와서 달포를 두고 치료하였다. 총알에 뼈가 모두 으스러져서 살을 짜개고 으스러진 뼈를 주어내고 긁어내고 하는데 뼈 긁는 소리가 바각바각하였다. 그러나 뼛속에 박힌 탄환은 아직도 꺼내지 못한 것이 몇 개 있으며, 신경이 끊어져서 지금도 날만 추우면 고개가 휘휘 둘린다. 지금이라도 그 청년들을 내가 다시 만나면, 내게 무슨 까닭으로 총을 놓았는지 조용히 물어보고 싶다.

「나는 왜 중이 되었나」[3]

1. 가출의 동기

나는 왜 중이 되었나? 내가 태어난 이 나라와 사회가 나를 중이 되지 아니치 못하게 하였던가. 또는 인간세계의 생사병고生死病苦 같은 모든 괴로움이 나를 시켜 승방僧房에 몰아넣고서 영생과 탈욕을 속삭이게 하였던가. 대체 나는 왜 중이 되었나? 중이 되어 가지고 무엇을 하였나? 무엇을 얻었나? 그래서 인생과 사회와 시대에 대하여 어떠한 도움을 하여 왔나? 이제 위승爲僧이 된 지 30년에 출가의 동기와 그동안의 파란波瀾과 현재의 심경을 생각하여 볼 때에 스스로 일맥一脈의 감회가 가슴을 덮는 것을 깨닫게 한다.

나의 고향은 충남 홍주였다. 지금은 세대가 변하여 고을

---

[3] 정해렴 편역, 『한용운산문선집』, 320~323쪽, 재인용.

이름초차 홍성洪城으로 변하였으나 그때 나는 어린 소년의 몸으로 선친先親에게서 나의 일생 운명을 결정할 만한 중요한 교훈을 받았으니, 그는 국가 사회를 위하여 일신一身을 바치는 옛날 의인義人들의 행적行蹟이었다. 그래서 마냥 선친은 스스로 그러한 종류의 서책書冊을 보시다가 무슨 감회가 계신지 조석으로 나를 불러다가 세우고 옛사람의 전기傳記를 가르쳐 주었다.

어린 마음에도 사상史上에 빛나는 그분들의 기개氣槪와 사상思想을 숭배하는 마음이 생겨 어떻게 하면 나도 그렇게 훌륭한 사람이 되어 보나 하는 것을 늘 생각하여 왔다. 그러자 그해가 갑진년 전해로 대세大勢의 초석礎石이 처음으로 기울기 시작하여 서울서는 무슨 조약이 체결되어 뜻있는 사람들이 구름같이 경성京城을 향하여 모여든다는 말이 들리었다.

그때에 어찌 신문이나 우편이 있어서 알았으리마는 너무도 크게 국가의 대동맥大動脈이 움직여지는 판이 되어 소문은 바람을 타고 아침 저녁으로 팔도에 흩어지었다. 우리 홍주洪州서도 정사政事에 분주하는 여러 선진자先進者들은 이곳 저곳에 모여서 수군수군하는 법이 심상한 기세가 아니었다.

그래서 좌우간 이 모양으로 산속에 파묻힐 때 아니라는 생각으로 하루는 담뱃대 하나만 들고 그야말로 폐포파립弊袍破笠으로 나는 표연漂然히 집을 나와 '서울'이 있다는 서북 방면을 향하여 도보徒步하기 시작하였으니 부모에게 알린 바도 아니요, 노자도 일푼 지닌 것이 없는 몸이며 한양漢陽을 가고

나 말는지 심히 당황한 걸음이었으나 그때는 어쩐지 태연하였다. 그래서 좌우간 길 떠난 몸이매 해지기까지 자꾸 남들이 가르쳐 주는 서울 길을 향하여 걸음을 재촉하였다.

그러나 날은 이미 기울고 오장五臟의 주림이 대단하게 되자 어떤 술막집에 들어 팔베개 베고 그 하룻밤을 자느라니 그제야 무모한 걸음에 다한 여러 가지 의구疑懼가 일어났었다. 적수공권赤手空拳으로 어떻게 나라 일을 돕고 또한 한학漢學의 소양素養 이외에 아무 교육이 없는 내가 어떻게 소지素地를 이루나. 그날 밤 야심토록 전전반측輾轉反側하며 사고수십회思考數十回에 이를 때에 문득 나의 아홉 살 때 일이 유연油然히 떠오른다.

그것은 아홉 살 때 『서상기西廂記』의 통기 1장을 보다가 이 인생이 덧없어 회의懷疑하던 일이라. 영영일야營營日夜하다가 죽으면 인생에 무엇이 남나. 명예냐, 부귀냐? 그것이 모두 아쉬운 것으로 생명이 끊어짐과 동시에 모두 다가 일체공空이 되지 않느냐. 무색하고 무형한 것이 아니냐. 무엇 때문에 내가 글을 읽고 무엇 때문에 의식衣食을 입자고 이 애를 쓰는가 하는 생각으로 5~6일 밥을 아니 먹고 고로苦勞하던 일이 있었다.

인생은 고적孤寂한 사상을 가지기 쉬운 것이라, 이에 나는 나의 전정前程을 위하여 실력을 양성하겠다는 것과 또 인생 그것에 대한 무엇을 좀 해결하여 보겠다는 불같은 마음으로 한양 가던 길을 구부리어 사찰寺刹을 찾아 보은報恩 속리사俗

離寺로 갔다가 다시 더 깊은 심산유곡深山幽谷의 대찰大刹을 찾아간다고 강원도江原道 오대산五臺山의 백담사百潭寺까지 가서 그곳 동냥중, 즉 탁발승托鉢僧이 되어 불도佛道를 닦기 시작하였다.

물욕物慾·색욕色慾에 움직일 청춘의 몸이 한갓 도포道袍 자락을 감고 고깔 쓰고 염불을 외우게 되매 완전히 현세現世를 초탈超脫한 행위인 듯이 보이나, 아마 내 자신으로 생각하기에도 그렇게 철저한 도승道僧이 아니었을 것이다.

수년 승방에 갇혀 있던 몸은 그에서도 마음의 안정을 얻을 길이 없어 『영환지략瀛環志略』이라고 하는 책을 통하여 조선 이외에도 넓은 천지의 존재를 알고 그곳에 가서나 뜻을 펴볼까 하여 엄嚴모라는 사람과 같이 원산元山서 배를 타고 서백리아西伯利亞를 지향하고 해삼위海蔘威로 가는 것이다.

그러나 어찌 알았으리요. 나의 동행이던 엄모가 사갈蛇蝎 같은 밀정密偵으로 나를 해치는 자였음을…. 그래서 실로 살을 에어내는 듯한 여러 가지 고난의 와중渦中을 헤치고 구사일생으로 다시 귀국하였다. 그러자 각처에서는 의병이 일어나는 시세―크게 어지럽게 되어 나는 간성杆城에서 쫓기어 안변安邊 석왕사釋王寺의 깊은 산골 암자庵子를 찾아가 거기서 참선 생활參禪生活을 하였다.

2. 일본행과 불교계 파란

그러다가 반도 안에 국척踢蹐하여 있는 것이 어쩐지 사내의 본의가 아닌 듯하여 일본으로 뛰어 들어갔다. 그때는 조선의 새 문명이 일본을 통하여 많이 들어오는 때이니까 비단 불교 문화뿐 아니라, 새 시대 기운이 융흥隆興한다 전하는 일본의 자태姿態를 보고 싶던 것이다.

그리하여 마관馬關에 내리어 동경에 가서 조동종曹洞宗의 통치 기관統治機關인 종무원宗務院을 찾아 그곳 홍진설삼弘眞雪三이라는 일본의 고승과 계합契合이 되었다. 그래서 그분의 호의好誼로 학비學費 일푼 없는 몸이나 조동종대학曹洞宗大學에 입학하여 일어도 배우고 불교도 배웠다.

그럴 때에 조선에서는 최린崔麟, 고원훈高元勳, 채기두蔡基斗, 제씨諸氏가 유학생으로 동경으로 건너왔더라. 그러다가 나는 다시 귀국하여 동래東萊 범어사梵魚寺로 가 있다가 다시 지리산智異山으로 가서 박한영朴漢永, 전금파全錦坡(고인이 되었으나)의 세 사람과 결의까지 하였다. 그럴 때에 서울 동대문의 원흥사元興寺에서 전조선불도全朝鮮佛徒들이 모여 불교 대회를 연다는 소식이 들리므로 나는 부랴부랴 상경하였는데, 그때는 이회광李晦光 씨가 대표가 되어 승려 해방僧侶解放과 학교 건설 등을 토의하고 있었는데 그것은 대단히 좋으나 미기未幾에 합병이 되자 전기前記 이회광 일파는 무슨 뜻으로 그러하였는지 일본의 조동종과 계약을 맺고 조선의 사찰 관리권과 포교권布敎權과 재산권을 모두 양도하는 실로 놀라운 것이었다.

이 주책없은 계약을 하자 한 것이 그때 이회광 일파의 원종圓宗이므로 우리는 그를 막기 위하여 임제종臨濟宗이란 종宗을 창립하여 그의 반대 운동을 일으켰는데, 이 운동이 다행히 주효奏效하여 이회광의 계약은 취소되어 조선의 불교는 그냥 살아 있게 된 터였다.

그 뒤 합병이 되어 몸에 닥치는 간섭이 심하여 일시 통도사通度寺에 내려가서 『불교대전佛敎大典』을 초출抄出하였고, 또 『유심惟心』이라는 잡지를 경영하다가 기미의 33인 운동으로 옥사에 갇히는 몸이 되었던 것이다.

그러면 나는 승려 30년에 무엇을 얻었나? 서울 안국동安國洞의 법당法堂 곁에 부처님을 모시고 일석日夕 생각함에 나는 결국 영생永生 하나를 얻은 것을 느낀다. 어느 날 육체는 사라져 우주의 적멸寂滅과 함께 그 자취를 감추기라도 하리라. 그러나 나의 마음은 끝없이 둥글고 마음 편한 것을 느낀다.

그렇더라도 남아 일세男兒一世에서나 중僧으로 그 생애를 마치고만 말 것인가. 우리 앞에는 정치적 무대는 없는가? 그것이 없기에 나는 중이 된 것이 아닐까. 만일 우리도 … 마지막으로 이 심경을 누가 알아주랴. 오직 지자知者는 지부지자부지知不知者不知를 곡哭할 뿐이노라.

〈1930년〉

「국보적 한글 경판의 발견 경로」[4]

 세계적 위인이신 세종대왕께서 여러 나라의 어느 문자에 견주어서든지 우수한 지위를 점령할 만한 글을 내시고, 가장 먼저 그 글로 번역하고 또 그 번역한 글을 목판에 인각印刻하여 인서印書에 편리하고 따라서 영보永保케 한 것은 불경과 불교 서류가 다 그러므로 한글의 유적遺跡은 대개 사찰에 보保하게 되었던 것이다.

 그러나 쇄국 시대에 있어서 근역槿域 삼천리를 대 우주로 인식하여 각국과의 비교 문화를 존숭尊崇하는 사대 사상의 유교가 국가정신의 중심이 되어서, 한문을 존숭하고 한글을 가리켜 '언문' 혹 '내서'內書라 일컫던 시대에 있어서 아무리 불세不世 위인의 특견 고사特見苦思에서 창조된 거룩한 한글이라도 그때의 민중에게 존경을 받지 못하게 된 것은 그다지

---

[4] 『나라사랑』, 제2집, 170~174쪽.

괴이한 일이 아닐 것이다.

그리하여 한글은 보편적으로 인식되지 못하는 동시에 불교가 점점 쇠미하여지므로 사찰이 따라서 퇴폐에 퇴폐를 지속하게 되었다. 그러므로 다종 다량으로 인각印刻되었던 한글의 불경판은 유교적 사대 자모事大自侮의 사상과 보관하였던 사찰寺刹의 퇴폐를 따라서 점점 산망散亡, 유실, 부패 혹은 아직 발견되지 못하였다.

그리하여 지금까지 그 존재를 인식하는 것이 산일散佚된 『월인천강지곡月印千江之曲』 4권의 판이 있을 뿐이요, 그 밖에는 실로 요료 무문寥寥無聞 그 형영形影을 볼 수 없었다.

나는 약 십여 일 전에 김종래金鍾來 씨와 한상예韓相藝 씨로부터 전주 안심사安心寺에 한글 경판이 있다는 말을 듣게 되었는데, 그 내용은 한상예 씨가 구서적을 탐색하기 위하여 각사各寺에 다니다가 안심사에 가서 한글 경판이 있는 줄을 알고 대개 탐사하였으나, 그 종류나 수량의 상세는 알지 못하였던 것이요, 그들이 그 일을 남에게 말하게 된 것은 그것을 인출印出하자는 계획으로서였다.

나는 그 말을 들은 뒤에 나의 일생에 많이 받아본 기억이 없는 정도의 충동을 받았다. 그리하여 듣던 그 이튿날 곧 떠나려 하였으나 불교사佛敎社에 관한 부득이한 사정으로 수일을 지체하게 되었는데, 지체하는 동안에 거의 신경의 변태작용을 일으킬 만치 마음이 긴장 초조하였다. 그리하여 상당히 통정하는 지우에게도 비밀을 지키고 떠날 때에도 같이 있는 사원과 교무원 모某 부장의 물음에도 불구하고 그 처소만은 말하지 않아서 그들의 고소苦笑를 받은 일이 있다.

7월 2일 오후 9시에 경성역에서 호남선 연산連山 차표를 사가지고 부산행 차를 탔다.

물론 대전역에서 바꾸어 타야 할 것은 기억한 일이다. 차를 타고서 얼마 안 되어 조금 피곤하기에 잠깐 누웠더니 그대로 잠이 들었다. 조금 있다 깨어보니 조치원역에 도착하였으므로 아직 시간의 여유가 있음을 생각하고 도로 누웠더니 그대로 꿈나라에 깊이 들어갔었다. 문득 깨어 차창으로 내다보니 "추풍령"이라고 쓴 역의 게시판이 보인다. 당황히 행장을 수습하여 차에서 내렸다. 그 찰나의 심리 상태는 초속도로 이상하여졌다. 한 말로 말하자면 차를 타고 자다가 자기의 도착지를 지난 것이 아무리 일시적 과오라 할지라도 자기의 존재를 인식하는 긍정률의 불충실한 표현 행동이 아니라고 할 수가 없다. 그로 좇아서 일어나는 부작용의 심리 상태는 부끄럽고 창피하고 열쩍고 가로세로 괴로웠다. 스스로 생각하기를 나의 과오가 철도 규정에 있어서 중대 사실이 될 것이므로 적어도 이 사유를 역장에게 말하는 것이 옳겠다고 생각하여 개찰구에 나가기 전에 역장의 면회를 청하였다. 개찰구의 계원이 역장 면회의 이유를 묻기에 나의 사유를 말하니, 계원은 "그런 일은 역장에게 말하는 것이 아니오. 여기선 사람에게 말하는 것이오" 한다. 나는 거듭 창피를 당하였다. 그 사람을 향하여 나는 "기왕 일이 이렇게 되었으니 벌금이라도 물고 차표를 다시 사야 되겠지요. 대단히 미안합니다" 하였다. 그 사람은 "자다가 '노리고시'乘越가 되었으니 관계없소. 나가서 조금 기다리면 대전 가는 차가 있으니 도로 타고 가시오" 하고 차표를 받고 내보낸다. 나는 또 창피를 당하였다. 약 두 시간을 기다리니 4일 상오 6시경에 대전 가는 차가 떠나게 되는데 개찰구 계원은 아까 나에게서 받은 차표의 배면에 '오승'誤乘이라는 장방형의 인印을 찍어 도로 준다. 그 표를 받을 때에 또 한 번 창피하였다.

9시 반에 연산역에 내려서 곧 자동차를 타고 목적지인 안심사에 도착하니 0시 반경이었다. 만목황량滿目荒涼 폐허잔사廢墟殘寺의 경색景色이 실로 백 퍼센트인 역사적 과정의 임의의 찰나의 실재였다. 법당 마당에는 보리 바심을 하는데, 그 옆 뜰에는 불두화佛頭花가 피었다가 떨어진 쇠잔한 흔적이 아직 남아 있고, 두어 줄기의 촉규화蜀葵花는 바야흐로 피는 중이나 모든 풍상을 지내면서 무가보無價寶인 한글 경판을 감추어 두고 의연巍然히 솟아 있는 2층 법당은 마침 오는 가는 비를 받으면서, 아는 사람을 기다리고 있는 것 같다.

나는 점심을 마친 후 경판을 배관拜觀하였다. 경판은 한글 경판뿐 아니라 다른 경판도 있어서 되는 대로 섞어서 질서 없이 쌓아 두었는데, 그 경판은 약 50년 전까지 판전板殿에 봉안하였다가 판전이 없어진 뒤로 법당 불단佛壇 후 마루 밑 땅바닥에 적치하여 두었던 것인데 최근에 비로소 마루 위로 이안移安한 것이다. 곧 3~4인의 조력을 얻어 한글 경판의 정리를 시작하였는데, 모든 경판 약 20판이 뒤섞여 있는 중에서 종류와 순서를 찾아서 정리하기에는 여간 곤란이 아니었다. 그러니 나는 나의 손이 경판에 접촉될 때마다 강개强慨의 감개가 섞인 기쁜 마음을 움직이게 되었으며, 동시에 1판 2판 순서를 찾아 정리할 때에 만일 낙질落帙이 되었으면 어찌하나 하는 염려로 마음은 긴장에 긴장을 거듭하였다. (경판 정리 명세서는 줄임)

1경經에 2판 이상의 결판缺板이 없어서 650여 판에 7판 반半의 결판이라면 다소의 유감이지만 실로 완벽이 아니라고 할 수 없다. 절무근유絶無僅有한 완벽인 수종의 한글 불경판을 발견하여 나의 손으로 정리하여 놓은 것이 나의 일생의 승사勝事다. 거기에서 얻은 쾌감 환희는 언어의 도를 초월하였다.

나는 다시 이렇게 회상하였다. 아! 세종 대왕은 예지자睿智者요, 의백자毅魄者요, 위대한 신교자이셨다. 그리하여 한글을 창조하시고 위업偉業인 동시에 신앙적 대심大心 행위인 불경의 번역과 판각의 거업巨業을 이루셨다. 그러한 위대한 인물과 거대한 사업을 너그러운 품에 품었던 불교는 과연 얼마나 성하였었나. 그러한 위적偉績을 보전하지 못하였던 300년래의 조선 불교는 얼마나 침쇠沈衰하였는가. 그의 잔판단목棧板斷木을 발견함을 일생의 승사勝事로 삼는 나의 감개는 경판을 정리하고 최후로 법당을 나오다가 다시 돌아서서 경판을 향하여 두어 줄기의 눈물을 뿌린 것으로 끝을 막았다.

익일翌日에 어제 비가 개지 않음에도 불구하고 떠나기로 결정하였다. 경판을 감추고 있는 법당을 향하여 정례頂禮하고 주지 스님에게 경판의 수호를 재삼 부탁하고 비를 맞으면서 떠났는데, 비로 인하여 정기定期 자동차가 운전을 중지하였으므로 도보로 연산역까지 와서 기차를 타고 경성에 도착하였다.

조선 전토에 한글 경판은 「월인천강지곡月印千江之曲」의 산일散佚된 수권판數卷板에 불과하고 그 외는 절무絶無인 이 때에 3종 경판과 천자유합千字類合을 합하여 5종, 총합 650여 판의 완벽을 발견하게 된 것은 불교와 아울러 조선 학계를 위하여 경하할 바이며, 발견한 나로서도 영광으로 생각한 바이다. 그리고 한글 경판은 모든 의의에 있어서 조선의 국보적 가치를 가진 것이다.

안심사安心寺의 현상은 도저히 국보적인 한글 경판을 수호할 만한 힘을 가지지 못하였다. 안심사는 폐허 고사古寺로 사재寺財가 없어서 시주 1인이 산전을 자농自農하여 생활을 근보僅保하는 상태이므로, 그러한 중보重寶를 완전히 수호할 수 없는 것은 명료한 사실이다.

그러면 한글 경판의 수호 방법을 별로이 강구치 않으면 안 될 것이니 그것을 수호할 방책은 대략 세 가지가 있으니,

1. 안심사에 그것을 수호할 만한 정도의 보조를 할 일.
2. 그것을 수호할 만한 다른 사찰寺刹에 이안移安할 일.
3. 경성에 판각版閣을 신축 혹 매치買置하여 이안移安할 일.

이상의 세 가지를 비교하여 보면 안심사에 보조한다는 것은 여러 가지로 보아 곤란한 점이 많이 있어서 거의 불가능이 되겠고, 타사他寺에 이안하는 것은 일에 있어선 간편하나 그 한글 경판의 존재로 하여금 보편적으로 인상을 주고 학계의 자료를 보급하는 데 대하여 다대한 불편이 있을지니, 경성에 이안하여 일반 인중一般人衆에게 정신상 학술상의 각 방면으로 의의 있는 편의를 주는 것이 가장 좋을 줄로 생각하여 실행코자 하는 바이다.

> 값없는 보배란
> 티끌에서 찾느니라
> 티끌에서 찾았거니
> 티끌에 묻을소냐.
>
> 두만강에 고히 씻어
> 백두산에 걸어 놓고
> 청천백일 엄숙한 빛에
> 쪼이고 다시 쪼여,
>
> 반만년 살아오는
> 사랑하는 우리 겨레
> 보고 읽고 다시 써서
> 온 누리의 빛 지으리라.

「북대륙北大陸의 하룻밤」

1

 50여 년의 과거를 가진 나로서 추억할 만한 것이 없을 수가 없는 것이나 평일에 생각할 때에는 추억할 만한 일이 양으로도 상당히 많고 질로도 그러하여서 그것을 글로 적으면 제법 볼 만한 것이 있을 것 같았는데 급기야 '추억'을 써보라는 지정적 부촉付囑을 받고 붓을 들어 쓰려 하매 별로 쓸 만한 것이 없고, 혹 있대야 지금 써서 내놓기에 불편한 것이 있으므로 평일에 생각하던 바와는 아주 딴판이다. 이로 미루어 보면 추억뿐 아니라 모든 일에 대하여 아무 일이 없는 때에 막연히 생각하는 것과 실제 행동과는 많은 차이가 있는 것을 다시금 재인식하게 된다.
 일도춘풍 별고인一棹春風別故人, 이것이 30년 전 이른 봄에 원산元山 부두에서 해삼위海蔘威로 가는 배를 탈 때에 나를 전송하여 주는 어느 지구知舊에게 지어 준 시에서 기억나는 한 짝이다. 그것이 나의 입산入山한 지 몇 해 안 되어서의 일인데, 나의 입산한 동기가 단순한 신앙만을 위한 것이 아니었던 만큼 유벽幽僻한 설악산雪嶽山에 있은 지 멀지 아니하여서 세간 번뇌世間煩惱에 구사驅使되어 무전여행으로 세계 만유世界漫遊를 떠나게 된 것이었다.

그때쯤은 나뿐 아니라 조선 사람은 대개 세계에 대한 지식과 경험이 별로 없었으므로 아무 인연도 없고 외국어 한 마디도 모르는 산간의 한 사미沙彌로 돌연히 세계 만유, 더구나 무전여행을 떠난 것은 우치愚痴라면 우치요, 만용蠻勇이라면 만용이었다.

그러나 세계의 사정과 지리를 너무도 모르는 나로서 진로進路와 사정을 대강이라도 알려면 그래도 사람이 많이 모이는 경성京城으로 가야 하리라는 생각으로 설악산 백담사百潭寺로부터 경성으로 향하게 되었는데, 때는 음력 2월 초순이라 깊은 산에는 물론 빙설氷雪이 쌓여 있으나 들과 양지에는 눈이 상당히 녹는 때이므로 산골 냇물은 얼어붙은 곳도 있지마는 얼음이 녹아서 흐르는 곳도 있었다.

백담사에서 경성을 오려면 산로山路로 20리를 나와서 가평천加坪川이라는 내를 건너게 되는데, 그 물의 넓이는 약 1마장이나 되는 곳으로 물론 교량은 없는 곳이었다. 그 내에 이르매 내가 눈녹이 물에 불어서 상당히 많았다.

눈녹이 물이 얼음보다 찬 것을 다소 경험해 본 나로서 도

두渡頭에 이으러 건너기를 주저하지 아니할 수가 없었다. 이것이 세계일주의 첫 난관이었다. 추운 때에 눈녹이 물을 건너보지 못한 사람으로는 그만 것이 인생 행로人生行路의 난관이 되겠느냐고 웃을는지도 모르지마는 한번이라도 건너본다면 그 어려운 맛을 알 것이다.

다리를 훨씬 걷고 건너기 시작하였다. 산골 내에는 흔히 대소 부동大小不同한 둥근 돌이 깔렸는데 거기에 물이끼가 입히면 미끄럽기가 짝이 없어서 발을 붙일 수가 없는 것인데 이 가평천은 그런 중에도 더욱 심한 곳이었다. 건너기 시작한 지 얼마 아니 되어서 물이 몹시 찰 뿐 아니라 발을 디디는 대로 미끄러지고 부딪쳐서 차고 아픈 것을 견딜 수가 없었다.

중류中流에 이르러서는 다리가 저리고 아프다 못하여 감각력感覺力을 잃을 만큼 마비가 되었으므로 육체는 저항력을 잃고 정신은 인내력이 다하였다. 가령 정신의 인내력은 다소 여지가 있다 할지라도 저항력과 감각력을 잃은 다리는 도저히 정신의 최후 명령을 복종할 수가 없는 것이었다. 돌아오려야 돌아올 수도 없고 나아가려야 나아갈 수도 없는 그야말로 진퇴유곡進退維谷, 남은 일이 있다면 그것은 주저앉는 것이 아니면 넘어지는 것뿐이었다.

백척간두 진일보百尺竿頭進一步, 홀연히 생각하였다. 나는 적어도 한푼 없는 맨주먹으로 세계 만유를 떠나지 않느냐. 어떠한 곤란이 있을 것을 각오한 것이 아니냐. 인정人情은 눈녹이 물보다 더욱 찰 것이요, 세도世途는 조약돌보다 더욱 험할 것이다. 이만한 물을 건너기에 인내력이 부족하다면 세계 만유라는 것은 부질없는 일이 아닌가 하여서 스스로 나를 무시하는 동시에 다시 경책警責하였다.

차고 아픈 것을 참았는지 잊었는지는 모르나 어느 겨를에 피안彼岸에 이르렀다. 다시 보니 발등이 찢어지고 발가락이 깨어져서 피가 흐른다. 그러나 마음에는 건너온 것만이 통쾌하였다 건너온 물을 돌아보고 다시금 일체 유심一切唯心을 생각하였다.

냇가에 앉아서 버선을 신노라니 50세가량 되어 보이는 남자와 30여세 된 여자가 오더니 남자가 나의 대님 치는 것을 보면서 말을 묻는다.

"이 물을 건너오셨소?"

"네."

"얼마나 깊습디까?"

"그다지 깊지는 아니합니다. 다리만 걷고도 건널 만합니다."

"대단히 차지요?"

"네, 차기는 대단합니다."

2

그 사람은 물에다 손을 넣어보더니 얼굴을 찡그리면서, "에구, 차서 못 건너가겠군. 돌아서 가야겠군" 하고 물을 거슬러서 산기슭으로 올라간다.

같이 오던 여자는 동행은 아닌 모양이었다. 혼잣말로, "돌아가면 언제 가게" 하고 버선을 벗어서 한 손에는 버선과 짚신을 들고 한 손으로 옷을 걷어잡고 물에 들어서더니 진저리를 치면서 건너간다. 반도 채 못가서 그중 깊은 곳에 이르더니 찬 것을 못 견디었든지 미끄러졌든지 그것은 알 수 없으나 그만 넘어져서 두어 번 구르다가 일어나서는 벌벌 떨기만 하고 오도가도 못 한다.

그 광경을 본 나는 옷을 걷을 새도 없이 그대로 들어가서 그 여자를 업어서 건너주고 다시 건너오는데 그다지 찬 줄도 모르고 버선 신은 발이라 아픈 줄도 몰라서 비교적 유유히 건너왔다. 나는 다른 사람들이 잘 건너지 못하는 곳을 건넌 데 대하여 어린애들처럼 다소의 우월감優越感을 가졌으나 한편으로는 두 번째 건널 때에는 그다지 어렵지 아니한 것을 처음에는 대단히 어려움을 느껴서 무슨 대경륜大經綸을 진행하는 중에 막대한 마장魔障을 정복한 것처럼 생각하였던 것이 도리어 어리고 우스웠다. 앞 주막에 가서 옷을 말리면서 말을 들으니 그 내는 눈녹이 물이 내릴 때에는 산으로 돌아다니고 좀처럼 건너지 못하는 것을 알게 되었으므로 스스로 경멸하던 처음의 자부심이 다시 위안을 얻게 되었다.

그 길로 경성에 와서 보니 기대하던 세계의 지리와 사정에 대하여 대강이라도 체험담을 들을 곳이 없었다. 나의 교제가 넓지 못한 것도 한 가지 원인이겠지만 실로 세계적 체험을 가진 사람이 적었던 것이다. 그리하여 나는 지도와 문자상으로 본 것을 기초삼아서 진로를 스스로 결정하였는데, 가까운 러시아로 먼저 가서 중구中歐를 거쳐 미국으로 가기로 하였으므로 원산 가서 배를 타고 해삼위에 상륙하기로 하였던 것이다.

경성서 원산 가는 도중에서 승려 2인을 만났으니 한 사람은 나의 본사本寺인 백담사의 중이요, 한 사람은 금강산金剛山 마하연摩訶衍에 있는 중인데, 그는 초면이었으나 알고 보니 문의門誼가 있는 사람으로 지구知舊나 다름이 없었다. 그들은 해삼위로 '다스포'를 사러 가는데 다스포라는 것은 음식 만드는 것으로 그것을 하면 돈을 벌 수가 있다고 한다. 그들의 목적이야 무엇이든지 얼마 동안이라도 동행하게 되는 것만이 기뻤다.

원산서 3인이 같이 해삼위 가는 배를 탔는데, 내가 기선을 타기는 처음이었다. 그 배는 500톤에 불과한 작은 배였지만 그전에 배에 대한 경험이라고는 나룻배를 몇 번 타보고 조선 재래식 목선을 구경한 일밖에 없는 나로서는 그 배의 대형적이요, 문화적인 것을 깨닫게 되어서 그 배의 내부를 자세히 구경하였던 것이다.

배가 해삼위 항구 밖에 이르러서 항행을 정지한다. 갑판에 나와서 보니 해삼위 항구와 그 근처의 촌락들이 보인다. 왜 배를 멈추느냐고 물으니 선원이 말하기를, 항구 안에는 수뢰水雷를 묻어서 항로를 알 수 없으므로 어느 나라 배든지 여기까지 와서는 신호를 하면 러시아 인이 나와서 배를 운전한다고 한다. 그러자 기적으로 신호를 하니 그 배에서 가까운 언덕 편으로부터 소중기선小蒸氣船이 살같이 와서 러시아인이 배에 오르더니 곧 항행을 계속한다.

항구 안 바다에 수뢰를 묻고 입항하는 선박은 반드시 자기 나라 사람으로 운전하게 하는 것이 나라와 나라 사이에 서로 경계하는 국방國防의 일부분에 지나지 않는 것이겠지만 경장更張 이전에 거국擧國의 병마兵馬 5772명밖에 없이 태평연월太平烟月(?)에 잠이 들었던 조선, 그 중의 한 사람인 나로서는 신경의 자극을 받지 아니할 수가 없었다.

배가 항구에 들어가매 부두에 대고 배에서 부두로 직접 상륙한다. 그때에 조선에서는 축항築港한 곳이 없어서 기선이 출입하는 항구라도 기선은 중류에 서 있고 종선從船으로 육지에 출입하였다. 그런 고로 대소의 기선들이 부두의 육지에다 선체船體를 대고 섰는 것을 볼 때 그 국가적 설비의 대규모인 것에 놀랐다.

상륙할 때 살펴보니 나의 탔던 배의 선객은 대부분이 상인과 노동자인데, 그중에 머리 깎은 사람은 나의 일행 3인과 다른 두 사람이 있을 뿐이었다.

우리 일행은 배에서 내려 조선인의 부락인 개척리開拓里를 찾아가는데, 노변路邊에 드문드문 모여 있는 조선 사람들은 많이 내리는 선객 중에 특히 우리 3인을 주목하면서 이상한 표정으로 수군거리는 것을 발견하였다. 그리하여 살펴볼수록 그들의 동작은 더욱 그런 듯하였다. 그러나 나는 그때에 복주감투僧冠(중이 겨울철에 쓰는 방한모)를 썼으므로 그것을 이상하게 보는가 보다 하는 외에 그들의 동작에 대하여 별로 다른 의미가 있는 줄로는 생각지 아니하였다.

개척리에 이르니 가옥의 구조는 조선과 만주의 혼동식混同式으로 되었는데, 제도와 설비가 불규칙·비위생적으로 되어서 우선 형식상으로 보건대 재외在外한 조선인에게도 별로 기대할 것이 없다는 인상을 받게 되었다. 바로 길가에 있는 여관旅館에 들어서 항해의 피곤을 쉬는데, 여관에 있는 사람들도 아까 노변에서 보던 사람들처럼 우리들을 이상한 시선으로 보면서 무엇인지 수군거린다. 그러나 나는 또한 그들의 행동을 비신사적으로만 보고 다른 생각은 가지지 아니하였다.

3

석반夕飯을 먹은 뒤에 조금 있노라니 때는 황혼이었다. 문밖의 길에서 여러 사람의 몰려가는 소리가 요란스럽게 난다. 여관에 있는 다른 사람들이 구경삼아서 나가더니 그들이 지나간 뒤에 들어오면서 서로 말들을 한다.

"또 죽이러 나가네그려."

"몇인가?"

"둘일세."

"이번 배에서 내린 것이지."

"그렇겠지."

"사람 무척 죽는다."

이러한 말을 들은 나는 내용은 알 수 없으나 사람을 죽이러 간다는 의미만은 알 수 있으므로 놀랍고 의심스러워 그들 중에 가장 이상하여 보이는 사람을 청하여 그 내용을 물었다. 그는 대답하기를 조금 주저하다가 나직나직한 목소리로 묻는 것을 따라서 대답하였다.

"지금 사람을 죽이러 나간다니 무슨 사람을 죽이러 간다는 말이요?"

"예, 여기는 조선에서 머리 깎은 사람만 들어오면 죽이는데, 오늘 배에도 두 사람이 내린 것을 죽이러 갔답니다."

"머리 깎은 사람은 왜 죽이요?"

"일진회원―進會員이라고 죽인답니다."

"누가 죽이나요?"

"무엇하는 사람들이요?"

"하기야 무얼 하겠소. 먼저 여기를 와서 러시아에 입적入籍한 사람들이 많지요."

"재판을 해서 죽이나요, 어떻게 죽이나요?"

"재판이 다 무엇이요, 덮어놓고 죽이지요."

"죽이기는 어떻게 죽이나요?"

"바다에 갖다 넣지요."

"여기는 사람을 함부로 죽여도 관계치 않소?"

"아무 일 없지요."

"아무 일 없다니. 여기는 경찰도 없고 아무 법도 없단 말이오. 사람을 함부로 죽인대서야 사람이 살 수가 있나요."

"여기 경찰이 있기는 있으나 우습소. 그런 일은 말고라도 여기 저녁이면 길가에서 도적에게 사람 안 죽는 날이 별로 없소. 더구나 조선놈끼리 서로 죽이는 것을 그 사람네가 아는 체할 까닭이 있소?"

"그래 머리 깎은 사람을 얼마나 죽였나요?"

"퍽 죽였지요. 들어오기만 하면 죽이니까요."

"일진회원인지 아닌지 분간도 없이 머리 깎은 사람이면 다 죽여서야 될 수가 있소."

"지금 조선 사람 중에 일진회원 아니고서야 머리 깎은 사람이 있나요. 그러니까 다 죽이는 것이지요."

"그러면 우리들은 어찌 아니 죽이나요."

"글쎄 알 수 없지요. 아직 더 두고 보아야지요."

그의 말을 들은 나는 양산박梁山泊의 연극화한 것을 이야기로 듣는 것 같아서 무섭기도 하였으나 의심이 나서 믿어지지 아니하였으나 다른 사람들의 말을 종합하여서 확실한 사실인 것을 알게 되었다. 그러면 우리 세 사람의 운명도 수 시간 이내에 세상을 바꾸게 되었으므로 풍전잔등風前殘燈이 오히려 비교가 아니었다. 사람이 번연히 죽을 줄을 알면서도 가만히 앉아서 죽음을 기다리는 것은 우스운 일이므로 경찰서를 찾아가서 구원을 얻어 볼까 하고 준비하는 중이었다.

문 밖으로부터 여러 사람의 발자취 소리가 나더니 양복洋

服한 청년과 장년 십여 명이 들어와서 신발을 신은 채로 방에 들어와 우리 세 사람을 에워싸고 돌아선다. 그들은 일제히 똑같은 단장短杖을 짚었는데, 단장은 가는 철사로 여러 겹을 꼬아서 만든 것인바 강유强柔를 겸한 탄력성이 부富한 것으로 방어적防禦的 필수품이라고 하느니보다 공격적 무기인 것이 틀림없는 것이었다. 그들은 마치 고대 소설古代小說에서 볼 수 있는 염라국 사자들이 사람을 잡으러 온 것과 마찬가지로 보였다.

그 찰나 나는 그들에게 변명을 하되 기축氣縮하지 않는 것이 요체要諦라고 생각하였으므로 그들을 본체만체하고 다리를 접개인 채로 턱을 괴고 앉았다.

그들 중의 장년 한 사람이 나의 앞에 쪼그리고 앉더니,

"너희가 다 무엇이냐?"

하고 눈을 부라리면서 묻는다.

4

"우리는 중이오" 하고 나는 괴었던 턱을 떼고 말하였다.

"중이 무슨 중이야, 일진회원이지?"

"아니오. 우리의 의관이라든지 행장을 보면 알 것입니다."

"정탐하기 위하여 변장을 하고 온 것이지, 그러면 모를 줄 아느냐."

"아니오, 본국 사원本國寺院으로 조사를 해도 알 것이오."

"중놈이 아닌 것이 드러난다. 중놈일 것 같으면 우리가 들어오는데 다리를 접개고 앉았을 리가 있나?"

"다리를 접갠 것이 나쁜 일이 아닙니다."

"나쁜 일이 아니라니 중놈이면 우리가 들어오는 것을 보고 으레 일어나서 절을 할 터인데 다리를 동구마니 접게고 앉아서 본체만체한단 것이냐? 일진회원으로 변복變服하고 온 것이 분명하다"라고 단장을 들어서 나를 때리려고 겨눈다.

나는 그의 감정을 상하는 것은 득책得策이 아니라고 생각하여서 일시 궤변詭辯을 썼다. 불상佛像에 '가부좌'跏趺坐라는 것이 있어 공부하는 중이 하는 것인데 보통 사람의 다리 접개는 것과는 다르다 하고 다리 접개인 것을 보이면서 두 발 끝은 양편 오금 사이로 조금씩 넣었다. 그들은 가부좌가 무엇인지 알 리가 없으므로 긍정도 아니하였으나 부정도 못하였다.

그는 다시 행장을 보자고 하므로 나의 보따리를 먼저 풀어 보이니 그 속에는 옷벌과 『금강경金剛經』1부, 가사袈裟 1령領이 있을 뿐이었다. 그는 다시 나의 뒤에 앉은 두 사람의 행장을 보자고 하는데, 그들은 별로 기척이 없으므로 돌아보니 그들은 안색顔色이 창백하여지고 공포에 잠겨서 거의 생기가 없었다.

나는 그들을 위로하고 권하여 행장을 끄른 결과 역시 별 것이 없었다. 마하연 중의 행장에 나무혹으로 만든 표주박이 있었는데, 그것을 가리키면서 무엇이냐고 물은즉 '금강산

혹'이라고 대답하였다. 그것은 금강산 나무혹으로 만든 표주박이라는 말을, 겹결에 잘못된 말로 일좌一座는 실소失笑하였다. 귀관鬼關에서 심문을 받는 듯한 느낌이 있는 그 자리에서 일시의 실언으로 말미암아 나온 웃음이지마는 아연俄然히 일선一線의 생기가 움직이는 듯하였다.

그는 여러 가지로 묻고 시련을 주다가 마침내 나의 변명을 부인하면서 오늘은 밤이 늦었은즉 내일 처치하겠다 하고 여관 주인을 불러 우리를 도망하지 못하도록 감시하라 하고 그들은 돌아갔다.

'내일 처치'處置라는 말은 내일 죽인다는 의미였으니 우리는 완연히 사형선고를 받고 감금을 당한 셈이었다.

사람이 죽는 데에 이르러서는 그 감정이 실로 복잡한 것인데 하물며 각오가 없는 무의미한 죽임이리요. 그때의 착란錯亂한 감회는 도화담수桃花潭水처럼 모여들기도 하였지만 조운모우朝雲暮雨처럼 변하기도 하였다. 한편으로 생각하매 그들은 아무리 기탄없이 사람을 죽인다 할지라도 그것은 암살에 불과한 것인데 암살의 시기는 사람의 이목을 피하는 야간이 적당할 터인데 야간을 칭탁하고 명일明日로 연기하는 것을 보면 죽이지 아니하려는 듯도 하였으나 그들은 대만의 생번生蕃들이 사람을 많이 죽이는 것으로 영예를 삼는 것과 같이 자기들의 영풍英風 호기를 드날리기 위하여 백주대도白晝大道 만인환시萬人環視의 중에서 사람을 도살하는지도 모르는 것이었다. 하여간 집행을 기다리는 사형수처럼 밤을 지내였다.

이튿날 새벽에 주인을 청하여 그들을 대표하여 말하는 사람을 물은즉, 그는 엄인섭嚴寅燮이라는 사람인데, 그는 노령露領에서 생장하여 노국露國 교육을 받고 군인에 편입되어 다소의 전공戰功이 있으므로 훈장勳章까지 차고 상당한 대우를 받는데, 위인이 표한효용驃悍驍勇하고 지기志氣가 녹록치 아니하여 노령 거류 조선인 중에는 엄연히 수괴首魁가 되어 있다 한다.

성급한 나는 앉아서 사기死期를 기다리는 것은 우울한 일이었다. 자진하여 사기를 촉진하든지 그렇지 아니하면 기지機智를 써서 활로活路를 개척하든지 하기로 하였다.

나는 곧 주인을 대동帶同하고 엄인섭의 집을 찾아갔다. 엄은 아직 기침起寢을 아니하였다.

여관 주인은 기침하기를 기다리자고 하였으나 나는 문을 두드렸다. 엄은 조금 놀란 기색으로 침의寢衣를 입은 채 방문을 열고 내다보더니 나를 보고 의외라는 듯이 다시 놀라면서 웬 일이냐고 묻는다.

5

나는 할말이 있어서 왔다 한즉, 그는 문을 도로 닫고 옷을 갈아입은 뒤에 들어오라고 한다. 들어간즉 그는 무슨 말이냐고 호령스럽게 묻는다.

"죽기 전에 유언遺言할 말이 있어 왔소" 한즉, 그는 이상한 빛으로, "유언? 무슨 유언인가?" 하고 나를 똑바로 보면서 말을 한다.

"다른 유언이 아니오. 내 들으니 당신네가 사람을 죽이되 바다에 갖다 넣어서 죽인다 하는데, 나는 바다에 넣지 말고 거저 죽여서 백골은 고국에 갖다 묻어 달라는 말이오" 하고 어성을 높여서 말하였다.

그것이 물론 나의 진의眞義는 아니요, 그를 움직이기 위하여 모두冒頭에 한 말이었다. 뒤를 이어 다소의 회답이 있었으나 그것은 쓰고 싶지 않다.

엄은 나의 실정을 인식한 듯이 사색辭色을 화평히 하고 누구한테로 가자고 한다. 따라간즉, 멀지 아니한 곳 조그마한 집에 이르러 그가 먼저 들어간다. 여관 주인에게 뉘집이냐고 물은즉 이노야李老爺의 집인데, 노야는 이장里長과 같은 것으로 중요한 일을 고문顧問하는 곳이라 한다. 조금 있다가 엄이 부르기에 들어간즉 그 노야는 일견一見 장자長者의 풍도風度가 있어 보인다. 그가 묻는 대로 나의 사실을 말하니 나중에 그는 아무 일이 없을 터이니 안심하라고 한다.

그러자 엄이 자기도 곧 갈 터이니 먼저 여관으로 가라 한다.

여관으로 돌아오는 나는 묘혈墓穴을 찾아갔다가 천상天上으로 오는 것 같았다. 기습으로 성공한 개선장군처럼 명랑한 자존심이 해삼위의 봄 하늘에 가득한 듯하였다. 학식과 수양이 없는 20여 세의 청년으로 왕왕 이러한 어린 감정을 가지는 것은 용혹무괴容或無怪(혹시 그럴지라도 괴이할 것이 없다)였다.

여관에 돌아와서 우선 죽기만 기다리고 있는 두 동행을 위로하여 안심시키고 조반을 먹고 있노라니 엄씨가 혼자 와서 어젯밤 경과에 대하여 우리를 위로하고 해삼위서부터 하바로프스크까지는 전부가 위험 지대니 갈 생각을 하지 말고 해삼위 항구나 구경하고 도로 가라 하면서 항구를 구경하기도 위태하니 자기의 명함을 가지고 다니라 하고, 자기 명함의 뒤에다 보호하라는 뜻을 적어서 주고 돌아간다. 나는 그 명함을 유일한 호신부로 알고 지니었다.

갑갑하여서 우선 항구나 구경하려고 두 동행에게 같이 가기를 청하였으나 그들은 마치 중병을 치른 사람처럼 행보할 기운이 없다 하여서 나 혼자 나섰다. 가노라고 가는 것이 항구 앞 바닷가의 사장沙場으로 갔다. 그 근방에 흩어져 있는 사람들은 노인露人·법인法人·조선인의 비례였다.

이윽고 양복한 조선 청년 5~6인이 "여보!" "여보!" 부르면서 나를 향하여 온다. 서서 기다리는 나를 와서 붙잡더니 "네가 어제 배에서 내린 사람이지?" 하고 묻는다.

그렇다고 대답하고 엄의 명함을 내어 보였다.

그들은 그 명함을 받아서 보더니 발기발기 찢어서 내버리고 두 사람은 나의 두 팔을 잡고 그 나머지 사람은 나의 등을 밀면서 바다 쪽으로 간다. 그것은 그들의 간단한 살인 방법으로 단도직입적으로 실행하는 것이었다. 일사이사一死二死, 인생의 사로死路는 기로岐路가 많은 것이었다.

이곳은 언어도단, 여간 변명쯤으로 앙탈할 마당은 아니었다. 나는 힘을 다하여 완력으로 항거하였다. 점점 격투가 되었다.

전운戰雲이 방감方酣한 그때였다. 멀찍이서 구경하던 청인淸人 한 사람이 오더니 싸움을 말리면서 이유를 묻는다. 그 청인은 조선어가 유창하였다. 내가 이유를 대강 말한즉 그 청인은 그 청년들에 향하여 연설식으로 말을 하는데, 그 요지要旨는, 같은 조선인으로 외국에 나와서 함부로 죽이는 것은 개인의 불행뿐이 아니라는 뜻이었다.

그러나 그들은 그 청인의 말을 들을 리가 없었다. 더욱더욱 나를 끌고 가려는 것이었다. 그 청인의 원조에 힘을 얻은 나는 용이히 끌려갈 리가 없었다.

격투는 제2합의 가경에 이르렀다.

그 청인은 러시아 어로 무슨 말을 고성高聲으로 부르는 듯하더니 러시아 경관 2인이 달려와서 청인과 무슨 말을 하더니 경관이 격투를 제지하고 그 청년들과 러시아 어로 문답을 하더니 그들을 흩어 보내고 청인을 통하여 나에게 조선으로 돌아가라는 뜻을 말하고 자기들 주지住地로 돌아간다.

그 청인만은 나에게 여러 가지 말로 위로하면서 노령에 있는 조선인들의 비행非行을 말하면서 중국과 조선의 사정이 거의 같다는 뜻을 말한다. 어쩐지 나는 거기에 주저앉아서 방성대곡을 하고 여관으로 돌아왔다.

만사표와萬事飄瓦 일념도회一念都灰, 차비車費가 없으니 기차로 갈 수가 없고 도보로 전진하기는 도저히 불능이었다. 오직 돌아오는 한 길밖에는 없었다. 동행 2인도 나와 같이 돌아오기로 하였으나, 딱한 일은 원산까지 올 선비船費가 없다는 것이었다.

그러자 '50리 바다'를 건너면 육로로 오는 길이 있는 것을 알게 되었으므로 시각을 지체하지 아니하고 3인이 목선木船을 타고 50리 바다를 건너서 촌촌전진村村前進하여 여러 날 만에 연추煙秋를 경유하고 두만강豆滿江을 건너서 고국에 돌아왔다. 해삼위의 일야一夜, 언제든지 나의 추억에서 사라질 수 없을 것이다.

『조선일보』 1935. 3. 8~13

최근 미공개 한시 10수 발견

　최근 만해의 미발표 한시 10수가 언론에 공개되어 많은 국민의 시선을 모았다. 동국대학교는 2006년 5월 개교 100주년을 계기로 만해의 한시 「심우시尋牛詩」가 적힌 10폭짜리 병풍을 공개하였다. 만해는 이 학교의 전신 명신학교의 첫해 입학생이었다.

　「심우시」는 모두 10수로 중국 송나라 때 선승이었던 확암사원廓庵師遠이 마음의 수련을 주제로 쓴 7언절구인 「심우도송尋牛圖頌」의 운韻을 따서 지은 것이다.

　시의 전체적인 구성은 사람이 진리를 깨쳐 가는 과정을 잃어버린 소를 찾는 과정에 비유한 것이다. 동국대학 김상일 (국문학) 교수는 "만해의 심우시는 확암에 비해 역동적이고 표현이 뛰어나다"고 설명한다. 김 교수가 "새로 공개된 한시는 성聖과 속俗의 공간을 구분하지 않았던 만해의 사상적 지향을 담았다는 점에서 의의가 있다"고 덧붙일 만큼 심우시는 만해 사상의 진면을 보여준다.

그는 특히 "불교적 깨달음을 향한 실천 의지가 특유의 역동적인 표현으로 잘 형상화돼 문학적으로도 빼어나다"면서 "깨달음을 향한 실천 의지는 일제에 대한 강력한 저항 의식의 상징으로 보인다"고 설명한다.

한시 중에서 "진흙탕 속이나 물속을 마음대로 오가면서도 … 다시금 연꽃을 불꽃 속에 피게하리"라는 내용은 식민지 중생을 구제하겠다는 만해의 의지가 극적으로 드러난 대목이라는 해석이다.[5]

만해는 성북동에 지은 거처의 옥호를 심우장이라 지었고, 같은 제목의 시조를 남길 만큼 '심우'의 불교적 의미에 깊은 관심을 보였다. 이번에 새로 공개된 한시 10수 중에서 대표적이라는 평가를 받는 3편을 소개한다.

「심우尋牛」

此物元非無處心(차물원비무처심),
山中但覺白雲深(산중단각백운심).
絶壑斷崖攀不得(절학단애반부득),
風生虎嘯復龍唫(풍생호소부용금).

---

[5] 『중앙일보』, 2006년 5월 4일.

入泥入水任去來(입니입수임거래),
哭笑無端不盈腮(곡소무단불영시).
他日茫茫苦海裏(타일망망고해리),
更敎蓮花火中開(경교연화화중개).

이 물건 원래 어디서나 찾을 수 있는건 아니오,
산속엔 다만 흰 구름만 깊게 끼어 있구나.
깊은 골 깎아지른 벼랑 휘어잡고 오를 수 없고,
범이 우니 바람 일고 용마저 우짖는구나.

「입전수수入鄽垂手(시장 속으로 들어가 손을 드리우다)」

진흙탕 속이나 물속을 마음대로 오가면서도,
무단히 울고 웃는 모습 얼굴에 드러내지 않네.
다른 날 아득한 고통의 바다 속에서도,
다시금 연꽃을 불꽃 속에 피게 하리.

앞의 두 편의 시가 비교적 짧은데 비해 「심우시」는 장편이고, 대단히 어려운 한자가 섞여 있다. 따라서 여기서는 동국대 김상일 교수가 한글로 번역한 것을 게재한다.[6]

---

6 『동아일보』, 2006년 5월 4일.

「심우시尋牛詩」

이 물건 원래 찾을 곳 없는 것 아니나
산속엔 다만 흰구름만 깊었어라.
깊은 골 깎아지른 벼랑 오를 수 없고
바람 일자 범이 울고 용마저 우짖누나.

여우 살쾡이 가득한 산 몇 번 지났을까
고개 돌려 예가 어디인지 다시 묻는다.
홀연 풀을 헤쳐 보고 꽃자취를 밟아가다
다른 길을 무에 다시 찾을 필요 있으랴.

지금 하필 그 소리를 다시 들을까
밝고 찬란한 모습에 읍하고 뒤따라
한 걸음도 떼지 않고 서서 보노라니
털과 뿔 본디 이런 것이 아니네.

보았으나 잡을 수 없다 의심이 다시 들어
흔들리는 모심毛心 누르기 어려워라.
그 고삐 내 손에 있음 단박 깨치니
이는 분명 원래부터 떨어진 적 없었던 듯.

꼴 먹이고 길들이며 보호해 줌은

혹여 저 야성이 날뛰어 진속에 들어갈까 봐.
한시라도 코뚜레 멍에가 없다면
지금 모든 게 사람의 손이 필요하리.

채찍 그림자鞭影 쓰지 않고 귀갓길 맡겨두니
산과 물 연기 노을에 막혔어도 무슨 방해가 되리.
날 저물어 긴 길의 풀을 다 먹어 치우니
봄바람 불지 않아도 풀향기가 입으로 들어오누나.

물과 산으로 마음껏 뛰어다녀
종일토록 청산녹수에 노니네.
이 몸 비록 복사꽃 핀 들에 있어도
선꿈은 외려 작은 창문 새로 들어오누나.

색이 공만인 것이 아니라 공도 또한 공이거늘
막힌 곳이 없었으니 통할 것도 없구나.
티끌 세상의 불립문자 천검天劍에 의지하니
어찌 천추토록 조종祖宗이 있음을 허용하리.

삼명육통三明六通은 원래 힘쓸 것이 아니거늘,
어찌 눈멀고 다시 귀 먼 것처럼 하랴.
돌아보니 털과 뿔이 밖으로 나지 않았는데
여전히 봄은 찾아와 백화가 만발하구나.

진흙 속에도 물속에도 마음대로 오가면서
끝없이 울고 웃는 모습 얼굴에 드러내지 않네.
훗날 망망한 고해 속에서도
다시금 연꽃으로 불꽃 속에 피게 하리.

처염상정의 연꽃처럼

만해는 「심우시」에서 "불꽃 속에 연꽃으로 다시 피게 하리라"라고 다짐한다. 식민지의 불꽃 속 같은 시련기에 자신은 연꽃으로 다시 피겠다는 의지를 밝히고 있다.

돌이켜 보면 만해는 처염상정處染常淨의 연꽃과 같은 생애였다. 더러운 흙탕물 속에서도 자신을 적시지 않고 오히려 청정한 꽃을 피워내는 한 떨기 연꽃, 바로 그것이었다.

북송北宋의 유학자 주돈이周敦頤는 '연꽃 예찬론'의 대표적인 학자였다. 온갖 꽃들 중에서 유독 연꽃을 사랑하는 이유를 다음과 같이 밝혔다. "연꽃은 진흙에서 나왔어도 때문지 않고, 속은 비었어도 겉은 곧고, 덩굴이나 가지를 치지 않고, 향기는 멀어질수록 더 맑고, 아름답고 정갈해 멀리 두고 볼 만하나 가까이 두고 희롱할 수는 없다"고 하면서 꽃 중의 군자인 연화를 제쳐두고 부귀의 꽃인 모란을 사랑하는 세태를 개탄하였다.

연꽃의 타고난 기질과 그에 대한 주돈이의 마음가짐은 유교적 가치관의 정화를 한꺼번에 가르쳐 준다. 요염하지 않음은 교언영식을 경계한 것이고, 속이 비었음은 이치를 궁구하는 데 막힘이 없는 것이고, 곧은 것은 지조이고, 속이 비었음은 이치를 궁구하는 데 막힘이 없는 것이고, 곧은 것은 지조이며, 덩굴이나 가지를 치지 않음은 난잡하거나 헝클어지지 말라는 뜻이다. 또 멀수록 맑은 향기는 바람 없이도 천리에 퍼지는 군자의 향기이고, 멀리 보는 것은 공자가 가르친 경외敬畏의 자세다. 다만 사랑하는 이유의 으뜸으로 꼽는 '진흙에서 나왔어도 때묻지 않고'는 불교적 색채가 그윽하다.[7]

연꽃은 그야말로 만해의 '상징화'처럼 인식된다. 그는 비록 '설중매'를 선택하였지만, 어느 측면에서는 연꽃이 더욱 만해와 닮는다고 할 것이다. 연꽃이 만해의 생체를 닮았다면 '설중매'는 정신을 닮았다고 하면 과찬이 될까.

만해는 연꽃처럼 추악한 식민지 체제와 친일 불교의 흙탕물 속에서도 끝까지 자신을 지키면서 살았다. 그렇기에 「심우시」와 같은 절창을 뽑아낼 수 있었던 것이다.

---

[7] 황영식, 「연꽃」, 『한국일보』, 2006년 5월 5일.

「한용운 선사 묘소에서」[8]

1998년의 마지막 달 첫 일요일 오후, 황초黃草 소슬한 서울 망우리공원 만해 한용운 선사 묘소에 엷은 햇살이 꽂힌다. 선사 가신 지 54년, 생애를 조국 독립과 불교유신에 바친 선사는 광복을 한 해 앞두고 60년 삶의 나래를 접었다.

님은 갔습니다. 아아, 사랑하는 나의 님은 갔습니다.
푸른 산빛을 깨치고 단풍나무 숲을 향하여 난 작은 길을 걸어서 차마 떨치고 갔습니다.

조국을 '님'으로 기리며 빼앗긴 님을 찾고자 애태우던 '선사님'이 가시고 반세기가 훨씬 넘는 세월이 흘렀다. 광복된 조국이 아직도 선사를 공원묘지 일우에 방치해온 것도 가

---

8 김삼웅, 『대한매일신보』, 1998년 2월 8일자 칼럼.

슴 아픈 일이지만, 지금 삭발에 장삼 걸치고 폭력 휘두르는 불교계 현상은 더욱 가슴 아픈 모습이다.

사바중생은 실업과 생활고에 허덕이고 나라가 온통 IMF 환난에 시달리는데 승려들은 광제창생은커녕 법력 아닌 폭력 의존의 부끄러운 '소림사 혈투'를 계속한다.

부끄럽지 않은가. 석가모니는 『유교경遺敎經』에서 "부끄러움의 옷은 모든 장식 가운데 가장 으뜸가는 것이다. 부끄러움은 쇠갈퀴와 같아 사람의 법法답지 못함을 다스린다. 그러므로 부끄러워하는 생각을 잠시라도 버려서도 안 된다. 만일 부끄러워하는 생각을 버린다면 모든 공덕을 잃게 될 것이다. 부끄러워할 줄 아는 사람은 곧 착한 법을 가질 수 있겠지만 그렇지 못한 사람은 짐승과 다름없다"고 질타했다.

조계종단의 일부 승려들이 염불보다 잿밥에 눈이 멀어 야단법석野壇法席을 친 지 한 달, 폭력과 기물파손 혐의로 승려 39명에 경찰의 소환장이 나와도 사부대중의 간절한 화합 기원도 아랑곳없다.

만해는 조선 불교가 일제와 결탁하여 호국 불교의 전통을 잃고 있을 때 '불교유신회'를 통해 "진실로 본래의 생명을 회복하고자 할진대 재산을 탐하지 말고 이 재산으로써 민중을 위하여 법을 넓히고 도를 전하는 실제적 수단으로 삼아야 할 것이다"고 설파했다. 어찌 오늘의 불교계에 던지는 설법, 화두는 제외된다 할까.

부처님 가르침에 '선불수보'善不受報라 했던가. "좋은 일에 어찌 보수가 있을 것이냐"란 뜻, 선행善行에 무소득의 경지를 말한다. 무소득과 무소유는 바로 불도의 알파요 오메가다.

젊은 나이에 즉위하여 광대무변의 대제국을 건설한 알렉산더 대왕은 "내가 누울 곳은 기껏 이 정도면 족한 것을 그 넓은 땅을 위해 아까운 일생을 바쳤구나"라고 탄식했다 한다.

출가승의 신분으로 무엇을 얻고 무엇을 채우려 하는가. 만해 선사 가로되,

> 공空은 가히 분별치 못할 뿐 아니라 분별 자체도 또한 공하여 비로소 공이 되느니라. 이로 말미암아 보면 객관적 실재의 공은 없느니라. 공이라 하면 어떤 것도 없음을 의미함이니 곧 유형도 없고 따라서 무형도 없음을 공이라 할지라.

나라가 어려울 때면 분연히 일어나 국난 극복에 앞장섰던 호국 불교의 전통은 이어져야 한다. 원효와 서산과 만해의 정신이 계승돼야 이 나라 불교가 산다.

> 풍란화 매운 향내 당신에야 견줄손가.
> 이날에 님 계시면 별도 아니 빛날런가.
> 불토佛土가 이의 없으니 혼아 돌아오소서.

위당 정인보가 만해 영전에 띄웠던 조사처럼 '이날에 님 계시면' 오늘의 조계종단 사태를 어찌 볼 것인가.

총독부 건물이 보기 싫어 북향한 심우장에서 변절한 최린 崔麟에게 절교를 선언하고, 최남선이 인사하자 "내 아는 육당은 죽어 장송했는데 당신 누구냐"고 물리치며, 무소유와 민족적 기개로 불맥을 이은 만해 선사가 오늘 승려들의 행동을 보고 뭐라 하실지, 그 해답을 조개종단 승려들께 묻는다.

연 보[9]

1879년(1세)
8월 29일(乙卯, 음력 7월 12일). 충청남도 홍성군 결성면 성곡리 491번지에서 한응준의 둘째 아들로 태어남. 본관은 청주, 자는 정옥貞玉, 속명은 유천裕天이며, 득도得度 때의 계명은 봉완奉玩, 법명은 용운龍雲, 법호는 만해萬海. 어머니는 온양 방씨方氏.

1884년(6세)
향리의 사숙에서 한문을 배움. 『서상기西廂記』를 읽고, 『통감』과 『서경書經』 『기삼백주朞三百註』를 통달함.

1892년(14세)
향리에서 천안 전씨 전정숙貞淑과 결혼.

1896년(18세)
숙사塾師가 되어 어린이들을 가르침.

1899년(21세)
강원도 인제군 내설악 백담사 등지를 전전함.

1904년(26세)
봄에 다시 고향인 홍성으로 내려가 수개월간 머물다 출가.
12월 21일. 맏아들 보국 태어남(보국 내외 북한에서 사망, 손녀 셋이 북한에 거주).

1905년(27세)
1월. 백담사 김연곡사金蓮谷師에게서 득도得度하고 같은 곳에서 전영제사全泳濟師에 의하여 수계受戒.

---

[9] 고명수, 앞의 책.

1906년(28세)
량치차오의 『음빙실문집』 『영환지략』을 접하고 새로운 세계 정세와 드넓은 세계의 존재에 자극받아 세계 여행을 계획하고 설악산에서 하산하여 블라디보스토크로 건너갔으나 일진회의 첩자로 오인한 거주민들에게 박해를 받고 곧 되돌아와 이곳저곳을 정처 없이 전전함.

1907년(29세)
4월 15일, 강원도 건봉사에서 수선안거(최초의 선수업)를 성취.

1908년(30세)
금강산 유점사에서 서월화사徐月華師에게 『화엄경』을 수학.
4월, 일본의 시모노세키馬關·교토京都·도쿄東京·닛코日光 등지를 주유하며 신문물을 시찰. 도쿄 조동종대학曹洞宗大學에서 불교와 서양 철학을 청강. 아사다 후상淺田斧山 교수와 교유하고 유학중이던 최린崔麟과도 사귄 뒤 그해 10월 귀국.
10월, 건봉사 이학암사에게 『반야경』과 『화엄경』을 수료.
12월 10일, 서울에 경성명진측량강습소를 개설, 소장에 취임(국토는 일제에 빼앗길지라도 개인 소유와 사찰 소유의 토지를 수호하자는 이념 때문이었음).

1909년(31세)
7월 30일, 강원도 표훈사 불교 강사에 취임.

1910년(32세)
9월 20일, 강원도 장단군 화산강숙 강사에 취임.
같은 해, 백담사에서 『조선불교유신론』 탈고.

1911년(33세)
박한영, 진진웅, 김종래, 장금봉 등과 순천 송광사, 동래 범어사에서 승려궐기 대회를 개최하고 한일불교동맹조약 체결을 분쇄.
3월 15일, 범어사에서 조선임제종 종무원을 설치하여 서무부장에 취임.
3월 16일, 조선임제종 관장서리에 취임.
같은 해 가을, 만주를 주유하면서 독립지도자들을 만나고 귀국.

1912년(34세)

경전을 대중화하기 위해 『불교대전』 편찬을 계획하고 경상남도 양산 통도사의 대장경 1511부, 6802권을 열람하기 시작. 장단군 화장사에서 「여자단발론」 탈고(원고는 현재 전하지 않음).

1913년(35세)

4월, 불교강연회 총재에 취임. 박한영, 장금봉 등과 불교종무원을 창설.
5월, 통도사 불교 강사에 취임. 불교서관에서 『조선불교유신론』 발행.

1914년(36세)

4월 30일, 범어사에서 『불교대전』 발행.
8월, 조선불교회 회장에 취임.

1915년(37세)

10월, 영호남 지방의 사찰(내장사·화엄사·통도사·송광사·범어사·쌍계사·백양사·선암사 등)을 순례하며 곳곳에서 강연회를 열어 열변으로써 청중을 감동시킴. 조선선종 중앙포교당 포교사에 취임.

1917년(39세)

4월 6일, 신문관에서 『정선강의 채근담』 발행.
12월 3일, 밤 10시쯤 오세암에서 좌선하던 중 바람에 물건이 떨어지는 소리를 듣고 의정돈석擬情頓釋이 되어 진리를 깨치고 「오도송」을 남김.

1918년(40세)

9월, 서울 계동 43번지에서 월간지 『유심惟心』을 창간하여 편집 겸 발행인이 됨(12월까지 3권을 발행하고 중단). 창간호에 논설 「조선 청년과 수양」 「전로前路를 택하여 나아가라」 「고통과 쾌락」 「고학생」을 비롯하여 신체시를 탈피한 신시 「심心」을 발표(일반적으로 신시의 선구를 주요한의 「불놀이」로 보지만 만해의 시 「심」은 그보다 몇 개월 앞서 발표됨). 이때부터 더욱 문학 창작에 힘을 기울임.
10월, 『유심』에 「마魔는 자조물自造物이다」 발표.
12월, 『유심』에 「자아를 해탈하라」 「천연遷延의 해害」 「훼예毁譽」 「무용無用의 노심勞心」, 수필 「전가前家의 오동梧桐」 발표. 중앙학림 강사에 취임.

1919년(41세)

1월, 윌슨의 민족자결주의 제창과 관련하여 최린, 오세창 등과 조선 독립을 숙의. 이후 3·1운동의 주동자로서 손병희를 포섭, 최남선이 작성한 「독립선언서」의 자구 수정을 하고 공약삼장을 첨가.

3월 1일, 경성 명월관 지점 태화관에서 33인을 대표하여 독립선언 연설을 하고 투옥될 때는 변호사·사식·보석을 거부할 것을 결의하고 거사 후에 일본 경찰에게 피체됨.

7월 10일, 서대문형무소에서 일본 검사의 심문에 대한 답변으로 「조선독립이유서」를 기초하여 제출.

8월 9일, 경성지방법원 제1형사부에서 유죄 판결을 받음.

1920년(42세)

투옥중 일제가 3·1 운동을 회개하는 참회서를 써내면 사면해주겠다고 회유했으나 이를 거부함.

1921년(43세)

가을, 만기 감형으로 출옥.

1922년(44세)

3월 24일, 법보회를 발기.
5월, 조선불교청년회 주최로 「철창 철학」이라는 연제로 강연.
10월, 조선학생회 주최로 천도교 회관에서 「육바라밀」이라는 연제로 독립사상에 대해 강연.

1923년(45세)

2월, 조선물산장려운동을 적극 지원.
4월, 민립대학설립운동을 지원하는 강연에서 「자조」라는 연제로 청중을 감동시킴.

1924년(46세)

10월 24일, 중편소설 『죽음』 탈고(미발표).
조선불교청년회 총재에 취임. 민중 계몽과 불교 대중화를 위하여 일간신문의 발행을 구상했으며, 마침 『시대일보』가 운영난에 빠지자 이를 인수하려

했으나 뜻을 이루지 못함.

1925년(47세)
6월 7일, 오세암에서 『십현담주해』 탈고.
8월 29일, 오세암에서 『님의 침묵』 탈고.

1926년(48세)
5월 15일, 법보회에서 『십현담주해』 발행.
5월 20일, 회동서관에서 시집 『님의 침묵』 발행.
12월, 『동아일보』에 「가갸날에 대하여」 발표.

1927년(49세)
1월, 신간회 발기.
5월, 신간회 중앙집행위원 겸 경성지회장에 뽑힘. 이후 조선불교청년회의 체제를 개편하여 조선불교총동맹으로 개칭하고 제자들인 김상호, 김법린, 최범술 등과 일제의 불교 탄압에 맞서 불교 대중화에 노력함.
7월, 『동아일보』에 수필 「여성의 자각」 발표.
8월, 잡지 『별건곤』에 회고담 「죽었다가 살아난 이야기」 발표. 경성지회장 사임.

1928년(50세)
『건봉사급건봉사말사사적』을 편찬, 건봉사에서 발행.
1월, 『별건곤』에 수필 「천하명기 황진이」 발표.
6월, 『별건곤』에 논설 「전문 지식을 갖추자」 발표.

1929년(51세)
11월, 광주학생의거를 조병옥, 김병로, 송진우, 이인, 이원혁, 이관용, 서정희 등을 지도하여 전국적으로 확대시키고 민중 대회를 엶.

1930년(52세)
1월, 잡지 『조선농민』에 논설 「소작 농민의 각오」 발표.
『별건곤』에 수필 「남 모르는 나의 아들」 발표.

1931년(53세)
6월, 잡지 『불교』를 인수하여 사장으로 취임하고 많은 논설을 발표.
7월, 전라북도 전주 안심사에 보관되어 있던 한글 경판 원본(『금강경』, 『원각경』, 『은중경』 및 『유합』, 『천자문』)을 발견·조사하고 찍어냄. 이해는 '조선어학회' 사건이 일어난 해이므로 한글 경판의 인출로 인해 곤욕을 치름.
7월~9월, 『불교』에 「만화」 발표.
9월, 『불교』에 논설 「정교를 분립하라」, 「인도 불교운동의 편신片信」, 「국보적 한글 경판의 발견 경로」 발표. 24일 윤치호, 신흥우 등과 나병구제연구회를 조직하고 여수·대구·부산 등지에 간이 수용소 설치 결의.
10월, 『불교』에 「타이의 불교」 발표.
12월, 『불교』에 시론 「중국 혁명과 종교의 수난」, 「우주의 인과율」 등 발표. 잡지 『혜성』에 수필 「겨울 밤 나의 생활」 발표.
김법린, 김상호, 이용조, 최범술 등이 조직한 청년 승려 비밀결사 만당卍黨의 영수로 추대.

1932년(54세)
1월, 『조선일보』에 수필 「평생 못 잊을 상처」 발표. 『불교』에 「원숭이와 불교」 발표.
2월, 『불교』에 논설 「선과 인생」 발표.
3월, 『불교』에 「사법 개정에 대하여」, 「세계 종교계의 회고」 등 발표.
불교계 대표 인물 투표에서 최고 득점으로 압도적인 지지를 받음(한용운 422표, 방한암 18표, 박한영 13표, 김태흡 8표, 이혼성 6표, 백용성 4표, 송종헌 3표, 백성욱 3표, 3표 이하는 생략. 『불교』 93호에 발표).
4월, 『불교』에 「신도의 불교 사업은 어떠할까」 발표.
5월, 『불교』에 「불교 신임간부에게」 발표.
8월, 『불교』에 「조선 불교의 해외 발전을 요망함」 발표.
9월, 『불교』에 「신앙에 대하여」, 「교단의 권위를 확립하라」 등 발표.
10월, 『불교』에 「불교청년운동에 대하여」, 기행문 「해인사 순례기」 등 발표. 잡지 『삼천리』에 「월명야月明夜에 일수시一首詩」 발표.
12월, 전주 안심사에서 발견한 한글 경판을 보각 인출印出함(당시 총독부에서 인출 비용을 대겠다고 제의했으나 강경히 거절, 유지 고재현 등이 출연한 돈으로 간행함).
일제의 사주를 받은 식산은행이 황민화 정책으로 조선 명사를 매수하기 위하여 선생에게 성북동 일대의 국유지를 주겠다고 했으나 거절함.

1933년(55세)

1월, 『불교』에 논설「불교 사업의 개정 방침을 실행하라」「한글경 인출을 마치고」 발표.

3월, 『불교』에 「현대 아메리카의 종교」「교정敎政 연구회 창립에 대하여」 등 발표.

6월, 『불교』에 「선과 자아」「신러시아의 종교운동」 등 발표.

9월, 『삼천리』에 수필 「시베리아 거쳐 서울로」 발표.

10월, 잡지 『신흥조선』 창간호에 논설 「자립력행의 정신을 보급시키라」 발표.

이 무렵 『유마경』을 번역하기 시작.

이해 유숙원兪淑元 씨와 재혼함. 벽산 스님이 집터를 기증하고 방응모, 박광 등 몇 사람의 성금으로 성북동에 심우장尋牛莊을 지음. 이때 총독부 돌집을 마주 보기 싫다고 북향으로 짓도록 하였다는 유명한 이야기가 있음.

1934년(56세)

9월 1일, 딸 영숙英淑 태어남.

1935년(57세)

3월 8~13일, 『조선일보』에 회고담 「북대륙의 하룻밤」 발표.

4월 9일, 『조선일보』에 장편소설 『흑풍』 연재하기 시작(다음해 2월 4일까지 연재).

대종교 교주 나철 유고집 간행을 추진(미완성).

1936년(58세)

『조선중앙일보』에 장편소설 『후회』를 연재하다가 이 신문의 폐간으로 50회로써 중단.

단재 신채호의 묘비를 세움(글씨는 오세창). 비용은 신문사에서 받은 원고료로 충당함.

7월 16일, 정인보, 안재홍 등과 경성 공평동 태서관에서 다산 정약용의 서세逝世 백년기념회를 개최함.

10월, 잡지 『조광』에 수필 「모종신범무아경暮鐘晨梵無我境」 발표.

1937년(59세)

3월 1일. 재정난으로 휴간되었던 『불교』를 속간하여 『신불교』 제1집을 냄

(논설 「'불교' 속간에 대하여」 발표).
같은 날, 『신불교』에 소설 「철혈미인」 연재하기 시작(2호까지 연재하고 중단).
3월 3일, 광복운동의 선구자 일송 김동삼이 옥사하자 유해를 심우장에 모셔다 5일장을 지냄.
4월, 『신불교』 2집에 논설 「조선불교 통제안」 발표.
5월, 『신불교』 3집에 「역경譯經의 급무」 발표.
6월, 『신불교』 4집에 「주지 선거에 대하여」, 수상 「심우장설」 등 발표.
7월, 『신불교』 5집에 「선외선禪外禪」 발표. 『조선일보』(7. 20)에 수필 「빙호氷壺」 발표.
8월, 『신불교』 6집에 「정진」 발표.
10월, 『신불교』 7집에 「계언戒言」 발표. 『신불교』 7집에 「산장촌묵山莊寸墨」 연재하기 시작(이듬해 9월까지 연재).
11월, 『신불교』 8집에 「제논의 비시부동론飛矢不動論과 승조僧肇의 물불천론物不遷論」 발표.
12월, 『신불교』 9집에 논설 「조선 불교에 대한 과거 1년의 회고와 신년의 전망」 발표.

1938년(60세)

2월, 『신불교』 10집에 논설 「불교청년운동을 부활하라」 발표.
3월, 『신불교』 11집에 「공산주의적 반종교이상反宗敎理想」 발표.
5월 18일, 『조선일보』에 장편소설 「박명薄命」 연재하기 시작(이듬해 3월 12일까지 연재).
같은 달, 『신불교』 12집에 논설 「반종교 운동의 비판」 「불교와 효행」 「나치스 독일의 종교」 발표. 7월, 『신불교』 14집에 「인내」 발표.
11월, 『신불교』 17집에 「총본산 창설에 대한 재인식」 발표. 만당 당원들이 일제에 피검되자 더욱 감시를 받음.
조선불교사를 정리하려는 구상의 일단으로 '불교와 고려제왕'이란 제명으로 연대별로 고려불교사의 자료를 정리, 편찬하려고 자료를 뽑기 시작(미완성).

1939년(61세)

7월 12일(음), 회갑을 맞아 박광, 이원혁, 장도환, 김관호가 중심이 되어 서울 청량사에서 회갑연을 베풂. 이 자리에 오세창, 권동진, 홍명희, 이병우,

안종원 등 20여 명이 참석함.
11월 1일, 『조선일보』에 『삼국지』를 번역하여 연재하기 시작(이듬해 8월 11일 중단).

1940년(62세)
2월, 『신불교』에 논설 「'불교'의 과거와 미래」 발표.
5월 30일, 『반도산하半島山河』에 수필 「명사십리」 수록.
박광, 이동하 등과 창씨개명 반대운동을 벌림.
『통도사사적』을 편찬하기 위하여 수백 매의 자료를 수집(미완성).

1942년(64세)
신백우, 박광, 최범술 등과 신채호 선생 유고집을 간행하기로 결정하고 원고를 수집. 이때를 전후하여 『태교胎敎』를 번역 강의함(프린트 본으로 간행하였으나 현재 전하지 않음).

1943년(65세)
조선인 학병의 출정을 반대함.

1944년(66세)
6월 29일(음 5월 9일), 심우장에서 영양실조로 입적. 유해는 미아리 화장장에서 다비한 후 망우리 공동묘지에 안장. 세수 66, 법랍 39.

1948년
5월, 만해 한용운 전집 간행위원회가 최범술, 박광, 박영희, 박근섭, 김법린, 김적음, 장도환, 김관호, 박윤진, 김용담에 의하여 결성되어 자료를 수집하기 시작.

1950년
6월, 한국전쟁이 일어나 전집 간행 사업이 중단되었으나 전쟁이 끝난 뒤 간행위원으로서 조지훈, 문영빈이 새로 참가하여 제2차 간행 사업을 계속하다 사회 사정으로 중단되었다가 최범술, 민동선, 김관호, 문후근, 이화행, 조위규 등이 제3차 간행위원회를 조직.

1960년
박노준·인권환이 『한용운연구』(통문관) 출간.

1962년
대한민국 건국공로훈장 대한민국장 수여.

1967년
10월, '용운당 만해 대선사비 건립추진회'가 발족되어 탑골 공원에 「용운당 대선사비」 건립.

1971년
『만해 한용운 전집』 간행을 위하여 신구문화사는 만해 한용운 전집 간행위원회에서 수집·보관중이던 원고를 인수하고 김영호의 적극적인 협조로 누락된 원고를 다수 수집하였으며, 최범술, 조명기, 박종홍, 서경보, 백철, 홍이섭, 정병욱, 천관우, 신동문 등을 위원으로 한 편찬위원회를 구성.

1973년
『한용운전집』 전 6권(신구문화사) 간행.

1974년
『창작과비평사』에서 '만해문학상' 제정.

1980년
김관호·전보삼 등이 중심이 되어 신구문화사에서 '만해사상연구회'를 결성하고 『만해사상연구』 제1집 간행.

1985년
홍성에 만해 동상 건립.

1991년
한계전·김재홍 등이 중심이 되어 '만해학회'를 결성하여 1993년 『만해학보』 제1집 간행.

1992년
백담사에 만해의 「오도송」이 새겨진 시비가 세워짐.

1992년
만해 생가가 홍성군 결성면 성곡리 박철 마을에 복원됨.

1995년
제1회 '만해제'가 만해학회와 홍성문화원 주최로 홍성에서 열리고 생가터에 만해 추모 사당 만해사萬海祠 준공.

1996년
만해사상실천선향회(회장 조오현 신흥사 회주) 결성.

1996년
8월 15일, 독립기념관에서 불교청년회 주최로 만해어록비 다시 세움. 기념관 건립.

1999년
8월 13~16일, 제1회 '만해축전'과 '만해학국제학술대회'가 내설악 백담사에서 개최.

2000년
8월 8~11일, 제2회 '만해축전'이 내설악 백담사에서 개최.

2006년
7월 21일, 제21회 만해 문학상 시인 김규동 선정.

화 보

만해 진영

만해의 동상(홍성)

만해 한용운 생가(홍성군 결성면 성곡리)

근대사 격동의 현장이자, 만해에게 의인 의식을 심어준 홍주성의 모습

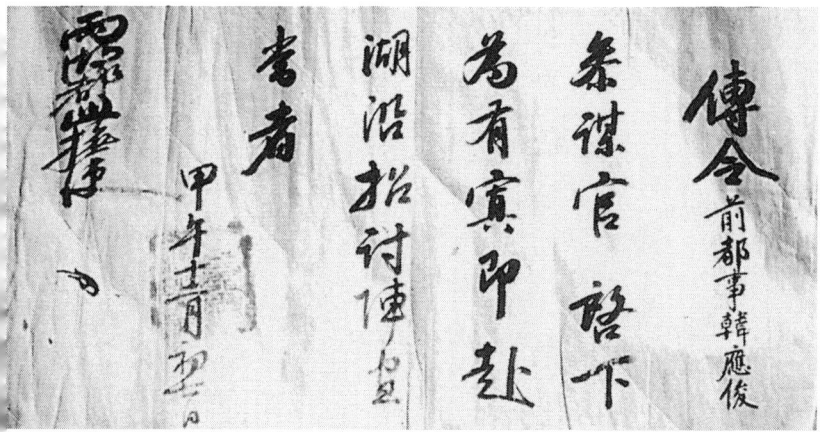

1894년 만해의 부친인 한응준의 역할을 설명하여 주는 교지

부친을 따라 홍주
읍내로 나와 홍주
동헌의 정문인
홍주아문을 중심으로
유년 시절을 보냈다

홍주성의 동문인 조양문

黃梅泉

就義從容永報國
一瞑萬古劫花新
莫留不盡泉臺恨
大慰苦忠自有人

韓龍雲 詩

황현 선생을 위로한 만해의 한시 「황매천黃梅泉」

安海州

萬斛熱血十斗膽
淬盡一釖霜有韜
霹靂忽破夜寂寞
鐵花亂飛秋色高

韓龍雲詩　苔珠

안중근의 기개를 기개를 읊은 만해의 한시 「안해주安海州」

01

02

01 1905년 만해가 출가한 백담사 전경. 만해는 1910년 백담사에서 『조선불교유신론』을 탈고했다.
02 1917년 참선중 깨달음의 시 「오도송」을 남긴 오세암 전경
03 개화기 불교 정신의 산실인 건봉사 전경과 만해가 편찬한 『건봉사급건봉사말사사적』의 모습

출가 시절 만해 한용운 사진

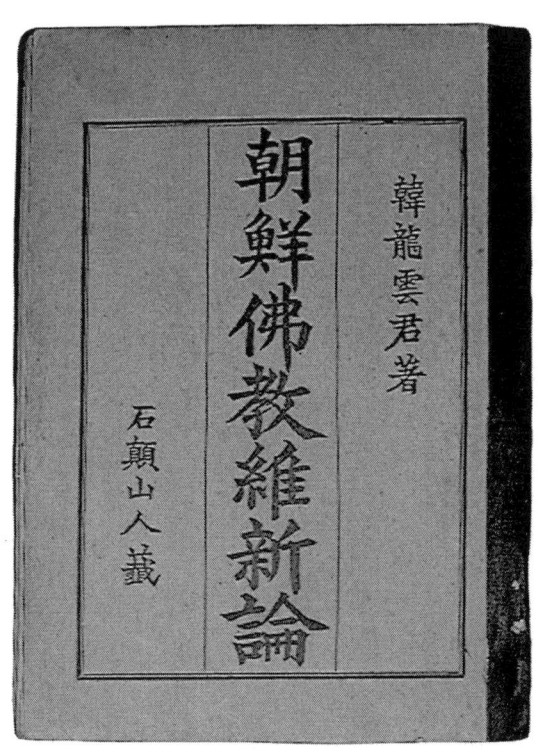

『조선불교유신론』

포교당 개교식

『불교한문독본』

잡지 『유심』 창간호, 제2호, 제3호

心

萬海

心은 心이니라
心만 心이아니라 非心도 心이니 心外에는 何物도 無ᄒᆞ니라
生도 心이오 死도 心이니라
無窮花도 心이오 薔薇花도 心이니라
好漢도 心이오 賤丈夫도 心이니라
蜃樓도 心이오 空華도 心이니라
物質界도 心이오 無形界도 心이니라
空間도 心이오 時間도 心이니라
心이 生ᄒᆞ면 萬有가 起ᄒᆞ고 心이 息ᄒᆞ면 一空도 無ᄒᆞ니라
心은 無의 實在오 有의 眞空이니라
心은 人에게 淚도 與ᄒᆞ고 笑도 與ᄒᆞᄂᆞ니라
心의 墟에는 天堂의 棟樑도 有ᄒᆞ고 地獄의 基礎도 有ᄒᆞ니라
心의 野에는 成功의 頌德碑도 立ᄒᆞ고 退敗의 紀念品도 陳列ᄒᆞᄂᆞ니라
心은 自然戰爭의 總司令官이며 講和使니라
金剛山의 上峯에는 魚鰕의 化石이 有ᄒᆞ고 大西洋의 海底에는 噴火
口가 有ᄒᆞ니라
心은 何時라도 何事何物에라도 心自體뿐이니라
心은 絶對며 自由며 萬能이니라

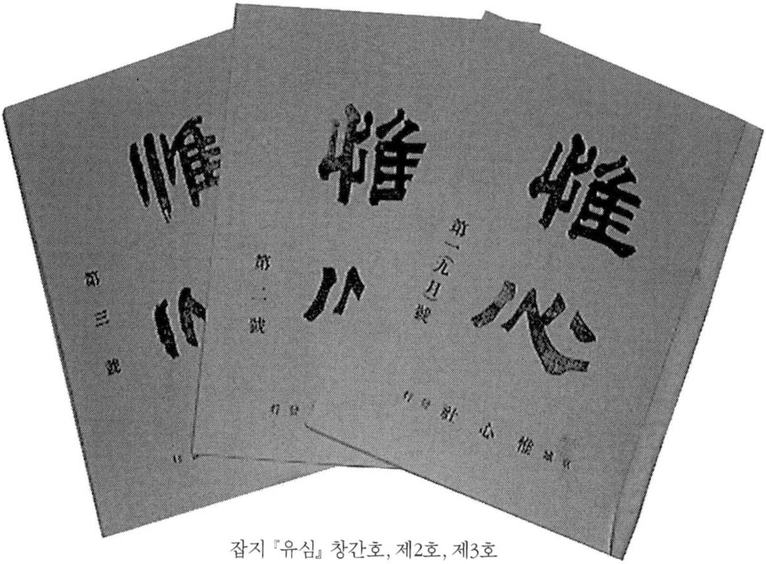

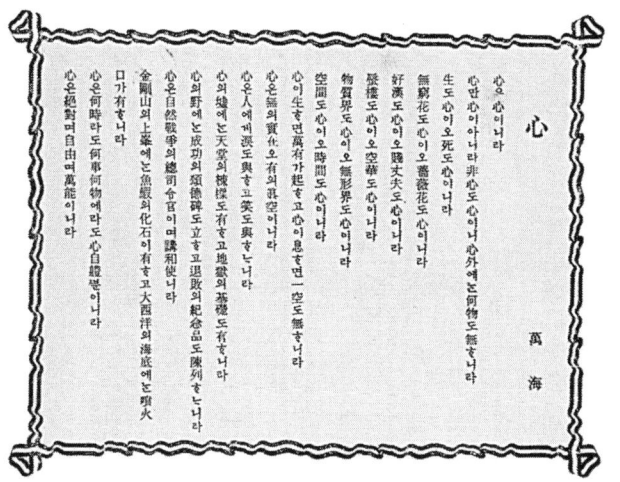

『유심』 창간호 권두시 「심心」

明知할것이라 또 二千萬含憤蓄怨의 民을 威力으로써 拘束함은 다만 東洋의 永久한 平和를 保障하는 所以가 안일뿐 안이라 此로 因하야 東洋安危의 主軸인 四億萬 支那人의 日本에 對한 危懼와 猜疑를 갈스록 濃厚케하야 그 結果로 東洋 全局이 共倒同亡의 悲運을 招致할 것이 明하니 今日 吾人의 朝鮮獨立은 朝鮮人으로 하야금 正當한 生榮을 遂케 하는 同時에 日本으로 하야금 邪路로서 出하야 東洋 支持者인 重責을 全케 하는 것이며 支那로 하야금 夢寐에도 免하지 못하는 不安恐怖로서 脫出케 하는 것이며 또 東洋平和로 重要한 一部를 삼는 世界平和 人類幸福에 必要한 階段이 되게 하는 것이라 이 엇지 區區한 感情上 問題ㅣ리오.

아아 新天地가 眼前에 展開되도다 威力의 時代가 去하고 道義의 時代가 來하도다 過去 全世紀에 鍊磨長養된 人道的 精神이 바야흐로 新文明의 曙光을 人類의 歷史에 投射하기 始하도다 新春이 世界에 來하야 萬物의 回蘇를 催促하는도다 凍氷寒雪에 呼吸을 閉蟄한 것이 彼一時의 勢ㅣ라 하면 和風暖陽에 氣脈을 振舒함은 此一時의 勢ㅣ니 天地의 復運에 際하고 世界의 變潮를 乘한 吾人은 아모 躊躇할 것 업스며 아모 忌憚할 것 업도다 我의 固有한 自由權을 護全하야 生旺의 樂을 飽享할 것이며 我의 自足한 獨創力을 發揮하야 春滿한 大界에 民族的 精華를 結紐할지로다.

吾等이 茲에 奮起하도다 良心이 我와 同存하며 眞理가 我와 幷進하는도다 男女老少업시 陰鬱한 古巢로서 活潑히 起來하야 萬彙群象으로 더부러 欣快한 復活을 成遂하게 되도다 千百世 祖靈이 吾等을 陰佑하며 全世界 氣運이 吾等을 外護하나니 着手가 곳 成功이라 다만 前頭의 光明으로 驀進할 따름인뎌.

公約 三章

一. 今日 吾人의 此擧는 正義, 人道, 生存, 尊榮을 爲하는 民族的 要求ㅣ니 오즉 自由的 精神을 發揮할 것이오 決코 排他的 感情으로 逸走하지 말라

一. 最後의 一人까지 最後의 一刻까지 民族의 正當한 意思를 快히 發表하라

一. 一切의 行動은 가장 秩序를 尊重하야 吾人의 主張과 態度로 하야금 어대까지던지 光明 正大하게 하라

朝鮮建國 四千二百五十二年 三月 日

朝鮮民族代表

孫秉熙 吉善宙 李弼柱 白龍城 金完圭
金秉祚 金昌俊 權東鎭 權秉悳 羅龍煥
羅仁協 梁甸伯 梁漢默 劉如大 李甲成
李明龍 李昇薰 李鍾勳 李鍾一 林禮煥
朴準承 朴熙道 朴東完 申洪植 申錫九
吳世昌 吳華英 鄭春洙 崔聖模 崔麟
韓龍雲 洪秉箕 洪基兆

「독립선언서」

公約三章

一. 今日吾人의 此擧는 正義人道生存尊榮을 爲하는 民族的要求이니 오즉 自由的精神을 發揮할것이오 決코 排他的感情으로 逸走하지마

贈別

天下逢未易
獄中別亦奇
舊盟猶未冷
莫負黃花期

韓龍雲詩

만해의 옥중 한시 「증별贈別」

만해의 피체 기사 「중대사건후보」

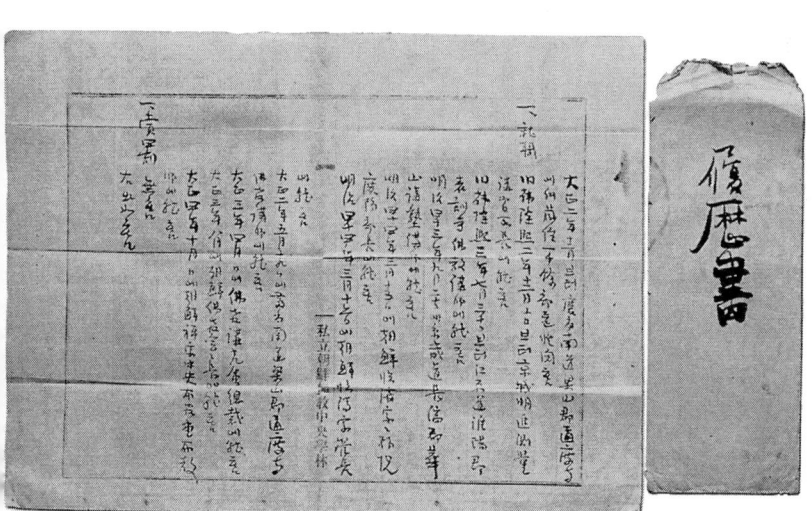

만해의 친필 이력서

氏　　名	年　齡	年　月　日生	指紋番號
韓龍雲	身　長	尺　寸　分	
	特　徵		

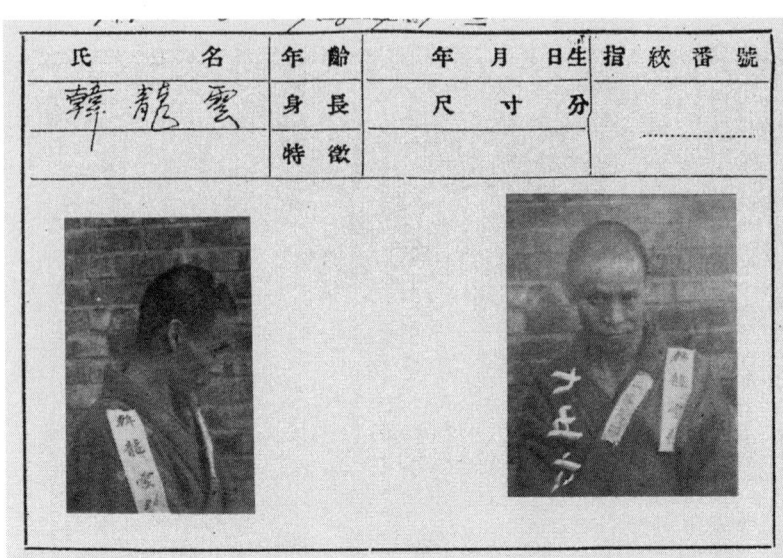

| 氏名 | 韓龍雲 | 異名 | 2772 | 番指 紋 | No.—1—1—1—1—1 |

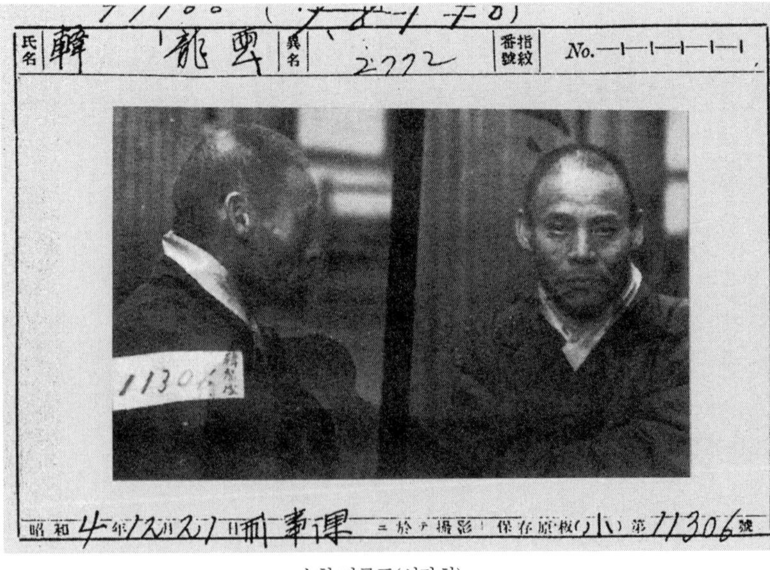

昭和 4 年 12 月 27 日 刑事課

수형 기록표(신간회)

修養讀本
第二課 苦難의 칼날에서라

세상사람이 쉬움고 성공할 가망이 적은 일이면 하려하고 어렵고 성공할 일이면 피하려는 경향이 잇스니 그것은 불가한 일이다 어떠한 일을 볼때에 쉽고 어려운 것이나 성공하고 실패할 것을 저본다느니보다 그 일이 올흔 일인가 그른 일인가 아모리 성공할 일이라도 그 일이 근본적으로 올치 못한 일이라 하면 일시 성공을 하엿을 지라도 그것은 결국 파탄이 생기고 마는 법이다 그럼으로 하늘과 짱에 돌아보아 조금도 붓그럽지 안을 오른 일이라 하면 용감하게 그 일을 하여라 그일이 가시밧에 올나서는 일이라도 피하지 말어라 그일이 갈날에 올라서는 일이라도 참고 가거라 그일이 갈날우에서는 정의를 위하야 자긔가 싸온다는 라가시밧을 것고 갈날우에서는 정의를 위하야 자긔가 싸온다는 통쾌한 늣김을 어들것이다 그럼으로 나는 지금 다난한 조선에 잇어서 정의의 갈날을 밧고 서거라 하고 말하고 십다 무슨 일이든지 성공이나 실패보다 올코 그른 것을 먼저 분변할줄 알아야 한다. (韓龍雲)

조선의 독립은 읇은 일과 그른 일을 분별하는 정의의 정신에 있다는 만해의 명논설 (1922 실생활지)

만해의 명논설 「고난의 칼날에 서라」

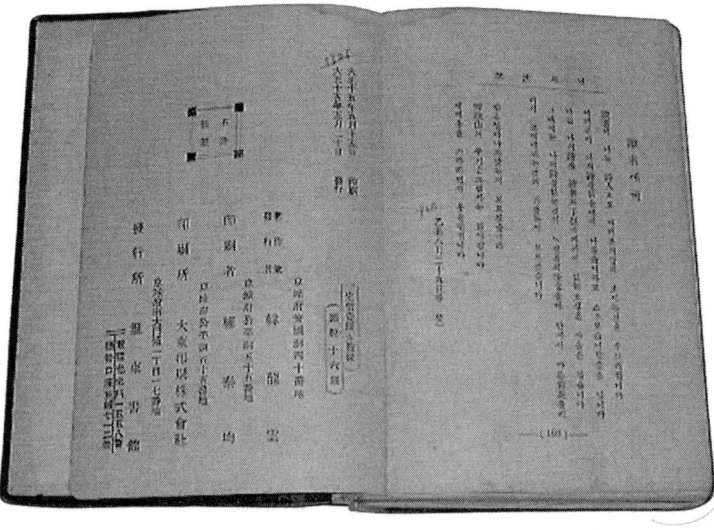

『님의 침묵』 초판 속표지와 판권 그리고 「독자에게」

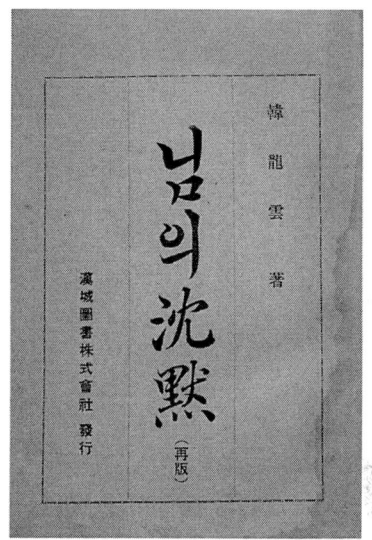

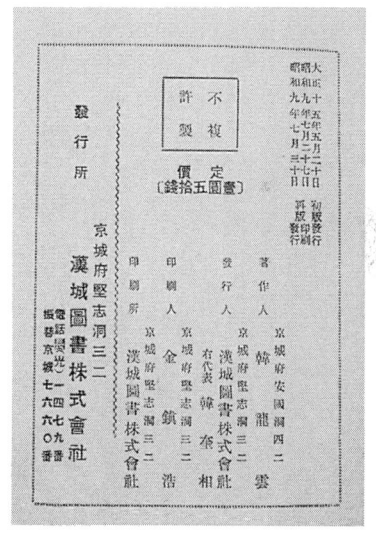

『님의 침묵』 재판(한성도서주식회사)

만해의 서각(마저절위)

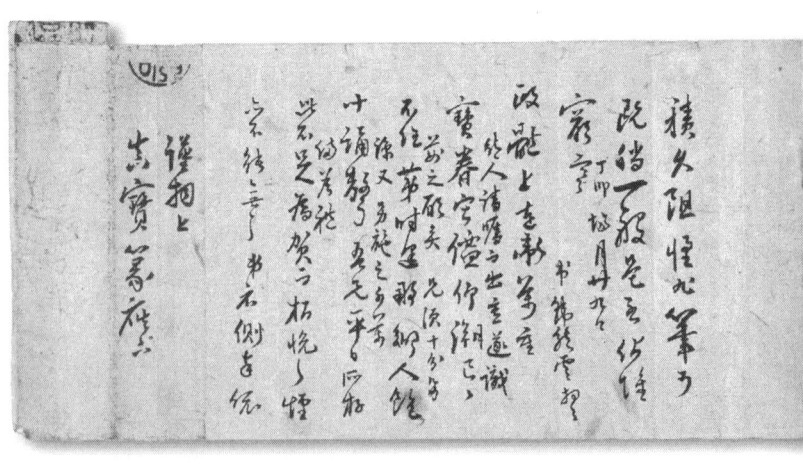

만해의 친필 편지

南國黃花早失門江湖溥夢
入梏蕪至鴈影山河人似夢無
邊秋櫓月初業

正海

친필 한시 「향로암 야경 香爐庵夜景」

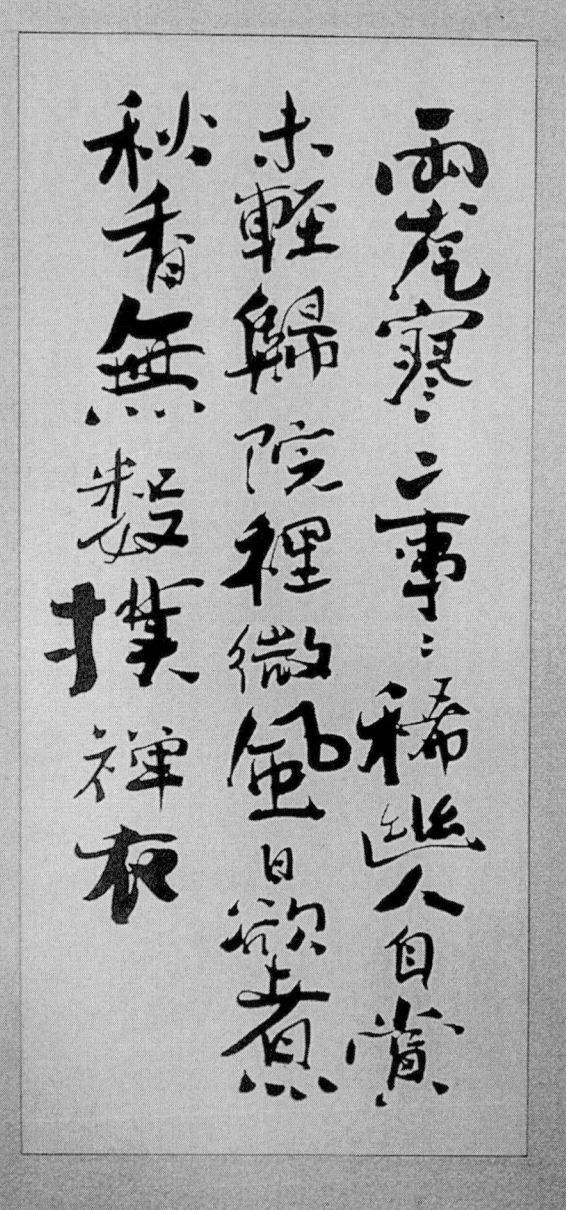

친필 한시 「선방 뒤뜰에 올라 登禪房後園」

잡지 『선원』 창간호

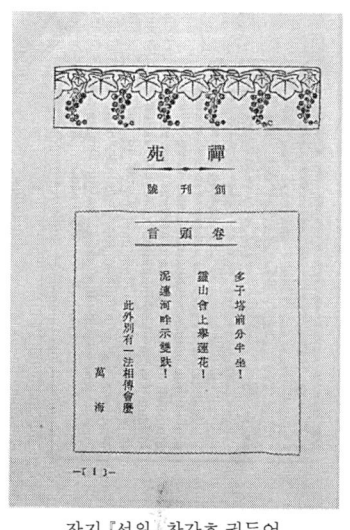

잡지 『선원』 창간호 권두언

禪

선(禪)은 선(禪)이라고 하면 곧 선(禪)이 아니다.
그러나 선(禪)이라고 하는 것을 여의고는
별로 선(禪)이 없는 것이다.
선(禪)이면서 곧 선(禪)이 아니요.
선(禪)이 아니면서 곧 선(禪)이 되는 것
이른바 선(禪)이다.

…… 달빛이냐,
…… 갈꽃이냐,
흰모래위의 갈매기냐.

잡지 『선원』 제2권 권두언

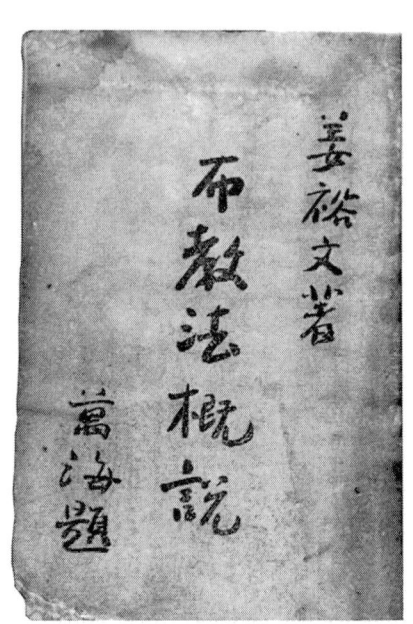

『포교법 개설』

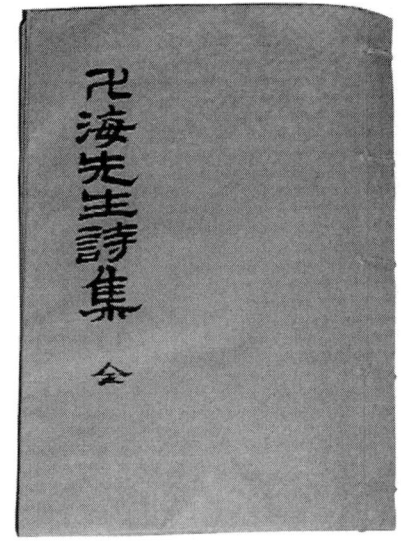

『만해 선생 시집』

잡지 『불교』

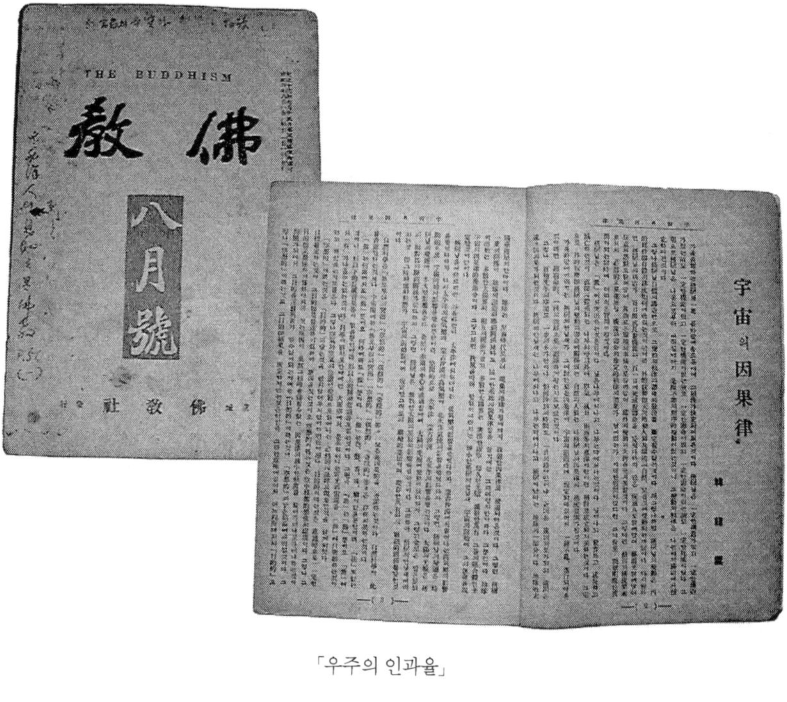

「우주의 인과율」

만해의 시조 「무제」(친필 원고)

卍海先生詩集序

卍海先生遺稿五七言古近體漢詩集
一卷題一百三十凡一百四十六首幷表署雜
著二字皆先生手書其篇末更多二題二[三]
首則曉堂所補錄也曉堂旣爲先生裒輯

만해의 칠언시

霜後籬邊橘子黃 八傳便是法中王
三玄三要都休說 一點靈momentum滔斷常

친필 한시 「상후이변霜後籬邊」

朝鮮靑年에게

韓龍雲

새해들지 하던지 朝鮮靑年에 만일 누가 또 모르는것이다
「現代의 朝鮮靑年을 가르쳐서 不

...

만해의 명논설 「조선 청년에게」

심우장 현판

심우장('소 찾는 집'이라는 뜻으로, 만해의 아호 '목부牧夫'와도 관련이 있다. 만해는 여기서 1933년부터 1944년 입적할 때까지 기거하였다.)

만해의 묘소(망우리)